教育部人文社会科学重点研究基地
中国政法大学法律史学研究院　主办

中华法系

第十三卷

主　编：朱　勇
副主编：张中秋　林　乾
编　委：陈　煜（常务）　徐世虹　黄源盛　刘广安　单　纯

法律出版社
LAW PRESS·CHINA

目　　录

学术研究

学术聚焦

法治人物

学术新人

学术动态

学术研究

【编者按】 本期《中华法系》“学术研究”专栏部分刊载有十四篇研究论文，其中第一篇从法史学的角度讨论华人法学之于世界法学的意义，具有某种程度的理论自觉性。第二篇至第十一篇文章，则探讨传统法制的法理基础、法律制度以及相关的法律思想。第十二篇是在将中华法系作为参照系来看日本亲属法制方面的内容，第十三篇则是探讨现代法律的传统基础。本期本栏的十四篇文章，风格各异，但都从不同的角度诠释了中华法系的理论、制度、思想及其价值。

华人法学对于世界法学的意义

——法史学观点*

陈惠馨**

【摘要】 华人法学是中国大陆、台湾地区、香港、澳门特区等曾经受到传统中国法律制度或法文化影响之区域的法律制度以及各种与法律制度相关联的论述。近代以来，华人法学受外国法影响甚为深刻，但是无论是怎么样的继受，都无法泯灭华人法学自古以来的存在事实。吾人相信，随着华人法学意识的自觉以及华人法学的崛起，华人法学必将对既有的法理学、法社会学、法制史与法比较之研究构成持续的挑战。

【关键词】 华人法学 世界法学 意义 挑战

一、前言——何谓华人法学

本文所称的华人法学指的是中国大陆、台湾地区、香港、澳门特区等曾经受到传统中国法律制度或法文化影响之区域的法律制度以及各种与法律制度相关连的论述。本文希望将华人法学放到全

---

* 本论文之原稿发表于2014年6月19日“中央”研究院法律所举办之2014年学术研讨会，当年因为作者教学与研究因素，没能完成论文之修改与出版。此次发表重新修正许多论述并补充资料。

** 作者系台湾政治大学法学院专任教授。

球化观点下加以论述。而在时间上,本文将探讨华人法学的过去、现在与未来。如果要讨论华人法学的过去,固然可以从秦、汉、唐、宋的法制开始谈起,但本文将集中讨论清朝法制。而本文讨论的华人法学的现在,则是指从清末民初以来,持续在不同地区华人社会继受外国法的法学状态;这个状态可以包含清朝末年的变法、民国以及当代华人地区的法学。〔1〕至于本文所指华人法学的未来系指华人社会总结传统法学与百年来继受外国法学的成果,创造适合华人的法律制度的未来发展。

传统中国法律制度与关于法律的论述(法学)曾经在不同时期,影响过日本、韩国及越南等地区。未来华人法学的研究也应该延伸到比较研究两个看似相抗衡的法律制度与法学:一是传统中国法律与法学以及其对于华人社会与亚洲各国的影响;二是百年来,华人社会所学习之欧陆、英美法律制度与法学及其历程以及其对于华人社会的影响。本文也在此强调,从华人法律制度与法学曾经适用且影响区域之范围加以考虑(例如,从清朝法律制度直接适用之区域加以观察),华人法学应该对应的对象,不仅仅是当代之国家,例如,德国、英国或法国等单一国家的法律制度与法学,而应该是对应欧盟、美国联邦、拉丁美洲及非洲之法律制度与法学。〔2〕本文限于篇幅将主要讨论以中国台湾地区及大陆之法律制度与法学,香港、澳门等地之当代法律制度与法学讨论仅点到为止。

〔1〕 不同的学者对于华人法学的定义各有不同,例如中国香港地区的张宪初教授在其文章内强调,华人法学被理解为一个广义的概念,即不仅包括大中华区域内法律学术和实务研究的成果,也包括域内立法政策、重要判例和司法解释等。

〔2〕 有关清代法学应该对应欧洲法学的论述,请参见陈惠馨:《关于研究清代法规范体系必要性的辩证》,载《向法规范回归之清代法制研究》,元照出版有限公司2017年版,第8~9页。

二、华人法学的过去——以清朝为例：清朝法制的面貌为何？清朝是否有法学？[1]

20世纪以来许多关于清朝法律制度与法学的讨论，主要受到德国马克斯·韦伯先生（Max Weber）在20世纪初出版的著作中有关中国传统法制描述之影响。但马克斯·韦伯本身从未到过中国，他的书中各种有关中国传统法制的描绘主要参考他人的报道，尤其是欧洲当时之传教士对于中国社会的观察记录。这些由传教士所记载之观察记录，一方面可能受限于传教士的语言与文化理解能力，另一方面也可能因为当时西方传教士们前来中国时，带着某种特定的价值与目标，因此，对于当时中国社会，尤其是法律制度的观察有所局限。更何况清朝当时的政策，仅准许《大清律例》被刊印；清朝其他部会的各种法律制度，如《吏部则例》或《兵部则例》等是不准流传刊印的。一个来自外文化的传教士究竟有无能力了解清朝法规范的全貌，值得深究。

西方多数法学者由于不懂中文，对于清朝《大清律例》的认识主要依靠英文或法文的翻译。而从已经出版的翻译来看，纵使到20世纪90年代，西方学者有关《大清律例》的翻译主要还是以“律”为主，对于《大清律例》“例”的内容所知有限；而要了解清朝《大清律例》全貌与变迁则有必要认识“例”。[2] 在英文世界中有关《大清律例》的翻译主要是1810年由Sir George Thomas Staunton，2nd Baronet翻

---

〔1〕 本文中许多论述主要参考本文作者陈惠馨：《清代法制新探》（第2版），五南图书出版股份有限公司2014年版，第三章“21世纪清代法制史研究的挑战与响应——历史法学时代的来临”，第31～34页；《多元观点下清代法制》，五南图书出版股份有限公司2015年版，第一章“清朝整体法制的面貌—— 一个需要被解开的谜”，第1～10页。

〔2〕 有关清朝“律”与“例”的关系请参见陈惠馨：《清代法制新探》，五南图书出版股份有限公司2014年版，章节“《大清律例》的‘律’与‘例’清朝其他法规范”，以及第四章“《大清律例》中‘例’的结构与变化”，第119～146页。

译的《大清律例》,书名为:*Great Qing Legal Code—the Fundamental Laws of China*(1810),主要是翻译嘉庆年间的《大清律例》版本,[1]以及1994年美国学者Jones,William C.所出版的《大清律例》的翻译。美国学者Jones,William C.出版之清朝《大清律例》的翻译书名为*The Great Qing Code*;很可惜的是,这本书有关《大清律例》的翻译还是主要为"律"的部分,仅非常少数的"例"被翻译。[2]

当代人对于中国传统法制或法学(尤其是清朝)的刻板印象不仅仅来自韦伯的论述,在韦伯之后,20世纪的许多法学者(不仅西方法学或历史学者,还包括受到东方主义观点影响之华人地区的法学研究者或史学研究者)也持类似观点。多数当代人对于清朝法制的认识或论述至今依旧仅停留在对于《大清律例》的论述,认为"清承明制",殊不知清朝的《大清律例》已经逐渐通过"例"文的增定或修订,改变了明朝《大明律》的法律结构。可惜的是,即使到当代,已出版诸多清朝各种新的法律文献,但多数清朝法制史研究者还是将眼光局限在《大清律例》的研究,以西方当代刑事法律体制的标准出发,自觉的或不自觉的,从当代西方在18世纪到19世纪通过启蒙的思维与论述发展出来的现代刑法制度之角度与标准,分析或评价清朝的《大清律例》。对于清朝其他重要的法规范体制,如《吏部则例》或《户部则例》等法规范则视而未见。另外,研究者在进行法规范的论述时,也难以脱离当代西方,尤其是欧陆与美国所发展出来之宪政法律体系角度与标准,检验清朝整体法制制度,以清朝法律体

---

〔1〕 Sir George Thomas Staunton,2nd Baronet(1781~1859)在1792年之际,随他的父亲跟马戈尔尼爵士(Lord Macartney)到中国见到乾隆皇帝。当时他年仅12岁,在船上开始学习中文。参见维基百科:https://en.wikipedia.org/wiki/Sir_George_Staunton,_2nd_Baronet,最后访问日期:2019年1月2日。

〔2〕 参见Jones,William C,*The Great Qing Code*,Oxford:Clarendon Press;New York:Oxford University Press,1994。政大法学院博士生陈雅龄博士目前正在进行有关《大清律例》翻译过程中可能流失的文化意涵的比较研究工作。

制没有区分公法与私法、民事与刑事审判体制，来贬抑清朝法律制度。〔1〕

在这样以西方法律标准论述传统中国法律体制的过程中，往往以一种负面观点，扭曲或否定传统中国法律制度的本质或其存在。研究者往往忽略清朝的法律制度，并非当代人所熟悉的欧陆成文法体系，也非英美之判例法体系。清朝法制另有其完整的体系，在这个法律体系中，除了当代人熟悉的《大清律例》之外，还存在《吏部则例》《户部则例》《礼部则例》《兵部则例》《工部则例》《钦定台规》，及各省之"省例"等不同层次的法规范系统。

以马克斯·韦伯的研究为例，他在《法律社会学》中，对于清朝中国法律的描述不当然真实，而且中国法律真实面貌为何也不是马克斯·韦伯真正在乎的。中国法律仅是他在进行法律制度比较时的一个对比类型。〔2〕至于类型本身的真实性为何，不是为韦伯研究的重点，也不是他的能力所能判断的。这种情形也发生在马克斯·韦

〔1〕 以被广泛阅读之黄宗智教授论著为例，他会强调清代法律主要关心的是刑事和行政事务而不是民事，或者认为，按照清律成文法的解释，"细事"主要是社会本身而非国家所关心的事。上面两种论述，主要以当代西方（以欧陆之德国与法国为主）关于法律的分类论述来判断清朝法制中哪些属于民事、刑事或行政事务，忽略的清朝整体法律制度的分类方式与当代西方德国或法国等地国家并不相同，而区分社会与国家的学术论述也很难真实描绘清朝法律体制的面貌。参见黄宗智：《民事审判与民间调整：清代的表达与实践》，中国社会出版社 1998 年版，第 2、10 ~ 11 页。黄宗智教授在本书中尝试为清代法律制度进行辩论，但却因为主要以西方的法律分类或学术论述方法论述清朝法律都会面临难以将清代法律体制面貌比较真实呈现的困境。这是任何要用当代语言描绘传统中国法律体制的研究者共同的困境，也是研究者未来要继续努力加以克服的。

〔2〕 韦伯的"法律社会学"主要收于其专著《经济与社会》第七章。请参见 Max Weber, Wirtschaft und Gesellschaft, Kapitel VII, Rechtssoziologie, Tuebingen, 1972 (5. aufl.), pp. 387 – 513。另外请参见林端：《韦伯论中国传统法律——韦伯比较社会学的批判》，三民书局 2003 年版，第 1 ~ 152 页。在本书中林端教授将近年来许多研究清代法制史的成果加以分析，并解析他们的研究跟韦伯《法律社会学》一书中所探讨的中国古代法律的同与异。

伯有关《儒教与道教》一书的论述中。[1]当代法制史研究者与其通过马克斯·韦伯观看中国传统法制,不如学习他以"欧洲现代文化之子"的身份向历史发问的角度与观点以及他如何从法社会学观点出发,在浩瀚的史料中寻找特定答案的方法。[2] 马克斯·韦伯在当时进行法社会学研究分析时,主要目标在彰显西方文化发展的独特性;他要讨论的是为何只有在西方出现"理性化与知识化的现象",而并不计较个别历史的事实考证。[3]马克斯·韦伯应该没有想到他对于中国传统法律的类型化与描述,竟然会在20世纪后半段成为某些法制史研究者眼中"真实的传统中国法律"。

马克斯·韦伯的《法律社会学》写于1911年与1913年。当时德国才刚完成"小德国"的统一工作,德意志第二帝国才成立(1870年)。[4] 许多人或许没有注意到清朝在进行法律改革时,所学习的《德国刑法典》才在1871年通过,《德国民法典》也刚刚在1896年通过并在1900年施行。当时的德国因为刚刚打胜几场战争(尤其是1870年普鲁士与法国的战争),刚通过的刑法典或民法典将会如何在德国社会被运用,将遇到什么困难,新订定的刑法典与民法典的实施将要面临什么样的挑战也无法预见;也因此马克斯·韦伯才能志得意满的在《法律社会学》中,认为西方文化相对于其他地区具有优

---

〔1〕 参见顾忠华:《韦伯〈儒教与道教〉一文的方法论基础》,载《韦伯学说新探》,唐山出版社1992年版,第111页。

〔2〕 参见顾忠华:《韦伯的〈基督新教伦理与资本主义精神〉面对的时代与问题》,载《韦伯的〈基督新教伦理与资本主义精神〉导读》,台湾学生书局2005年版,第6、9页。第6页提到,韦伯尝试从西方众多建树,回头探讨西方成功原因为何,并特别关注在精神层面的换转契机;第9页提到,"事实上,对中国历史或甚至对中国宗教作一专业性的叙述,本来就不是韦伯加给自己任务,因此他的论述可以很自由地由秦汉跳到明清,也可以省略佛教不谈"。

〔3〕 参见林端:《韦伯论中国传统法律——韦伯比较社会学的批判》,三民书局2003年版,第5页。

〔4〕 所谓小德国的统一是指排除奥地利进入德意志帝国的统一。

越性。如果韦伯多活几年,不仅历经第一次世界大战,还历经第二次世界大战这两个具有全面毁灭性的战争,或许会有不一样的论述与评价。马克斯·韦伯并没有亲眼见到德国在历经两次世界战争之后,民法典及刑法典面临着要以特别法加以修正与补充的命运,甚至有关规定并未发挥功能与效力。另外,德国的法律体制在历经百年的社会变迁之后,在21世纪的当下,目前也面临法规范泛滥与无人能了解德国全面法规范现况的困境。〔1〕

1919年(第一次世界大战结束)后,德国在魏玛共和时期订定的《魏玛宪法》也在1933年希特勒执政后,失去效力。取而代之的是不符合人权保障、支持纳粹杀害犹太人或弱势人民的第三帝国法律制度;另外,在1945年第二次世界大战之后,德国更面临长达45年分裂为东、西两德的命运。马克斯·韦伯如果在1945年之后依旧活着,他的"比较社会学"是否还会如此乐观地评价德国法律制度,值得怀疑。如果马克斯·韦伯生活在21世纪,作为一个社会学家,在这个快速变迁且全球化的数字时代,他对于法律、法学与世界关系的观察与评价或许将有所修正。〔2〕

回到本文的核心,清朝有无法学?如果从西方对于法学的讨论出发,那么法学主要的核心应该是法释义学(包含法学方法论),在法释义学之外,法学的其他基础研究领域还包括法律哲学(法理学)、法社会学与法制史。以当代德国所强调的法释义学为例,着重的是法律在具体案件适用时,所运用的解释方法与结果。用这样的

〔1〕 德国到了21世纪跟清朝一样面临法规范泛滥困境,今日德国一般人民甚至学者都面临无法全面了解德国法规范体系的困境。无论是民法典还是刑法典都面临要不断修改或以特别法补充的困境。而这个困境也是清朝法制发展后期的困境。读者如果运用德国Beck-online法律数据库时,都会有类似的深刻感受。本文有关马克斯·韦伯的《法律社会学》论述主要取自陈惠馨:《清代法制新探》(第2版),五南图书出版股份有限公司2014年版,第34~35页。

〔2〕 陈惠馨:《清代法制新探》(第2版),五南图书出版股份有限公司2014年版,第34~35页。

角度，观看清朝各种司法档案，例如，《刑案汇览》《驳案汇编》《刑部加减承案》，以及由清朝官员所有记载与法律有关的各种官箴书籍，如黄六鸿的《福惠全书》、田文镜的《州县事宜》、万维汉的《幕学举要》等法律实务手册，可以说清朝有关法律的适用与解释的法学非常发达。

如果要讨论清朝的法学与当代西欧，尤其是德国的法学有何不同，或许可以说，当代德国的法学主要是德国许多的法律人，从12世纪以来，在意大利北部的大学中学习罗马法，并学习罗马法的诠释与适用之后，在德国地区所发展出来的有关法律的运用与诠释习惯法的实践经验并以科学的方式订定出成文法规范并加以适用的法学知识。〔1〕而清朝的法学则是清朝各部会衙门的官吏，对于传统中国早就成文化的各种法规范如《大清律例》《户部则例》等，在具体个案或纠纷中进行法律的运用与实践。两者的不同在于清朝的法学活动主要是清朝各部会官员（刑部官员或其他部会衙门官员）在个别审判实务中进行的活动。参与这类法学活动者有负责审判工作的知县、知府、按察使及幕友、讼师等，这些参与审判的活动记录可以在清朝各衙门档案以及官员书写的实用手册中看到，其内容主要着重在法释义学的运作与讨论。而清朝这类审判纪录与实用手册正说明，清朝这样的法释义学运作模式，跟20世纪德国在民法、刑法法典化之后，大学法律学科教授的法学运作的法释义学运作模式有其相似性。〔2〕

---

〔1〕 参见戴东雄：《中世纪的意大利法学与德国的继受罗马法》（第2版），1999年自版，元照经销，第161～212页；陈惠馨：《德国法制史——从日耳曼到近代》，元照出版有限公司2007年版，第227～237、245～254页。

〔2〕 关于《德国民法典》与法释义学的关系，参见游进发：《民法之释义与编纂》，元照出版有限公司2018年版。作者在本书的封面说明："《德国民法典》与债务法现代化法之诞生，归功于德国民法释义学几百年来（民法与法学方法论）研究成果之累积。台湾民法典之编纂与民法之修正，向来摆脱不了外国法制之继受。百年前民法典之制定，固然有其不得不之苦衷。但百年后之民法修正，并无十足理由一味只参考外国法制；百年后之民法法条之解释适用，实无理由动辄援引外国法（包括法律理论与法院裁判），以外国法加以解释之。"

王鹏祥研究员与张永健研究员在其2018年发表之《经验面向的规范意义——论实证研究在法学中的角色》一文中，也提到在继受欧陆法（尤其是德国法）传统的地区，法学（相当于德文的“Rechtswissenschaft”或“Jurisprudenz”）这个概念通常指的就是所谓的“法释义学”（Rechtsdogmatik，或译的“法释义学”）。[1] 如果从这样的观点来看，清朝各衙门官员运用语言解释的方法适用清朝成文法典的过程正是法释义学，也即一种法学。

比较清朝法学与当代华人社会所继受的西方法学（以德国法学为主），或许重要差异在于清朝并不存在一个强调开放、批判、对话与辩证论述法规范的大学场域；而对话、辩证、批判与开放却可能是一个社会法律制度可以面对挑战与响应的重要因素之一。在清朝社会里，批判与对话是当时的社会环境所陌生的也不鼓励的，或许也因此当代法学中的学术对话与辩论，在清朝是似乎并未发生；这是不是清朝在面对社会发展的重大困境时，无法从内部产生力量，通过讨论找到变更法律体制或者法律规则的方式，调整社会的发展方向，以至于最后必须全面放弃自己社会传统法律体系并通过移植、继受外来法律体制（欧陆成文法或美国判例法）进行社会改革的原因之一。[2]

---

〔1〕 参见王鹏祥、张永健：《经验面向的规范意义——论实证研究在法学中的角色》，载《2014两岸似地法律发展法学研究与方法》（上下两册），“中央”研究院院法研所2018年版，第365～366页。

〔2〕 对于清朝统治权的认识可以通过中国台湾地区之故宫博物院扫描的《清代宫中档奏折及军机处文件折件全文影像数据库》，这份数据库中收藏有清朝之官中档与军机处档案共34万件。在这份档案中可以看到清朝在1907年全面翻译普鲁士宪法与德国宪法、德国选举制度、国会制度等资料，另外也有许多直接翻译自英国或日本的宪政体制的数据。清朝继受西方法律或许再初期阶段是透过日本的经验，但是在1907年之后，许多对于西方法制的认识直接来自清朝的官员或留学生的收集资料与报道。关于此一数据库的说明请参见网页：http://npmhost.npm.gov.tw.autorpa.lib.nccu.edu.tw/tts/npmmeta/GC/indexcg.html，最后访问日期：2019年1月2日。

三、华人法学的现在——持续进行的法律继受(移植)历程

清末以来,华人社会继受西方法学的历程,可以因地区而异,分为不同时期。开始的继受主要是法典或成文法的继受,以清末民初以来的发展为例,第一个阶段应该是1902年开始通过日本学习欧陆的民、商法与刑法体制以及1907年开始直接通过留学生的数据收集,学习德国、英国与日本宪法与选举制度、地方制度的历程。[1]第二个阶段则是1912年民国成立以来到1949年间,在清朝末年继受西方法制与法学基础上,通过司法或司法行政会议以及邀请来自外国的专家学者,进入各种立法与司法改革的时期。[2]中华民国时期所订定的包括“六法全书”在内的各种法律从1949年以来持续在台湾地区施行;许多重要法律历经多次修改。例如,1928~1930年订定的民法,1935年订定的刑法,1929年订定并在1946年确定的公司法,1930年订定的民事诉讼法(在1931年及1935年就有重大修改),1947年施行之中华民国宪法等。从1912~1949年在中国大陆所制定的各种法律事实上不再通过日本学习西方,而是直接受到西方各国当时法律人或相关机构的影响而订定的。[3]

目前这套“六法全书”的法律系统持续在台湾地区施行。而在大陆则从1949年开始到1980年进入一个新的法律继受历程,这个时期的法律主要受到苏联法律体制的影响;20世纪80年代以后的中国大陆则在法律与法学上逐渐转向,受到欧陆(以德国、法国为

---

[1] 参见陈惠馨:《清朝末年以来中国社会法律变迁——亚洲与欧洲法律交流》,载《多元观点下清代法制》,五南图书出版股份有限公司2015年版,第185~215页;另请参见《清代宫中档奏折及军机处文件折件全文影像数据库》中各种关于清朝变法的奏折。

[2] 中国台湾地区国史馆曾经编纂《中华民国史法律志》(1994年)一书,分立法、司法、基本法律及司法工作人员论述民国以来至1990年止各种重要法律及机关之演变与内涵。该书目前已经绝版。

[3] 参见1947年《全国司法行政检讨会议汇编》,第2~3、15~31页,在其中可以看到当时中国社会对于世界各国立法状况的掌握与观察。

主）及英国、美国之法律与法学的影响。目前许多关于清末民初中国继受欧洲法制的研究甚多，但是对于1912年到1949年在中国大陆进行的法律现代化历程之研究相对不多。[1]

在台湾地区，西方法学的影响早在日本人殖民统治台湾地区的1895年到1945年便已开始。1945年之后，日本结束在台湾地区的殖民统治。但台湾地区开始适用1912年到1945年国民政府所通过并施行的“六法全书”法律制度。1912～1949年在中国大陆订定的“六法全书”法律制度，在1949年之后，持续在台湾地区适用，不同的法律历经不同程度的修改历程。虽然，上述“六法全书”中各种不同的法律，在过去多年来历经不同次数的修法，例如，民法亲属编历经17次的修法，刑事诉讼法与民事诉讼法历经20多次修法，但是，这些法律都是延续着1912～1949年在中国大陆所订定的基本架构，也是学习继受西方法律制度的成果。[2]另外，在日本殖民统治台湾地区的这段时间，台湾地区的法学也开始受到日本法学影响，尤其在中国法制史研究与身份法（民法亲属、继承编）研究上，受到日本的影响；此可以在戴炎辉教授、陈祺炎教授以及1949年前后从中

---

〔1〕 关于民国以来民法典的继受，请参见俞江：《中国民法典诞生百年祭——以财产制为中心考察民法移植的两条主线》，载俞江、孙家红主编：《近代法的维度——李贵连教授荣休论文集》，九江出版社2013年版，第74～108页。另外，可参考之数据如1935年9月16日会议上的《全国司法会议汇编》及1947年11月5日会议上的《全国司法行政检讨会议汇编》，通过会议会编的内容可以看到1935年的中国由县来监理司法的情形还存在着，但是到了1947年，根据当时大会主席谢冠生的开幕词说明，这种现象已经消除；而从1947年杨兆龙先生在当时全国司法会议进行的《出国考察及参加国际会议之经历报告》，可以了解当时的中国对于世界各国立法状况确实掌握，在报告中杨兆龙提到参加国际刑法学会及国际罪刑研究会的观察报告。参见《全国司法行政检讨会议汇编》（1947年），第2～3页。谢冠生的开幕词；第15～31页报告；第1～14页是杨兆龙翻译当时美国的法学者庞德教授的演讲。感谢陈重方博士生提供作者相关数据。

〔2〕 关于中国台湾地区过去多年来“立法院”的修法历程请参考“立法院”法律系统：https://lis.ly.gov.tw/lglawc/lglawkm?@@1600775467，最后访问日期：2019年1月2日。

国大陆到台湾地区的法学教授梅仲协教授、韩忠模教授等的著作内容中看出。[1]

从20世纪60年代开始，在台湾地区学习法律的人开始前往德国攻读法学博士学位，学习德国法学。例如，最早取得德国博士学位的有，在公法上为翁岳生教授、吴庚教授，民法为王泽鉴教授，刑法为苏俊雄教授、林山田教授等，商法为王仁宏教授，亲属继承法、德国法制史学为戴东雄教授，法律哲学为杨日然教授等。[2]学者认为这个时期，台湾地区继受欧陆法学逐渐脱离学习法典或成文法时期，进入法学理论继受时期，即主要将德国各种法学方法论、法学理论与学说带回台湾地区并在各大学法学院教授学生，以法学方法论或法解释学运用法律，在司法实践上持续继受德国或美国、日本的法学与法律。而从20世纪90年代开始，也就是台湾地区"解严"以后，台湾地区的法学开始进入本土落实的阶段，过去20年来台湾地区各种法律的修改频繁，本文作者认为台湾地区的法学已经进入继受与创造同时进行并交叉的时期。

至于香港、新加坡与澳门继受或移植外国法律体制的具体状况为何，还有待更多的研究与讨论。香港在1997年之前，大约所有的法律体制（除了婚姻、继承法之外）主要是运用英国的法律制度与法学，1997年以来香港法律体制应该有一定的演变，法学发展状况为何，有待进一步研究与分析。[3] 至于澳门的法律制度与法学应该也

---

〔1〕 参见王泰升、颜厥安、黄昭元、李建良、陈忠五、陈惠馨、许士宦：《战后台湾法学史》（上册），元照出版有限公司2012年版。书中对于中国台湾地区战后的法理学、宪法学、行政法学、财产法学说、民事身份法学及民事诉讼法学发展进行了分析与研究。目前下册于2014年出版，主要讨论战后中国台湾地区刑法学、刑事诉讼法、公司法与证券法学、财经法制与财经法学及劳动法学发展史。

〔2〕 关于此一部分请参见王泰升：《台湾大学法律学院院史（1928～2000）》，台大法律学院2011年版，第一章，第1～20页。

〔3〕 关于香港在英国统治下的司法体制请参见龙韶华：《香港司法体制沿革》，商务印书馆2012年版，第30～73页。

在1999年前后有大的变动,1999年之前澳门的法学主要深受葡萄牙法学的影响。而让人讶异的是,根据唐晓晴教授的说明,葡萄牙官员在1988年才开始在澳门东亚大学设立以葡萄牙语教学的法学士课程(澳门东亚大学是澳门大学的前身)。[1] 唐晓晴教授还特别说明,澳门大学法学院的教学体制与课程设置基本上是参照葡萄牙的大学法学院模式,教员是葡萄牙人,教材采用葡萄牙法学课科书,教学语言为葡萄牙语。[2]目前澳门大学法学教学是否已经有所变更值得进一步研究。

由上面的论述,可以发现曾经受到传统中国法制深入影响的中国大陆、台湾地区、香港与澳门特区,在过去一百多年来,继受了不同的外国法律制度与法学。未来华人法学研究者应该将这样多元的继受经验进行比较研究。通过比较,除了可以了解自己所在地区的法律制度与法学研究处于哪个状态之外,并可以通过比较找到创造适合华人社会的法律体制与法学研究。而要创造新的法律体制必须要法学研究者积极从事自己社会传统法律制度的研究。

以目前台湾地区法学教育为例,大学法律专业教育主要是以教授现代有效的法律制度与法学知识为主。而目前台湾地区法律人所熟悉的法律制度与法学知识主要来自西方社会,尤其是以美国、德国法律体系与法学为主;在少数领域也受到日本法学论述的影响。在这样的法学教育体制之下,台湾地区法律人多数不了解自己社会传统的法律制度;也因此在立法或进行法律适用时,往往仅能参考来自外在法文化的德国或美国法律或法学理论,无法创造出一

[1] 参见唐晓晴:《澳门法制发展之路——在后殖民的困惑中探索澳门一国两制的法治理想》,载简资修主编:《2014法律发展法学研究与方法》(上册)"中央"研究院法研所2018年版,第227页。

[2] 关于澳门司法发展请参见何志辉:《明清澳门的司法变迁》,澳门学者同盟2009年版,第43~48页。在书中何志辉教授提到葡萄牙在1587年就公布了《澳门大法官特别章程》。

个可以考虑传统社会法律制度、法律思想与法律概念的新法律制度。台湾地区在订定新法律或修正既有法律时,往往忽略如何处理传统法律制度后所承载的价值对于自己社会一般人的影响,仅想通过移植其他社会或区域的法律体制或法学论述来修订或订定法律。上述这种缺乏对于自己社会传统法律体系或法律价值的考虑的立法方式,往往产生订定的新法规范与人民的法感情产生隔阂并造成法律无法在社会中落实的困境,甚至产生更多的人与人之间的冲突与纠纷。

在台湾地区,过去20多年来,在与性别相关的法律体制,包括民法亲属编有关婚姻与家庭的规定或者牵涉工作场域的性别工作平等法以及各种牵涉私人与私人关系的民事财产法、公司法或者牵涉国家刑罚权执行的刑法或刑事诉讼法等,以其牵涉政府行政的各种行政法(尤其是环保与食品安全等法规)以及行政诉讼法等都经历了多次且密集的修法历程。[1]通过这个立法历程,台湾地区的法律人逐渐一步步练习创造属于自己社会的法规范。

但本文作者还是要强调,目前在台湾地区进行的各种立法与修法的历程,还是太缺少考虑社会中存在的某些传统价值。而由于缺少考虑社会中存在各种多元的价值思维,立法并无法解决问题,甚至,某些特定的立法或修法反而会带来社会的纷争。未来,不同地区的华人社会立法者与法学者,如何从继受外国法一百年后的法学思维经验结合传统中国社会的法律制度与法学知识,找到融合现代法学基本价值与思维以及传统社会法制价值的可能路径,继而创造华人社会所需要的新法律制度与法学论述系统,这应该是不同地区华人社会法学者未来的重要课题。上述台湾地区立法与修法的历

〔1〕 参见陈惠馨:《法学导论》(第15版),三民书局2017年版。这本书从1995年出版至今已经改版15次,几乎每隔一两年都要改版,改版的因素来自中国台湾地区法律频繁的修订。

程也是德国法学者在19世纪完成之当代各国学习的《德国民法典》与《德国刑法典》时,曾经经历的历程。德国近代私法史的研究者Franz Wieacker教授在他所著的《近代私法史》一书中强调,在讨论"继受"这个议题时,重点可能不是在于规范、制度的转换,重点应该在于继受国如何透过继受学习到的新的法律文化以及新的法律人如何出现在公共生活领域并影响法律制度的发展。〔1〕Franz Wieacker教授这段话对于当代继受外国法的东亚各国法学者应该具有启发性。能够让德国法成为当代各国争相学习的法律体制并不仅仅因为德国继受罗马法,更重要的是德国的法律人通过继受罗马法的经验,将罗马法与传统德国习惯法相融合并创造今日德国的法律体系。〔2〕

四、华文法学的未来:挑战既有法理学、法社会学、法制史与法比较之研究

本文作者认为华人法学在未来发展的重要目标是找到新的论述法律与法学的角度与方法,不再以近代西方(尤其是欧陆德国或美国)的法学或法律体系作为我们论述法律的强力参照对象。当代不同地区的华人社会的法学者应该寻找一个较为真实呈现传统中国法律整体体系的法制史研究路径,让当代人可以从法规范的本质与结构等角度重新认识传统中国法律的面貌,包括传统中国法规范的整体结构以及法规范落实的实际状况。研究者应该通过法社会学或法实证研究方法,找出当代华人社会的人民的法律情感中,有哪些可能深受传统中国法文化的影响,有哪些可能受到当代来自西

〔1〕 参见[德]弗朗茨·维亚克尔:《近代私法史》,五南图书出版股份有限公司2004年版,第107页;另请参见陈惠馨:《德国法制史——从日耳曼到近代》,元照出版有限公司2007年版,第248页。

〔2〕 参见陈惠馨:《德国法制史——从日耳曼到近代》,元照出版有限公司2007年版,第248页。

方法文化的影响以及哪些是在继受外国法多年后,融合传统法制与当代生活需要的新法律制度影响着人民的法感情。

而唯有透过创造一个适合华人社会的人民的新法律制度,一百多年来,不同地区华人社会辛苦的继受与学习外国法的目标才能被实践。不同地区的华人社会,如何参考德国“历史法学时代”的努力,将继受、学习外来法律与法学的经验,融合自己社会传统曾经有过的法律制度设计与实践经验,找到具有主体性与自觉性的华人法学,是需要对话与反思的。

而要创造一个具有主体性与自觉性的华人法学,可以通过当前不同地区华人社会进行当前法律制度与法学的比较,将继受外国法的经验以及因此产生的法律制度融合与对抗的各种可能经验进行法律制度、法社会学、法制史与法理论的比较研究,如此,才可能找到各种创造新的法律制度的想象与思维。

由于不同地区华人社会的法律比较可以运用大家共同熟悉的中文进行(不管是繁体字或简体字),这种在熟悉语言下进行的法律制度与法文化之比较,不会有太多的语言与跨文化沟通困境。另外,由于曾经拥有的共同传统法律文化经验,使法律或法学的比较,可以更为深入。不同地区华人社会的法律比较将使我们找到可以跨越以西方欧陆或美国法学之观点为核心的法学思维,不再以公法、私法、民事与刑事等法律分类或想象,进行法律制度设计与法学思考。我们需要很多华人社会的法学研究者、法史学研究者及其他跨领域研究者,通过对话与合作,找到新的法学研究路径、研究观点。如此将挑战既有的以西方为主的法理学、法社会学、法制史与法比较之研究论述。

五、结论——华人法学对于世界法学的意义

不同地区之华人社会的法律体制,在过去一百年历经了在既有的传统法律体制与法律文化中注入新的、来自外文化的法律文化的

过程。例如,台湾地区从1895年受日本殖民统治以来就开始接受欧陆法律体制,并且在1945年之后持续运用1912~1949年在中国大陆订定的“六法全书”法律体系。而大陆也从1949年开始受到苏联法律体制的影响并在20世纪80年代参考欧洲、英美法律制度订定新的法律体系。澳门地区更从明朝开始,受到葡萄牙法律体系的影响,当代澳门法律制度与法学或许都还深受葡萄牙法典与葡萄牙法学者之影响。而香港与新加坡,则因为英国长期的殖民统治,因此,在民间生活中虽然深受传统中国法律文化与法律思维之影响,但在法律制度与法学,甚至法学教育体制方面至今依然深受当代英国法的影响。

不同地区华人社会在过去百年来的法律发展轨迹,给予了我们丰富的法律文化资源,在未来通过对话,了解传统中国法律体制与所继受外国法经验对于华人社会的影响,将丰富人类对于法规范的想象。以中国台湾地区为例,20世纪60年代以来,由于许多法学者前往德国、美国或日本留学,因此,不仅法律制度受到欧美影响,连法学论述也深受影响。这样的历程也在不同的时期在中国大陆、香港与澳门或者新加坡进行着。也因此,不同地区的华人社会的法学研究者,如果可以在未来通过成立法学学术社群,进行各种对话,必然可以发展出新的法学论述与法学研究方法。而通过比较,反思以西方为主轴的当代既有法学理论、法哲学、法社会学与法制史之研究局限,从新的法比较观点出发,必然可以发展出新的法律制度、法理学与法社会学、法制史研究方法与角度。

不同地区的华人社会若要发展出新的法律制度、法理学、法社会学、法制史及法比较方法,主要在于总结继受外国法百年来的不同历程与经验,找到融合传统华人法文化内涵与继受自外来法文化的法律思维与法律制度。因为当代华人社会所熟悉的西方法律制度或相关法学研究所承载的生活态度与价值并不当然适合有着不同法律传统文化的华人社会。在继受外国法百年后的今日,华人社会应当努力创造新的、属于华人的法律体系与法学理论，并终止长期以来，单方面学习继受外国法的困境以及忽略自己原来社会传统法律经验的立法方式与法学思维。通过认识自己社会传统的法律制度与法学，并通过立法、修法与法律解释找到新的法律制度与法学，将缩减当前法律制度与人民法感情的落差困境并让法规范的价值得以在社会中落实。而要创造新的法律制度，我们既需要新的法理论、法社会学、法制史研究方法，又要以新观点与角度重新发现传统法规范。

论儒家的权利伦理

单 纯*

【摘要】 儒家的"经世致用"之学是围绕"仁义"概念而创建的，其核心内涵是人性的自然尊严和社会中的道德权利。在"天人合一"的思维定式中，天赋性命的政治正确性和制度层面的合法性被信奉为至高无上的神圣性，即人的自然权利高于约定的制度性权力。在孔孟的"仁义"道德原则之中蕴含着权利伦理的自然性、平等性和神圣性。《周易》以"天地之大德曰生"，孔子以"天生德于予"，孟子以"天爵"高于"人爵"的"大丈夫"标志出中国仁人志士所信奉的权利伦理，以对抗"人爵"所象征的权力暴政，其政治价值和法理意义表现为自然性、主体性、公平性和神圣性，对于我们理解现代社会中的"民权（自然权利）"、"国权（政治主权）"和"公权（治理权力）"三者之间的优劣位阶关系具有特殊的政治启蒙意义。

【关键词】 仁义　德治　权利　浩然之气

权利通常被认为是人在法治社会中的自然资格以及政府公权力履行保障责任的对象。按照现代法治思维讲，权利就是人性具有的平等而内在的尊严和政府承诺其公权力不得侵犯的政治边界，任何人损害此尊严、任何公权力越过此边界，都会构成侵权，即对权利的侵害；根据侵权的程度，我们在社会生活和司法实践中又习惯性地

* 作者系中国政法大学人文学院教授。

将其区分为违法与犯罪两大类型。

在近代西方政治传统中,权利基本上被确定为"生命权、自由权和追求幸福权"[1]这三个核心概念,这也是确立公民法定权利的思想渊源,它所蕴含的无上崇高性和神圣性揭示出其权利的伦理基础,包括人性尊严与身体完整。而作为人性尊严和身体完整的延伸则是财产,包括物质和精神两方面;这两大类的财产是我们常讲的法定物权和知识产权。所以,权利伦理是指人性尊严、身体和财产的完整性,它是人的社会性和社会制度的正确性的共同基础。以此内涵为参照,我们可以来考察一下儒家的相关思想。古典儒家认为,权利作为人的内在尊严和外在社会资格是内外统一的,是"良知"与"大丈夫"的统一,是"内圣外王之道";在中国人的生命体验和思考中,人是自天地自然演化出来的,他的社会政治身份是"天地人"相结合、互为表里的"三才之道"(《周易·系辞》),蕴含权利的自然性、主体性、公平性和神圣性。权利在英文或德文中是 right 或 recht,意为右边、正确的、真实的、法律,将之翻译成为中文的"权利"是美国传教士丁韪良(W. A. P. Martin,1827 ~ 1916)。在中国教徒的帮助之下,他将 right 译为"权利",殊不知在中国文化传统中,"权利"本来是一个偏贬义的词,如"争权夺利""争名于朝,争利于市""君子喻于义,小人喻于利"等,但经他的翻译嫁接到英文 right 之后,逐渐获得了褒义的正面价值,如"natural right"被译成了"天赋权利"。[2] 而根据现在对英译"权利"的理解,在儒家传统中最贴近权利及其伦理内涵的应该是"仁义"、"心性"或"天良"等概念。

---

〔1〕 这是美国立国思想家托马斯·杰弗逊在《独立宣言》中提出的核心观念。

〔2〕 照丁韪良自己的说法,"公法既别为一科,则应有专用之字样。故原文内偶有汉文所难达之意,因之用字往往似觉勉强。即如一'权'字,书内不独指有司所操之权,亦指凡人理所应得之份;有时增一'利'字,如谓庶人本有之'权利'云云。此等字句,初见多不入目,屡见方知不得已而用之也"。参见刘禾:《帝国的政治话语》,生活·读书·新知三联书店2009年版,第171页。

一、作为权利伦理的仁义与心性

儒家思想在知识谱系的源头上被定义为“孔仁孟义”，即孔子思想的核心概念是“仁”，而孟子思想的核心概念是“义”，这就是人们常讲的“孔孟之道”。然而，这两个概念在许多场合又是互为表里的或关联并用的，故亦有“仁义”或“仁义道德”之谓；它们在社会和政治语境中又意味着对“权力”、“官位”和“利禄”的价值评判。

正像“仁义”可以谐音为“人”和“宜”一样，儒家学者对其的解释充满着世俗和人伦的意味，以揭示其人的“道德权利”或权利伦理的特色。如孔子在回答鲁国君哀公关于为政之道时说：“文武之政，布在方策，其人存，则其政举；其人亡，则其政息。天道敏生，人道敏政，地道敏树。夫政也者，蒲卢也，待化以成，故为政在于得人。取人以身，修道以仁。仁者，人也，亲亲为大。义者，宜也，尊贤为大。亲亲之杀，尊贤之等，礼所以生也。礼者，政之本也，是以君子不可以不修身。”[1] 这段话扼要地阐明了儒家思想的经世致用本质和自然权利的伦理特征。周文王、周武王开创的周朝政治，最后以“周公制礼作乐”的形式固定下来，成为社会治理型态，即“礼乐之治”，“礼乐”在这里是指约束人的思想和行为的外在社会制度，与标志人的内在性质的“仁义”或权利伦理形成对立，其权力管辖的范围就是“礼乐之邦”，即周天子管辖的“天下”。但是，到了周代的后期，包括孔子生活的春秋时代和孟子生活的战国时代，社会治理却完全失序了，出现了“礼坏乐崩”而“天下大乱”的局面。文王、武王和周公的政治法律文件和制度尚存，但是周天下的“礼乐之邦”已经陷入战乱和失序。这就是“人存政举、人亡政息”，而能够决定“政治兴衰”的人是什么人呢？是掌握军政权力的人还是知道尊重自然权利的人？这是涉及儒家的内在人性与外在制度或“德治”与“人治”的核心问

〔1〕《孔子家语》，王盛元译注，上海三联书店2012年版，第206页。

题。照孔子的思想来看,决定政治兴衰的人应该是具有"仁义道德"的"圣贤"人物,而不是仅仅掌握了军政大权、发布命令的特权人物,他们与自然万物和普通民众在"道德"面前都是平等的。道德具有最高的神圣性和权威性,是生养万物(包括人类)的精神和物质渊源,"敏"就是生命的呈现,相当于基督教的"道成肉身"(incarnation),所不同者:基督教"道成肉身"只限于"三位一体"的耶稣,而儒家认为"道"存在于每一个生命体中,即人物和草木都被赋予了自然的生命之道,这就是具有自然性和神圣性的"权利伦理",中国人正是根据这一思想将西方人信奉的"自然权利"翻译成为"天赋权利",如果涉及人,就是"天赋人权";涉及物,就是"天生万物"。不过,人是对"天赋权利"有自觉者,所以要为"天地立心"。自觉人为"天地立心",将此心呈现于社会就是"仁义",孔子因此将此"仁义"视为一种"自然权利"的伦理,以约束文王、武王和周公的"行政权力"。

根据孔子的思想,为政之道从社会现象上看是文王、武王之类国君的权力,以及周公"制礼作乐"的立法和行政程序等,但是在本质上却受到人的权利伦理—仁义的制约。如果没有仁义伦理的制约,礼乐制度这样的公权力就一定会被滥用,其结果就是"天下无道"。因此,孔子评论说:"人而不仁如礼何!人而不仁如乐何!"〔1〕如果没有权利伦理作为确立权力的基础和权力运行的边界,权力就易于"越界""犯规",因此,表达政治权力的礼乐形式就不会为人们所遵循,这是人性在政治中的必然趋势;孔子在这里的分析类似于孟德斯鸠的"权力制衡"思想,所不同的是孔子设想的是"用权利伦理制约权力制度"。照孔子的政治逻辑,人在社会关系中的本质是仁义道德,而不是礼乐制度性权力;仁义所表征的权利伦理是为礼乐制度确立的政治正确性和制度合法性的标准。所以,孔子在其他场合

〔1〕《论语·八佾》。

又说："君子之于天下也，无适也，无莫也，义之与比。"[1]春秋战国时代，人们常讲"仁至义尽"、"仁义之师"、"当仁不让"、"大义灭亲"、"见义勇为"、"伯夷叔齐，义不食周粟"以及"杀身成仁，舍生取义"等，其中可以看出孔子"求仁得仁"的思想。

由此可见，儒家最初的"仁义"是作为批判礼乐制度的局限性而提出来的，是判断天子权力的伦理标准，存在于人的自然秉性之中，是"天赋人权"所蕴含的权利伦理，其政治伦理上的含义在于限制礼乐型态的制度权力，以权利伦理的自然性和神圣性限制礼乐制度权力的强制性与合法性。从仁义所表现的权利自然性和神圣性讲，遵循儒家思想的人相信民权高于君权，王道仁政在伦理上优先于霸道暴政，这就是孔子著书立说、创立儒家学派的动机和目的："贬天子，退诸侯，讨大夫，以达王事而已矣。"[2]孔子在当时的社会环境中，政治上失意，生活上颠沛流离，"诸侯害之，大夫壅之"，"累累若丧家之狗"，但是他信奉自己的权利伦理，以批判公卿大夫的政治权力："天生德于予，桓魋其如予何？"[3]"文王既没，文不在兹乎？天之将丧斯文也，后死者不得与于斯文也；天之未丧斯文也，匡人其如予何？"[4]显然，面对各种政治权力的威胁和袭扰，孔子的自信是来自于他所信仰的"天赋权利"，即以"仁义"为本的"道德权利"，并以之抗衡诸侯国君们的"军政权力"。这就是儒家常讲的"分庭抗礼"和"以德抗位"，而在儒家语境里的"礼"和"德"都被赋予了权利伦理的含义：礼乐制度以仁义为其价值基础；"德者，得也"以"大德敦化"为其自然之道。

如果说孔子是以"仁义"为权利伦理反思天子、国君、卿大夫的

---

〔1〕《论语·里仁》。
〔2〕《史记·太史公自序》。
〔3〕《论语·述而》。
〔4〕《论语·子罕》。

政治权力,那么孟子则是从“心性”方面论述了儒家特色的权利伦理。在孔子解释“仁”时说:“夫仁者,己欲立而立人,己欲达而达人。能近取譬,可谓仁之方也已。”[1]这是说人的自然权利都是利他的、伦理的,是约束礼乐制度权力的道德标准,满足了这个自然权利的制度权力或者二者的合一就是儒家理想的社会人格,即现代法治术语中的“公民权利和政治权利”,因为其中蕴含了人性的善意和尊严,其“道成肉身”者就是传说中的圣人。而从权利伦理讲,每一个人在本质上都是如尧、舜、禹、文武、周公一样的圣人,即“人皆可以为尧舜”“途之人可以为禹”或“满街都是圣人”,即“仁义”为本的权利伦理等同或超越于礼乐制度中的权力和官位,这是儒家“以人为本”抗拒“以官为本”、以民权限制君权的法理前提。

与记述孔子思想的《论语》不一样,有关权利伦理的系统论证在《孟子》一书中被表达得更加清晰,因为孟子本人参与了该书的讨论和编辑,《论语》则是孔子弟子在老师去世很长时间之后再陆续编订而成的。因此,读《孟子》可以沿着其有关“心性”的论述来理解儒家的权利伦理。

照孟子的思想逻辑讲,人的“心”不仅具有认知功能,而且通过“性”的生命呈现还表达了无限的“善”意,所以,儒家通过“心性”统一了知识与伦理,进而再影响政治,是有价值取向的知识论和有认知程序的伦理学,是权利伦理取向的民本政治,这个特征满足了现代权利概念中“道德与政治”相互契合的双重标准。关于心的认知功能,孟子说:“心之官则思,思则得之,不思则不得也,此天之所与我者。”他又进一步说,这个“心思”的对象是什么:“心之所同然者何也?谓理也,义也。”[2]这里的“理义”既有天的“自然生意”也有天

---

[1] 《论语·雍也》。
[2] 《孟子·告子上》。

的"良知良能";因此是"尽其心者,知其性也,知其性则知天矣。"[1]宋代儒者陆九渊对此也加以具体阐述:"人皆有是心,心皆具是理,心即理也……所归乎学者,为欲穷此理,尽此心也。"[2]这当然是对孟子"尽心知性以至于命"的创造性解释,是中国思想传统中"心性之学"的滥觞,其基本精神在于:在孟子哲学中"心"是具有伦理特色的知识论的基础,"性"则是具有伦理特色的宇宙观的基础。孟子在反思自己的优长时说:"我知言,我善养吾浩然之气。"[3]"知言"是对自己言说或他人言说的分析和判断,言为心声,这是人心的认知能力,如其不是"废话"则必然表达确定的思想内涵,自然也就成为分析和判断的对象。不过,儒家所讲的"知言"并不限于纯粹的分析和判断能力,而且还有伦理特色和政治目的,即孔子的"不知命,无以为君子也;不知礼,无以立也;不知言,无以知人也"、[4]孟子的"诐辞知其所蔽,淫辞知其所陷,邪辞知其所离,遁辞知其所穷"[5]以及"尽心知性尽命"。所以,中国人说的"语言"不仅仅是西方人所谓"思想的工具",而且总是与价值相关联的,如"人之将死,其言也善""君子绝交,不出恶声""义正辞严"等。同样,孟子的"浩然之气"中的"气",本来也只是一种价值中立的宇宙材料,具有自然之"性",如"通天下一气耳"、"气化流行"、"自然气息"、"朝气暮气"及"阴阳五行之气"等,但是孟子在"浩然之气"中却赋予"气"以伦理特性——天地道义中的"义",即"配义与道"的气,使中国哲学特别是儒家哲学中关于宇宙论的材料具有了特殊的价值含义,即"义气"或"正气"。如果说,知识论的"知言"和宇宙论的"浩然之气"都被赋予了伦理的价值特色,那么儒家的"内圣外王"之道与孟子的

[1] 《孟子·尽心上》。
[2] 《陆九渊集》卷一一《书·与李宰》。
[3] 《孟子·公孙丑上》。
[4] 《论语·尧曰》。
[5] 《孟子·公孙丑上》。

"心性"之学就体现出了学理上的契合性。因此,以"入世哲学"为特征的儒家思想自然就蕴含了人的普遍道德权利(仁义之士)和与之关联的普遍义务(义不容辞)。这些就是孟子"心性学"基础上的权利伦理。

二、权利的伦理性与权力的合法性

在儒家语境中,权利因其自然性和普遍性通常又被诠释为"道德权利"或"公天下",暗示权利的政治伦理意义,而与之对应的制度权力也常被人格化为"国君"、"人爵"或"孤家寡人"。这也是儒家"王道仁政"和"霸道暴政"相互对照的一种说法。用道德权利表达自然生命的公平性和神圣性并与之比较制度权力的特殊性和个体性,是儒家"经世致用"思想的常见论证方法。这种思想方法的形成与儒家开创者的生命体验直接相关。这就是说,春秋战国时代儒家的创立者不像后来宋代朱熹似的书院学者,也不像明末清初王夫之那样被迫隐居山林的学者,而是积极入世的;他们不仅有修身养性的思想内涵,而且也有治国平天下的政治抱负,其行谊也不仅见于杏坛讲学授徒,而且还见于穿梭在各诸侯之间的政治活动。孔子在鲁做过中都宰和大司寇,孟子在齐担任过国卿,荀子三为齐稷下学宫祭酒,也做过楚兰陵令,但他们入世涉政的主要活动还是限于充当诸侯国间政治、军事和外交事宜的顾问。大体上讲,孔子和孟子作为当时影响重大的"国际政治顾问"都对自己的身份和权利进行了比较全面的论证,从中引申出了具有儒家伦理特色的"权利"思想,即人的道德权利。

在孔子的思想体系中,"道德权利"是以"仁义"表现的天命价值,即"天生德于予"、"天托付斯文于我(文王既没,文不在兹乎)"以及"人能弘道,非道弘人"等。在他的生命中,道德权利是神圣使命,性质上超越于"桓魋"或"匡人"的政治权力。孔子教授学生时区别了具有伦理性的道德权利和具有工具效能的行政权力,前者属于

"知道",后者属于"知识",即孔子所谓"志于道,据于德,依于仁,游于艺。"[1]而根据"士志于道"和"君子不器"的人生价值取向,儒家在"形而上者谓之道,形而下者谓之器"[2]的思维方式中,将"道"和"仁"置于形而上的本体层面,而将"德"和"艺"置于形而下的表象层面。作为表象层面的权力可以用经验数据的"大小"或"高低"来描述,如说"位高权重"或"官大一级压死人";可是作为本体层面的"道"和"仁"则是以本体概念宣誓的,如说"天道(天命之谓道)"、"当仁不让于师"、"三军可夺其帅,匹夫不可夺其志"以及"道通天地有形外"等。孔子一方面告诫弟子"志于道",另一方面又明确《诗经》所蕴含的政治价值:"诗言志"。孔子针对《诗经·大雅·蒸民》第一章开篇"天生蒸民,有物有则,民之秉彝,好是懿德"评论说:"为此诗者,其知道乎!"[3]"知道"的对象就是"天生懿德",即天赋的自然权利,在人身上就是道德权利,其他则属于"《诗》可以兴,可以观,可以群,可以怨。迩之事父,远之事君。多识于鸟兽草木之名。"[4]这属于"知识"层面,可以类比于形而下之器,在社会治理或政治层面则属于制度性权力。"知道"与"知识"的辩证关系就是道器之辨,也是道德权利与制度权力之辨。故此,主张"无为而治"的道家就说:"为学日益,为道日损。损之又损,以至于无为,无为而无不为。"[5]尽管儒道两家的最终价值取向不同,但是先秦思想家的思想方法和学术话语是统一的,因此,可以相互争辩和砥砺。

对于道德权利与制度权力的关系,孟子的理解和解释比孔子又更进了一步。像儒家"大丈夫"、"浩然之气"、"与民同乐"、"天爵人爵"和"独夫民贼"之类的概念,都是通过孟子思想的阐发而广为流

---

〔1〕《论语·述而》。
〔2〕《周易·系辞上》
〔3〕《孟子·告子上》。
〔4〕《论语·阳货》。
〔5〕《道德经》第四十八章。

传的。孟子的弟子彭更曾经问老师:“后车数十乘,从者数百人,以传食于诸侯,不以泰乎?”这是学生对“礼乐”制度权力的形式化理解,从孟子享受的超级待遇来看,是“违反”礼乐权力规制的。孟子则回答说:“非其道,则一箪食不可受于人;如其道,则舜受尧之天下,不以为泰,子以为泰乎?”[1]从当时孟子所享受的待遇来讲,相当于较大诸侯国中的地位比较高的权臣,在一般人的眼里这种待遇是不是太高了?会不会引起权臣们的忌恨,因而惹上杀身之祸?从当时流行的“权力本位”——“礼不下庶人,刑不上大夫”——观点看,这种担忧是自然的。但是孟子则主张“权利本位”的原则,即每个人在本质上都从天道那里被赋予了神圣的道德权利,因此转换到世俗社会,神圣的道德权利自然也就高于诸侯国国君,甚至是天子的行政权力。所以,在孟子的思想体系里,由人神圣的自然本性“四端”或“天良”转化出来的“天爵”高于国君任命的“人爵”。他说:“有天爵者,有人爵者。仁义忠信,乐善不倦,此天爵也;公卿大夫,此人爵也。古之人修其天爵,而人爵从之。今之人修其天爵,以要人爵;既得人爵而弃其天爵。则惑之甚者也,终亦必亡而已矣。”[2]“天爵”是指天所赋予人的道德权利,所以类似于社会中的“人爵”,但它的神圣性和公平性使它具有绝对的价值,而“人爵”只是一种相对的世俗权力,它的予夺取决于其权力赋予者,其来源并不是神圣的、公平的和永恒的,而是随意的,因此缺乏主体性,低于“天爵”。这两种对比性的“爵位”表达了孟子对“自然权利”价值的基本判断,是从人天赋的内在道德权利与人授的外在制度权力的对比中明确起来的。因此,他推论说:“欲贵者,人之同心也。人人有贵于己者,弗思耳。人之所贵者,非良贵也。赵孟之所贵,赵孟能贱之。”[3]“良贵”是人

[1] 《孟子·滕文公下》。

[2] 《孟子·告子上》。

[3] 《孟子·告子上》。

通过"心思"认识到的天赋道德权利,认识不到这种神圣的权利,即会产生迷惑,误以为"人爵"的制度权力高于一切,这样就混淆了权利与权力的关系。当时的晋国是"权力至上"的"无道"诸侯的典范——孔子说"晋文公谲而不正,齐桓公正而不谲"[1]和史书上所谓"三家分晋",都是就晋的权力本位无道传统讲的,《孟子》首章以"王道仁政"和"与民同乐"所告诫的梁惠王就是春秋战国时"三家分晋"的"魏国"尤者,赵孟则是"三家分晋"之前晋的倾国权臣——赵简子,其祖父就是《赵氏孤儿》中的遗孤赵武。赵简子厉行变革,成为赵国基业的开创者,其子赵襄子继承父业,使赵国发展成为"七雄"之一;他们的业绩并称为"简襄之烈",赵氏后裔亦以"赵孟"自命高贵。可是照孟子看来,即便如此,其所"高贵者"不过世俗权力而已,况且此权力在公平性和神圣性方面远低于人的道德权利。

实际上,明代的大儒黄宗羲对孟子的"心性天命论"也做过同样的发挥,他说:"古者天下之人爱戴其君,比之如父,拟之如天,诚不为过也。今也天下之人怨恶其君,视之如寇雠,名之为独夫,固其所也。而小儒规规焉以君臣之义无所逃于天地之间,至桀、纣之暴,犹谓汤、武不当诛之,而妄传伯夷、叔齐无稽之事,使兆人万姓崩溃之血肉,曾不异夫腐鼠。岂天地之大,于兆人万姓之中,独私其一人一姓乎?是故武王圣人也,孟子之言,圣人之言也。后世之君,欲以如父如天之空名禁人之窥伺者,皆不便于其言,至废孟子而不立,非导源于小儒乎!"[2]这样看起来,说儒家思想是以"君臣之义"张扬君主的权力而抑制百姓的道德权利只是俗儒陋见,完全抹杀了孟子"以德抗位"的道德权利思想。这种俗儒陋见的关键处是没有从道德权利的观点理解"义"的含义。"义"在孔孟思想中是"天下道义",它蕴含对任何世俗权力的神圣超越性,所谓"义不食周粟"、"义

[1] 《论语·宪问》。
[2] (明)黄宗羲:《明夷待附录·原君》。

不帝秦”、“春秋大义”、“微言大义”、“见利思义”、“大义灭亲”、“义不容辞”、“见义勇为”以及“使民也义”等，都旨在说明“义”这种道德权利的公平性、绝对性、超越性和神圣性。因此，孟子赞扬汤武革命就是在伸张“天下道义”，揭示和维护人的普遍道德权利。

而且，孟子在赞扬汤武革命的时候还发挥出了“以德抗位”和“吊民伐罪”相关联的思想，用现代法治的术语讲，侵害人的普遍道德权利就是犯法，任何机构权力都不能成为这项侵权免责的依据。因为“德”是“民”的基本权利，官位特权对之产生的“侵权”即构成犯法，而以“吊民伐罪”（中华法系并不刻意区别“侵权和犯罪”）为目的的“革命”正是维护“民”的权利，是人人皆有的政治义务，所以中国历史上自下而上的“造反”通常都以“替天行道（义）”为其号召，这表明普遍的道德权利在社会价值上优先于官位特权，甚至高出于生命。所以，“革命”不仅是社会历史的“改朝换代”，而是关乎人自然权利的神圣职责，人与天下万物的根本区别在于其特有的“道义”，道德权利就是人的社会和政治“性命”。启蒙运动之后的西方人将人从上帝的造物中区别出来，其主要依据是人有“自由意志”，它是人的生命见证，所以说“不自由，毋宁死！”孟子则从“心性”而自觉“天下道义”，以“民心得失”所体现的普遍道德权利制衡“天下得失”所体现的官位特权，因此，也是以“舍生取义”和“不失本心”的价值取向彰显儒家特色的权利伦理。

三、权利伦理与政治道义

近代以来，中国儒家学者在接受西方近代的“天赋人权”观念时大都接受了孟子“心性”思想对于孔子“仁义”政治价值和《中庸》“性命”观念所作的创造性发挥，其实质是揭示出了“天赋性命”论所蕴含的普遍权利伦理及其政治道义。对于孔子所开创的儒教志业（vocation），当时的人赞许说：“天下之无道久矣，天将以夫子为木铎。”〔1〕这也是对孔子面临各诸侯国君和权臣的威胁和各种艰难险境时的内在信仰，即天赋道德使命，并以之作为神圣的道德权利抗衡各种世俗的外在权力。当代新儒家学者杜维明指出：“在这方面孔子很像苏格拉底。苏格拉底觉得，他是受神的命令的指派，来唤醒希腊人。孔子同样觉得，他接受了神的使命。《论语》记载：‘子畏于匡，曰：文王既没，文不在兹乎？天之将丧斯文也，后死者不得与于斯文也；天之未丧斯文也，匡人其如予何！’有个与孔子同时的人说：‘天下之无道也久矣，天将以夫子为木铎。’所以孔子在做他所做的事的时候，深信他是在执行天的命令，受到天的支持；他所认识到的价值也就高于道德价值。”〔2〕孔子以传播“斯文”为己任，以“仁义”价值启发“天下无道”的政治，按照现代政治哲学讲，就是以宪法赋予公民的道德权利抗衡政府机构的公权力，汉代史学家司马迁比较孔子和君王所象征的不同政治身份时，其实就运用了自然权利超越于官位权力的逻辑，表达了权利伦理高于权力官位的价值位阶关系，他解释说：“天下君王至于贤人众矣，当时则荣，没则已焉。孔子布衣，传十余世，学者宗之。自天子王侯，中国言六艺者折中于夫子，可畏至圣矣！”〔3〕中国历代大儒沿用“三代圣王”论衡各代“英雄帝王”，皆秉承了司马迁对孔子“布衣”身份而以“世家”纪传，表明其志业中所蕴含的道德权利高于帝王的行政权力。孔子传播的是“天下为公”的道德权利，而各英雄帝王所创建者不过是“天下为家”的功业(regime)，因此，“汉唐盛世”在历代大儒的话语中不过“刘汉”和“李唐”、“家天下”之“假公济私”的无道权位而已。而孔子开创“仁义”思想体系，其政治上的论衡对象就是当时人们口中

〔1〕《论语·八佾》。

〔2〕杜维明：《儒家传统的现代转化：杜维明新儒学论著辑要》(现代新儒学辑要丛书)，中国广播电视出版社1992年版，第208页。

〔3〕(汉)司马迁：《史记·孔子世家》。

立有大功业的帝王，如尧舜禹文武周等，所以才说：“（子贡问：）如有博施于民而能济众，何如？可谓仁乎？子曰：何事于仁，必也圣乎！尧舜其犹病诸！”[1]对尧舜的帝王事业进行超越性的评价，孔子当然是站在道德权利的立场上，这就蕴含了权利伦理的超越性，其自然的结果就是将帝王的权力官位降低了。这种“贬天子、退诸侯、讨大夫”的思想传统与当代社会的法治思维十分相类，所谓“法治”就是“依宪法而治”，而宪法的核心思想就是确定权利高于权力，这是一种普遍的政治道德，所以宪法对于权利的规定是神圣的、无条件的和普遍的，自然也就是“天赋的”，而权力官位相比之下就成了世俗的、有条件的和特殊的，自然也就是“约定的”。因此，凡是世俗人为“约定”的权力，在逻辑上都受限于“天生”的自然权利。程明道曾就古代帝王祭泰山、宣誓公权力的合法性一事评论说：“泰山为高矣，然泰山顶上，亦不属于泰山。虽尧舜之事，亦只如太虚中一点浮云过目。”[2]这就是将形而下的帝王权力放在形而上的道德权利中来评判，泰山之上有“天道”，尧舜事业之上则有良知，而良知就是儒家所谓道德权利，因此，权利伦理在“依宪治理”的意义上高于权力意志；公民在赋权程序上优先于掌权的公仆。

同样，在儒家传统中，孟子的“心性论”对于权利伦理或道德权利的法治精神作了十分震撼人心的发挥。由于中华民族有根深蒂固的“天道”或“天命”信仰，所以普遍的道德权利在孟子的语境里被称之为“天生的性端”，其特点在于与普遍的人心相连接，心虽小，但是其理性思想的功能足以将宇宙万物的普遍本性揭示出来。因此，“心性”既是人的特殊功能性权利，又是这种权利所连带的宇宙义务，宋儒张载著名的“四句”——“为天地立心，为生民立命，为往圣

[1] 《论语·雍也》。

[2] （宋）程颢、程颐：《二程集》（上），中华书局2004年版，第61页。

继绝学,为万世开太平"[1]——所要表明的就是:人的"所为"都是由人心所发动的,但是人心区别于万物恰好在于此心通宇宙并承担"替天行道"的普遍伦理义务,因此又是"宇宙的心"并应尽宇宙性命精神所赋予的"天职"。而这个"宇宙的心"就是孟子的"心性"所开创的传统,它蕴含的"尽心尽职"的人的功能性权利与伦理性义务平衡恰好表达了儒家借"天命"所欲展现人的普遍道德权利。

孟子把"心性"与"性命"连通之后所标举的"大丈夫"志向,其本质是揭示出儒家特色的"人格权",其"配义与道"而"塞于天地之间"的神圣超越性,则是将"天地"所表达的宇宙公平性和合法性赋予了每个心性自觉的人,形成人的普遍道德权利。从中国人"道生德蓄"的宇宙论传统讲,道德权利就是普遍的生存权利,也是对这种生存权利普遍尊重和珍惜而产生的连带义务。因此,当各种世俗的权力对普遍道德权利造成"侵权"时,人人都应该对这类侵权进行合法性的惩罚,在中国的社会历史中这叫"替天行道",在政治和法理层面这就是"行天之罚"。沿用孟子的"心性"传统而接引西方近代"天赋人权"思想的人总结说:"权者乃天之所为,非人之所立也。天既赋人以性命,则必畀以颁此性命之权;天既备人以百物,则必与以保其身家之权。"[2]这就是近代儒家的人所继承的"天赋性命"思想传统,而在孟子所创新的思想体系里,它已经具备了人的普遍道德权利的奥义。

总之,联系到人们将儒家传统与"孔孟之道"或者更具体的"孔仁孟义",研究孔孟思想或儒家的道德权利无论如何也不能绕开"仁义"的政治法律意义及其自然权利伦理。在孔孟所处的"天下大乱"的政治社会格局中,其思想中的"道义"和"仁政"具有特殊的道德权

〔1〕《张子全书》卷一四。

〔2〕何启、胡礼垣:《〈劝学篇〉书后》,载《新政真诠》第5编。转引自张晋藩:《中国法律的传统与近代转型》(第3版),法律出版社2009年版,第426页。

利所蕴含的法理“应然性”,是“德礼政刑之辨”和“王霸之辨”中“德政”和“王道”的政治法律神圣性和超越性的表述,其理论旨趣在于限制“刑制”的“德治”或限制“霸道”和“法势术”的“仁政”所蕴含的法理“实然性”,最终在“仁义与礼乐”、“君君臣臣父父子子”、“桓公之正与文公之谲”、“天爵与人爵”、“德与位”、“道德权利与世俗权力”、“民与君”、“与民同乐”和“独夫民贼”之间确立权利与义务、权力与责任的平衡关系。所以说,孔子的“仁义论”和孟子的“心性学”不仅开创了一个儒家的主体性政治学和道义性知识论的传统,而且还开创了一个伦理特色的权利理论和法哲学传统,其由“仁义”或“天经地义”所揭示的人的普遍道德权利与西方基督教传统由“爱神”、“义神”和“选民”、“义人”所开创的契约权利相比较,足可以看出儒家权利思想所蕴含的丰富而独特的伦理性、主体性、公平性和神圣性。

四、结语

在人的自然心性与社会身份中,西方思想界首先认定人是一个理性的动物,将自己的头脑当作计算和预测功利得失的工具,然后再支配自己的行动,所谓“人是万物的尺度”。而儒家的人则相信人是道德的动物,是“为天地立心”的“文化使者”,他的使命不是“先知”被动地接受“神的启示”,而是主动地践履“天命”,所谓“替天行道”;一个人如果“丧尽天良”就等于在伦理上等同于一般动物了,于文化层面的“高等动物”可谓“不伦不类”,故此,中国人骂人“畜生”就是这个意思。不甘下流入畜生者,此所以人之有良知也,良知就是儒家语境的“自然权利”和“权利伦理”,其政治位阶因此优先于权力官位,故孟子说:“人皆有不忍人之心。先王有不忍人之心,斯有不忍人之政矣。以不忍人之心,行不忍人之政,治天下可运之掌上。”〔1〕

〔1〕《孟子·公孙丑上》。

这是儒家权利伦理所蕴含的政治奥义:"不忍人之心"是说人所普遍具有的"于心不忍"的道德品质,即儒家人常讲的"良知",是治理天下的人性基础;"三代之王"的圣贤之治就是理想的社会治理,它自然折射出作为社会治理规范的法律的人性论本质。因为相信每个人在本性上都是圣贤,法治才是可能的,所以宋儒程颢才说:"必有《关雎》《麟趾》之意,然后可行周公法度。"[1]周公的"法度"就是儒家所理想的社会治理规范——"礼乐制度",但它的前提是确立规范的动机和实施治理的目的必须符合圣人的道德意图,而圣人的道德意图就是对自然规范的伦理性解释,如雎鸠之交配、麒麟脚趾踏步都有深远的道德启示,其生命权利蕴含深邃的政治伦理:雌雄交配非为寻欢作乐而是延续自然永恒生命的道德责任,麒麟踏步非任性奔跑而是不践生草、不履生虫,表达对自然生命的平等尊重。这些都是国家社会治理的道德风范,所以《诗经》第一章"国风"就以"关雎"开头、"麟之趾"结尾,表达了自然法则对于社会法则的道德启示,即自然权利在伦理上对于制度权力的超越性,满足了现代法治思想中政治的正确性和公权力的合宪性要求。

[1] (宋)程颢、程颐:《河南程氏外书卷第十二》,载《二程集》(上),中华书局2004年版,第428页。

《刑案汇览》的编撰及其价值

林　乾*

【摘要】 清代中期之后,随着例案的增多,最高统治者益发强调司法机关断罪引用律例,且本“情法两平”的原则,对不能引用律例的案件,要随事比附,变通审断,以免冤滞。作为对司法官员的指导的案例编撰活动日益兴起,《刑案汇览》即集大成之作。它汇集了刑部说帖、成案、通行等大量档案资料,内容以加强其统治、维护秩序为最终目的,具有很高的法律价值和时代价值。

【关键词】 《刑案汇览》　编撰　价值

《刑案汇览》是清代司法案例中经过整理的卷帙最为浩繁、史料价值很高的刑事案例汇编。它成书于道光十四年(1834 年),汇集了乾隆初年起至书竣时止总计 5650 件案例。它作为研究鸦片战争前清朝由盛转衰时期法律变迁的不可多得的史料,早已为中外研究者所重。本篇着重叙述其编撰过程、内容及价值,以此透视这一时期清朝法律的递嬗。

一、编撰缘起及过程

清代有私人编辑案例的传统,如李之芳的《棘听草》、蓝鼎元的《鹿洲公案》、胡平的《驳案成编》、沈廷瑛的《成案备考》等皆属此

* 作者系中国政法大学法律史学研究院教授。

类。与前诸书相较,《刑案汇览》成书最晚,但价值最高,影响最大。

《刑案汇览》由祝庆祺辑,鲍书芸参订。

“清以例治天下。”[1]雍正时已有“条例繁多”之累。[2] 乾隆五年(1740年)《大清律例》颁行全国,标志着清朝的刑事立法已经完备。为了适应形势变化和加强统治的需要,乾隆帝将例文的修订制度化。乾隆七年(1742年),将顺治二年(1645年)设置的律例馆首次改隶刑部,自此,刑部堂官兼充律例馆总裁成为定制。[3] 四年以后,经内阁等奏请,决定五年修例一次。尽管如此,仍不能适应纷繁变化的各种刑事案件审理的需要。《清史稿》讥评清高宗“性矜明察”“以万变不齐之情,欲御以万变不齐之例”,称乾隆一朝,“改变旧例及因案增设者为独多。”[4]

例文的大量增加不但使律这种根本法“多成空文”,而且使例文之间“前后抵触”,给执法者带来诸多不便。从法源的角度看,例文多源同而流别,因为它“分载各门”,[5]又与刑部之外的各部则例参差歧异,这些都是司法腐败滋生的土壤。尤其是当一个王朝转入中衰之际,由于制度本身的缺陷,司法腐败往往成为王朝衰亡的加速器。

在这样的情况下,最高统治者总是强调司法机关要明慎用刑,断罪引用律例,不得高下其手。同时,本着“情法两平”的原则,对不能引用律例的案件,要随事比附,变通审断,以免冤滞。

鲍书芸为安徽歙县人,自道光三年(1821年)起在刑部任职,当时刑部存放大量案例、公文,“浩如渊海”,不胜其多;而且还有不断

---

〔1〕 邓之诚:《中华二千年史》(卷五·下·第二分册),中华书局1988年版,第531页。

〔2〕 《清世宗文集》卷六。

〔3〕 张德泽:《清代国家机关考略》,中国人民大学出版社1981年版,第108页。

〔4〕 《清史稿·刑法志一》。

〔5〕 《清史稿·刑法志一》。

增加的新的案例。由于这些案牍属于“历年成案”,价值很高,但因没有分门别类,故利用起来相当不便。为此,鲍书芸打算进行整理,后因公务繁忙而未果。后来鲍书芸之母去世,他回到扬州。丁忧期间,他与浙江会稽人祝庆祺过从甚密。当鲍书芸得知祝庆祺正在进行自己久蓄心中而未能做的整理刑案的工作时,大为惊喜,于是请祝庆祺到家中修成全书。二人“商榷是非,悉心对勘,昕夕忘疲”。[1] 全书即将修成时,祝庆祺受闽浙总督孙尔准之聘,充其幕友,使编撰工作暂告中辍。

道光十一年(1811 年)十月,孙尔准以病乞休,翌年二月病卒。[2] 祝庆祺再次来到扬州,在鲍书芸的家中继续修撰《刑案汇览》。经过三易寒暑,该书于道光十四年编辑完成。鲍书芸在序中称此书:“于广搜博采之中,寓共贯同条之义;胪陈案以为依据,征说帖以为要归。一切谨按通行,无不备具。散见者会之,繁称者简之。其有未尽,更辑拾遗,以备参考。门分类别,条理秩然,以是征祝君刑名之精,而用心之苦也。”而取名《刑案汇览》,“盖以穷源竟委,俾阅者一览无遗汇而通之,可以无不明,无不慎”,收“荟萃之功”。[3]

《刑案汇览》计 60 卷,收集案例共 5650 件。案件发生时间起自乾隆元年(1736 年),迄于道光十四年,绝大多数发生于乾隆四十年(1775 年)之后。

其编排体例按《大清律例》的分类法为序次。《大清律例》共分为 436 节,每节有一个小标题,即律文之目,《刑案汇览》依律目序次,相关案例附于其下,无案例者则略之。同时,《刑案汇览》的分类标题不尽同于《大清律例》,如《大清律例》“名例”律的首条是“五

〔1〕《刑案汇览·鲍书芸序》。本文引用版本为中国台湾成文出版社 1968 年版。下同。

〔2〕《清代职官年表·总督巡抚年表》。

〔3〕《刑案汇览·鲍书芸序》。

刑”,《刑案汇览》卷一的首条是“赎刑”,下载若干案例,《大清律例》的第 2 条是“十恶”,第 3 条为“八议”,《刑案汇览》因无这两条的案例,故“应议者犯罪”成为《刑案汇览》的第 2 条,以下类推。经对照,《刑案汇览》收集了 270 节与《大清律例》相对应的案例。[1]

《刑案汇览》之所以为研究者所重,主要是因为该书的案例绝大多数来自档案,包括说帖、成案、通行等。

清朝的刑部有“直省刑名总汇”之称,是六部中职官最多的(407人)一个部,所属有直隶、奉天等 17 个清吏司及督捕司、提牢厅、减等处等下属机构,全国各直省刑名案件题、咨到部,按省区分由各司复核原审。各司在审核该管地区题、咨案件后拟具说帖,呈刑部会堂,以求准驳。若刑部会堂认为该案“例无专条,情节疑似”,即将各司拟定的说帖批交律例馆复核。律例馆对该案核查后,再拟具说帖,呈交刑部会堂酌夺,再行交司照办。所有这些说帖的原件皆装订成册,列入刑部档案。刑部说帖始自乾隆四十九年(1784 年),至该书编辑时已逾五十年,因此保存在刑部的说帖“愈积愈多”,“其中有今昔情形不同及初无定例后有专条者,有案情重叠并先后所论不同者”,这些说帖按年汇册,但没有分门别类,难以检阅。《刑案汇览》一书将“说帖与现行条例,逐加详核,析异归同,删繁就简”,共计集入乾隆四十九年(1784 年)至道光十三年(1833 年)的说帖 2800 余件,约占《刑案汇览》全书的 4/10。

据《刑案汇览》“凡例”所言,另有 700 余件说帖在编辑时被删除,这主要包括两部分:一是“今昔不同、初无定例后有专条者”,如情重人犯赶入秋审、五军三流酌量地方安置、免死强盗量予监禁等条;二是“先后所论不同者”,如回民执持器械分别是否凶器、年幼犯事扣足生年月日、知情买娶被拐妇女买主与和诱首犯同罪等条。这

---

〔1〕[美]布迪·莫里斯:《中华帝国的法律》,朱勇译,江苏人民出版社 1995 年版,第 146 页。

两部分说帖或与其他各案重叠,或已废置不行,因此未收入《刑案汇览》。

“成案”作为判例的一种,是指比照判决之案。《刑案汇览》“凡例”解释曰:“成案俱系例无专条、援引比附、加减定拟之案。”[1]这些成案曾于道光三年进行一次详细的核查,当时按各司底簿逐细检查,自嘉庆十八年(1813年)起至道光三年止,得1900余案。编辑《刑案汇览》时,将其中“定有专例各案”予以删除,集入《刑案汇览》共1400余件。由于成案辞语简略,编入《刑案汇览》时,“悉照清查时原底集录,并无增损”,这不但可以使我们了解比附判决的结果,而且可以详细掌握其过程。因此,成案的价值是相当高的。成案占《刑案汇览》全书约25%。[2]

“通行”是指对全国各级司法机构具有法律上的指导意义的成案或诏令等的一种文书称谓。它通常是在皇帝针对某些成案发布的诏令的基础上,刑部认为该诏令及其成案具有普遍意义,从而“通行”全国。其中的一部分被律例馆修订律例时作为新例编入法典(此部分未编入《刑案汇览》),未编入法典的“通行”因为对全国具有指导意义,因而也在一段时间将其编辑成册,作为判案之参照。如自乾隆元年至嘉庆十四年(1809年)的通行即由江苏刊印,收入《刑案汇览》这一时期的通行,即来自江苏通行刊本。嘉庆十五年(1810年)以后编入《刑案汇览》的通行,则直接“照刑部原稿汇录”。在“通行”中还有一部分是作为刑部下属“各司遵办并不通行外省”者,这部分“通行”也编入《刑案汇览》,总计集入《刑案汇览》的通行达600余件。

除说帖、成案、通行集入《刑案汇览》外,尚有以下几种材料作为

---

〔1〕《刑案汇览》卷首《凡例》。

〔2〕《中华帝国的法律》核定说帖、成案在《刑案汇览》所占比例不确。参见[美]布迪·莫里斯:《中华帝国的法律》,朱勇译,江苏人民出版社1995年版,第198页。

《刑案汇览》的补充被集入。

编者在刑部时，“遇案自行记存者”，计500余件；邸抄中例无专条之案计200余件；从马士林的《成案所见集》中“择其例无专条尚可比附者”88件；《平反节要》中择录17件；《驳案汇钞》中择录19件；《驳案新编》《续编》中择录20件。

以上所有收入《刑案汇览》中的各案，“均与新例逐条核对”，遇有所引例文业经修改之处，全部查考律例，并详注本末原委。对例无专条、情同议异，介于疑似之间的案例，另行集为一本；名为《拾遗备考》，附在《刑案汇览》之后。[1] 另外，《刑案汇览》卷首还收入嘉庆、道光两朝颁布的《赦款章程》。

二、《刑案汇览》的内容及价值

对于《刑案汇览》的价值，清末著名法学家沈家本曾有这样一番论断，他说：

> 夫刑名关系重要。其事之蕃变，每千头万绪；其理之细密，如茧丝牛毛。使身膺斯责而不寻绎前人之成说，参考旧日之案情，但凭一己之心思、一时之见解，心矜则愎，气躁则浮，必至差以毫厘，谬以千里。往往一案之误，一例之差，则怡害无穷。《刑案汇览》一书，固所以寻绎前人之成说以为要归，参考旧日之案情以为依据者也。[2]

由此可见，《刑案汇览》是提供给审判断案者的“依据”和“要归”。由于它收集案例多，涉及范围极广，因此是我们较全面了解、研究清代中叶司法情况的第一手材料。如果对照《大清律例》，更可

[1] 《刑案汇览》卷首《凡例》。
[2] 《沈寄簃先生遗书》，“《刑案汇览》三编序”。

见统治者通过法律这一武器加强其统治、维护秩序的最终目的。同时,法律的变化以社会关系的变化为前提,而法律的调整又是对社会关系变革的确认和肯定。以下我们试图从这一角度展示《刑案汇览》的主要内容。

(一)对民众迁徙自由的管控松解,与对传统等级秩序的维护

清代继康熙“盛世滋生人丁,永不加赋”后,于雍正时期整体完成“摊丁入亩”。这项制度变革的意义绝非仅限于赋役史,它在取消人口税的同时,完成了传统社会单一税制的重要制度转换,从而把广大农业劳动者从土地上解放出来。我们过去谈人身隶属,主要是国家通过强制性的制度规定,使劳动者附着在土地上。雍正时期实行单一税制后,使有土地者有其税,无土地者不承担赋税(摊入时情况不同,此就制度的整体性而言),这是一项对弱势群体大有利的制度。后来推行保甲制,其要害或宗旨是社会治安,以及对流动人口的管理,并不限制流动。

《大清律例》卷八《户律》的第1条即是“脱漏户口”,这是强令所有人户必须附籍的法律条文。但是,自乾隆三十七年(1772年)始,因为“丁银既皆摊入地银,而滋生人户……永不加赋,则五年编审,不过沿袭虚文,无裨实政。”谕“嗣后编审之例,著永行停止。”[1]编审户口制的取消,给广大劳动者带来了迁徙的自由。因此,“脱漏户口”律也成为虚文,《刑案汇览》没有这方面的案例也是自然的。

《户律》的第2条是“人户以籍为定”,它是保障社会身份秩序的一项立法,目的在于维护固有的等级秩序。由于士、农、工、商又各自有籍,有的社会职业带有强制性的世袭特征,因此,这方面的案例不但具有社会学的价值,而且也是我们研究清代生产关系发生变化的第一手材料。《刑案汇览》中共集入这方面的案例16件,都是很有价值的。

---

〔1〕 光绪《大清会典事例》卷一五七《户部·户口》。

嘉庆二十二年(1817 年),广东巡抚就赎身奴仆洪兆龙所生之子应否准与平民一体应试,咨请刑部。广东巡抚认为,洪兆龙曾由其父卖人为仆,随即由其父赎出为民,“娶妻生子均在赎身以后,并未受郑姓豢养之恩”,如与放出世仆俟入籍三代后始准子孙应试,就会“漫无区别”,因此请准其赎身为民后所生之子孙与齐民一体应试,但刑部将巡抚咨请驳回,认为之所以三代后始准其子孙应试,“盖家奴身充贱役,若放出后即与平民一体应试出仕,祖父即得以家奴而上膺封典,不足以清流品而重名器。”刑部还具体解释例文并无歧义,称“赎身为民句下并无一代准其考试之语,则此等旗民放出家奴一语,自系统包各项家奴而言”,在引证八旗家奴例文后,认为“赎身为民者与放出家奴无异”,因此认定巡抚所请“殊与定例未符”,应按原订之例“妥拟报部核办,仍知照礼部。”[1]

此案例地方巡抚与刑部在理解条文上有不同意见。巡抚认为,洪兆龙与世仆不同,他是偶然为仆,没有受到主人“豢养之恩”,因此坚持洪兆龙为民后既取得平民身份,不应受三代为民籍的限制。而且,江兆龙之父本属平民,也即是其家并非世仆。但刑部从维护礼制的角度出发,拒绝变通。而且,在原有定例中,即有三代应试出仕,“京官不得至京堂,外官不得至三品”的限制。这就是说,赎身为民,历经三代后仍不能任高官,所谓“上膺封典”只是托词而已。

《刑案汇览》“人户以籍为定”条下还收入各类案件,如汉人奴仆忘恩赎身;控告家长,被发烟瘴充军[乾隆五十四年说帖][2];缘坐遣犯之子只准归入民籍,不准考试报捐[道光二年(1822 年)奉天司说帖][3];诬告良人系伊奴仆,比照八旗家奴钻营势力欺压孤幼例发

---

〔1〕《刑案汇览》卷七《户律·户役》,第 612 ~614 页。

〔2〕《刑案汇览》卷七《户律·户役》,第 614 页。

〔3〕《刑案汇览》卷七《户律·户役》,第 614 ~615 页。

驻防为奴[嘉庆二十三年(1818年)浙江司现审案][1];家生奴仆欺主幼懦谋买产业被从重判处[嘉庆二十年(1815年)福建司现审案][2];优伶轿夫朦捐官职被发充军[嘉庆二十五年(1820年)案][3];等等。值得注意的是,有几例长随之子蒙混捐官、出任、应试等案,均比照奴仆赎身例惩处。[4] 说明长随的社会地位是相当低贱的。道光十一年(1831年)还发生这样一个案例:据陕甘总督奏,原任东城正指挥罗汉保前因其父、陕西知州罗应康被人风闻曾交长随参奏,父子被革职。总督以罗汉保曾在喀什噶尔军营效力有功,请将其起复、出仕。是年九月初五日,道光帝发上谕,申饬陕督杨遇春曰:"革员罗汉保伊父曾交长随,已经褫革,即使出师勤劳,祇应杨遇春酌量给予奖赏,若令其出仕应试,则凡属仆隶人等皆得与身家清白者同登仕籍,何以区别流品?! 该督所请,著不准行,并传旨申饬。"[5]可见,最高统治者所竭力维护的是封建等级秩序。将长随等同奴仆,这或许是对地方官衙中广泛存在的这一阶层的贬抑,以此来保持长随与国家职官之间的森严等级及不可逾越的主奴关系。这方面的案例需进一步研究。

(二)加强社会控制,惩治"罢工"

18世纪中叶,在中国比较发达的江南地区出现了织工、踹匠等联合起来同坊主进行斗争的"叫歇"活动,这是中国早期的工人罢工。[6] 《刑案汇览》"把持行市"条下集入四件类似"罢工"的案例。

《大清律例》卷十五《户律》"把持行市"条的律文载:"凡买卖诸

---

〔1〕《刑案汇览》卷七《户律·户役》,第619页。

〔2〕《刑案汇览》卷七《户律·户役》,第618页。

〔3〕《刑案汇览》卷七《户律·户役》,第617~618页。

〔4〕《刑案汇览》卷七《户律·户役》,第617~618页。

〔5〕《刑案汇览》卷七《户律·户役》,第617页。

〔6〕江苏省博物馆编:《江苏省明清以来碑刻资料选集》,生活·读书·新知三联书店1959年版,第33页。

物,两不和同,而把持行市,专取其利,及贩鬻之徒,通同牙行共为奸计,卖己之物以贱为贵,买人之物以贵为贱者,杖八十。若见人有所买卖在旁,混以己物,高下比价,要相惑乱而取利者,虽情非把持,笞四十。”可见该条律文是维护公平交易及其秩序的法律条款,但粮船水手勒增工价的几个案例集入此条之下。

第一个案例是发生于乾隆五十三年(1788年)的奏准案。据江督奏:侯明章用绍兴帮粮船水手,船行到宿迁利运闸正待过闸时,侯明章因该船搭运,缓征漕米,比往年装米较多,要求增加工钱,并联合水手18人一同赴头帮旗丁宋炳和船上,勒令加钱方肯过闸。宋炳和允诺每船加钱3600文,侯明章坚持每船加钱6000文,宋不允。侯遂令众水手取闹,押运千总喝禁仍不休。时有漕标、候补千总云天彪奉委前往弹压,在侯不听劝阻的情况下上前捉拿。侯明章首先下手,将云天彪殴伤。清廷以侯明章目无法纪,照“部民军士不服拘拿,逞凶伤官”为首,照“光棍例”,拟斩立决,枭示河干。[1]

此案引用“光棍例”,对棍徒首领处以死刑,是最重的刑罚。而且,该条例并无处死后枭示或暴尸之文,从该案的严惩中可见清朝统治者以此对“聚众闹事”者进行威慑。同时,清朝漕运立法本来十分严酷,因为漕粮关系到京城官兵的用粮。清政府在漕运立法中最为强调的是漕船到通及返回时间,每一行程航段都有严格的时间限制。如果发生运厂偷盗漕粮,惩处极重,且“不准援赦”。[2] 此案中侯明章以勒加工钱而阻挠漕船过闸,正是统治者所着力打击的对象。对此案从犯的惩处也贯穿了重惩的原则:“为从下手之刘四,获日另结”,即根据“光棍例”应处绞监候。水手姚贵等虽未殴官,但先帮同侯明章向旗丁吵闹,运弁喝禁时仍闹不休,故判绞监候上减一等,拟流,“从重”改发黑龙江为奴,仍先枷示河岸。候回空漕船过

---

〔1〕《刑案汇览》卷十《户律·市廛》,第818~819页。

〔2〕(清)杨锡绂:《漕运则例纂》卷一六。

闸,再行发遣。其他与侯明章“同行”,但“未帮吵之犯”,也各枷号两个月,杖一百。[1]

第二个案例发生于道光五年(1825年)。据直隶总督奏称,外结徒犯邹三受雇与剥(驳)船拉纤。因食物昂贵,所给雇价不敷食用,遂邀众短纤向旗厂争索钱文,经千总任大恒喝阻,邹三仍肆行喧嚷,以致附从之人将千总殴打,撕破补服。此时,剥船已抵通州停泊,不致有误漕运。邹三只想增加钱文,并非勒价阻滞,情尚可原。应照“粮船短纤、如有棍徒勒价聚众攒殴等事,审实,将首犯发近边充军例”,量减一等,杖一百,徒三年。为从之王五等杖一百,于河岸枷号两个月。[2] 本案例与乾隆五十三年侯明章案有相似之处,但处理的法律依据却不同,侯明章案引用了适应面较宽,量刑更严厉的例文,本案却不是这样。这只能从是否阻滞漕船角度考虑,而且前者发生在宿迁,而本案却发生在通州。法司有“并非勒价阻滞,情尚可原”,为邹三案从轻处罚作了明确的解释。

《刑案汇览》“把待行市”条下的另两件案例,一个是发生于道光十一年的米铺收买旗员俸票,领米转卖案,该案照“把持行市,专取其利,若已得利计赃准窃盗论罪”,判犯者杖一百,流三千里;失察之仓场侍郎等官员受到议处。[3] 另一个是发生于道光八年(1828年)的广东洋行商人关成发积欠饷项及英国商人账共200余万两无力偿还案,关被抄没家产后,革去所捐职衔,照“交结外国互相买卖诓骗财物例”,发边远充军,从重改发伊犁,充当苦差。[4]

《刑案汇览》中还有一个罢市未成的案例,不过它置于“激变良民”条下。该案发生于嘉庆二十四年(1819年),商铺主李学隆等因

[1] 《刑案汇览》卷七《户律·户役》,第612页。

[2] 《刑案汇览》卷十《户律·市廛》,第819页。

[3] 《刑案汇览》卷十《户律·市廛》,第819~820页。

[4] 《刑案汇览》卷十《户律·市廛》,第820页。

铺邻马元德被贼供板,被知县传讯,李学隆等呈恳保释,不准后倡率罢市。该地有铺户300余家,结果只有李学隆等八家将铺户关闭,属罢市未成。法司将李学隆等比照"刁民借事罢市、斩决"例,量减一等,流三千里。[1] 这些例案都说明统治者对抗拒行为予以严厉惩处,以维护其正常的统治秩序。

(三)厉禁异端邪说,加强思想统治

清代专制主义皇权极度发展的一个重要表现,是思想统治超越了历代。不但运用法律控制思想、文化、舆论,严禁异端邪说,而且还实行法外用刑,以文字罪人。雍正时期,文字狱数量上升,雍正本人将以著述文字蛊惑人心的"奸匪",看作比明火执仗的"盗贼"更危险的根源,认为防盗易,防"匪"难。他明确提出:"大凡匪类之为害世道生民甚于盗贼,何也?盖盗贼确有形迹可凭,兼为成例所限,该管有司虽欲怠忽而亦势所不能。至于奸匪之徒,或托名斯文,或藉口著述,尽可置之弗问。所以,除贼犹易,而除匪甚难。地方大吏每膜外视之,皆系不识轻重。"[2] 乾隆执政之初,御史曹一士针对雍正时期以文字罪人之案越来越多,上疏指出:将一时失检之人等"皆比附妖言,罪当不赦,将使天下告讦不休,士子以文为戒,殊非国家义以正法,仁以包蒙之意。"请"嗣后凡有举首文字者,苟无的确踪迹,以所告之罪依律反坐,以为挟仇诬告者戒。"[3] 乾隆帝令刑部核拟具奏。于是,诬告反坐、故入人罪等条款,便以法律的形式规定下来。但乾隆中叶以后,完全走向相反,以妖书妖言处极刑的案例屡见不鲜。

《刑案汇览》《工律》"织造违禁龙凤文段匹"条下,有已革生员韦玉振叙父行述擅用"赦"字一案,颇耐人寻味。韦玉振乃江苏赣榆

---

〔1〕《刑案汇览》卷一一《兵律·军政》,第872页。

〔2〕《雍正朱批谕旨》,第九册,第5587页。

〔3〕《清史稿》卷三〇六《曹一士传》。

县人，原是生员。乾隆四十三年（1778年），韦玉振之父韦锡病故，其长兄韦玉麟旋亦患病，韦玉振经理丧事。因其父曾管社仓，让过穷佃息米，故韦玉振在叙其父《行述》时，有“赦不加息”“赦”屡年积欠等字样。其祖父韦仪来亦是生员，韦玉振在写其父《行述》时故意夸张其祖父韦仪来文字，叙入“韦仪来有《松西堂稿》，并藏书东西二楼”字样，并将《行述》刊成刷送。韦玉振以“赦”字欠妥，恐有贻累，即将此事呈报。经搜查，韦玉振家并无《松西堂稿》，所藏经史书籍亦无悖逆字样；东西二小楼俱贮食粮，并无书籍。只是在其《家谱》中，查有“世表”二字。经严加诘讯，皆是韦玉振捏说；《行述》妄用“赦”字，实系无知、失检，并非存心僭妄。江苏巡抚咨部时，拟照“违制律”，将韦玉振杖一百；其生员已革，折责发落；《行述》《家谱》板片销毁，其父无碍书籍发还。

刑部认为江苏巡抚所拟属轻，因韦玉振妄用“赦”字、“世表”字样，非仅“违制”可比，已属僭妄。因例无“僭妄”治罪专条，故比照“僭用违禁龙凤文”律，杖一百，徒三年。[1] 此案经刑部上呈，奏准执行。

乾隆中叶以后，文字狱大兴。此案发生时，正是清廷搜查禁书时期，而案发的重点又恰好在查禁的重要区域——江南。尽管此案是因韦玉振堂叔呈报，呈报目的是“恐有拖累”，恰好说明此案由查禁“违碍”书籍而起。又只用“赦”字、“世表”字样即比照严处，且将《行述》《家谱》板片销毁，已可说明此案是在当时文网严密时而兴。

与前述案件相近的，《刑案汇览》“造妖书妖言”项下有这样几个案例：据嘉庆二十一年（1816年）河南巡抚咨：已革生员杨英辰因醉后自思娶妾，指称洪沟出有娘娘等语。实属邪言妄布。将其依“妄布邪言，不及众”例，发遣为奴。刑部驳令该抚复审，证明杨英辰实系醉后戏言，并无心存不轨，传播惑人情事，将杨英辰改依“妄布邪

---

〔1〕《刑案汇览》卷六〇《工律·营造》，第3777～3779页。

言、不及众、拟遣例”，量减一等，拟杖一百，徒三年。[1]

一个革去生员的读书人因醉后一句“娘娘”被判三年徒刑，似乎不单是“文网严密”的问题，而是统治者政治神经紧张得“过敏”。

在此案发生的前一年，即嘉庆二十年（1815 年），有一位僧人倪道元因为他的徒弟在外游方回归，带有不经谣帖，倪道元没有及时呈首，又借给他人抄写、传布，因而比照“妖书妖言惑人，不及众”例，遣罪上量减一等，拟杖一百，徒三年。[2] 陕西巡抚在咨部时，没有具体写“不经”之语，但可以肯定是属于禁止流传的民谣、谚语一类。同年还有一位叫周文才的人，抄得不经字帖，携往他处传写，被比照“造妖书妖言不及众”遣罪上量减一等，杖一百，徒三年。[3]

以上案件从某种意义上说，都是妖书妖言罪的扩大化，是统治者运用刑罚手段实行思想文化专制的典型表现。

（四）对渎职等职务犯罪的惩罚

中国有“治民先治官”的传统理念，反映在行政活动中，即对官员的职责、权限、处分、议叙等规定比较详尽，通过《会典》、《则例》（《事例》）及各部《处分则例》等，有效地对官员实施管理。但这些一般仍停留在革职以前（含革职）的处分上，属于行政法律的范畴。但如果所犯重大，革职后将追究刑事责任。为了“存国体”，对官吏犯罪在诉讼程序上有一些特殊办法，但总体上惩处是严厉的。

除了官吏犯罪外，还有一些属于职业犯罪性质，这两方面在《大清律例》中都有许多要文。在《刑案汇览》中，这方面的案例也颇多，兹选取若干，以便分析。

《刑案汇览》“滥设官吏”项下，叙入了“假捏诡名，一人兼充两处代书”等案例。乾隆四年（1739 年）对在官人役加强了管理，要求必

[1] 《刑案汇览》卷一二《刑律·贼盗》，第 939 页。
[2] 《刑案汇览》卷一二《刑律·贼盗》，第 939 页。
[3] 《刑案汇览》卷一二《刑律·贼盗》，第 939 页。

须于著役之日,取具年貌,填写印薄,年至七十,即令罢役。这项通令全国执行的法律实际上针对御役把持官府,所谓官无定职,吏有“世袭”,而予以整顿的措施,包括各衙门应役多少吏胥,都有额数,超过要惩治。《刑案汇览》中集入的案例多属道光时期发生的,[1]也反映了乾隆以后吏治废弛的发展趋向。

“贡举非其人”项下收入的科举考试中违规犯罪的案例颇多,共有16案,包括“倩人代作文字”“入场之后商同换券”“入场之后妄攻冒籍,挟制试官”等。[2] 反映科场作弊无所不至,真所谓“各显其能”。值得注意的是,没有监试官、考试官营私舞弊之案。但实际上,清代科场大案每一个时期都有。而相当多的大案并非通过法定程序审理,而是经过皇帝钦定,因此《刑案汇览》所反映的也不能代表整体情况。

在“交结近侍官员”项下,只集入了“缘坐逆犯充当太监,夤缘滋弊”一案,该案发生在嘉庆二十年,是一个“成案”,并由皇帝亲自下谕旨定案。据刑部湖广清吏司奏,林表、林显是台湾“逆匪”林达之子,例应缘坐,因二人年未及岁,解京阉割,充当内监。其后,二人唤令其弟林妈定来京,又擅自容留其亲戚刘碧玉在花洞住宿,并将大内戏单等交由刘碧玉带回台湾。林显并写信恳请盐政、织造资助林妈定往来盘费,刘碧玉艳羡其声势,也来京请托。并且,林妈定来京后娶妻卢氏,欲为“逆犯”林达之后,还将刘碧玉所诸托的噶玛兰田簿交林寅登探听办理。林表、林显、林妈定均应比照“与内官互相交结、泄露事情、夤缘作弊律”,俱拟斩监候,林表应请旨即行正法。林显、林妈定赶入朝审情实办理。林寅登因现任二等侍卫,并不举首究治,拟流。嘉庆二十年七月十六日下旨,以林寅登“系一官”,仅拟

[1] 《刑案汇览》卷七《吏律·职制》,第591~594页。

[2] 《刑案汇览》卷七《吏律·职制》,第594~599页。

杖流属于轻纵，著改发伊犁，其它有关人员降革有差。[1]

该案卷入人员颇多，除织造等内务府官员外，尚有其他人员十数人。是典型的勾结近侍作弊案。由于犯者乃“逆犯”之后，因此在量刑上从重定拟。

《刑案汇览》“上言大臣德政”项下，叙入江西道御史请于“百姓保留上官离任”，或本官留恋授意者，交该部从重治罪“项下，立专条罪名，为刑部驳回之事。”[2]实际并非案例，属于立法之列。

《刑案汇览》“讲读律令”项下集入一条关于“颁发新例，遵照章程，各省翻刻”，与“御史条奏现行例应行修改”的说帖和条例，为我们具体理解律例颁发及修订，提供了较好的实证。

一条是乾隆五十四年说帖。奉天司查：“本部颁发刊刻纂修条例，先于乾隆三十三年及四十三年等年，将内外各衙门应颁数目开到清单，具奏声明，各省道府以下及州县等官，为数繁多，势难概行给发，应令布政使照样刊刷转发。其奉天府尹衙门颁发一部，饬令转行翻刻颁发，遵照在案。今奉天府尹以该省并无布政使，难照各省刊刷转发，且通计各属仅止一府、四厅、十二州县，咨请颁发十八部以便转发。奉天府认为：刷印律例，动关钱粮，虽四十八年续增卷帙无多，但将来归并全书，核计工价繁多，故将其驳回。”[3]

另一条是道光时御史关于现行例应修改的条奏。江西道御史奏称，“刑部为各省刑名总汇，每年各省题咨各件，约有数万。律例馆提调专司考核。历时五年即修一次。有与各部例文互异者，臣前充提调时将例内应修各案，逐句签出，因未届修例之时，不及呈堂更改。今蒙恩补授御史，理应将所签各条开写清单，恭呈御览，请旨饬交刑部，将各条详细查议办理。”该御史所签出者共四十一条，交由

[1] 《刑案汇览》卷七《吏律·职制》，第603～604页。
[2] 《刑案汇览》卷七《吏律·职制》，第605页。
[3] 《刑案汇览》卷七《吏律·职制》，第605页。

刑部确核。经刑部核定:内有原定例文未经该备,或新例与旧例互异,应将原例酌加修改并续纂为例者十条;又有例内所载官名与现在不符,及语句之间稍涉参差并无关罪名出入,应俟下届修例时,再行议改者十条,余下二十一条并无窒碍,应仍旧。刑部将此开列清单,恭呈御览,如蒙俞允,即通行内外问刑御门一体查照办理,仍俟下届修例时将议改各条酌加修改,与已经修改并续纂各条一并载入例册,永远遵行。道光十三年(1833 年)四月十八日奉旨:依议。所有清单条例,俟按照门类,散列各条。[1] 道光十三年御史所奏修改律例事,说明在五年修例之间,及时有增改,即按改定执行,届五年撰修时,一并载入例册,而载入例册前后的差别是"见(现)行"与"永远遵行"的区别。可见,二者还是有区别的。

《刑案汇览》《工律》"擅造作""造作不如法""失时不修堤防"等项下集入的案例多属渎职犯罪。这方面的惩处规定对现实有借鉴意义。"擅造作"项下集入广东司嘉庆十二年(1807 年)说帖。查律载:营造已损财物,已费人工,并计所损物价及所费工钱,重者坐赃论。又"坐赃致罪"通算折半科罪。一百两,杖六十,徒一年。此案:参革都司陈攀桂,因各船修理帆索、杠具等项,需用银两,辄将兵丁口粮银两那移充用,又不能按例妥办。于定例应领之外,计多用银三百五十八两零。属违例妄费。陈攀桂依"营造损费、坐赃"本律,杖六十,徒一年。因其多用银两于一年限内全完,自应照"那移限内完赃"例,免罪,将其开复。仍咨兵部,照例议处。其所领札付应缴销之处,移咨兵部办理。[2] 此例案比较典型,即引用律、例及兵部相关处分则例。将"罪"与"责"的界限明确区别。

嘉庆十四年(1809 年)江苏司案:荷花塘筑堤处所,因河底淤深,坝基不能坚实,遂致已合复开。不特糜帑费时,而下游田庐、民舍所

[1] 《刑案汇览》卷七《吏律·职制》,第 605~607 页。

[2] 《刑案汇览》卷六〇《工律·营造》,第 3776~3777 页。

损实多。查钱法以微末汛弁,希冀见好,妄行倡议,以致办理错误。应比照“造作不如法计所费工钱拟徒”律,加重发往伊犁充当苦差。[1]

《刑案汇览》“失时不修堤防”项下集入嘉庆十七年(1812年)说帖,乃直隶总督咨“李嘉申主令孙璞等纠众抗差”一案。例载:遇河工紧要工程,如有浮议动众,以致众力懈弛者,将倡造之人拟斩监候。该案李嘉申等因永定河附堤村庄设有险夫,每石承种官地六亩五分。凡有应行裁弯取直工程,派险夫挑挖土方,每方给银四分。由于挑挖工程需用土方过多,各夫延挨观望。孙璞等见各夫不肯上工,向李嘉申商议,起意纠众抗差,李嘉申主令孙璞等赴工求减,不准。遂将承领土方价银呈缴,各村均效尤。李嘉申虑及兴讼,告知孙璞等,向各夫凑钱应用。李嘉申依前罪律上量减,拟流。孙璞依“为从”拟徒。[2]

在《刑案汇览》《刑律》中,有“庸医杀伤人”一项,类似职业犯罪。《大清律例·刑律·庸医杀伤人》律规定:医生为人治病,用药或针刺不适当,因而致死病人时,经其他医生查实,原医生用药、针刺不适当系属过失、并非故意害死病人者,对原医生按“过失杀人”论处,处绞监候,可以银钱赎刑;该医生以后不许行医。《刑案汇览》“庸医杀伤人”共收入10个例案,其中“医生采买药石不精误毙二命”“庸医治病毒毙三命”“针刺治病姜汁点眼汗涌身死”“铺户卖药辨认不真误毙人命”“妇女瞧香治病针扎误毙人命”5个例案都是引用“庸医杀伤人”本律治罪的。此外的几个案例均属“假托神灵涂画假符治病”等邪术骗钱之类。这种以治病为名的骗钱把戏,惩处要严厉一些。[3]

---

[1] 《刑案汇览》卷六〇《工律·营造》,第3777页。

[2] 《刑案汇览》卷六〇《工律·河防》,第3785~3786页。

[3] 《刑案汇览》卷三三《刑律·人命》,第2152~2157页。

《刑案汇览》各方面的例案均较多，此不一一赘述。

《刑案汇览》刊刻后，祝庆祺再加编辑，又成《续增刑案汇览》16卷，集入道光四年至道光二十年例案1680件。《续增刑案汇览》刊刻于道光二十年，此时祝庆祺已病故，鲍书芸在“序”中称赞祝氏“读律察例，能得其微意所在”，对编撰《刑案汇览》“最为精密”，“有裨于国法民生。”[1]

祝庆祺编撰的两种《刑案汇览》刊行后，影响颇大，几乎成为“谳狱之准绳，定拟之圭臬，名法家莫不人置一编，奉为金科玉律”，[2]虽然这种评价不无溢美之处，但亦可见其受到法司的重视，这也是事实。

《续增刑案汇览》刊行时正值鸦片战争，中国开始步入近代。又经10余年，洪秀全领导太平天国，冲击了诸王朝的统治秩序，中央与地方的权力结构由以往的“内重外轻”向“外重内轻”演变，尤其是为挽救封建统治，司法权已经下移，正常的审判程序发生很大变化。所谓“庶狱繁兴，案情之变行诡寄，为昔未经见者所在多有。”[3]熙州人潘方舫有感于此，乃将祝庆祺二书刊行后的成案多加记录，积久渐多，并邀徐谏荃一同商订编撰，于光绪十二年（1886年）成《新增刑案汇览》16卷，主要集入道光二十二年（1842年）至光绪十一年（1885年）案件近300件，其中大多属于光绪时案例。《新增刑案汇览》一书的价值已不比前二书，其所收说帖不多，并在诸臣奏议及友人随笔中搜辑，还有很多“未奉部复定案者，间亦录及”，[4]这使之很难成为“定谳之依归”。但该书也有可取之处，最重要的是“军兴以来，凡营务、厘务、团练、游勇滋事及钻越、承袭、骗卖契札等案，皆

[1]《续增刑案汇览序》。
[2]《续增刑案汇览·凡例》。
[3]《新增刑案汇览序》。
[4]《新增刑案汇览序·凡例》。

先时所无，录之以备其缺。”[1]因此颇能反映中央权力下移及封建秩序混乱等真实情况。《新增刑案汇览》还从《曾文正公奏议》中，将陈国瑞与李世忠互斗案集入，将震动朝野的顺天戊午科场变也集入《新增刑案汇览》“贡举非其人”后，等等，都反映了编撰者通达时变的宗旨。这些又使该书有其独特的时代价值。

以上三种《刑案汇览》有光绪十四年(1888年)上海图书集成局仿袖珍版印本等。

此外，又有光绪年间刑部员外郎吴潮所纂《刑案汇览续编》32卷，续辑道光十八年(1838年)至同治十年(1871年)经中央司法机关审处的刑名事例共1696件。此书由叶佩者删订，著名刑案专家薛允升鉴定。有光绪二十六年(1900年)蓉城李保和刊本等。

---

〔1〕《新增刑案汇览序·凡例》。

清代新疆发遣制度的形成与实施

华　立*

【摘要】 自乾隆朝平定新疆之后，新疆就成为发遣犯的重要发遣之地。结合各种官、私史料，我们得以一窥乾隆年间实施发遣新疆的时代背景及发遣条例制定与扩充的过程，遣犯在新疆的服役与生活，以及遣犯的出路特别是"年满为民"政策的形成与实施状况。这项制度，取得了很好的效果，但同样留下了不少的弊端。

【关键词】 清代　新疆　发遣制度　形成　实施

清代刑律的体系继承明代而来，分"笞、杖、徒、流、死"五种，即传统的"五刑"。流即流放，是仅次于死刑的重刑，所谓"流者，不忍加诛，则放流之，使之一去不返也"；或谓"去死一间，不忍杀之，流之远方"；这些解释，都清楚地指出了流刑在清代刑罚体系中的位置。同时，清代流刑的内容，包括了正刑和闰刑两个部分，互为补充。正刑的"流"分流二千里、二千五百里、三千里三等，也称三流，而正刑之外的闰刑，则有迁徙、充军以及本文将着重讨论的发遣等数种。量刑上，迁徙较流稍轻，指将犯人及其家属迁至离开原籍地千里之外处安置；充军分为五等，附近二千里、近边二千五百里、边远三千里，极边和烟瘴均为四千里，也称五军，其惩处明显重于正刑的流。而清代创设的发遣这一刑种，更被认为是清代流刑中最为严厉的一

* 作者系大阪经济法科大学亚洲研究所客员教授、吉林师范大学双聘教授。

种。这是因为“军罪虽发极边、烟瘴,仍在内地,发遣则发边外极苦之地”。也就是说,尽管充军或被发至云贵两广的烟瘴之地,但毕竟仍在直省,未出内地范围,而发遣是将免死减等的重罪犯人发配至黑龙江、吉林以及新疆等令人生畏的“边外极苦之地”去充当苦差或为奴,待遇更加严酷。

中国历史上将罪犯发配边疆地区的做法起源甚早,除了重加惩罚,减少此类罪犯对内地社会秩序的恶劣影响外,利用罪犯作为屯田劳力,开发边地,充实人口,也是历代统治者的重要意图之一。在清代,通过闰刑发遣的实施,更是将这一意图发挥到极致,为前代所未见。要特别指出的是,发遣制度滥觞于清初而盛行于乾隆以后,其契机乃是清朝完成对新疆的统一和对当地经营的全面展开。随着新疆成为清代发遣的主要实施地,无论发遣条例的扩充丰富,或是发遣规模的扩大,都达到了一个高峰。

关于清代发遣新疆的研究,自20世纪80年代以来受到关注,已陆续涌现一批成果。较早涉及这一课题的,在大陆有张铁纲、叶志如、齐清顺、周轩等人,在台湾地区有吴佳玲、廖中庸等人,在海外则有日本的川久保悌郎、加藤直人,美国的 Joanna Waley-Cohen 等人。[1] 此外,王希隆和笔者也曾先后论及发遣与清代新疆屯垦的关

〔1〕 如张铁纲:《清代流放制度初探》,载《历史档案》1989年第3期;叶志如:《清代罪奴的发遣形式及其出路》,载《故宫博物院院刊》1992年第1期;叶志如:《从罪奴遣犯在新疆的管束形式看清代的刑法制度》,载《新疆大学学报》1994年第4期;齐清顺:《清代新疆遣犯研究》,载《中国史研究》1988年第2期;周轩:《清代新疆流人研究》,新疆大学出版社2004年版;吴佳玲:《清代乾嘉时期遣犯发配新疆之研究》,(台湾)政治大学民族研究所1992年硕士学位论文;廖中庸:《清朝官民发遣新疆之研究(1759~1911)》,(台湾)东海大学历史研究所1992年硕士学位论文;[日]川久保悌郎:《清代における辺疆への流罪配流について:清朝の流刑政策と辺疆　その一》,载《弘前大学人文社会》1958年第15号;[日]川久保悌郎:《清代満洲の辺疆社会:清朝流刑政策と辺疆　その二》,载《弘前大学人文社会》1962年第27号;[日]加藤直人:《清代新疆の遣犯について》,载《清朝と東アジア　神田信夫先生古稀記念論集》,山川出版社1992年版;Joanna Waley-Cohen, *Exile in Mid-Qing China:Banishment to Xinjiang,1758 – 1820*,Yale University Press,1991。

系;近年还可见到青年学者王云红等人的研究。[1] 经过上述一系列研究,有关清代发遣新疆的基本轮廓和主要史实已大体清晰,但是在一些方面,如确定以新疆为主实施发遣后,发遣条例的扩充与调整如何展开,其具体过程与背景如何;遣犯的来源、构成,清朝对遣犯在服刑地如何安置并进行管理,其供役与生活的实际状况如何;以及服刑期满后的遣犯有怎样的出路或去向,所谓"遣犯为民"的政策究竟如何付诸实施,发遣对清代新疆当地社会产生了怎样的影响等环节上,都还存在不少值得更深入且细致探讨的空间。鉴于此,笔者拟在吸收已有成果的基础上,聚焦上述问题,充分运用第一手的档案史料并结合其他文献再作探讨,以期推动研究的进一步深化。

一、乾隆年间实施发遣新疆与发遣条例的制定

如许多先行研究已指出的,清代早期的应遣罪犯主要发往东北边地。顺治时期的事例多见于盛京地区及其周边,其中包括了尚阳堡、铁岭等地,同时抑或发遣至更远的宁古塔。至康熙朝,黑龙江地区作为重要发遣地逐渐取代了原来的盛京和尚阳堡,除了宁古塔,发遣地点扩大至黑龙江、三姓、伯都纳、乌喇、墨尔根等处。这一时期的发遣案例很多受到当时政治的牵连,如有名的科场案、奏销案,有浓厚的政治流放意味,这也与后来在新疆地区以刑事犯罪为主的发遣形成区别。康熙末年至雍正时期,清廷为了防范准噶尔部入侵,曾在漠北的科布多、乌兰固木一带设立北路军营,同时开设屯田,将一部分原遣东北的罪犯改发该地耕种役使,但仅为一时之策,并未改变以东北为主实施发遣的一贯方针。然而到了乾隆二十三

[1] 如王希隆:《清代西北屯田研究》,兰州大学出版社1990年版;华立:《清代新疆农业开发史》,黑龙江教育出版社1995年第1版、1998年第2版;以及王云红:《清代流放制度研究》,人民出版社2013年版。

年（1758年），随着清朝平定准噶尔部和镇压大小和卓反清势力的战事节节进展，基本确立了对新疆的统治格局，清初以来的发遣制度也在此时出现了重大转变，新疆作为新的发遣实施地，开始进入清朝君臣的视野。

乾隆二十三年二月初四日，湖北道监察御史刘宗魏率先向清廷建议在新疆实施发遣，上奏后受到乾隆皇帝关注，立即指示军机大臣与刑部详议具奏。九天后的二月十三日，经军机大臣、大学士傅恒领衔将议复结果上奏，奉旨“着为定例”，正式确定了在新疆实施发遣的方针。对此事，《清高宗实录》卷五五六有如下记载：

> 军机大臣等议奏，御史刘宗魏奏，请嗣后盗贼抢夺挖坟应拟军流人犯，不分有无妻室，概发巴里坤，于新辟夷疆并安西回目扎萨克公额敏和卓部落迁空沙地等处，指一屯垦地亩，另名圈卡，令其耕种。其前已到配各处军流等犯，除年久安静有业者照常安插外，无业少壮、曾有过犯者，一并改发种地，交驻防将军管辖，应如所请。并将此外情罪重大军流各犯一体办理。从之。[1]

应该说，以上文字大体反映了发遣新疆方针问世的梗概，迄今为止的有关研究也多据此进行叙述。但是还要指出的是，本条记载并非刘宗魏奏疏和傅恒等议复的原文而是概括，而在概括当中，又略去了许多作为研究原本值得关注的要点，也因为过于概略，甚至带来文中部分字句的不易理解，故仍有回到原始史料的必要。所幸的是，笔者经过翻检档案，分别找到了刘宗魏和傅恒的原奏，又见到了实施早期的发遣款项单，给进一步还原历史原貌提供了可能。

---

〔1〕《清高宗实录》卷五五六，乾隆二十三年二月己巳。

首先来看刘宗魏奏疏的内容。[1]

奏疏开篇以“请杜盗贼之流蔓以靖盗源”破题,称“稂莠不剪,必害嘉禾,盗贼者,民之稂莠,而抢夺、发冢,更盗贼中之尤堪发指者也。祇以罪分首从,情别重轻,除死罪外,定为军流徒杖,全其生命而惩创之,原欲使其改恶易行以安善良”,此乃军流等刑的本意。但是接下来又指出,由于国家境况的变化,考证军流等刑的实施现状,流弊甚多,已难发挥原来应有的作用。

> 三流有宅自二千里、二千五百里至三千里,而充军地方则有边卫、边远、极边、烟瘴及黑龙江等处等名目。亦以若辈罪孽深重,必投诸水土恶劣之区,使任夫困苦难堪之役,以赎其死。今国家承平日久,生齿日繁,和气翔洽,无论二三千里之近,在在皆成沃土,即向所称烟瘴者,已渐化为泉甘土肥矣,向所指黑龙江等处者,今且既庶而富矣。是以定例内载应发黑龙江等处者,各按罪名,或照名例徒流迁徙地方条下,分别发遣之例问发,或照军卫道里表,分别极边烟瘴问发。而应问烟瘴充军者,若该犯离家四千里外并无烟瘴,即以极边为烟瘴,定卫发遣。其有应发遣之卫所已改设州县者,照旧发遣,仍注军籍当差,以该州县为专管等语。查近今数十年,卫所多改州县,配往军犯并无应当之差,全与安插徒流无异。况直隶、江南、山东、山西、河南、浙江、江西、湖广、广西、四川、贵州、云南等省,俱以陕西为极边,浙江、江西、福建等省人以直隶为极边,而直隶、山东、陕西、河南、陕西、湖广、四川、贵州等省,且以江南、浙江为边远。极边本系腹地,顾加以边远、极边之号者,盖最重之军罪,亦止以该犯离家四千里为断。里数既足,法无可加,不得不迁就其名也。

[1] 《朱批奏折》(中国第一历史档案馆藏,下同),乾隆二十三年二月初四日刘宗魏奏(档号04-01-08-0001-001)。

据上可知，刘宗魏认为现行的军流起不到应有惩罚作用的原因，一是随着国家承平，生齿日繁，原来流刑中的边远乃至烟瘴之地逐渐开发，转成沃土，使“任夫困苦难堪之役以赎其死”变得有名无实；二是与明代不同，清代不再实行卫所制，军犯到配无差可应，“与安插徒流无异”。加之流放地的规定及军流道里计算混乱、内陆省份与沿海省份互为极边，造成“极边本系腹地”的怪相。而大量军流人犯聚集内地各省，败坏当地风气，带来社会治安的严重隐患，正所谓“犹移植稂莠，往害嘉禾，不可不重防其弊也。”

铺垫至此，刘宗魏话锋一转，点明了上奏的主题。

> 钦惟皇上天威远播，讨平准噶尔，辟地数千里，中多可垦之旷土，而安西回目扎萨克公额敏和卓部落业已迁往土鲁番，空出沙州地亩，现在招徕耕种，议设将军驻防。臣愚请在巴里坤等处指一屯垦地方，另立名色圈卡，以示区别。将嗣后凡犯盗贼、抢夺、挖坟，应拟军流人犯，不分有妻室无妻室，与例应佥妻并例听该犯情愿携妻与否者，一概发遣彼处种地。其从前定案业已到配之军流人等，并令直省督抚查明，除到配年久安静有业者照常安插外，其无业少壮曾有过犯人等，亦一并改发口外种地处所，交与该将军管辖。

很显然，刘宗魏认为，随着讨平准噶尔，辟地数千里，新疆作为悬绝关外有待开拓的一片新土，是不折不扣的“边外极苦之地”，加之开展屯种急需补充劳力，将重罪犯人发遣至此役使，正符合发遣的惩创原则。同时也因其地遥远，与内地相隔，可以减少对内地社会的不良影响。“夫惕以重法以绝其为恶之心，资其筋力以收此屯田之利，于新辟疆境不无裨益，且使内地人民知所警惧，不敢复为盗贼抢夺挖坟等事”，一举两得。在具体实施方法上，则提出了以下几点：

(1)关于何种罪犯适用于新疆的发遣,刘宗魏着眼盗贼、抢夺、挖坟一类应拟军流的恶性犯罪,主张不分有无妻室,连同例应佥妻并例听该犯情愿携妻与否者,一概按发遣新疆办理。(2)除今后拟罪发遣犯人外,业已在内地配所服刑中的军流犯人,凡无业少壮、曾有过犯者,也均实行改发,令至口外种地处所。(3)关于具体安置地点,提议发至巴里坤等处,指一屯垦地方,另立名色圈卡,以利管理。此处指名"巴里坤等处"而不是其他地点,应是鉴于当时新疆其他地区新定或尚未全定,巴里坤在新疆东部,地近甘肃,经营已久,屯种亦有规模而有此建议。笔者前读《清高宗实录》卷五五六中所记刘宗魏关于遣犯安置建议,见有"概发巴里坤,于新辟夷疆并安西回目扎萨克公额敏和卓部落迁空沙地等处,指一屯垦地亩,另名圈卡,令其耕种"等语,曾疑惑前后文之语意牵混,不知何以既言"概发巴里坤",又将安西之"迁空沙地"与"新辟夷疆"并列。现经比照奏疏,得以解惑,知实录这段文字中的"安西"云云,并非刘宗魏原文,而是他人概括时所后加,也因此产生了文字上的偏离。

刘宗魏的建言,迎合了正在考虑大力经营新疆的乾隆帝的想法,当即以赞赏的口吻批复:"此奏确有所见,军机大臣会同该部详议具奏。"以傅恒为首的军机大臣等秉承旨意,也以积极态度讨论,一方面肯定该建议颇多可取,另一方面也指出"御史折奏专重强盗窃贼而言,夫贼盗中如鼠窃狗偷或懦弱疲惫,不皆堪以驱役之人,而军遣各犯内桀骜顽梗不由盗贼获谴而情节较重者尚多,若去此留彼,固不足以创惩凶恶,即一例改发,亦未得乎轻重权衡"。为纠正刘宗魏所奏过分拘泥于强盗窃贼等少数犯罪类型的不足,傅恒等人"详加酌议",针对军流人犯全面权衡,拿出了一个包括20余款发遣条例的详尽方案。

请于军流遣犯内,如①造谶纬妖书传用惑人不及众者、②师巫降邪神并一应左道异端之术煽惑人民为从者、③军民吏卒殴伤本管官者、④采生折割人已行而未伤人为从者、⑤谋叛未行为从者、⑥逃避山泽不服追唤者、⑦凶徒因事忿争执持军器殴人至笃疾者、⑧放火故烧人空闲房屋及田场积聚之物者、⑨聚众十人以上带有军器兴贩私盐拒捕伤人为从者、⑩开窑诱取妇人子女勒卖为从者、并该御史所奏、⑪强盗免死减等、强盗已行而不得财者、⑫强盗窝主造意不行又不分赃者、⑬窃盗临时拒捕伤非金刃伤轻平复者、⑭积匪猾贼、⑮抢夺伤人为从者、⑯捕役豢贼一二名至五名者、⑰发掘他人坟冢见棺椁为首及开棺见尸为从者、⑱窃赃数多罪应满流、及⑲三次犯窃罪应充军者，以上各项，除实系老弱残疾不能耕作之人毋庸改发外，余均发往巴里坤等处种地管束。此外，寻常军流案内有情节较重者随时酌量请旨改发。至于⑳现在各省已经到配之军流遣犯内，如有怙恶不悛为匪脱逃者，亦照此办理。[1]

引文中标注的序号系笔者所加，以便区隔各款。据此可知相当于刘宗魏原奏提议有 9 款，傅恒等酌议后增加了 10 款，作为今后发遣新疆时遵循的条例规定，在此基础上又加入了"各省到配军流遣犯中怙恶不悛为匪脱逃者照此办理"一款，达到 20 款，并规定寻常军流案犯情节较重者可"随时酌量请旨改发"，为实施发遣新疆提供了法律依据。在此之后，稍经增补，形成了"应发新疆项款二十二条"。关于"二十二条"的存在，我们从中国第一历史档案馆藏乾隆朝"原议改发巴里坤款项单"也能得到印证。该单逐条开列发遣条款，除原样收入经傅恒等议定的以上各条外，在最后增补了"窃脏满贯拟绞三次缓决以上者"和"私铸铅钱不及十千情轻者"两条，共计

---

〔1〕《朱批奏折》，乾隆二十三年二月十三日傅恒等奏（档号 04－01－08－0001－005）。

达到22项。[1]

不过对于发遣新疆，当时大臣中的认识并不尽一致，下令实施未久即出现反对声音，而这种反对声音的背后，其实还隐含了对乾隆帝经营新疆战略的不理解。六月，御史朱嵇以"递解多费口粮及渐染边地习俗"为由，奏请将"改发巴里坤人犯酌量仍复旧例发遣"。十二月，御史李绶再上奏，称巴里坤为屯田要地，不宜令薰莸共处。乾隆帝痛斥此等持意见者对于发遣新疆一事毫无理解，愤然掷还李绶之折。[2] 同时又利用各种场合反复说明在新疆实施发遣的意义和必要。如当年五月乾隆帝即在一次上谕中表示："此等人犯本系情重大应死之人，因有一线可原，未即置之於死，其实与黑龙江等处为奴人犯无异。不过因西陲平定，是以发往巴里坤等处给屯田绿旗兵为奴耳。"说明并非另创新刑罚，而是顺应西陲平定的新形势，将发遣地重点转至西北。乾隆二十五年（1760年）为新科进士举行廷试，条对策问专门议论"以古之屯田为劳民，今之屯田，劳民正所以惠民"。于此再次颁布上谕，驳斥朱、李二人之谬并宣示向新疆发遣乃至鼓励内地移民的深远意义。[3] 乾隆二十六年（1761年）三月，又以更加明确的口吻谕示："此等发遣人犯，本属去死一间，以之投畀远方，既不至染腹地民俗，而现在新疆屯垦处所在在丰收，该犯到彼，又可力耕自给，实为一举两得。"[4]强调无论从维护内地治安或充实边疆人手出发，发遣新疆都势在必行。

在乾隆帝的大力推动下，发遣新疆很快在内地各省着手实施。乾隆二十四年（1759年）六月，由各省解送至甘肃的遣犯及家属人数

---

[1] 《朱批奏折》，无上奏人及年月日，题名《原议改发巴里坤款项单》（档号04-01-08-0158-017）。

[2] 朱嵇上奏事见《清高宗实录》卷五六五，乾隆二十三年六月乙亥；李绶上奏事见同书卷五七六，乾隆二十三年十二月癸亥。

[3] 《清高宗实录》卷六一二，乾隆二十五年五月壬子。

[4] 《清高宗实录》卷六三三，乾隆二十六年三月辛酉。

已经累计达到1200余名之多。甘肃巡抚衙门对其随到随发,按照由近及远的方针,陆续发往安西、哈密、巴里坤等地安置。[1]然而如此迅猛的势头也带来了意想不到的难题。一方面,对于遣犯的起解、途中押送等问题,各地州县对应不及,产生各种混乱;另一方面,新疆的用兵尚未收尾,作为出入新疆之门户的甘肃省还需支应军务。一个更现实的困难是,这一年甘肃歉收,仓储匮乏,无力为汇集此地的遣犯提供口食,这一切都迫使刚起步的发遣不得不暂时中断。

两年后的乾隆二十六年,新疆大功告成,驻军屯田从巴里坤一带扩展至乌鲁木齐、伊犁等地,加之甘肃年谷时熟,各方面的条件已经具备。是年三月,清廷下令恢复发遣新疆,从此遣犯不断西来。不过,在经历了前番周折后,刑部认识到此前制定的发遣条例过多,不易执行,遂对"二十二条"酌量删减,确定了以重犯为主,"择其桀骜难驯,屡惩屡犯,如强窃盗贼及抢夺发冢凶徒等项,渐染甚易,驯化又难,请照原议发巴里坤给种地绿旗兵丁为奴,其余仍依各犯本律应配地方分别充配"的方针。[2]

需要指出的是,发遣新疆条例在乾隆二十六年之后还屡经修订,条例时增时减,头绪纷繁,要说清其变动细节并不容易。乾隆时期之变动大者,除了二十六年,还有三十二年(1767年)、四十四年(1779年)、四十八年(1783年)数次。它反映出清廷力图"因时损益",既要保持新疆的遣犯数量以便役使,又要兼顾当地的弹压能力以防止失控。以下概述其要。

乾隆三十二年,由于重开发遣以来每年改发新疆的遣犯人数不下六七百人,伊犁、乌鲁木齐等地遣犯"积而愈多",且此类遣犯"多系顽梗性成,约束非易",决定在旧定应发各款中酌量情节,选择"其

---

〔1〕《录副奏折》(中国第一历史档案馆藏,下同)、乾隆二十四年闰六月十三日吴达善奏(档号03-1350-005)。

〔2〕《清高宗实录》卷六三二,乾隆二十六年三月庚子。

非积凶,尚易约束”者6条照例遣发,而将积匪猾贼、回人行窃等情节较重的16条各照本律地方发配。[1]

经过节年减发,乌鲁木齐等地转而出现了屯田遣犯数量不足的问题。乾隆四十四年,经乌鲁木齐都统索诺穆策凌奏请,决定恢复一度停发新疆的“十六条”,其中情节较重者给兵丁为奴,情节较轻者发巴里坤等处补耕屯缺额。[2] 根据乾隆末年成书的《新疆条例说略》,可知积匪猾贼、抢夺满贯、回民行窃、发冢见棺或开棺见尸、窃赃数多罪应满流、抢夺金刃伤人等凶恶犯罪都在此次重新列为发遣新疆的对象。

由于重罪发遣者的数量可观,恢复“十六条”后仅4年即乾隆四十八年,伊犁将军伊勒图便上奏表示伊犁遣犯积有四千余名,除去回籍、病故及已正法等项外,实有三千数百余名,“类多顽梗积匪,不安分之徒”,最易滋事。照此趋势下去,将导致遣犯多于防兵,不可不慎重考虑。[3] 为此,清廷再度修订发遣条例。伊勒图提议将对象缩减到从前的“易于约束者六条”,而刑部经过斟酌,再从以前改发内地“十六项(条)”及乾隆四十七年(1782年)增入的一项共17项内选出相对情节稍轻约束尚易的5项,如强盗窝主造意不行又不分赃等,连同乾隆三十二年以来实施的6条(项),共计11项作为发遣新疆对象,以其余12项改发内地。如吴佳玲所指出,这次规定的改发内地“十二项”条例,成为日后发往新疆遣犯增拨减删时首先考虑的罪名。[4]

---

〔1〕《清高宗实录》卷七三二,乾隆三十二年四月乙巳。

〔2〕《清高宗实录》卷一□九□,乾隆四十四年九月乙未。

〔3〕《朱批奏折》,乾隆四十八年十一月十七日伊犁将军伊勒图奏(档号04-01-30-0366-015)说得更为明确,在“十六条”中,“情节较重者八条给兵为奴,情节较轻者酌拨种地当差”。

〔4〕吴佳玲:《清代乾嘉时期遣犯发配新疆之研究》,(台湾)政治大学民族研究所1992年硕士学位论文,第26页。

乾隆五十年(1785年)以后,条例的局部增改仍时有可见,但不再出现大幅度的调整,由"原例遣罪""流刑改遣""军罪改遣""免死改遣"四部分构成的新疆发遣条例形成体系。根据吴翼先对历次奏发条例所作的辑录,可知迄至乾隆末,先后共出现过66项原例发遣及由军流等罪改遣的规定,至乾隆末年仍在实行的有30余条。[1]

综观新疆发遣条例,可知发遣对象的重点始终是刑事性罪犯,这也是清代发遣新疆的一大特点。以刑事犯为主发遣新疆,对清朝在新疆的政治统治不易产生不利影响,而就一般社会的罪犯构成而言,刑事罪犯的比重远高于政治性犯罪,这又使遣犯来源得有较充分的保证。符合清朝在新疆屯田等经济生产活动中大量役使遣犯的基本意图。为此我们看到,在执行有关发遣条例的同时,清廷一方面对发遣新疆人犯的年龄、身体条件也一再作出规定,以保证遣犯到配服役时的劳动能力。例如,"凡老弱残疾,不能耕作之人,毋庸发往新疆";发遣之人年龄不得超过50岁,即使情节恶劣,有意从严惩治者,亦不得超过60岁。"各犯年在六十以外及废疾者,仍照例发往四省"。另一方面,为了遣犯能够安定于新疆当地,提倡携眷到配即佥妻发遣,"除老弱残疾及年逾五十不能耕作之人仍照原例办理外,余均佥妻改发乌鲁木齐等处"。[2]

二、遣犯在新疆的服役与生活

乾隆二十六年在新疆重开发遣以来,遣犯不断西来,发遣地也从最初的东部巴里坤、哈密等少数地点扩展到天山北部各地。总体来说,对遣犯的安置和管理,与新疆军政体制的构成及屯田之分布关系密切,因此对天山以北,大体可分作两个区域来考察:一是乌鲁木齐都统辖制的东路地区,包括乌鲁木齐及其周边(后设迪化州领辖

---

〔1〕(清)吴翼先:《新疆条例说略》卷一。
〔2〕(清)吴翼先:《新疆条例说略》卷二。

昌吉、阜康、济木萨、玛纳斯、精河、库尔喀喇乌苏、吐鲁番等),以及巴里坤(后设镇西府领辖古城、木垒以及哈密);二是伊犁将军驻节的北路地区(含伊犁九城与塔尔巴哈台)。至于天山以南的回疆(清代也称南路或南八城),出于对当地穆斯林居民在民族与宗教上之特殊性的考虑,初期鲜有发遣之事,直到乾隆五十年之后才有所增加,但其人数规模与东路乌鲁木齐及北路伊犁完全不能相比。

关于遣犯在新疆的服役情况,较早研究这一课题的齐清顺将其区分为种地、当差、为奴三种供役类型,种地即屯田耕种,当差即从事耕种以外的开矿、运输、土木、河工等劳役,为奴即发给驻防官兵或回疆各城伯克为奴。他是在援引乾隆四十四年刑部议奏的基础上作此归纳,判断不为无据,但对刑部奏议的理解似乎还不够准确。在齐清顺之后探讨此问题的日本学者加藤直人就指出,他同意齐清顺将对遣犯的役使大体归纳为三类,但同时又指出,就刑部奏议中的分类本身而言,多是在遣犯脱逃时用作进行惩罚的量刑标准,因此不应简单看作只是对遣犯的供役进行分类。笔者也认为加藤直人的见解值得重视,刑部所说的种地、当差、为奴三种处置,不应浅显地理解为役使内容的区分,更应看到其在法律上的量刑意义,即根据遣犯的犯罪情节轻重、是否一般常犯(民人有犯)或官犯(官员有犯),以及是否具有旗人身份等情况而作出的,对该犯到配后惩罚的轻重及服刑待遇上的区分。一个明确的事实是,分配给绿营屯田官兵的为奴遣犯都随同主人从事耕作即种地,而分配给察哈尔、厄鲁特等营官兵的为奴遣犯则随同主人游牧,乌鲁木齐、伊犁的矿山劳作也大量使用为奴遣犯,因此很难把"为奴"简单解释为供役内容。相反,把"种地"和"为奴"作为量刑标准,就可以很好地理解发遣条例中的有关规定。如乾隆二十七年定,犯"盗砍围场内木植"罪者,"初次、二次发乌鲁木齐等处种地,至三次发给乌鲁木齐种地兵丁为奴”,[1]“种地”和“为奴”显然在法律的惩罚程度上具有递进加重的关系。

根据笔者对史料的研读,新疆遣犯的发遣身份主要由为奴和当差两种构成。一般民人罪犯即常犯中,为奴遣犯占压倒多数,官犯中的多数则为当差或效力当差遣犯。这一点从清代新疆政书类史料的记载中也可以得到证实。乾隆四十年代中期成书的《乌鲁木齐政略》设“遣犯”门,内有“自乾隆二十六年九月起,截止四十三年九月止,通共发来当差、安插及为奴各项遣犯××名”的记载[2]。虽然原应写有人数的部分缺载,令人遗憾,但可知管理上对遣犯分为当差、为奴及安插,而不见种地。所谓安插,系指清朝对部分内地民人的强制性迁徙,其人身受到限制,类似遣犯,但在安插地作为民户对待,有关情况将在后文涉及。又如美国哈佛大学燕京图书馆藏《伊犁低(底)册》[3]记载乾隆末年伊犁遣犯情况称,“每年各营脱逃兵丁闲散家奴并当差、为奴遣犯,年底造册汇咨兵、刑部”。又在“册房应办事宜”条中记载,此时册房存有“管理现在复用官员并效力当差废员册四本”“管理现在当差人犯册三本”“管理现在种地安插以及金川缅甸余丁册一本”“管理现在为奴人犯册二十七本”“管理金川逃兵册一本”“管理金川溃兵册一本”“管理河州逆回犯妇册一本”“管理山东逆案胁从人犯册一本”“管理闽省溃兵册一本”“管理甘肃案官员子嗣当差册一本”。名册的种类及册数也清楚地表明为奴人犯是伊犁遣犯的主体,其次是各类当差人犯。这种遣犯构成

---

〔1〕《清朝文献通考》卷二□□。

〔2〕本书作者佚名,有抄本,藏北京大学图书馆。另有王希隆:《新疆文献四种辑注考述》,甘肃文化出版社 1995 年版。又,据辑注者考证,此书应成于乾隆四十四或四十五年。

〔3〕本书为抄本,佚名,共四册,无卷页。笔者 2004 年在给该馆访书时得见。书中年代最晚可见乾隆五十八年,应为乾隆末年的记载。封面的书名系后人手书,作《伊犁低册》,但“低”字不通,疑为“底”字之误,即《伊犁底册》。下同。

在嘉庆以后也维持未变,据成书于嘉庆初年的《总统伊犁事宜》,册房的管理对象为当差、为奴各犯,每年十二月底止,查明一年内收除各项人犯并随带子侄总数,开单交印房查办。[1]

发遣在新疆实施之初,正值清朝在当地大力推动屯田,力求就地保障军粮供给。屯田的重心在东路乌鲁木齐一带,遣犯作为屯田急需的劳动人手,早期多以这一地区为中心安置,命其从事耕种,这就是研究者常常提到的遣犯屯田,又称遣屯或犯屯。

遣犯作为身份特殊的屯田者,必须置于官兵的严密监管之下,因此遣犯屯田始终采取兵犯合屯的形式,附属于各个绿营兵屯。根据遣犯不同的犯罪情节,又分成承种份地和在屯田兵丁的份地上随同力作两种对待。[2]

承种份地的对象,多是犯罪情节稍轻,发往种地当差的遣犯,此外还包括一部分携眷的为奴遣犯。[3] 各屯区对份地亩数的规定不完全一致,在乌鲁木齐、玛纳斯、精河、库尔喀喇乌苏及伊犁等地,承种份地遣犯每名给地 12 亩,少于屯兵的 20 亩;对有眷遣犯多拨地 5 亩,用作家属的赡养。[4] 而巴里坤、古城、木垒在乾隆年间给地 22 亩,与屯兵同额,嘉庆年间才改为 12 亩。[5] 除了土地还拨给少量牛具籽种等生产资料,并酌给盐菜钱。乌鲁木齐所属各屯,每 3 名承种

[1] (清)永保:《伊犁总统事宜》,载马大正等编:《清代新疆稀见史料汇辑》,全国图书馆文献缩微复制中心 1990 年版。本史料为研究清代新疆必不可少的重要资料,可惜在进行铅字重排时发生多处错字和断句错误,故引用时需加意甄别,以求准确。

[2] 《清高宗实录》卷一□九□,乾隆四十年九月乙未条称:"请交部择其中情节重者给兵丁为奴,轻者即发巴里坤等处,补耕屯缺额。"可知清廷区别对待的原则。关于遣屯(犯屯),前引王希隆《清代西北屯田研究》第四章的论述颇为翔实,值得参照。

[3] 参见吴元丰:《清乾隆年间伊犁遣犯为民后的屯田》,载《中国边疆史地研究》1994 年第 4 期。

[4] 佚名:《乌鲁木齐政略》,遣犯。

[5] (清)达林、龙铎:《乌鲁木齐事宜》,屯田;参见王希隆:《新疆文献四种辑注考述》,甘肃文化出版社 1995 年版,第 129 页。亦参见《三州辑略》卷四;格琫额:《伊江汇览》,屯政。

份地遣犯额给马牛1匹(只),农具1副(后减为每6名给农具1全副);巴里坤、哈密遣犯因承种地亩数与屯兵同额,每名给马牛1匹(只)。[1] 在早期,作为“补耕屯缺额”的劳动人手,巴里坤和哈密的种地遣犯曾设定额,但实际上因所属遣犯人数时有变动,并不始终保持足额状态,其他各屯则似乎并无定数。据《钦定皇舆西域图志》对乾隆三十年至四十年东路各屯种地遣犯人数的记载,取其最高值,分别是乌鲁木齐1747名,玛纳斯207名、库尔喀喇乌苏105名、精河103名,巴里坤350名、哈密180名。[2]

遣犯在份地上的生产所获,规定“其收获之粮,除给一岁口粮三百六十斤外,所余尽数交纳”。[3] 乾隆四十年,为保证收获量,清廷议准新疆的“屯田分数赏罚例”。各屯的赏罚标准因土地条件而稍异。乌鲁木齐种地遣犯收获细粮4石以上为功过相抵,不赏不罚,6石6斗以上者每日加赏白面半斤,达到10石以上时加倍,每日加赏白面1斤,而不及4石时将受到重责。伊犁地区水土条件优于乌鲁木齐,故功过相抵的标准提高为6石以上。巴里坤和哈密则“所有劝惩之处,俱照该处兵丁分数一例办理”。[4] 毫无疑问,对从事耕种的遣犯来说,每日口粮1斤的定量远不足以糊口,那么是否有可能通过加倍努力来获取条例规定的赏给呢?笔者根据史料考察了乾隆二十六年至四十二年共计16年间乌鲁木齐提属各屯种地遣犯的收获量,结果是:收成4石功过相抵不赏不罚11年,不足4石1年,6石6斗以上4年,达到10石以上的年份一次也没出现。[5] 这也说明岁

---

〔1〕 (清)达林、龙铎:《乌鲁木齐事宜》,屯兵地粮;参见王希隆:《新疆文献四种辑注考述》,甘肃文化出版社1995年版,第129~130页。

〔2〕 《钦定皇舆西域图志》卷三三《屯政二》。

〔3〕 (清)格琫额:《伊江汇览》,屯政;载马大正等编:《清代新疆稀见史料汇辑》,第69页。

〔4〕 光绪《大清会典事例》卷一七八《户部屯田》。又参见华立:《清代新疆农业开发史》,黑龙江教育出版社1995年版,第93页。

〔5〕 数字参见佚名:《乌鲁木齐政略》,屯田。

收4石，基本上是这里的遣犯生产能力的极限。由于靠提高收成分数来增加口粮并不现实，而种地遣犯确实面临“口粮不敷、衣履无出”的严重困境，当局曾允许遣犯在规定亩数（也称正地）之外加种土地以谋补贴。然而这项地亩往往又成为管屯官员盘剥侵吞的对象。乾隆三十二年五月经乌鲁木齐都统吴达善揭发出来的哈密道员萨瀚虚冒案就是一例。当地蔡巴什湖屯的遣犯节年增垦余地达数百亩，原为“粘补遣犯口粮衣履等项”，而主管官员萨瀚却将余地所得补入正地产量之中，使屯地收成分数虚高，制造丰收增产的假象，以图邀功。[1] 由于种地遣犯生活确实苦累，当局不得不考虑略作补贴。乾隆五十年，经福康安等奏准，巴里坤种地遣犯照哈密屯田遣犯例，于月支面30斤之外，增给10斤，并岁给鞋脚等银。

与承种份地的遣犯相比，发给绿营屯田兵丁管束的为奴遣犯的境遇就更为严酷。所谓“赏给屯兵为奴，自有该兵丁督课取力，牛具籽种，毋庸另为办给，所居土屋，令自行盖造”[2]指的就是这种情况。为奴遣犯没有份地，不另给生产工具，由屯兵直接管束，配合屯兵劳作。因不提供官给口粮，须靠屯兵养活，生活最无保障。伊犁将军明瑞就承认：“赏给屯兵为奴人犯，皆系积恶盗贼，绿营兵得项无几，或难养赡约束。”[3]

关于东路种地遣犯的总数，受史料局限，无法举出确切完整的数字。就乌鲁木齐所属五堡、昌吉、罗克伦、玛纳斯、济木萨各屯来看，乾隆三十一年有1219名，三十三年进而达到1747名。[4] 这是种地遣犯人数的高峰期，考虑到还应加入兵丁管束下的为奴遣犯，则这个数字将更加庞大。与此相应，同时期乌鲁木齐地区绿营屯田官兵

---

〔1〕《朱批奏折》，乾隆三十二年五月十六日吴达善奏（档号04-01-23-0057-003）。

〔2〕《清高宗实录》卷五六四，乾隆二十三年六月癸亥。

〔3〕《清高宗实录》卷七六一，乾隆三十一年五月乙酉。

〔4〕《皇舆西域图志》卷三三《屯政二》。

人数在三千数百名到四千数百名。随着负责弹压的官兵与遣犯的比例降至不足3：1，不能不引起当地官员的不安。乾隆三十一年，乌鲁木齐办事大臣伍弥泰奏称“乌鲁木齐遣犯太多，兵丁甚少，请将遣犯暂停发往”。却遭到乾隆帝斥责，称其过于姑息，传旨申饬。[1]不过第二年四月，清廷还是同意调整发遣数量，将积匪猾贼等16项凶恶犯罪停发新疆。事实上，伍弥泰等人的担心并非过虑，乾隆三十三年九月，昌吉发生遣犯暴动，约200名遣犯半夜起事，打开城门，杀死把总和通判并连夜向乌鲁木齐进发，后被赶来的官兵镇压。有关这场暴动的官方记载甚少，什么是引发暴动的直接原因，参与暴动的遣犯构成如何，等等，至今难详。来自纪昀《阅微草堂笔记》的说法是昌吉屯官醉酒后调戏遣犯的女眷，以致遣犯们忍无可忍，起而反抗。纪昀获谴事在乾隆三十三年，他于次年到达乌鲁木齐配所，而此时距暴动过去不到一年，应该有可能听到真相，故他的记载有较高的可信性。无论真相的细节如何，不难想象是某种悲惨的生存状况逼迫遣犯们铤而走险去冒死一拼。昌吉暴动失败后，清朝受到极大震动，除了处死所有与事遣犯，乌鲁木齐地区的发遣规模也有变化。加上由内地移民组成的民屯在当地不断成长，兵屯趋向收缩的大背景，乾隆三十年代中期以后在乌鲁木齐各屯种地的遣犯人数一路下行。乾隆四十四年，因当地存留的遣犯劳力不敷分配，遂又奏请朝廷修改发遣条例，重新增加遣犯数量。

前已提到，《乌鲁木齐政略》“遣犯”门中除了当差、为奴外，还有“安插”这个类别，也称安插户。如王希隆指出，清律，遣罪中有“边外为民”的规定，但具体不详。被安插人员中有不少人，其本身行为尚未触犯刑律，但清朝当局认为他们类非良善，对社会治安构成威胁，不宜留在内地，故强制迁徙至边远之地落户。乾隆年间新疆的安插事例主要有如下数次：

---

〔1〕《清高宗实录》卷七五六，乾隆三十一年三月戊寅。

（1）乾隆二十八年，以湖北武昌府属马迹岭地方吴姓大族“盘踞为匪，怙恶不悛”，“久为地方之害”，将该族30余户男妇大小近百人分批迁徙边外，先后递发乌鲁木齐、巴里坤、安西等地安置。[1]

（2）乾隆三十二年，因甘肃固原州徐帽儿庄有巨盗团伙，除将巨窝马得鳌及其家属等重犯拟问发遣外，同庄其余人户也分三批发巴里坤、木垒、乌鲁木齐安插。[2]

（3）乾隆三十六年，安南国黄公缵在国内不能立足，率眷属请求内附。清廷认为黄公缵等“实非安静之人”，便将其14户120余名口，悉数迁至乌鲁木齐安插。[3]

（4）乾隆四十年，在安南开矿的内地民人发生械斗，先后逃回国内2000余人，时称“厂徒案”。清廷除将“滋事悍黠者”63名定为发遣，发往伊犁给种地兵丁为奴，另将“迹涉犷悍”者900余名发往乌鲁木齐所属各地安插。[4]

以上安插各例在待遇上与一般遣犯最大的不同，就是在安插地落户后，比照民屯待遇，拨给土地，借给牛具籽种，按民屯例升科纳税，在偿清借项后可拥有土地等生产资料，管理系统隶属地方官府。换言之，安插户在新疆是民户身份，其生存环境远胜过屯田遣犯。从这个意义上说，他们不同于一般遣犯而介乎遣犯与民户之间，是清代新疆发遣中的特殊群体。

遣犯除了被用于屯田，还大量地被驱使于各种苦差劳役，在史料中通称为“当差”。必须提起注意的是，充当这些苦差劳役的决不限于发遣身份为“当差”的遣犯，而包括了大批为奴遣犯。在“设有重

---

〔1〕《清高宗实录》卷六九□，乾隆二十八年七月丁卯；卷七七九，乾隆三十二年二月丁巳。

〔2〕《清高宗实录》卷七七九，乾隆三十二年二月丁巳。

〔3〕《清高宗实录》卷八六三，乾隆三十六年九月。

〔4〕《清高宗实录》卷八八八，乾隆四十年八月癸未。

镇，统率六营，幅员辽阔，差务殷繁”[1]的伊犁，对供役遣犯的数量需求尤为巨大，遣犯的“当差”（指充当苦差）内容也因此而十分多样。如果说东路乌鲁木齐地区对遣犯的役使主要体现在屯田方面，则北路伊犁地区对遣犯的役使更多地体现在充当苦差方面。下面就以伊犁地区为重点来对此进行考察。

从乾隆中期到同治初年新疆大乱之前为止，伊犁一直是统辖全疆的军政中心。伊犁河谷地带共建九城，以最高军政长官伊犁将军坐镇的惠远城为中心，拱卫呼应。在兵力上，由满蒙八旗组成的满营以及锡伯、察哈尔、厄鲁特（亦作额鲁特）、索伦四部落兵构成的四营，加上绿营屯田兵，共计占全疆驻军半数以上的清朝精锐部队集中于此。还在乾隆三十一年，陕甘总督舒赫德就根据伊犁的兵力以及当地对供役遣犯的需求，建议将发到新疆的遣犯按照伊犁 3 人、乌鲁木齐 1 人的比例分配，被清廷采纳。[2] 此后，伊犁便一直成为新疆最大的遣犯收容地。笔者看到两组有关乾隆后期伊犁遣犯（含官犯）的数字。一为乾隆五十五年（1790 年）时的数字。伊犁计有（1）当差项下遣犯 361 名；（2）为奴项下遣犯 2523 名；（3）“现在四厂力作捐帮者”897 名。以（1）（2）（3）合计，共计 3781 名。[3] 另一记载为乾隆五十七年（1792 年）时数字，称“自乾隆二十六年起至五十七年底止发来，现在遣犯共三千六百四十二名，随带子侄共三百八十名”。[4] 两组数字的时间前后相差两年，总数相去不远，应该说大体反映了这一时期伊犁遣犯的人数状况，即维持在三千数百名的规模上。不过从第一组中（2）为奴项下数字有关常犯部分还附带了常犯

---

〔1〕（清）格琫额：《伊江汇览》，差徭，见前引马大正等编：《清代新疆稀见史料汇辑》，第 65 页。

〔2〕《朱批奏折》，乾隆三十一年五月十八日舒赫德奏（档号 04-01-01-0265-007）。

〔3〕（清）永保：《伊犁事宜》（乾隆年间抄本、北京大学图书馆藏）。

〔4〕《伊犁仸册》，册房应办事宜。

1612名、已为民者871名的说明来看,以上数字应是现役遣犯与已经年满为民遣犯的合计。

伊犁遣犯的当差供役,主要的大宗派拨有“四厂局”,即铜厂、铅厂、船工和钱局四处。

铜厂先设在伊犁哈尔海图地方,乾隆四十一年(1776年)由伊犁将军伊勒图奏请开采,后因哈尔海图地方铜矿不旺,在哈什另开新矿,嘉庆六年(1801年)又从哈什移至巴彦岱呼巴海地方开挖。铅厂之设早于铜厂,乾隆三十一年即在惠远城东南的沙拉博和齐山开始采挖黑铅。所产之铜和黑铅,皆为伊犁铸币不可或缺的原材料。矿洞多在深山危岭之中,遣犯“或历危巅,或入深井,酷暑严寒,劳苦万状”。[1] 船工乃是在伊犁河上从事与水运有关的作业,最主要的运输任务一为运粮,二为运送军需用品。伊犁满营的口粮主要由回屯供应,回屯的粮仓设在固尔扎城,空载船只顺流而下至固尔扎,载粮后重船返回上游的惠远、惠宁等城,因逆流而行,不仅需要水手驾船,还需要大量遣犯拉纤助力。伊犁河水湍急,又多砂石,浅滩磕碰,遣犯等还要随时修补船只,所以船工也是极重的苦差。[2] 钱局即宝伊局。乾隆四十年起设炉两座铸币,工作兵丁从绿营调补,另有遣犯名额,“从各处当差、为奴人犯内选择充当”。[3] 当然,除了以上四厂局,各种与九城驻军日常生活相关的劳役也会驱使遣犯从事。如惠远城、固尔扎皆有渡口,每处设渡船二只,令遣犯常川伺候,以备往来行人并运送官物品之需。惠远城距伊犁河北岸不远,洪水时节要派遣犯护堤,甚至伊犁军民筑城建房所用砖瓦石灰等材

[1] 《朱批奏折》,乾隆四十九年二月二十六日伊勒图奏(档号04-01-01-0409-020)。

[2] (清)格琫额:《伊江汇览》,船运,见前引马大正等编:《清代新疆稀见史料汇辑》,第74~76页。

[3] (清)永保:《总统伊犁事宜》,抚民同知应办事宜,见前引马大正等编:《清代新疆稀见史料汇辑》第247页。

料，也多由遣犯烧制。[1]

乾隆后期在四厂局供役的遣犯在八九百名之间。以《伊犁仳册》所记人数为例：[2]

铜厂　遣犯八十余名当差打矿，每年约得铜八千四五百斤不等，耕种遣犯一百余名，另有捐帮衣履遣犯三十三名。

铅厂　额派遣犯一百五十余名当差打矿种地，另设捐帮衣履人犯二十名、捐帮口粮人犯十三名。每年约采获铅一万至一万二三千斤不等。

船工　设船十六只，派遣犯四百余名，内三百六十余名驾船运粮及当各项差使，四十名耕种。另有捐帮衣履人遣犯四十名。

钱局　派工作遣犯二十九名，由各处当差为奴人犯内选择充当，与绿营调派的工作兵丁二十二名协同作业，开炉期间日给口粮二斤，停炉期间日给一斤。

据上可知，四厂局中除钱局外，各处供役遣犯还需自筹口粮，为此设有专门从事种地的遣犯名额，以所产粮食供应矿夫船工口食。这里还出现了捐帮衣履或捐帮口粮遣犯的名目。充当此类的多是官犯或常犯中一些家境较好有经济能力的遣犯，用出资协助解决遣犯衣履口粮的方式来代替体力劳动的服刑。由于鼓励遣犯捐资帮办有助于减轻清朝在新疆当地的财政经费困难，这类措施不仅在伊犁，也在乌鲁木齐等处被普遍采用。乌鲁木齐铁厂规定，从遣犯内派拨 200 名，以 150 名挖铁，每日额交荒铁 300 斤，所获铁斤用于打造各处屯田农具之用，另以 50 名种地，所收粮食作为挖铁人犯口食，而铁厂中一切杂费，则于遣犯内酌募有力捐赀者，每名每年捐银 30

〔1〕 参见齐清顺：《清代新疆遣犯研究》，载《中国史研究》1988 年第 2 期。

〔2〕 四厂局遣犯人数分别见《伊犁仳册》的有关部分。

两,以供厂费。铁厂开厂之初捐赀遣犯曾达到百余名或七八十名,后来因为人数渐减,不敷支出,于是规定捐银不拘30两之数,有愿捐20两或10两者,也准许呈报。[1]

对遣犯供役情况考察到此,其实还留下一个重要疑问,那就是,除了坐给绿营兵随同种地以及被派拨四厂局等处承担苦差的为奴遣犯,那些规定坐给伊犁驻防八旗兵(满营以及察哈尔、锡伯、厄鲁特、索伦等四营)的为奴遣犯如何供役。齐清顺和吴佳玲都将北疆为奴遣犯区分为给绿营兵和给驻防八旗兵两种,将后者列为种地与当差之外的又一供役类型,但对于这类为奴遣犯是不是一直跟随主家官兵受其役使,其劳役内容为何,是否因主家生计需要或时代演变而有所不同,等等,都言之泛泛,难得要领。[2] 笔者近来通过进一步搜检档案,发现了一些案例,对目前的研究状况或可有所补充。首先,在乾隆时期,坐给伊犁驻防八旗官兵的为奴遣犯,特别是分在察哈尔、厄鲁特等营的为奴遣犯,确实随同主家劳动,受其驱使。如乾隆五十年九月察哈尔营的为奴遣犯马氏脱逃案即此一例。马氏因"河州逆回"案连坐发遣,她为主家放羊,因惧怕主家责打而逃走,后被捉拿正法。[3] 其次,由于为奴遣犯大多为重罪犯,凶悍难驯不服管束,又要负担其衣食,而一旦发生脱逃,身为主家的官兵也要受到责罚,所以很多官兵并不情愿接受。乾隆三十一年,因为绿营不愿收容为奴种地的遣犯,清廷下令"改赏能约束之满兵为奴";[4]乾隆五十二年,因发给厄鲁特营的为奴遣犯与兵丁"彼此语言不通,难

---

[1] 参见吴佳玲:《清代乾嘉时期遣犯发配新疆之研究》,(台湾)政治大学民族研究所1992年硕士学位论文,第139~140页。

[2] 参见齐清顺:《清代新疆遣犯研究》,第88页;吴佳玲:《清代乾嘉时期遣犯发配新疆之研究》,(台湾)政治大学民族研究所1992年硕士学位论文,第141页。

[3] 《军机处满文录副奏折》(中国第一历史档案馆藏),乾隆五十年九月二十五日奎林奏(缩微号135-1974)。

[4] 《清高宗实录》卷七六一,乾隆三十一年五月乙酉。

于役使，未免不能约束，易致脱逃"，命今后发给伊犁驻防官兵为奴的遣犯主要发往满营及察哈尔营服役。最后，至嘉庆、道光时期，又有新的变化，即便是坐给满营或察哈尔、索伦等营官兵的为奴遣犯，也出现了到营后派往船工或各厂当差而非跟随主家役使的情况。以道光四年（1824 年）十二月的一起遣犯纠伙入室行窃案为例，参与此案的朱亚牛和谢肥古，皆系行劫案内照免死减等例发遣伊犁为奴遣犯，于嘉庆十九年（1814 年）和二十一年（1816 年）先后到配。朱亚牛坐给索伦营披甲额尔阿楞名下为奴，谢肥古坐给察哈尔营披甲索伦名下为奴，但两人均被派往船工当差。犯案当时两人因船厂隆冬停运，"告假偕至瞻德城佣趁，冀图得钱，添补衣履"，在已免罪释放遣犯李葵沆的鼓动下起意行窃。[1] 另外，也可见到吴亚三这样的案例。该犯系嘉庆二十一年到配，坐给惠远城满营正白旗马甲柯什布名下为奴，派旗屯当差，道光元年（1821 年）十月十六日因误差惧责，乘间脱逃。[2] 以上虽然还只是部分事例，但提醒我们，关于坐给驻防八旗兵为奴遣犯的供役，还有进一步探讨的空间，其情形很可能多样并随时代而有变化，要慎下结论，切忌一言蔽之。

最后还要说到发往南疆为奴的遣犯。内地各省的为奴遣犯进入南疆，大体始于乾隆五十三年（1788 年）。是年清朝在直隶、山东等地查办震卦教等"邪教案"，认为南疆回众信仰的伊斯兰教，与内地的民间秘密宗教"另是一教"，故决定将有关人犯"分发回城如乌什、叶尔羌、阿克苏等处回子为奴"。[3] 此后，又陆续将天地会、白莲教、清茶门教、天理教等秘密结社案内人犯及闽广等省海洋盗匪案内人

〔1〕《朱批奏折》，道光五年六月二十二日庆祥奏（档号 04－01－01－0678－049）。

〔2〕《录副奏折》，道光二年四月二十一日庆祥奏（档号 03－4022－005）。

〔3〕《清高宗实录》卷一三□六，乾隆五十三年六月甲辰。

犯陆续发往。据嘉庆二年(1797年)奏报,截止上年末为止,发给回疆八城伯克为奴者累计已达600余人之多,每名伯克须分领二三名。然而伯克们对这些人犯难于约束,不能很好地驱使供役,因此喀什噶尔参赞大臣长麟请求今后发遣仍以伊犁、乌鲁木齐为主,减少南路遣犯数量。[1] 道光以后,从便于管理出发,再将发往南疆为奴遣犯的役使顺序定为以发给各城之官员衙署供役为主,其次才是大小伯克。[2] 这些遣犯应是用于承担各项杂差苦役,但事实上由于管束松散,似乎不乏就地自行谋生的例子。[3]

三、遣犯的出路:关于遣犯"年满为民"与释罪回籍的一些考察

受史料所限,关于在新疆如何管理到配遣犯,有怎样的规定,曾一直难得其详。近20余年,史料汇编的陆续刊出与档案发掘的深入为此提供了可能。收入《清代新疆稀见史料汇辑》的永保《总统伊犁事宜》对此更是言之颇详,值得重视。加藤直人是较早利用该史料来探究新疆遣犯到配后管理办法的学者之一,近几年王云红也在其《清代流放制度》一书中有所叙述。但是如笔者在前面已经提到的,该史料在铅字排版时出现了一些错讹(包括断句错误),因此这里除了结合上述已有的研究来加以说明外,还参照档案等相关史料酌作订正,对错字的更正用〔 〕标出,以期还原史料的本来面貌。该史料虽然是就伊犁而言,但可以由此窥见新疆遣犯管理制度的大概面貌。

---

〔1〕《朱批奏折》,嘉庆二年正月二十一日长麟奏(档号04-01-08-0139-001)。

〔2〕《清宣宗实录》卷一四三,道光八年九月己未。

〔3〕和阗遣犯孙尔男重利放贷案即为一例。该犯于乾隆六十年发遣和阗拨给伯克为奴,却"在配营运为生",当地伯克及回子多人均曾向其借贷。见《录副奏折》,道光四年闰七月初三日那清安奏(档号03-4029-024)。

(1)遣犯到配,按规定记入档册,分发管理

发来效力当差、充当苦差的官犯,于到配之日,查明原文,摘叙简明案由并原定罪名、原任职衔、现在年岁、籍贯及派往何处当差,详记档册。

凡当差、为奴常犯,于到配之日,查取原文,摘叙简明案由及何司案呈、年岁、籍贯、到配年月、有无家属、坐给何营、分发管主、派拨何处当差,详细记册。

凡收到种地编管安插人犯,于到配之日,查取原文,摘叙事由、年岁、籍贯及到配年月记册。种地者,交绿营安插者,交抚民同知衙门管束。遇有事故,随时报明注册。

发来充当半分步甲,到配之日,查明年岁、经过摘叙案由,派拨惠远、惠宁两满营,交步军营当差,遇有事故,该管处报明注册。

以上各项人犯内,有签〔佥〕妻发遣,及自带眷口者,即于本犯名下,分别注明。到配后所生子女以及女人出嫁,子又娶媳者,均有该管处呈报册房,随时注册。

(2)发给腰牌和《普化易知》手册

收到当差、为奴各犯,册房即发大〔火〕烙腰牌一面,注明该犯姓名、籍贯、到配年月、坐给何管〔营〕,交给该管处给领。如有遗失,该管处报请补给。如该犯当差年满为民,换给民牌。如有病故、回籍,各该管处随时将牌呈缴,册房注销。

新收当差、为奴各犯,册房按名发给《普化易知》一本,令其熟读,并令同伙识字之人互相讲解。

(3)定期呈报查核

各厂局当差人犯,每月据该管厂员造册呈报,交册房查核,如有新收、开除,随时填注。

各处所管当差、为奴人犯,饬令按季造具四柱清册,送交册房查核。如有不符,随时饬驳更正。

册房于每月底,将前一月内收到人犯若干名,及年满回籍、减徒、起解、病故、脱逃等例,开列花名,除总数,缮稿呈堂,立案备查。

册房于每年八月终查造四厂当差年满报请为民各犯,造具底册,交印房办咨报部。

册房于每年十二月底止,查明一年内收除各项人犯并随带子侄总数开单,交印房查办。[1]

(4)把握遣犯刑期,对年满者分别造册呈报

废员,原犯为徒者,三年期满,奏请释回。原拟军流以上者,例应十年期满,奏请释回。

调派各厂局当差之犯,以供差之日起,期满五年并无过犯者,该管厂员于每年八月中查明,造具花名清册,保送为民。交册房查核原犯轻重,入厂年分久暂,汇造总册,粘签注明,分别准驳,呈堂咨报刑部核复。

凡当差人犯,五年期满,例应保送为民,分别旗、民办理。

以上四项,反映出新疆对于遣犯管理,从到配后造册,发给腰牌及《普化须知》手册,到坐给各处,定期查核,乃至年满之后呈报等,有一系列的规定。同时也说明,当局对于遣犯,不仅要负责在配服刑期间的监管,年满即服刑期满后的出路去向,也是遣犯管理的一个重要部分。

传统五刑关于"流",原有"流者,不忍加诛,则放流之,使之一去不返也"[2]的解释。但发遣作为清代流刑中的闰刑之一,并非绝对遵循"使之一去不返"的古意。服刑者有刑期规定,对服满刑期后的

---

〔1〕(清)永保:《总统伊犁事宜》,册房应办事宜。参见马大正等编:《清代新疆稀见史料汇辑》,第218~222页。

〔2〕(清)刘锦藻:《清朝续文献通考》卷二五□《刑考九》。

出路也有相应的规定，这当中，最基本的是年满为民，就地落户，在年满为民的基础上，也有条件地允许遣犯回籍，当然回籍条件相当严苛，能争取到这种机会并非易事。

遣犯的"年满为民"问题在乾隆三十一年提上日程。当时的对象为乌鲁木齐等地屯田的携眷遣犯。是年四月军机大臣议奏：

> 乌鲁木齐地土肥美，招募民人一时难以足数，且起程后一切需费亦繁，不如将应遣人犯悉令携眷遣发该处。其能改过者，拟定年限，给与地亩，准入民籍，不费帑项，地方渐至富庶，日久可编成卫所。[1]

这项议奏采纳了雅尔（日后的塔尔巴哈台）办事大臣阿桂的提议。从内容不难看出，阿桂上奏的初衷乃是将遣犯就地转化为民户，以充实新疆迫切需要的农业人手。他因此主张让遣犯携眷赴乌鲁木齐等屯田处所，并将其中能改过者拟定年限，编入民籍，认为这是少费帑项而让地方渐至富庶的一条捷径。随后，经乌鲁木齐副都统温福等人奏请，进而制定出实施细则：其一，视遣犯原犯情罪轻重，分别为民年限。原犯死罪减等发遣者，作为5年，原犯军流改发及种地当差者作为3年，实于限内毫无过犯，准入民籍。其二，定地安插。地点为昌吉河东旧堡，指给地亩，次年即令升科，照民人每亩纳粮8升。第二年，温福在"酌定遣犯为民章程"中除重申以上原则，又追加了对为民遣犯设立保甲进行编管，以及拣选千把一员，刊给"管理昌吉头屯民户事务字样条记"作为专管官员等内容。[2] 稍迟，伊犁也开始对种地遣犯实施年满为民的规定。

---

〔1〕《清高宗实录》卷七五九，乾隆三十一年四月庚申。

〔2〕《朱批奏折》，乾隆三十二年闰七月初一日温福奏（档号04-01-01-0272-040）。

“年满为民”实施之初,对象仅限于有眷种地遣犯而将单身者排除在外,理由是一旦允许无眷遣犯改入民籍,恐或乘隙逃脱。然而面对单身遣犯较之有眷遣犯,在遣犯总数中所占比重更大,以及遣犯数量日增的现实,要让前者也能“守分”服刑,不至铤而走险,就不能不适当给以出路。乾隆三十五年,署理乌鲁木齐提督巴彦弼上奏表示,现在乌鲁木齐有眷遣犯年满为民者共235户,无眷遣犯年满者数百余名,“其已知悔悟守分当差者,徒以无力娶妻,遂永无复作良民之望,似于劝惩之道尚有未尽”,请求与有眷遣犯一体改入民籍;并强调今后对于年满遣犯,应当“不论有眷无眷,但论其有过无过,其现有过犯以及耕作懒惰者,虽有眷亦不准为民,其实在悔过迁善尽心屯种者,悉照原议三年五年之例与有眷遣犯一体改入民籍”,这样才能起到敦促遣犯“感激天恩,自必群相劝勉,共效善良”的作用。[1]

遣犯年满为民改入民籍,落户当地,待遇有所改善,却并非就此完全摆脱曾经的遣犯身份。为了便于监管,在乌鲁木齐种地的为民遣犯被集中于安置三处,“将迪化为民遣犯于头屯地方、昌吉为民遣犯于芦草沟地方拨地耕种,玛纳斯及库精二屯为民遣犯于玛纳斯地方拨地耕种”。据乾隆四十二年的奏报,三处的为民遣犯加上被作为“安插户”移居此地的安南厂徒数百户,共计达到2341户之多。[2] 巴彦弼也在奏疏中表示,为民遣犯“虽归民籍,刺字犹存,仍与常人有别”。即使回到当地社会,他们始终有别于一般民人,必须接受当局的严密监管。

---

〔1〕《朱批奏折》,乾隆三十五年正月初四日巴彦弼奏(档号04-01-08-0003-012)。亦见《清高宗实录》卷八五一,乾隆三十五年正月甲辰条。

〔2〕《朱批奏折》,乾隆四十二年七月初三日索诺穆策凌奏(档号04-01-01-0366-029)。另据前引《乌鲁木齐政略》之“户民”门记载:“历年为民人犯内,头屯五百一十二户、芦草沟五百五户、塔西河二百二十五户,共为民人犯一千二百四十二户。”此处数字的年代应为乾隆四十三年前后,故可以与索诺穆策凌之奏相互参照。

以头屯、芦草沟、塔西河(玛纳斯)三处集中安置乌鲁木齐为民遣犯的做法一直延续到嘉道时期以后。为民遣犯的大量聚居也使这些地区形成了独特的流人文化风貌。纪昀《乌鲁木齐杂诗》中有不少诗作就描写这种情形。关于户籍之别,有"户籍题名五种分,虽然同住不同群。就中多赖乡三老,雀鼠时时与解纷"之句,诗下有注称:乌鲁木齐之民凡有五种,"原拟边外为民者,谓之安插户,发往种地为奴当差,年满为民者,谓之遣户"。关于遣户居住地,诗称:"鳞鳞小屋似蜂衙,都是新屯遣户家。斜照衔山门早掩,晚风时袅一枝花。"下注:"昌吉头屯及芦草沟屯,皆为民遣户所居。"又有"蓝帔青裙乌角簪,半操北语半南音。秋来多少流人妇,侨住南城小巷深"之句,并称"遣户有妻者,秋成之后多侨住旧城内外,开春耕作乃去",都非常形象而写实。[1] 关于为民人户在乌鲁木齐人口中占据的比重,据《乌鲁木齐事宜》中的数字,乾隆六十年(1793 年)年底止,乌鲁木齐各属户民(商民除外)计有 20,662 户,男妇子女共129,642名口,其中为民人户 1367 户,男妇子女 4330 名口,约占户民户数的 1/15和人口数的 1/30。[2]

相比于屯田种地的遣犯年满为民,对在各厂局等处供役遣犯的年满为民规定要复杂得多。其特点是,在屯田遣犯的,根据情罪轻重分别 3 年、5 年准入民籍的规定基础上,增加了"减年为民"和"奏请回籍"的内容,而其细节在执行过程中又屡经修改。

乾隆三十八年,经索诺穆策凌奏请,乌鲁木齐铁厂从调用兵丁改为役使遣犯。共派拨遣犯 200 名入厂,以 150 名挖铁,50 名种地,并准许老弱力不能作者,捐资用作众遣犯的衣履口食及杂费等项。与此同时,承诺原应 3 年为民者改为 2 年,应 5 年者改为 3 年,缩短年

---

〔1〕 (清)纪昀:《乌鲁木齐杂诗注》,以引用次序,分别见其九、其十六、其十五。

〔2〕 人口数字据(清)达林、龙铎:《乌鲁木齐事宜》,民户户口;参见王希隆:《新疆文献四种辑注考述》,兰州大学出版社 1990 年版,第 127 页。

满期限,为民之后在厂服役8年,可进而准其奏请回籍。[1] 伊犁的铅厂、船工等处也采用了同样的原则。据伊犁将军伊勒图追述其前任舒赫德之上奏内容,可以窥知更多详情。[2]

> 乾隆三十七年经前任将军舒赫德具奏,伊犁铅厂打矿耕作遣犯劳苦万状,未为民者,分别减年为民,已经为民及当差种地之人,能八年坚忍受苦,可否免罪回籍,出自圣恩。其秉赋软弱,不能耕凿情愿捐输衣履口粮者一例办理。又,派运官兵粮石船只纤夫水手,寒暑涨溜,动关性命,亦请照例一体查办。俱经先奏奉谕旨允准,钦遵在案。嗣于乾隆四十六年三月,经臣查明,铅厂耕凿帮捐二十六名,船工纤夫水手三十三名,俱已八年期满,循例开列案由清单,恭请圣训,奉旨饬令军机大臣会同该部议奏。随经议复,准令一体回籍。

由上可知,在乌鲁木齐和伊犁之矿厂及船工服役的遣犯,不但其为民所需年限分别减少为2年和3年,为民后继续在厂服役满8年者,甚至可以经过上报刑部奏请施恩,获得他们最梦寐以求的“回籍”机会。那么,这些优待条件为何屯田遣犯无缘而独针对在矿厂船工服役者,包括为挖矿人员种地以及捐资效力的遣犯而设呢?其理由可以从两个方面来分析。首先,让从事屯田的遣犯就地转化为新疆本地的农业人口,是清朝决定在新疆实施发遣之初就已明确持有的构想。因此,经过为民,让年满遣犯就地落户,最为符合清朝的利益需要,是清朝力图推行的方向。其次,为维持地方经济和清朝

[1] 佚名:《乌鲁木齐政略》,铁厂;参见王希隆:《新疆文献四种辑注考述》,兰州大学出版社1990年版,第74页。

[2] 《朱批奏折》,乾隆四十九年正月十七日伊勒图奏(档号04-01-01-0409-019)。

驻军的需用,离不开采矿和水运等劳作,而这些劳动的强度与环境之恶劣都超过屯田。为了提高这部分遣犯供役的积极性,需要采取不同政策,示以奖励,而最能打动遣犯的,恐怕莫过于将来某日可以返回内地原籍的许诺了。

乾隆四十八年年末,乌鲁木齐铁厂曾发生一起为民遣犯因捐资报效已满8年而未获准回籍,忿而上告的案件。呈告人高相原籍山东,呈告时年已78岁。他于乾隆三十年发遣乌鲁木齐,因冀望年满回籍,报入铁厂效力8年,“称贷按季呈纳资银”,今已期满,却不料被告知奉部文称其情罪过重,不准释回,以致“前功俱消归为乌有”。他质疑既属情罪过重不得释回之例,当初就应查明,不准入厂,故今日之困境,系主事官员怠玩所致。[1] 以高相的为民遣犯身份,其呈告自然不会有好结果,审理以“该犯系发遣罪人,敢生异议,毁谤大臣,刁恶之极”,改发伊犁给厄鲁特为奴“以昭炯戒”而告终。[2] 但这件事也成为促使当局整顿有关规定的一个契机。乾隆四十九年,乌鲁木齐铁厂将在厂遣犯为民及回籍章程修订为:“查明悔过安分方能入厂,果能实心悔过,五年期满,准其为民,内,当差情罪轻者,再限十年,准其回籍,为奴情罪较重者,五年后即令出厂,不准回籍。”[3]伊犁将军伊勒图还建议对在厂满5年的遣犯是否为民,还要根据其表现进行甄别,不应一概而论;并强调要在入厂之初即对遣犯之情罪轻重先行查核,区别办理,以使其“知所凛遵”。[4] 经过此次整顿,为民遣犯为争取回籍而继续留厂服役的期限从8年被延长

〔1〕《录副奏折》,乾隆四十八年十一月,系高相呈词,原件无年月日(档号03-1429-006)。

〔2〕《朱批奏折》,乾隆四十九年正月十七日海禄奏(档号04-01-30-0366-009)。

〔3〕《朱批奏折》,乾隆四十九年六月二十五日图思义奏(档号04-01-01-0409-025)。

〔4〕《朱批奏折》,乾隆四十九年闰三月十九日伊勒图奏(档号04-01-01-0409-023)。

为10年,而为奴遣犯情节较重者即便5年后能够为民也不准留厂,永远不得释回。

有关回籍的条例此后还多次变化。嘉庆六年(1801年),当局对以往历次条例再加以修订统合。

> 其有到配后呈请愿入铅铁等厂效力捐资者,除奉特旨发遣为奴及有关大逆缘坐发遣为奴人犯不准做工帮捐外,其余无论当差、为奴,罪由轻重,咨部记档,准其入厂。设日久怠惰滋事,随时惩治逐出。若果能始终实心悔过,入厂五年期满,俱准其为民,改入该处民户册内。查系当差人犯,再效力十年,准其回籍。为奴人犯,详核原犯罪由,罪重者不准留厂,罪轻者报部核复,再加十二年,如果始终效力奋勉,准其回籍。[1]

本次定例,对发遣身份为当差遣犯者,重申留厂报效年限为10年,同时明确了为奴遣犯之罪轻者可以留厂报效12年,如始终奋勉,准其回籍。嘉庆十一年(1801年),再决定对70岁以上遣犯根据在配年数酌情减释:(1)其为奴一项内,未经入厂及只令种地不准为民者,如在配20年安分守法而又年至70岁,或在配已满20年安分守法年已70岁,都即行释回。在配已满20年而年未及70岁者,减为内地充徒3年后释放。(2)其当差一项内,无力入厂种地为民,及为奴一项内,入厂年满不准留厂止准为民各犯,如年至70岁在配15年安分守法,或年已70岁安分守法而在配未满15年,也都即行释回。在配满15年安分守法而年未至70岁者,减为内地充徒3年,再行释放。(3)现在入厂期满准其留厂各犯中,如年已70岁,按其例定10年、12年期限酌减3年,准予释回。未及70岁者,仍照留厂年限

〔1〕 光绪《大清会典事例》卷七四二《刑部·名例律徒流迁徙地方二》。

办理。[1]

事实上,尽管嘉庆以后政策略有松动,但对在厂服役的遣犯来说,通往回籍的道路仍十分艰难而遥远。就捐资效力者而言,没有足够的经济实力就难以实现。嘉庆九年(1804 年),在伊犁拨厂当差年满为民的为奴遣犯赵炳,告称母亲年迈恳请施恩,以加倍捐资纳银 2400 两的方式,获得了回籍许可。道光四年(1824 年)发遣伊犁充当苦差的遣犯石廷侯,被派在宝伊局服役年满,后纳银 1200 两,被准许回籍。如此巨大的数额,绝非一般遣犯力所能及。[2] 档案中也可见到遣犯主动报入铁厂从事劳作,以换取回籍机会的例子。但入厂后却每每"因工苦不过",不堪忍受而逃走。[3] 回籍对广大遣犯来说,更多的还是一种渺茫难及的期盼。

道光以后,随着新疆政局形势变化,遣犯的年满回籍有了新途径,即充当遣勇,因立军功而免罪回籍。自嘉庆末年张格尔之乱以来,南疆连续发生和卓后裔的叛乱与浩罕势力的入侵,而清朝当局财政困难,八旗兵战斗力下降,动辄需从内地调集大军,花费浩大且鞭长莫及。面对如此困境,为弥补军力不足,清朝开始大量利用在新疆服刑的遣犯作为遣勇,随军作战。道光以后,更是频繁征用,几乎成为常态。作为奖励,清廷允许从征遣勇不计年限,提前释罪回

---

〔1〕《清仁宗实录》卷一五六,嘉庆十一年正月丁巳。

〔2〕赵炳事见《朱批奏折》,嘉庆九年三月初一日松筠奏(档号 04-01-08-0139-005);石廷侯事见道光七年八月二十九日德英阿奏(档号 04-01-01-0695-018)。不过石廷侯的捐资并非于矿厂或钱局经费,而是援引了"作为公用,援例纳赎"的规定。

〔3〕如照免死减等发遣新疆的孙四,拨派乌鲁木齐巩宁城守营给兵为奴,道光十二年报入铁厂效力,因工苦不过逃走,后被抓获(见《录副奏折》,道光二十一年二月十二日惠吉奏,档号 03-3992-008)。又如照免死减等发遣新疆的黄安儿,到配后也拨派城守营给兵为奴,道光二十五年报入铁厂效力,"旋因穷苦",一年后即乘间脱逃,后被抓获(见《朱批奏折》道光二十七年九月三十日惟勤奏,档号 04-01-08-0141-002)。

籍。为平定前后历时7年的张格尔之乱,从伊犁派往南疆前线的民人及遣犯多达1500名,其中"已赦遣犯"即为民遣犯163名,"未赦遣犯"即服刑中的遣犯939名,军事行动结束后,两者都被允准回籍。[1] 道光十年(1830年),和卓玉素普入卡骚扰,战事结束后经有关官员"奏请施恩"的伊犁遣勇达969名。[2] 道光二十七年(1847年)的七和卓之乱及咸丰七年(1857年)倭里罕之乱时也多次征集千名以上规模的遣勇,事后作为奖励,都下令将其"免罪释回"。[3]

既然清朝当局屡次下令准许大批遣勇回籍,那么是不是遣犯就此大量离开新疆了呢?有研究者甚至据此认为:"乾隆中后期以后,大部分的遣犯刑满可回籍也是事实,因此就整个清代史而言,'遣犯后来基本上成为新疆永久居民之说'是不成立的。"[4]那么这个见解又是否成立呢?笔者认为,关于遣犯在多大程度上转变为新疆永久居民,以及如何估算清代遣犯落户新疆之规模等问题,确实还有进一步探讨和商榷的余地。不过要想得出更接近史实的判断,前提是更充分地占有第一手资料。如果只因为看到了铅、铁厂对遣犯有回籍规定,以及道光以后曾数次下令释回遣勇,就下结论说清代新疆的大部分遣犯都得以刑满回籍,则未免有些草率。首先,我们应当看到,相对于年满后就地落户的为民遣犯,留厂继续效力进而取

---

[1] 《朱批奏折》,道光七年六月二十日长清奏(档号04-01-01-0695-011)。又,已赦遣犯人数参见另一附片,档号04-01-16-0129-061。此附片原件无年月日,内容与长清所奏吻合,故采用。档案整理时著录为道光九年长龄奏,疑有误,特此说明。

[2] 《清宣宗实录》卷一八一,道光十年十二月。

[3] 据《朱批奏折》,道光二十八年四月十八日萨迎阿奏报,从伊犁派遣勇1003名赴南疆作战,"随同打仗搜捕,尚属奋勉,均著加恩,准其释回"。后又续派遣勇五百名赴巴尔楚克防堵,后者虽未经接仗,"往返三月有余,亦甚劳苦",也恳请准予释回。咸丰七年为平倭里罕之乱,伊犁又有遣勇1400余人被征集,除去因病未到前线及阵亡者,1370名获准提前释回原籍。参见录副奏折,咸丰八年正月十二日札拉芬泰奏。

[4] 胡铁球、霍维洮:《清代新疆遣犯移民研究的几个误区》,载张海鹏、陈育宁编:《中国历史上的西部开发》,中国商务出版社2007年版,第177页。

得回籍许可的遣犯在人数上有限,前者才是为民遣犯的主体,这是一个基本事实。其次,考察遣犯为民时,要通观乌鲁木齐和伊犁两地,才能全面。加入民籍认垦的乌鲁木齐遣犯在乾隆末年已经达到4000余名口,嘉道咸时期仍在增加,档案中还屡见遣户子弟成年后分户认垦的记录,可知遣户在当地已趋于安定。道光以后南疆的军事行动多次征用遣勇,都是募自伊犁,除了地理位置的因素(从伊犁翻越冰岭赴南疆较为迅捷),与乌鲁木齐已落户的遣犯多而有待回籍遣犯人数较少,或不无关联。总之,不能只着眼伊犁而忽略了对乌鲁木齐等其他地区的考察。最后,即便遣勇获准释回,是否真的就此离开新疆而回到了内地,其实也还存在很大的疑问。不能只看奉旨时提到的数字。咸丰七年,伊犁将军札拉芬泰为新疆遣犯壅滞,请饬设法调剂。奏疏称查新疆遣犯人数,除乌鲁木齐及各城(指南疆各回城)不计外,“即伊犁现存各项遣犯并已奉文释免因系无资本未能回籍者,通计约近万名之多”。[1] 足见当时伊犁遣犯何等壅滞,“近万名”这个数字,堪称惊人。关于获释遣犯(除遣勇,还包括遇到恩赦或其他有立功行为者)由于缺少资本等原因未能回乡,不得不继续滞留新疆,还可以举出一些档案中找到的案例。如原籍广东饶平的为奴遣犯麦如哲,“道光六年告充遣勇协剿逆回释罪”,但并未回籍,一直在惠远城北关给人佣工。道光十七年(1830年)十一月他因起意纠约他人抢夺行人衣物而再度犯罪,这时距其获得释罪已经过去了10年多。[2] 又如原籍四川纳溪的杨鱼鳅,嘉庆十九年到配,坐给察哈尔营为奴,派稻屯当差,于道光十二年(1832年)十月奉文释放,“因无盘费,未能回籍,在霍尔果斯佣工度日”。[3] 再如

---

〔1〕《朱批奏折》,咸丰七年四月十三日札拉芬泰奏(档号04-01-01-0865-052)。

〔2〕《录副奏折》,道光十八年四月初四日奕山奏(档号03-3941-036)。

〔3〕《录副奏折》,道光十八年正月二十七日奕山奏(档号03-3882-017)。

原籍云南的遣犯杨春,嘉庆二十三年(1818 年)到配,道光元年(1821 年)奉赦免释放,于道光三年(1824 年)由伊犁请领路照回籍。但他走到乌鲁木齐呼图壁地方就停下来给人佣工,"希图趁得银钱以作路资",直到道光十年仍滞留在当地。[1] 总而言之,鉴于遣犯为民后的情形非常多样,需要下力气把握其实态,而目前我们的了解还远远不够,无论从发遣制度研究本身,或是为了深入探究发遣给清代新疆社会带来的多方面影响,都值得将此作为今后的课题而继续努力。

四、简短的结语

以上三节,笔者重点运用档案中发现的大量史料,结合其他官私典籍,探讨了乾隆年间实施发遣新疆的时代背景及发遣条例制定与扩充的过程,遣犯在新疆的服役与生活,以及遣犯的出路特别是"年满为民"政策的形成与实施状况。如川久保悌郎等人所指出,将罪犯流放到边地,在加以惩戒的同时也借以充实边地的劳动人手,推动开发,这在古今东西都有先例。在中国,其源头至少可以追溯到秦汉时代。不过清代通过闰刑之一的发遣,将这种做法发挥到了极致。就清代本身而言,如果说早期向东北地区的发遣还带有一定的政治流放色彩的话,乾隆中叶以后向新疆的发遣,则借遣犯来充实当地屯田开发的意图更为鲜明。在以乾隆帝为首的最高决策层的大力推动下,新疆在收入版图未久便取代东北在发遣地中占据主导地位,并一直保持到清末。有清一代发遣新疆的人数规模之大,由此而陆续生成的相关条例之多,前所未见。可以说,在实施发遣新疆的过程中,清代发遣制度本身也达到了其产生以来最完备的状态。

当然,清代向新疆的发遣也一直随着各种大大小小的问题。因

[1] 《朱批奏折》,道光十一年四月十五日成格奏(档号 04-01-26-0058-045)。

长途押解而产生的高额费用，因遣犯壅滞而给遣犯管理及地方治安带来的严重压力，始终伴随这一过程。一旦新疆当地统治秩序发生动摇，发遣更必然受阻。同治元年(1862年)陕甘地区爆发回民起义，起事风潮继而蔓延至新疆。同治三年(1865年)开始的全疆范围的穆斯林民众起义历时14年，其间又发生浩罕军官阿古柏率军入侵和沙俄出兵占领伊犁等一系列重大事件。随着清朝在新疆的统治全面崩塌，持续了百年左右的发遣也因此中断。直到光绪十年(1884年)，新疆建省，形势趋于稳定，恢复新疆发遣的事宜才重新提上日程。然而时过境迁，清朝统治能力的全面衰退使得向新疆的发遣再也无法如前施行而最终走入末路。

最后还要说明的是，有清一代的新疆遣犯由常犯和官犯两部分组成。限于篇幅，也为了讨论时主题更集中和突出，本文将考察的重点放在了构成遣犯主体的常犯，即“民人有犯”部分。至于官犯(也称“废员”)即“官员有犯”部分，其获罪缘由及获罪后的服役形式与待遇均与常犯有较大区别，是遣犯中另一类型，不便与常犯混一阐述，容今后另行撰文探讨。

西周时期权利救济研究

张德美*

【摘要】 在西周时期，虽然没有成文法典，也不存在法律权利的概念，但在生活中存在事实状态的权利。当这些权利受到损害时，受害人可以向有司法管辖权的机关寻求公力救济，但也不排除私力救济，显型的是双方当事人在审理过程中通过协商达成一致。通过这些救济手段，受害方得到适当的补偿，侵权或违约的行为方受到刑事的或民事的惩罚。这种事实上的权利救济先于法律上的权利而存在的状况，甚至一直延续到近代通过法典设定权利规范之前。

【关键词】 西周　权利　救济

刑法规范是以裁判规范的形式表现出来的，这一特点同样适用于中国古代的刑法典。授权性规范的缺失，或许是近代以前人们无法建构一套类似西方的权利话语体系的直接原因。但这并不妨碍人们在人身、财产受到侵害的情况下，通过某种可能的途径寻求救济。这种权利救济的实践，甚至在尚未有成文法的西周时期，便已经存在。本文拟结合西周铭文中的案例史料，对该时期的权利救济

* 作者系中国政法大学法律史学研究院教授。本文为中国政法大学2016年校级科学研究规划项目“多元纠纷解决机制的中国传统与现代重构”成果，项目编号：16ZFG82009。

状况进行粗浅的探讨。

一、救济之主体

西周铭文记载了数起案件，大部分纠纷属于现代意义上的民事纠纷。如《散氏盘》铭文记载了周厉王时期矢国侵犯了散国的利益，经周王室审理后，矢国败诉，于是付给散国土地作为赔偿。该铭文虽未具体载明案由，但可以推断这是一起因为土地侵占问题引起的纠纷。类似的纠纷还见之于《鬲从盨》铭文，这件制造于周厉王二十五年的青铜器记载了两起纠纷：一是章的下属𤔲夫侵犯了鬲从三邑中的土地，二是量的下属小宫侵犯了鬲从彶、句商儿、雠戈三个邑的土地，该铭文略去了案件的审理过程，只记录了判决结果：鬲从作为两起纠纷的受害方最终获得了赔偿。[1] 另外几起民事纠纷的起因是当事人未能履行契约规定的义务。如《五祀卫鼎》铭文中，邦君厉未能如约交付土地给裘卫，于是卫以邦君厉告于井伯、伯邑父、定伯……[2]

《曶鼎》铭文记载的另一起纠纷是因为曶与效夫约定以匹马束丝换取五夫，但效夫未能交付五夫，于是曶"使厥小子䝅以限讼于井叔"。[3]《鬲攸从鼎》铭文载"鬲从以攸卫牧告于王"，原因是攸卫牧"觅我田牧，弗能许鬲从"，也就是使用鬲从的土地和牧场却没有支付约定的报偿。[4] 在这些案件中，当事人双方能够以契约的形式

---

〔1〕 刘海年、杨升南、吴九龙主编：《中国珍稀法律典籍集成》甲编第一册《金文法律文献译注》，科学出版社1994年版，第331～332页。

〔2〕 刘海年、杨升南、吴九龙主编：《中国珍稀法律典籍集成》甲编第一册《金文法律文献译注》，科学出版社1994年版，第316～317页。

〔3〕 刘海年、杨升南、吴九龙主编：《中国珍稀法律典籍集成》甲编第一册《金文法律文献译注》，科学出版社1994年版，第320～322页。

〔4〕 刘海年、杨升南、吴九龙主编：《中国珍稀法律典籍集成》甲编第一册《金文法律文献译注》，科学出版社1994年版，第334～335页。

交换束丝、马匹、奴隶，租种甚至交换土地，表明当时的人们已经能够在实际上占有、使用、收益、处分包括土地在内的财物，在实际生活中已经存在完整的所有权。

《琱生簋（二）》铭文记载的是一起因继承问题引发的纠纷，召伯虎与琱生兄弟同为周宣王时大臣，二人因先父幽伯的遗产分割问题发生争议。经审理后，召伯虎胜诉，该铭文即召伯虎向周王报告事件已获解决。[1]

除民事纠纷外，西周铭文也记录了一些刑事纠纷。比较典型的便是《曶鼎》铭文记载的一起事件，“昔馑岁，匡众厥臣廿夫，寇曶禾十秭”，对于匡的抢劫行为，曶采取的救济措施是“以匡季告东宫。”《倗匜》铭文记载的罪行是牧牛“敢以乃师讼”，伯杨父在判词中称“乃可湛”。湛，“读为扰，说文扰，‘告言不正曰扰’”。[2] 该铭文并未载明牧牛与上司构讼的原因，或许他有充足的理由寻求救济，但显然，与上司兴讼本身在当时是被禁止的，而从伯杨父判词所确定的刑罚来看，告言不正所面临的处罚还是相当严厉的。这种严厉的处罚旨在维护上下级之间的伦理关系，《师旂鼎》铭文所记录的判决体现了同样的目的。案件起因是“师旂众仆，不从王征于方”，对于“师旂众仆”而言，跟随周王出征于方显然是一种义务，拒绝履行义务的行为将损害周王的权益，于是周王的统帅雷出面提告，“雷使厥友弘告于伯懋父”。[3]

从上述铭文来看，无论是民事纠纷还是刑事纠纷，总是有一方当事人的利益受到实际损害，或者没有得到契约规定的利益，他们通

〔1〕 刘海年、杨升南、吴九龙主编：《中国珍稀法律典籍集成》甲编第一册《金文法律文献译注》，科学出版社1994年版，第337～338页。

〔2〕 刘海年、杨升南、吴九龙主编：《中国珍稀法律典籍集成》甲编第一册《金文法律文献译注》，科学出版社1994年版，第327～328页。

〔3〕 刘海年、杨升南、吴九龙主编：《中国珍稀法律典籍集成》甲编第一册《金文法律文献译注》，科学出版社1994年版，第313页。

过告诉的手段寻求救济,因而成为救济的主体。当时还未有成文法典,上述当事人不可能基于对于自身各种法律权利的明确认知,对于违约或侵害自己权利的行为提出告诉。他们只是因为对方的某种作为或不作为,或者使自身利益受到了实际损害,或者没有得到期待的利益。他们寻求救济,目的也无非是得到某种实际的补偿,或者得到期待的利益。所以,我们只是从实际的意义上称这些救济为权利救济,这并不意味着当时的人们已经形成了哪怕是非常简单的抽象的法律权利概念。

二、救济之机关

上述案件,有的诉于周王,有的诉于井伯、伯邑父、定伯等众臣,有的诉于东宫,有的诉于井叔,这些享有司法管辖权的机构的存在,可以使权利受到损害的当事人诉诸公力救济。

(一)周王

在西周时期,周王是天命神权的象征,《诗经·大雅·大明》云:“有命自天,命此文王,于周于京。”[1]周王自然拥有权利救济机关所需要的权威。《诗经·大雅·皇矣》讲述了周文王以所谓“不恭”为借口,对密人怒而兴兵挞伐的情形:“密人不恭,敢距大邦,侵阮徂共。王赫斯怒,爰整其旅,以按徂旅”,[2]这是周王亲自对密人“敢距大邦,侵阮徂共”的行为以军事手段寻求救济。

有时周王也会接受受害人的告诉并作出处理。如《鬲攸从鼎》铭文中,“鬲从以攸卫牧告于王”,在听取鬲从的陈述后,“王令省”,也就是周王下令调查此案。至于《鬲从盨》铭文记录的鬲从土地被侵占的两起纠纷的结果,则是在二十五年七月,周厉王在永师田宫听取了内史无期与太史𣄰宣布的判词。

---

〔1〕 程俊英:《诗经译注》,上海古籍出版社2012年版,第263页。

〔2〕 程俊英:《诗经译注》,上海古籍出版社2012年版,第272页。

(二)高级贵族

周王之下,似乎存在一个由高级贵族组成的共同审理机构,《五祀卫鼎》铭文就记录了裘卫将他与邦君厉之间的契约纠纷诉诸井伯、伯邑父、定伯、𤝸伯、伯俗父等五位贵族共同审理的情形。在西周铭文中,不止一次出现五大臣共同理事的情形,如《三年卫盉》铭文记录的是裘卫与矩伯进行土地交易,并将此事上报给伯邑父、𤇥(营)伯、定伯、𤝸伯、单伯等执政大臣,这些执政大臣仍把最后的土地踏勘与转让工作交给三有司来完成。[1]在《永盂》铭文中,益公与井伯、𤇥(营)伯、尹氏、师俗父、遣仲五人共同传达了周王赏赐土地给永的命令,之后益公命令司徒、司工等六人监理交付土地的事宜。[2]

历史学者据此推断西周存在一个审理民事案件的"委员会":"凌驾于这个官僚机体之上的是一群有影响力的王室重臣,形成一个'委员会'(committee)向执行职能的官员即三有司传达周王命令;与此同时,这些重臣也担任了重要的民事诉讼中的法官。有三篇铭文提到这个'委员会',尽管其构成人员略有不同,但是他们出现的顺序总是一致的:益公、井伯、伯邑父、荣伯、定伯和伯俗父。很清楚,益公是这个'委员会'的最高领袖。"[3]鉴于这种高级贵族共同审理案件的情况十分少见,在西周民事诉讼中是存在这样一个审理委员会尚难遽下定论,不过,从《尚书·洪范》关于"汝则有大疑,谋及乃心,谋及卿士,谋及庶人,谋及卜筮"[4]这些描述来看,西周时期

---

〔1〕 刘海年、杨升南、吴九龙主编:《中国珍稀法律典籍集成》甲编第一册《金文法律文献泽注》,科学出版社1994年版,第266~267页。

〔2〕 刘海年、杨升南、吴九龙主编:《中国珍稀法律典籍集成》甲编第一册《金文法律文献泽注》,科学出版社1994年版,第277~278页。

〔3〕 李峰:《西周的政体:中国早期的官僚制度和国家》,生活·读书·新知三联书店2010年版,第89页。

〔4〕 李民、王健撰:《尚书译注》,上海古籍出版社2004年版,第225页。

在处理疑难案件时集众共审的情况是可能存在的。

当然,在铭文史料中也存在高级贵族独任审判的情况。比如《曶鼎》铭文中,曶把自己与效夫因交换奴隶问题发生的纠纷诉诸井叔,而因匡的奴隶盗抢曶的粮食而引发的刑事纠纷,则由东宫负责审理。在《师旂鼎》铭文中,"师旂众仆,不从王征于方",雷遣下属诉于伯懋父。《𠑇匜》铭文中,牧牛"敢以乃师讼",审判者则是伯杨父。据《曶鼎》铭文记载,曶曾被周王任命为"司卜事",井叔代表周王赐给他赤金一钧。根据历史学者的统计,井叔前后四次担任册命仪式中的右者的角色,在通常情况下,"受命者被任命为册命仪式上陪同他的右者的下属",[1]井叔的政治地位显然在曶之上。类似的情况见于《趞鼎》铭文,趞被周王任命为大司马,册命时"密叔右趞"。[2]在《楚簋》铭文中,楚被任命为司舟,册命时"仲倗父入右楚"。[3] 在《南季鼎》铭文中,南季被任命为"用左右俗父司寇",册命时"伯俗父右南季"。[4]

诸如井叔、密叔、伯杨父、伯俗父等人,虽然没有明确的职位,但却经常在册命有司的场合中担任右者的角色,或者在各类案件的审理中充当审判者的角色,表明这些贵族在周王室中具有超然于其他行政机构之上的特殊地位,当民事或刑事纠纷发生时,受害者告诉于这些高级贵族,当然是顺理成章的事情。

(三)三有司及其他机构

除上述高级贵族外,有些机构依据周王的命令,有权审理案件,

---

[1] 李峰:《西周的政体:中国早期的官僚制度和国家》,生活·读书·新知三联书店2010年版,第131、135页。

[2] 刘海年、杨升南、吴九龙主编:《中国珍稀法律典籍集成》甲编第一册《金文法律文献泽注》,科学出版社1994年版,第295页。

[3] 刘海年、杨升南、吴九龙主编:《中国珍稀法律典籍集成》甲编第一册《金文法律文献泽注》,科学出版社1994年版,第298页。

[4] 刘海年、杨升南、吴九龙主编:《中国珍稀法律典籍集成》甲编第一册《金文法律文献泽注》,科学出版社1994年版,第299~300页。

它们同样也可以为民事或刑事受害人提供救济。如《五祀卫鼎》铭文中出现的三有司即司徒、司马、司工都有审判权,在《𢦏鼎》铭文中,𢦏被任命为司土(徒),虽“官司籍田”,但有权审理诉讼案件,“取征五寽。”[1]《趞鼎》铭文中,趞被任命为𣏟冢司马,有权“讯小大友邻,取征五寽。”在《杨簋》铭文中,杨被任命为司工,有权审理诉讼案件,可“取征五寽。”[2]

还有一些王室机构也享有审判权。如《大盂鼎》铭文,周康王命盂为司戎,“敏谏罚讼,夙夕𥅦(诏)我一人。”[3]在《牧簋》铭文中,周共王将牧由司士改任为“辟百寮”,告诫其“讯庶友邻,毋敢不明不中不井(刑)。”[4]《番生簋蓋》铭文记载番生被周厉王任命“司公侯、卿事、太史寮,取征廿寽。”[5]所谓“取征五寽”或“取征廿寽”,这是周朝办理诉讼案件收取费用的确证,与《周礼·秋官司寇》“以两剂禁民狱,入钧金”[6]的说法颇为接近,这是西周时期当事人在寻求救济时必须付出的代价。

在西周分封制下,周王把土地分封诸侯,“诸候于其国内,亦以采地分封宗室及其卿大夫。此即所谓‘天子建国,诸侯立家’。各卿大夫的‘家’之于公室的关系,犹如诸侯之于王室也。”[7]在这种“层

---

〔1〕 刘海年、杨升南、吴九龙主编:《中国珍稀法律典籍集成》甲编第一册《金文法律文献泽注》,科学出版社1994年版,第307~308页。

〔2〕 刘海年、杨升南、吴九龙主编:《中国珍稀法律典籍集成》甲编第一册《金文法律文献泽注》,科学出版社1994年版,第301页。

〔3〕 刘海年、杨升南、吴九龙主编:《中国珍稀法律典籍集成》甲编第一册《金文法律文献泽注》,科学出版社1994年版,第293页。

〔4〕 刘海年、杨升南、吴九龙主编:《中国珍稀法律典籍集成》甲编第一册《金文法律文献泽注》,科学出版社1994年版,第346~347页。

〔5〕 刘海年、杨升南、吴九龙主编:《中国珍稀法律典籍集成》甲编第一册《金文法律文献泽注》,科学出版社1994年版,第304~305页。

〔6〕 《周礼·仪礼》,崔高维点校本,辽宁教育出版社1997年版,第64页。

〔7〕 王玉哲:《中华远古史》,上海人民出版社2003年版,第561页。

累组织”结构下，受封的贵族在自己的封地范围内拥有相对独立的司法管辖权，对封地民事刑事案件的受害人提供保护。曹刿论战时，鲁庄公称：“小大之狱，虽不能察，必以情”，[1]这是诸侯在封国内行使司法权的一个明显的例子。里、邑是更小的分封单位，但邑主和里主在自己的管辖范围内，亦可能仿效王室体制建立机构，行使司法权。如《𧽊簋》铭文记载，𧽊被周王任命为“司成周里人”，以及主管军事的大亚之职，周王命他“讯讼罚，取征五寽。”[2]而在《散氏盘》铭文提及矢国参与划界的有淮邑司工、堆邑有司，散国参与划界的则有䖒邑的司工、邑宰以及襄邑有司。他们参与了这起土地侵权案件的划界与转让过程，证明它们虽为属邑，但在行政及司法问题上都有一定的管辖权。

总的来说，西周的司法机关体系，是由周王室司法机构与封地司法机构组成的二元司法体系。受封贵族在封地范围内拥有相对独立的司法管辖权，发生在贵族之间的重要纠纷则由王室司法机构审理。现存西周铭文中并未发现受封贵族为自己封地内的民事、刑事案件受害人提供救济的例子，但其司法管辖权的存在是毋庸置疑的。

三、救济之程序

告，是西周时期人们寻求权利救济的一种方式。但当事人未必亲自参与权利救济的过程。《周礼》有“凡命夫命妇不躬坐狱讼”[3]的说法，这种情况是确实存在的。

如《散氏盘》铭文，在散国与矢国的土地纠纷中，参与诉讼的是

---

〔1〕《春秋左传(一)》，顾馨、徐明点校本，辽宁教育出版社1997年版，第32页。

〔2〕刘海年、杨升南、吴九龙主编：《中国珍稀法律典籍集成》甲编第一册《金文法律文献泽注》，科学出版社1994年版，第302～303页。

〔3〕《周礼·仪礼》，崔高维点校本，辽宁教育出版社1997年版，第64页。

双方的臣僚,包括其属邑的有司,国君本人并未出现,甚至连最后的盟誓环节,矢国君依然指使其有司鲜、且等三人去完成。而在《曶鼎》铭文中,曶与效夫因五夫交易问题发生纠纷,曶指派其家臣䝨向井叔提出控告,代替效夫应诉的则是他的家臣限和㫚。在《师旂鼎》铭文中,因"师旂众仆,不从王征于方,雷使厥友弘告于伯懋父。"其中的友字,根据《周礼》解释:友,"以任得民"。[1]《趞鼎》铭文有"讯小大友邻"之语,《牧簋》铭文中也有"讯庶友邻"之类的话,对于"友邻",郭沫若释为"官属"(《大系考释》第七六页),[2]可见,《师旂鼎》铭文中,弘之于雷,自是官属无疑。

有时候,西周贵族也会抛开官属、家臣,自己出面寻求救济。如在《曶鼎》铭文记载的抢劫案中,曶因匡众厥臣"寇曶禾十秭",亲自向东宫提告,从东宫要求匡"求乃人"的情节来看,匡作为被告也是亲自应诉的。在《五祀卫鼎》铭文中,原告裘卫与被告邦君厉也都亲自参与了诉讼过程。

无论当事人本人是否参与诉讼,司法机关都要对案件事实进行调查,调查时要听取双方当事人或其臣属的陈述。在裘卫诉邦君厉案件中,裘卫向五大臣陈述的事实是:"厉曰:'余执恭王恤工,于邵大室东逆,营二川。曰:余舍汝田五田'",邦君厉是否承诺给裘卫五田是查清事实的关键,于是五大臣询问邦君厉:"汝买田不。"后者回答:"余审买田五田。"在得到邦君厉的确认后,案件事实已经查清,五大臣遂命邦君厉设誓,案件进入判决执行的环节。

在《鬲攸从鼎》记载的鬲从诉攸卫牧案件中,鬲从陈述的事实是:"汝觅我田牧,弗能许鬲从。"周王派史南调查并确认上述事实后,将调查结果交给负责审理此案的虢旅,最终以虢旅命令攸卫牧

---

〔1〕《周礼·仪礼》,崔高维点校本,辽宁教育出版社1997年版,第4页。

〔2〕刘海年、杨升南、吴九龙主编:《中国珍稀法律典籍集成》甲编第一册《金文法律文献译注》,科学出版社1994年版,第348页。

发誓支付租金并赔偿损失而结束此案。

在通过诉讼寻求救济的过程中，当事人不仅需要如实陈述事实，有时还需要提供其他证据。如在召伯虎与琱生兄弟争夺遗产的案件中，其先母的遗嘱成为最终判决的依据，《琱生簋（一）》铭文记录的这份遗嘱是在前一年正月琱生举行的祭祀祖先的典礼上，由妇氏向召伯虎、琱生兄弟二人传达的，它清楚地表达了幽姜在生前处分幽伯财产的意愿，以及兄弟二人应继的财产份额："弋（必）伯氏从许，公宕其参，女（汝）则宕其贰，公宕其贰，女（汝）则宕其一。"[1]对于这份遗嘱，召伯虎表示："余或至（致）或考我母令"，即认真履行遗令的内容，琱生则谢之以瑾珪。

司法机关在调查事实过程中，可能会针对被告采取某些强制措施。如《曶鼎》铭文中，曶因匡指使其臣和奴隶抢走十秭禾，而告于东宫。东宫在收到曶对匡的控告后，命令匡："求乃人，乃弗得，汝匡罚大。"就是要求匡把自己的手下抓起来，如果不能抓获，匡也要受到严厉的责罚。有些铭文还提到监禁以及刑讯。如在《蔡簋》铭文中，周夷王册命蔡继任宰职，告诫他管理好王后姜氏身边的人，"勿事（使）敢有疾（疾），止从（纵）狱。"[2]意即要防止他们恣意纵狱，任意拷打被监禁的人犯。在《𪺷盨》铭文中，周宣王告诫𪺷："厥非正命，乃敢疾讯人，则唯辅天降丧。"这段铭文表明：西周司法机关在调查事实过程中擅自刑讯的现象，已经严重到周王不得不严令申诫的地步了。

四、双方之协商

与司法机关审理程序并行的是双方当事人之间的协商程序。目

[1] 刘海年、杨升南、吴九龙主编：《中国珍稀法律典籍集成》甲编第一册《金文法律文献泽注》，科学出版社1994年版，第341～342页。

[2] 刘海年、杨升南、吴九龙主编：《中国珍稀法律典籍集成》甲编第一册《金文法律文献泽注》，科学出版社1994年版，第349～350页。

前没有证据表明在受害人向司法机关提告之前,已经与对方当事人进行了协商,但在提告之后,在审理过程中乃至判决宣布之后,双方当事人之间的协商是一种非常普遍的事情。

《曶鼎》铭文记载了两起案件,虽然性质不同,但在判决前后双方都进行了协商。第一起案件起因是曶和效夫之间以匹马束丝交换五夫,而后者并未如约履行。在曶指派䚄向井叔提出控告后,㫘让限归还了马匹,效父也归还了束丝。㫘和效夫向䚄提出,双方交易改在王宫参门外进行,要用金属货币一百锊交换五夫,并约定,如这次不交出五夫,就是失信爽约。在效父再次违约后,井叔才宣布了判决。而在执行判决过程中,曶要求㫘送五束箭给䚄,同时要求买来的五夫必须在自己的采邑中耕作,㫘同意了上述要求。

第二起案件是因匡众厥臣"寇曶禾十秭",曶亲自向东宫提告。在审理过程中,匡试图与曶达成协商,提出愿意赔偿五田(五百亩)及众一人、臣三人,并向曶叩头请罪,希望免于鞭刑,但曶坚持要匡赔偿粮食,双方协商未果,最后东宫作出判决:"赏(偿)曶禾十秭,遣十秭,为廿秭。乃求岁弗赏(偿),则付卌秭。"值得注意的是,在东宫作出判决后,匡再次派人到曶那里去调解:

> 乃或即曶,用田二又臣一夫。凡用即曶田七田,人五夫。曶觅匡卅秭。

匡提出的条件是再给曶二百亩地和一个奴隶,即总共赔偿曶七百亩田地,五名奴隶。不过,这次协商仍未成功,由于匡未能按期赔偿禾,最终曶从匡那里索赔禾四十秭。尽管经两次协商未果,但当事人试图通过协商解决纠纷的意愿还是十分明显的。在有的情况下,司法机关也会主动指令当事人进行协商。在《倗匜》铭文中,伯杨父指责牧牛"敢以乃师讼",要求他"专趦啬覤倗,"即去啬地与倗讲和，这也是要求二人协商的意思。可见，在西周时期的诉讼过程中，不同性质的案件（民事与刑事）、在案件审理的不同阶段（判决前后）都有双方当事人进行协商的情况，足以证明协商程序的出现在当时绝非偶然的事情，毕竟这种私力救济，较之司法机关可以提供的公力救济，在程序上更为灵活，既可以为受害人提供补偿，也可以使侵权人免受重罚，因而可以成为公力救济的有效补充。

五、救济之实现

从铭文记载的有限的案件材料看，当事人的权利救济实现与否，最终还是取决于司法机关的判决。在西周时期，判决被称为劾。《倗匜》铭文有"伯扬父乃成賫曰"之语，《师旂鼎》铭文最后载："旂对厥賫于障彝。"其中的賫字被释为劾字，就是对罪行的判词。在刑事案件中，司法机关通过判决确定被告的罪行，处予相应的刑罚，对受害人给予必要的赔偿。如在《师旂鼎》铭文中，师旂众仆因为"不从王征于方"而成为被告，伯懋父对师旂的判决是罚三百寽，但免其缴纳，对众仆的判决是"义秛（播）"，即应处流放刑，但"今毋播，其又内（纳）于师旂"，不仅未处流放，反将其重新纳入师旂麾下，师旂对此当然十分满意，该判决遂得以铸成铭文，流传至今。

在《倗匜》铭文中，伯杨父宣布牧牛的罪名是："乃可湛。汝敢以乃师讼"，应处刑罚是"义鞭汝千，㲋（䵼）𪒠（黜）汝"，经过大赦后，依然宣布"鞭汝五百，罚汝三百寽"。牧牛显系官僚身份，伯杨父竟判决鞭笞一千，刺面填墨，并以黑布蒙头，第一次赦免后仍需鞭笞一千，刺面填墨，罢其官职，再经大赦后仍需鞭笞五百，罚寽三百，由此可见，贾谊所云"是以系、缚、榜、笞、髡、刖、黥、劓之罪，不及士大夫"，[1]这种说法也未必十分可靠。

〔1〕（西汉）贾谊：《新书》，方向东译注，中华书局2012年版，第69页。

由于师旂众仆未履行对周王的义务,牧牛侵犯的是乃师的尊严,他们的罪行没有给受害人带来直接的具体的损害,所以对于他们的判决以惩罚性的措施为主,虽然规定罚锾的内容,但并未载明是对被害人的赔偿。同样是刑事案件的判决,《曶鼎》铭文记载的抢劫案件,受害人的财产损失十分明确,审判官东宫判决匡赔偿曶十秭,罚十秭,且规定逾年不赔,加罚一倍,即赔四十秭。虽然在判决前后,匡为免受鞭笞之刑,两次提出替代解决方案,但因协商未果,最终匡还是赔偿曶四十秭。

在带来明确财产损害的案件中,司法官吏除判决侵权人返还因侵权所得的财物外,还要侵权人加倍赔偿作为惩罚,无论刑事案件抑或民事案件皆是如此。在《鬲从盨》铭文中,内史无期与太史旟一对鬲从与章、量之间的土地侵权纠纷的判决是:因章的下属霝夫侵犯了鬲从三邑中的土地,现将旟、𢆶、𩊆三邑土地还给鬲从,再将𢑚、憼言两邑送给鬲从作为赔偿。因量的下属小宫侵犯了鬲从彶、句商儿、雠戈三个邑的土地,这三个邑的土地要限期返还给鬲从,并将兢、楙、才三邑和洲、泸二邑送给予鬲从作为赔偿。根据上述判决,鬲从被侵犯的六个邑土地不仅失而复得,还得到了七个邑土地的赔偿。

而对于违约纠纷,司法官吏通常判决违约人按约履行,像曶与效夫之间发生的纠纷,井叔就在判决中告诫效夫,作为王室之人要守信用,“在王人乃卖用口,不逆付”,当事人最终如约进行了交易。不过,有时司法官吏对此类案件的判决却未必受原来约定的限制。《五祀卫鼎》铭文中,在井伯、伯邑父等五大臣确认邦君厉承诺以五百亩田补偿裘卫的事实后,商议判决的结果却是命令邦君厉给付裘卫四百亩田,这显然与当事人之间原先约定数额存在一定差距。

为了敦促败诉方履行判决,使受害人的权利救济得以实现,在西周时期诉讼案件的判决和执行环节,败诉方盟誓是一种常见的情形。故《周礼·秋官司寇》云:“有狱讼者,则使之盟诅。”[1]在《五祀卫鼎》铭文中,井伯、伯邑父等五大臣在调查证据后,“乃覲,使厉誓”。《倗匜》铭文中,伯杨父命令牧牛誓:“自今余敢夒(扰)乃大小事”,“牧牛则誓”。誓言的内容通常由司法官员决定,败诉方只需照本宣科。《鬲攸从鼎》铭文中,审理案件的虢旅命令卫牧发誓:“我弗具付鬲从其且(租),射分田邑,则放”,“攸卫牧则誓”。当然,也有当事人自行决定誓词的情况,如《散氏盘》铭文,矢国君让其臣僚鲜、且、𠦪旅向散人立下誓言:“我既付散氏田器,有爽实,余有散氏心贼,则寽千罚千,传弃之。”又让西宫襄、武父发誓:“我既付散氏𡉚田、墙田,余有爽实,寽千罚千。”通过盟誓,败诉方承诺如不履行判决的内容,则甘受罚寽、鞭打乃至流放的惩罚。在《倗匜》铭文中,牧牛就是违背誓言的例子,伯扬父命令他“专�啬覷倗,寽亦兹五夫”,这是要他履行先前的誓言,对他背弃誓言,控告上司的惩罚则非常严厉,“我义鞭汝千,𣪘(黜)𣪕(黜)汝”即便一赦再赦,依然“鞭汝五百,罚汝三百寽”。

当事人的盟誓为判决的执行提供了人格保证,但有的判决的具体实施还需要依赖专门机关。如伯扬父宣布了对牧牛的判决后,“厥以告吏䝉吏智于会。牧牛辞誓成。罚金”。根据伯扬父的命令,共同负责执行判决的是吏䝉和吏智。在《五祀卫鼎》铭文中,井伯、伯邑父等五大臣对裘卫诉邦君厉案作出判决后,“乃令参有司:司徒邑人趙、司马頵人邦、司工(空)陶矩,内史友寺刍,帅属履裘卫、厉田四田”,就是说,五大臣把当事人之间土地的勘界和交付事宜交给三有司和内史来完成。

在有的场合,案件的判决也可以由当事人双方协商履行。如

---

〔1〕《周礼·仪礼》,崔高维点校本,辽宁教育出版社1997年版,第68页。

《曶鼎》铭文,在井叔宣布判决后,当事人双方在执行判决过程中还是十分配合的。曶派人把五夫的价款交给䛓(效夫的代理人),䛓用酒、羊款待来人,并以丝和三寽相赠。曶要求䛓送五束箭给𤔲,同时要求买来的五夫必须在自己的采邑中耕作,䛓同意了上述要求。同一铭文中,东宫对盗抢案件作出判决后,被告同样派人到曶那里进行了协商,这里不复赘述。在《散氏盘》铭文中,最后参与土地划界的也只是当事双方即矢国和散国的有司和部属,矢国部属盟誓后,散国君“厥受图矢王于豆新宫东廷”。

六、结论

尽管西周铭文的资料十分有限,但通过考察上述案件后我们还是可以确信,在西周时期存在对于权利受到侵害的当事人的救济制度。这些权利,不可能在成文法的层面存在,甚至也不可能在人们的法律观念里存在,但却通过人们对于财物的占有、使用、收益、处分的行为体现出来,这是事实状态的权利。当这些事实权利因为其他人的作为或不作为受到损害时,受害人可以向有司法管辖权的机关寻求公力救济,但也不排除在审理过程中双方通过协商达成一致。也就是说,在西周的司法机关体系足以提供公力救济的情况下,私力救济仍然是权力救济的补充形式。为了保证权利救济的实现,诉讼中的败诉方要宣誓执行判决,这些判决,有的由专门机关来实施,有的由双方协商进行。通过这些判决,败诉方的侵害或违约行为受到刑事的或民事的惩罚,受害人得到适当的补偿。这种事实上的权利救济先于法律上的权利而存在的状况,甚至一直延续到近代通过法典设定权利规范之前。

清华简《子产》篇的法政思想探释

——兼论《子产》篇的思想倾向及其学派归属

张振华*

【摘要】 清华简《子产》篇是一篇抄录于战国中期的古文献，主要记载了郑国执政子产的道德修养、施政业绩及其法政思想。简文围绕“得民”这一核心观点展开论说，内容涉及“修身”“为政”“任贤”“制法”等多个层面；其法政思想的基本理念可以概括为“政在得民”“得民以信”“取仪于身”“固身谨信”“求贤用法”。通览全文，《子产》篇整体上表现出明显的传统儒家“为政在人”“以身治国”的政治治理模式，与黄老之学所主张的“政在道法”“以法治国”的政治治理模式明显不同。因此，虽不能确证其为传统儒家的早期文献，但其思想倾向应是以传统儒家思想为主。

【关键词】 清华简　《子产》篇　法政思想　学派归属

一、前言

清华简《子产》篇共由26枚简组成，长约45厘米，宽约0.6厘米；保存较好，虽有几支一端残折，但并不影响阅读。原简无题，因其内容与郑国名臣子产相关，故整理者以《子产》篇名之。这篇抄录于战国中期的古文献，主要记载了子产的道德修养、施政业绩及其

* 作者系中国政法大学法学院博士研究生。

法政思想。自2016年公布以来,《子产》篇便引起了学界的关注和研究。从现有的研究成果来看,主要集中在两个方面:一是对简文的释读;[1]二是围绕"子产铸刑鼎"的历史争议以及此事件在中国法律史上的历史意义而展开的新论。[2]然而,尚未有对于简文本身所蕴含的法政思想进行梳理和考察;并且,对于《子产》篇的思想倾向及其学派归属,也有两种不同观点。基于此,笔者不揣浅陋,拟以《子产》篇为中心,佐以传世相关历史文献,从法哲学的视角切入,疏解简文的基本文意,分析简文所蕴含的法政思想;并在此基础上,厘清《子产》篇的思想倾向及其学派归属。不当之处,敬请方家批评指正。

二、《子产》篇的文意疏解

简文篇幅较长,全文一千余字。根据行文结构,大致可分为10段,前9段均以"此谓……"文句作结,是对子产道德修养、施政业绩及其法政思想的具体论说;最后一段,则是对子产道德修养、施政业绩及其法政思想的总体评价。为论述方便,先逐段疏解简文的基本文意。

---

[1] 相关释读,除了整理者的《清华简六整理报告补正》之外,还有王宁先生的《清华简六〈子产〉释文校读》《释清华简六〈子产〉中的"完"字》、赵平安先生的《清华简(六)文字补释(六则)》、华东师范大学中文系出土文献研究工作室的《读〈清华大学藏战国竹简(六)·子产〉书后(一)》、孙合肥的《清华简〈子产〉篇简19~23校读》、何有祖的《读清华简六札记(二则)》、侯瑞华的《清华简六〈子产〉补释(四则)》、苏建洲的《清华简六文字补释》、程燕的《清华简六考释(三则)》、徐在国的《谈清华六〈子产〉中的三个字》、范云飞的《清华简(六)〈子产〉"尊令裕义"解》等。

[2] 相关新论有王捷的《清华简〈子产〉篇与"刑书"新析》、王沛的《子产铸刑书新考:以清华简〈子产〉为中心的研究》、高瑞杰的《对读〈子产〉篇与〈大戴礼记〉:兼论先秦儒家思想的两条路径》、代生的《清华简(六)郑国史类文献初探》等。

昔之圣君，取虞(仪)于身，[1]勉以利民。民用信之，不信不信。求信有事，浅以信深，深以信浅。能【1】信，上下乃周。不良君怙位固福，不惧失民。惧失有戒，有戒所以申命固位。位固邦【2】安，邦安民肆，邦危民离。此谓存亡在君。

本段简文通过“昔之圣君”与“不良君”的对比，来论说“存亡在君”的道理。圣君能够“取仪于身，勉以利民”，故而能够取得民众的信任；君民之间若能够互信，其上下关系就能亲密稳固。“不良君”则不然，其将“君位”视作为自己巩固福德的私器，不忧惧失去民众；更不会因忧惧失去民众的信任和支持而有所警戒，从而致使“邦危民离”。可见，这段简文论说的主旨虽然落在“存亡在君”，但分析其论证过程则不难发现：“存亡在君”的关键在于“得民”与“失民”；得民则存，失民则亡。结合下文相关论述，如“民事是事”“得民，天殃不至”“民零上危”“和民”“来民”“助上牧民”“民信志之”等，也可以看出“得民”实际上是《子产》篇法政思想的核心观点。

子产所嗜欲，不可知；内君子无变。官政【3】及师栗，当事

---

〔1〕 整理者认为，“虞”，读“处”，可训为“虑”，审度、辨察之义；“取处于身”，于自身求取审查。赵平安先生认为，当读为“献”，奉献之义。王宁先生认为，当读为“仪”，训为“法”或“象”，此处为取法、效法之义。我们认为，赵平安先生释“虞”为“鬳”，读为“献”，似乎不妥。睡虎地秦简《日甲·岁》：“九月楚鬳马”，读作“献”，可通。然图版作“[虍鬲]”，与此处“虞”略有不同。赵平安先生认为是讹变，待考。(《玺汇》3506)王宁先生据此读“鬳”为“仪”，前者疑母元部，后者疑母歌部，可通。“虞”在下文亦重复出现，若根据文意，读为“仪”较为准确，故从王宁先生，读为“取仪于身”。参见李学勤主编：《清华大学藏战国竹简(六)》，中西书局2016年版，第139页；赵平安：《清华简(六)文字补释(六则)》，载清华大学出土文献研究与保护中心网：http://www.ctwx.tsinghua.edu.cn/publish/cetrp/6831/2016/20160416052835466553594/20160416052835466553594_.html，最后访问日期：2018年9月25日；王宁：《清华简六〈子产〉篇释文校读》，载复旦大学出土文献与古文字研究中心网：http://www.gwz.fudan.edu.cn/Web/Show/2851，最后访问日期：2018年9月25日。

乃进,无好。曰:“固身谨信。”谨信有事,所以自胜立中。此谓无好【4】恶。

本段简文通过对子产道德修养与执政理念的论述,来说明“无好恶”的道理。那么,子产是如何做到“无好恶”的呢?分析简文,可以归纳为如下四个方面:其一,子产的个人喜好不为人所知,这是关键;如果人们知晓子产的个人喜好,必定会投其所好。其二,子产的内心始终保持君子之德而不变,即不变初心,表里如一。其三,子产任用官吏及评定品级禄秩,胜任其事的人才被选拔举荐,而不以个人好恶为依据。其四,子产能够以谨信安身,自我约束、自我克制而立身中正。

> 兮(完)政、〔1〕利政、固政有事。整政在身,文理,形体啴缓,恭俭,整齐弇见矣【5】。溹溹所以从节行礼,行礼践政有事,出言复,所以知自有自丧也。有道乐存,无【6】道乐亡。此谓劼

〔1〕 整理者认为,“兮”,读“勉”或“励”。《说文》:“励,勉也。”王宁先生认为,此为楚简中的“完”字,读为“院”,固义。我们认为,“完政利政固政有事”,“完”应读如字,意为“完善”“修缮”。理由如下:整理者读为“勉政”,释为“勤勉于政务”。然而,“利政”(有利于国政)、“固政”(巩固国政)都是针对“政”而言,“勉政”则是针对“为政者”而言,似乎文意不太统一。王宁先生读为“院”,释为“固”,似乎与“固政”语义重复。又,“完政利政固政有事”后接“整政在身”。形式上与前文“求信有事”“谨信有事”一致,从语意上看,“整政在身”应是对“完政利政固政”之方式方法的进一步解释说明。因此,“整政”不应视为“完政利政固政”之外且与之并列的某种“为政”之法,而应视为对“完政利政固政”的总括之语。由此可证,“完政”属于“整政”的范畴,是针对“政”而言而非针对“为政者”而言,释为“完善”更当。参见李学勤主编:《清华大学藏战国竹简(六)》,中西书局2016年版,第140页;王宁:《清华简六〈子产〉篇释文校读》,载复旦大学出土文献与古文字研究中心网:http://www.gwz.fudan.edu.cn/Web/Show/2851,最后访问日期:2018年9月25日。

敉(饬)。[1]

本段简文通过对“身”与“政”之内在关系“整政在身”的阐释，来论说“谨慎整饬”的道理。简文采取“由身及政”“由政返身”的运思路径，先言“立身”，复言“践政”，而后返归“己身”之“自有自丧”。“立身”的关键在于“从节行礼”“恭敬约俭”；而“从节行礼”“恭敬约俭”践于国政，则要求“出言必践”。为政者若能“出言必践”，则能知晓“自有自失”之理。最后，简文点明，为政者对于大道是否有所领纳和践行，将决定其个人命运及邦国政事的存亡，亦即“有道乐存，无道乐亡”。

子产不大宅域，不崇台寝，不饰美车马衣裘，曰：“勿以【7】骿也。”宅大心张，美外态矜，乃自失。君子知惧乃忧，忧乃少忧。损难有事，多难近【8】亡。此谓卑逸乐。

本段简文通过对子产个人修养及自我要求的论述，来说明“卑逸乐”的必要性。行文逻辑层次分明，以事实陈述为始，陈述子产在住宅、寝台、车马轻裘等物欲方面的自我要求，并给出子产之所以这

〔1〕 整理者认为，“劼”，释为“嘉”字。《说文》：“嘉，美也。”王宁先生认为，“劼”，读为“固”，“劼理”，即“固理”，固然之理。我们认为，“此谓……”根据上下文段结尾句，如“此谓存亡在君”“此谓无好恶”“此谓卑逸乐”等，均将某个“道理”的实质内涵明确表述出来。若将本句释作“此谓嘉理”或“此谓固理”，似乎与上下行文不甚统一。故疑“劼敉”仍是有具体内涵之表述。“劼”，有“慎”义，即谨慎。《说文》：“劼，慎也”；《周书·酒诰》：“汝劼毖殷献臣。”“敉”，与本简下文“不饰美车马衣裘”之“敉”写法类似，整理者释作“饰”，意为“装饰”。疑字右下角之“又”为简帛文字常见之缀符，字实为“敉”之异写，可读作“饬”，意为“整饬”。“劼敉”，即“谨慎整饬”，用以总结本段，指外观衣着与行为处事都要整严谨慎。参见李学勤主编：《清华大学藏战国竹简(六)》，中西书局2016年版，第140页；王宁：《清华简六〈子产〉篇释文校读》，载复旦大学出土文献与古文字研究中心网：http://www.gwz.fudan.edu.cn/Web/Show/2851，最后访问日期：2018年9月25日。

样要求自己的原因,即“勿以騈也”。紧接着,从反面论说,一味地追求扩大宅域和外表华美,容易使内心张狂、自高自大,从而导致“自失”的严重后果。因此,为了避免“自失”,君子就要知道有所警惧,有所警惧就会有所担忧,有所担忧才会想方设法去减少担忧。结合上下文,这里的“损难”之“难”,应该指前文因外在物欲遮蔽自己所带来的困难。所以,减少外在的物欲就会减少困难,这就是“损难有事”;反之,增加外在的物欲就会增加困难,这样就容易接近灭亡。简文通过正反两方面的论证,来说明摒弃安逸享乐的必要性。

君人莅民有道,情以完,得位命固。臣人畏君有道,知畏亡无罪【9】。臣人非所能不进。君人亡无事,民事是事。得民,天殃不至,外戭(仇)否。以私事使民【10】,事起货行,货行罪起,罪起民零,民零上危。己之罪也,反以罪人,此谓不事不戾。

本段简文通过对比“以民事为事”与“以私事使民”的两种不同后果,来论证“不事不戾”的道理。那么,君主为什么应“以民事为事”,而不应“以私事使民”呢?原因在于:一方面,君主若以民事为事,不以己之私事劳役民力,就能获得民众的支持,继而获得上天的庇佑。这样邦国之内就不会有天灾人祸,而外邦之仇敌也不会侵扰,可谓是“内无忧,外无患”。另一方面,君主若以私事劳役民力,则臣人聚敛珍奇财物之事将兴起;臣人聚敛珍奇财物,必然伤民乃至刑罪其民。伤民、罪民则会使民众零落离散,致使上危。最后,简文进一步指出:君主以私事使民而使民获罪,这是君主自己的罪责,而非民众的罪责。若想免于罪责,就必须做到不以私事使民;这就是“不事不戾”。

有道【11】之君,能修其邦国,以和民。和民有道,在大能政,在小能支;在大可久,在小可大【12】。又以答天,能通于神。

又以来民，又以得贤，又以御害伤，先圣君所以达【13】成邦国也。此谓因前遂故。

本段简文详细论述了先圣君之所以能够“达成邦国”的施政纲领，具体而言，主要有五个方面：一曰和民，二曰答天，三曰来民，四曰得贤，五曰御敌。此外，简文还阐释了“和民”的方法及成效，点明了“答天”的目的。

就“和民”的方法及成效而言，又可分为两个层面，即“在大”与“在小”。在大的方面，就是要能够有所匡正；而有所匡正的前提则是己身当正。所谓“正己正人”，“政者，正也；自帅以正，孰敢不正”（《论语·颜渊》），即是此意。在小的方面，就是要能够有所扶持；对于弱者幼者，要给予必要的扶持和帮助。在大的方面有所匡正，则大能够长久；在小的方面有所扶持，则小能够壮大。

就“答天”而言，其目的在于“能通于神”。何者为“神”？《左传·庄公三十二年》：“神，聪明正直而壹者也。”此处的“神”，即“天神”“神灵”，是智慧和正义的化身。

简文以“此谓因前遂故”作结，意在表明，这些施政纲领都是先圣君所推行的，并且取得了很好的成效；所以，今之君主应该效法先圣君，遵循先圣君之道，继续贯彻这些施政纲领。

前者之能役相其邦家，以成名于天下者，身【14】以仪之。用身之道，不以冥冥抑福，不以逸求得，不以利行直，不以虐出民力。子【15】产辅于六正，与善为徒，以惪事不善，毋兹违拂其事。劳惠邦政，端使【16】于四邻。治辨，解掼炳则任之，善则为人。勋勉求善以助上牧民。民有过失【17】，教佚弗诛，曰：“苟我固善，不我能乱；我是荒怠，民乜废然。”下能式上，此谓【18】民信志之。

本段简文的核心要义旨在论说为政者当取法于身，以身作则；如此才能够获得民众的信任、仰慕和效法。其行文逻辑如下：

首先，明言“身以仪之”“以身作则”乃是有道之君能够治理好邦国、成名于天下的不二法门。其次，如何“身以仪之”“以身作则”呢？那就要恪守和遵循“用身之道”。于此，作者围绕“用身之道”展开详细论说：其一，不应做暗昧的事情来提升自身的福德；其二，不应以逸乐的方式来获得利益；其三，不应只为求取私利才行正直之事；其四，不应因为暴虐的行为而劳役民力。再次，以子产执政的史实和事迹为依据，通过对其施政理念和举措的论述，来具体说明当如何“身以仪之”“以身作则”。关于子产的施政理念和举措，简文论述了以下五点：一是与良善之人共事，摒除不善之人；二是勤于国政，施惠于民，善于邦交，端使四邻；三是量才用人；四是广求贤人，助上牧民；五是善思己过，不苛责于民。最后，通过史论结合的一番论证，简文指出：只要为政者“以身仪之”“以身作则”，民众自然会以为政者为学习效法的榜样，亦即“民信志之”。

> 古之狂君，卑不足先善君之验，以自余智，民无可使，任重不果【19】，邦以坏。善君必循昔前善王之法，聿求爐之贤可，以自分，重任以果将。子【20】产用选老先生之俊，乃有桑丘仲文、杜逝、肥仲、王子伯愿；乃设六辅：子羽、子剌【21】、蔑明、卑登、俖之变、王子百；乃禁辛道、爽语，虚言亡实；乃禁卷战、相冒、軟（燕）乐【22】、饰美宫室、衣裘、好饮食酰醬，以远屏者。此谓由善散惌。

本段简文通过“狂君”与“善君”的对比，辅之以子产的选贤用人和施政举措，旨在说明为政者不应狂妄自大，自以为是；而应当选贤与能，并委以重任。其行文逻辑如下：

首先，“狂君”与“善君”的对比（见表1）：

表1 “狂君”之治与“善君”之治

狂君	不重视先圣君的恭俭之德	自以为聪明能干而民众无可任使	重任不果	邦以坏
善君	遵循先圣君的治国之法	任用先圣君遗留下来的贤臣及可用之人	求贤以自分	以果将

其次,以子产选贤用人和施政举措为证(见表2):

表2 子产的选贤与施政

选贤用人	(1)选用老先生之俊秀者;(2)设置六辅
施政举措	(1)禁恶语、爽言、不实之言;(2)禁打架斗殴、相互谩骂;(3)禁安逸享乐,追求美室、美服、美食而以此为耀之人

最后,简文以“由善散愆”作结,点明此段简文论说的核心要义。

子产既由善用圣【23】,班羞勿俊之行。乃肄三邦之令,以为郑命令、野令,导之以教。乃迹天地、逆顺、强柔【24】,以咸𢿢(禁)御;肄三邦之刑,以为郑刑、野刑,行以峻命、裕仪,以释无教、不辜。此谓【25】张美弃恶。

本段简文以子产的施政业绩为例证,来论说张美弃恶的道理。其行文逻辑如下:首先,接续上文,再论子产用人之道。其次,论述子产参照三邦之令,制定了“郑令”和“野令”,以教化来引导民众遵守,并以天地、顺逆、强柔的自然之理来和顺君主身边的亲近之人。再次,论述子产参考三邦之刑,制定了“郑刑”和“野刑”,坚持严法与宽礼并用;并且释放未受教化的无辜无罪之人,不予惩罚。最后,简文以“张美弃恶”作结,旨在论说为政者应当弘扬美德善政,摒弃恶行暴政。

为民刑程,上下和辑。野三分,粟三分,兵三分,是谓仪固,以助【26】政德之固。固以自守,不用民于兵甲战斗,曰武爱,以成政德之爱。仪勋和憙,可用【27】而不遇大国,大国故肯措其谋。惟能知其身,以能知其所生;知其所生,以先谋人;先谋人,以复于身。身室【28】、邦国、诸侯、天地,固用不悖,以能成卒。【29】

本段简文从"和民""固政""安身"三个层面,对于子产的道德修养、施政举措及法政思想作了总结评价。其中,"为民刑程",以使"上下和辑",即为"安民"。制定法令,通过"仪固"来实现"政德之固","政德之固"则能实现"武爱""匹敌大国"而不被大国所谋,即为"固政"。"知其身""知其所生",进而"先谋人"而不被人所谋,即为"安身"。于此,简文将这些道理视为具有普遍性、规范性的基本原则,适用于"身""室""邦国""诸侯""天地"之间;如果能够"固用不悖",就能终有所成。

以上是对简文的文意疏解与逻辑分析。通览全文,我们不难发现,其论说层次分明、内容全面,且论证方式多样。

就层次而言,全文可分为具体论说和总体评价两个部分。其中,具体论说以"总—分式"展开,第1段总括全文主旨:"存亡在君"的根本在于"得民",而"得民"的关键在于"求信于民"。第2~9段,分别从"修身""为政""任贤""制法"四个方面来论说如何"得民",如何"求信于民"。

就内容而言,不仅涉及"修身""为政""任贤""制法"四个方面;并且,又从"无好恶""劼饬""卑逸乐"三个层面来说明如何"修身";从"不事不戾""因前遂故""民信志之"三个层面来说明如何"为政";从"由善散愆""张美弃恶"两个层面来分别说明如何"任贤"与"制法"。

就论证方式而言,既有"昔之圣君"与"不良君"、"古之狂君"与

“善君”的对比论证，也有“宅大心张，美外态矜，乃自失”与“以私事使民，事起祸行，祸行罪起，罪起民矜，民矜上危”这样的因果论证，还有以子产实际的个人道德修养、自我要求、施政举措为依据的事实论证。

故此，李学勤先生论其行文一贯，主旨思想性较强，且与儒家学说相类。[1] 此言甚是。

三、《子产》篇的法政思想

子产作为郑国的执政，其个人道德修养、施政业绩及法政思想，传世文献中亦有记载。如《论语·公冶长》中孔子对于子产个人道德修养及施政业绩的评价：“有君子之道四焉：其行己也恭，其事上也敬，其养民也惠，其使民也义。”《论语·宪问》：“或问子产，子曰：惠人也。”《左传》中有对于子产“先文德而后武功”[2]“政如农功”[3]“不毁乡校”[4]“铸刑书以救世”[5]“民不信则不从”[6]等法政思想的记载。

这些散落于史籍经传中的非体系性的零星记载，虽然也能让我们对子产的道德修养、施政业绩及其法政思想有所管窥，但是很难让我们对其形成整体性、体系性的认识。然而，《子产》篇关于子产的道德修养、施政业绩及其法政思想的论述，则在很大程度了弥补了这一缺陷与不足。下面，我们就来重点分析一下《子产》篇中所蕴示的法政思想。

---

[1] 李学勤：《有关春秋史事的清华简五种综述》，载《文物》2016年第3期。

[2] 《左传·襄公八年》。

[3] 《左传·襄公二十五年》。

[4] 《左传·襄公三十一年》。

[5] 《左传·昭公六年》。

[6] 《左传·昭公七年》。

（一）政在得民

前文已述，《子产》篇的主旨意在论说为政之道的根本在于"得民"。君主若能够得民，则君位固，邦国安；君主若是失民，则君位危，邦国乱。由此可见，"民"在治国理政之中的根本性地位。同时，这也与传统儒家法政思想中"民本主义"的基本立场相一致。

民本主义的基本立场认为，民众是一个国家的根本，稳固这个"根本"国家才能安宁昌盛。这也是"民为邦本，本固邦宁"的基本含义。这一理念源自西周时期的"敬德保民"，继而发展到春秋时期的"重民"思潮。如《尚书·周书·泰誓》中的"天视自我民视，天听自我民听"和《管子·牧民》中的"政之所兴，在顺民心；政之所废，在逆民心"等，都是这一思潮的实际反映。及至战国，儒家孟、荀继承并升华了这一思潮，从而形成了"政在得民""民为邦本"的政治理念。

"政在得民""民为邦本"的政治理念，一方面要求为政者必须提升自身的道德修养，具有强烈的道德责任感或者"仁"德"仁"心；此即简文中所论及的为政者要"无好恶""劼饬""卑逸乐"等。为政者只有不断提升自身的道德修养，不断增强自身的道德责任，不断巩固自身的"仁"德"仁"心，才能够真正做到执政为民、"勉以利民"及"和民来民"。另一方面则要求为政者必须能够推行"德政""善政""美政"等，此即简文中所论及的为政者要能够"不事不戾""因前遂故""张美弃恶"等。为政者推行"德政""善政"，既要以"民事是事"，不能"以私事使民"，"虐出民力"；也要学习"有道之君"治国理政之经验，遵循"先圣君"达成邦国之善法；还要选贤与能，自分重任，制定法令，"导之以教"，"峻命裕仪"以"释无教、不辜"。

"政在得民""民为邦本"的政治理念，实际上也是传统儒家伦理法的基本价值和基本原则。[1] 一方面，"以民为本"是传统儒家伦

---

〔1〕 俞荣根：《儒家法思想通论》（修订本），商务印书馆2018年版，第157、242页。

理法的基本价值,也是传统儒家法政思想的根本精神。孔子、孟子以及荀子,都曾对聚敛苛政、虐出民力、滥刑重罚的恶政恶法给予严厉抨击,倡导“道之以政、齐之以礼”,“慎刑省罚以重民命”,“使民以时”“轻徭薄赋”“制民之产”以宽民力;这些都体现了“以民为本”作为法的基本价值标准。另一方面,“以民为本”也是传统儒家伦理法的基本原则,这一基本原则是立法、司法、执法以及守法的重要基础和前提。例如重视“以德化民”,不作“有罪推定”,不认为有天生的罪犯,民众之所以犯罪的主要责任在于“上失其道”,是君之过,而非民之罪。此即简文中所论及的“己之罪也,反以罪人”。又如重视人的价值,“礼法并用”而“宽猛相济”,反对重刑主义,反对严刑峻法;要求以“王道教化”来“哀矜折狱”。此即简文中所论及的“导之以教”,“以咸禁御”,“行以峻命、裕仪,以释无教、不姑辜”。

此外,“政在得民”“民为邦本”,不仅是《子产》篇法政思想的核心观点,也是子产本人为政思想的重要理念。据《左传·襄公二十五》记载:

> 晋程郑卒。子产始知然明,问为政焉。对曰:“视民如子。见不仁者诛之,如鹰鹯之逐鸟雀也。”子产喜,以语子大叔,且曰:“他日吾见蔑之面而已,今吾见其心矣。”

子产问为政之道于蔑之,听完其回答之后,不仅“喜”,而且对大叔说“他日吾见蔑之面而已,今吾见其心矣”,这已然表露了他对蔑之所论为政之道的赞同与欣赏,可谓于其心有戚戚焉。那么,蔑之所论为政之道的核心是什么?很显然,就是“视民如子”。

(二)得民以信

为政之要在于“得民”,那么如何才能“得民”呢?简文给出的答案是“得民以信”。“民用信之,不信不信”;“能信,上下乃周”。故此,“求信于民”,乃是“得民”的不二法门。

对于如何“求信于民”,简文分别从“信”的来源、求“信”的方法以及“信”的作用三个层面展开论说。其一,“信”作为一种重要的伦理规范和道德规范,并非外在于我,而是内在于身,所以当反求诸己,“取仪于身”,以身作则,“勉以利民”,推己及人。否则,“君不信则民不信”。其二,求“信”的方法在于“利民”,在于“互信”。“利民”是要求为政者利为民所谋,权为民所用,情为民所系,事为民所办。“互信”是要求道德修养及学问浅薄的民众要信任道德修养及学问深厚的君子;反之,道德修养及学问深厚的君子也要信任道德修养及学问浅薄的民众。其三,求“信”的作用在于,一则使为政者与民众之间关系亲密稳固,此即“能信,上下乃周”;二则使民众能够仿效为政者,以为政者为自身仰慕向往的对象,此即“下能式上,民信志之”。

“得民以信”“求信于民”,也是传统儒家法政思想的基本理念。他们认为,“取信于民”,获得民众的信任,是为政者“达成邦国”的先决条件。

如《论语·颜渊》所载:

> 子贡问政。子曰:“足食,足兵,民信之矣。”子贡曰:“必不得已而去,于斯三者何先?”曰:“去兵。”子贡曰:“必不得已而去,于斯二者何先?”曰:“去食。自古皆有死,民无信不立。”

在孔子看来,“足食”“足兵”对于“达成邦国”来说,都是非常重要之事;但是如果与民众对为政者的信任感相比,还是“民信”更为重要。换言之,在“足食”“足兵”“民信”三者的价值排序中,“民信”必然是排在第一位的。继而,孔子认为,“上好信,则民莫敢不用情”;[1]“君子信而后劳其民,未信则以为厉己也;信而后谏,未信则

〔1〕《论语·子路》。

以为谤己也”。[1] 又如《礼记·中庸》所论“上焉者虽善无征,无征不信,不信民弗从;下焉者虽善不尊,不尊不信,不信民弗从”,《荀子·荣辱》所论“故君子者,信矣,而亦欲人之信己也;忠矣,而亦欲人之親己也”,皆是此义。

此外,“民无信而不立,法无信而不施”,“信”与“礼法”之间的二重关系,也是传统儒家法政思想的一个特色。一方面,“信”作为一种基本的价值规范,对内显现为一种“修辞立诚”“固身谨信”的伦理责任;对外则显现为一种“言而有信”“主忠信”的道德规范。故此,“信”本身就是一种规范,具备“礼法”的属性。另一方面,任何社会规范或“礼法”,如果没有“信”作为前提和基础,则根本无法实行,更不会被遵守。此即《礼记·礼器》所论:“先王之立礼也,有本有文。忠信,礼之本也;义理,礼之文也。无本不立,无文不行。”故此,“信”也是一切社会规范或“礼法”得以实行和遵守的必要条件。

(三)取仪于身

“取仪于身”,即取法于身,以身作则。前文论及,“得民以信”,而“信”的来源不是外在于己,而是内在于身。分析简文,其中关于“身”与“法政”的关系是非常清楚的。

首先,简文开篇即言,“昔之圣君,取仪于身,勉以利民。民用信之,不信不信”。意思是说,古代的圣贤君主,能够取法于身,以身作则,努力为民众谋取福利。民众由此才信任他,如果君主自身不守信用,则民众也就不会信任他。由此可见,无论是基本的价值规范,抑或是“礼法”等社会规范,其来源既不是自然或上帝的外在规定和启示,也不是君主或主权者的任意决断和命令,而是源自于君主乃至每个民众自身的道德准则,亦即康德所谓的“内心的道德律

[1] 《论语·子张》。

令”。[1] 这种对于规范之来源的认识,明显不同于西方以上帝启示为核心的自然法传统以及以实在法为基础的法实证主义传统。

其次,简文“此谓劼饬”一段,详细论证了“政”与“身”的内在关系,此即“整政在身。文理,形体唯缓,恭俭,整齐弇见矣。漆漆所以从节行礼,行礼践政有事,出言复,所以知自有自丧也”。意思是说,整顿国政在于自身,礼文仪节,形体容态要宽缓从容;恭敬约俭,衣着穿戴当整齐蔽体。容态专致恭敬,才能遵行礼文仪节。遵行礼仪、践于国政有一定的方法;出言必践,才能够知晓自有自失。由此可见,为政者自身的形体容态、衣着穿戴、从礼节文、恭敬俭约等都与为政、践政息息相关。

再者,简文不仅说明,先圣君之所以能够“役其邦家”“成名于天下”的重要原因,就在于能够“身以仪之”,而且还具体论述了何为“用身之道”:“不以冥冥抑福,不以逸求得,不以利行直,不以虐出民力。”意思是说,用身之道,在于不做暗昧的事情来提升福德,不以逸乐的方法来获得利益,不因只为求取私利才行正直之事,不以暴虐的行为劳使民力。由此可见,“身”之于“政”以及“达成邦国”“成名于天下”的重要性。

通过上述分析,我们不难发现,简文所表达的治理模式实际上是传统儒家所倡导的“以身治国”,而非先秦法家或黄老之学所坚持的“以法治国”。在传统儒家的法政思想中,“身”,既是治国理政,开启“外王之道”的逻辑起点,也是“忠恕之道”“絜矩之道”等基本规范乃至整个礼乐制度的逻辑起点。

“以身治国”的核心理念是“为政以德”与“为政在人”。“为政以德”,强调的是为政者自身的德性修养对于治国理政的重要性。有仁德仁心的为政者,则能推行善政良法;没有仁德仁心的为政者,

[1] [德]康德:《实践理性批判》,邓晓芒译,杨祖陶校,人民出版社2003年版,第220页。

则必然推行恶政恶法。孔子所论“为政以德,譬如北辰,居其所而众星共之”,[1]“其身正,不令而行;其身不正,虽令不从”,[2]以及孟子所论“唯仁者宜在高位”,[3]“以不忍人之心,行不忍人之政,治天下可运之掌上”[4]等,皆是此意。“为政在人”,强调的是人特别是圣贤之人在治国理政中的关键性作用。孔子所论“其人存,则其政举;其人亡,则其政息”,[5]以及孟子所论“徒法不能以自行”[6]等,皆是此意。

“身治”与“法治”之争,或“任人”与“任法”之辩,实际上就是“人治”与“法治”两种不同的政治治理模式之间的争论。这种争论不仅出现在中国传统的政治思想史中,也出现在古希腊传统的政治思想史中。在中国传统政治思想史上,表现为以传统儒家为主导的“为政在人”与先秦法家(尤其是三晋法家)为主导的“一断于法”之间的争论。而在古希腊传统政治思想史上,则表现为柏拉图早年在《国家篇》中所倡导的“哲学王”之治(人治)与其晚年在《法律篇》中所主张的以“法治”代替“人治”的转变。对此,亚里士多德在其《政治学》中也指出,柏拉图的《国家篇》与《法律篇》的根本不同就是“法治”与“人治”的不同。

此外,关于“任人”与“任法”,先秦时期的大儒荀子以及近代的思想巨擘梁启超都有精辟之论,兹录于此,以供参详:

> 故法不能独立,类不能独行,得其人则存,失其人则亡。法者,治之端也;君子者,治之原也。故有君子则法虽省,足以遍

---

〔1〕《论语·为政》。
〔2〕《论语·子路》。
〔3〕《孟子·离娄上》。
〔4〕《孟子·公孙丑上》。
〔5〕《礼记·中庸》。
〔6〕《孟子·离娄上》。

矣;无君子则法虽具,失先后之施,不能应事之变,足以乱矣。[1]

任人不任法者,人无必得之券,则国无必治之符。所待之人未至,则国已先乱亡矣。任法不任人者,法固中材之所能守,而不必有所待。[2]

(四)固身谨信

固身谨信,既是《子产》篇法政思想的一个基本理念,也是其"整政在身"这一"身""政"关系的必然要求。简文所论"政在得民""得民以信""取仪于身""固身谨信",实际上是一个完整的逻辑链条。

根据简文所论,"固身谨信"所指向的目的是"无好恶",方法是"自胜立中"。那么,什么是"无好恶"?什么是"自胜立中"?二者又是什么关系?所谓"无好恶",意思是不以个人好恶为评判标准。其表现在"身"则要求"所嗜欲,不可知"及"内君子无变";表现在"政"则要求"官政及师栗,当事乃进,无好"。所谓"自胜立中",意思就是自我约束,立身中正。其表现在"身"则为下文所论及的"劼饬""卑逸乐";表现在"政"则为"不事不戾"。

"无好恶""自胜立中",所表达的实际上就是传统儒家所坚持的不偏不倚、立身中正、执中用中的中道思想。这既是传统儒家"为政以德"的基本理念,也是其"为政在人"治理模式下的必然要求。

"中道",即"中庸"。《论语·雍也》云:"中庸之为德也,其至矣乎!"意即以"中庸"为最高的美德;要求"举事而中",反对"过"与"不及"。《礼记·中庸》对此作了发挥:"中也者,天下之大本也;和也者,天下之达道也。"北宋的二程解释说:"不偏之为中,不易之为庸。中者,天下之正道;庸者,天下之定理。"[3]南宋的朱熹也认为:

---

[1] 《荀子·君道》。

[2] 梁启超:《梁启超论中国法制史》,商务印书馆2012年版,第45页。

[3] 《二程遗书》卷七。

“中庸者，不偏不倚，无过不及，而平常之理。”[1]另外，《论语·子路》云：“不得中行而与之，必也狂狷乎。”汉代包咸解释说：“中行，行能得其中者。”[2]清代凌鸣喈认为：“中行者，依中庸而行者在《易》《复》四《益》三，四称中行，谓乎中以行，可与之自治治人也。”[3]“自治”即“固身”，“治人”即“为政”。由此可见，“中庸”在传统儒家政治思想中的内涵及意义。

此外，值得说明的是，“此谓无好恶”一段所表达的思想及其内在逻辑，亦可与《礼记·大学》“正心”章对读：

> 所谓修身在正其心者，身有所忿懥，则不得其正；有所恐惧，则不得其正；有所好乐，则不得其正；有所忧患，则不得其正。

简文是从肯定方面说，为政者如果能够谨信修身，自我克制，立身中正，就能够做到“无好恶”。《礼记·大学》则是从否定方面说，君子如果身有所好乐，或有所忿懥，则不能够立身中正。二者一正一反，然其本意相同。对此，清代康熙所撰的《庭训格言》亦可为证：

> 凡人不能无好恶，但能胜其私心则善。诚见善而好之，见恶而恶之，则不能牵累吾心矣。人于喜怒亦然。喜时不能不遇可怒之事，怒时不能不遇可喜之事。是故《大学》云“忿好乐，皆难得其正”者，此之谓也。[4]

（五）求贤用法

“求贤”与“用法”，也是《子产》篇法政思想的重要内容之一。

---

〔1〕（宋）朱熹：《四书章句集注》，中华书局2012年版，第17页。

〔2〕程树德：《论语集释》（第三册），中华书局1990年版，第931页。

〔3〕程树德：《论语集释》（第三册），中华书局1990年版，第931页。

〔4〕（清）康熙：《庭训格言》，中州古籍出版社2010年版，第50页。

在“求贤”方面,简文对比了“古之狂君”与“善君”是否能够“求贤”之于“为政”的不同结果:狂君自以为是,不求贤任贤以自分重任,结果导致“邦以坏”;善君“求嫿之贤可”,以自分重任,则能够功成而美。继而论述了子产选贤任能的施政举措,如“用选老先生之俊”“设六辅”等。李学勤先生指出,〔1〕此处的“老先生之俊”即为《良臣》中的“子产之师”,“六辅”即为《良臣》中的“子产之辅”。这些人都是支持子产治政的“团队”,在当时具有相当重要的作用。“求贤”的目的主要在于“助上牧民”,在于“自分重任”。

在“用法”方面,简文论述子产参照夏商周三代之令,制定了适用于都邑的“郑令”和适用于都邑之外的“野令”,以教化来引导民众遵守,以天地、顺逆、强柔的道理来和顺君主身边的亲近之人。又参考夏商周三代之刑,制定了适用于都邑的“郑刑”和适用于都邑之外的“野刑”;推行严峻的法令和宽缓的礼法,释放那些未受先王教化之人和无罪、无辜之人。“用法”的目的主要在于推行美德善政,摒弃恶行暴政。

于此,需要注意的有两点:其一,在“求贤”与“用法”的先后顺序和侧重上,其主张先“任贤”,后“用法”。子产本人也是在完成了选拔贤人和举荐优秀官吏的举措之后,才参照三邦法令制定郑令、野令。其二,子产参照三邦之法令制定政令、野令,从法的渊源来看,有一个从以习惯法为主要渊源逐渐向以成文法为主要渊源的过度和转型。因为在夏商周三代时期,虽然可能已有公布的成文法令,〔2〕但是实际上仍然是以习惯法为主要渊源;及至春秋战国时期,公布的成文法令已然出现,并逐渐取代习惯法而成为主要渊源。此外,法律的形式也有刑、令之分,适用的对象也有国、野之别。这在当时都是非常先进的。

---

〔1〕 李学勤:《有关春秋史实的清华简五种综述》,载《文物》2016年第3期。

〔2〕 俞荣根:《儒家法思想通论》(修订版),商务印书馆2018年版,第74~75页。

四、《子产》篇的思想倾向及其学派归属：黄老之学还是儒学？

关于《子产》篇的思想倾向及其学派归属，学界目前主要有两种不同的观点。一种观点认为，《子产》篇所阐述的法政思想与黄老学说的天道、刑名理论关系密切；或以黄老之学为主。另一种观点则认为，《子产》篇所反映的重法明刑的儒学路径，与儒家思想密不可分；或与孔子所代表的选贤与能、宽猛相济的儒家思想有相通之处，即使不能被确定为儒家作品，也是以儒家思想为主。那么，当如何正确理解和看待《子产》篇的思想倾向及其学派归属呢？为了厘清这一争议，我们有必要先简要分析一下争议双方的基本观点、主要理由及其文本依据（见表3）。

表3 《子产》篇学派归属的主要观点及其依据

基本观点	主要理由	文本依据
《子产》篇与黄老之学关系密切，以黄老思想为主	(1)《子产》篇所表达的立法时需要依据“天地、逆顺、强柔”，是早期“天道观”在法律思想中的体现，这与黄老之学的天道、刑名理论关系密切[1] (2)《子产》篇末所论述的“身、室、邦国、诸侯、天地”序列，与《清华简（五）》中《汤在啻门》篇所论述的“人、邦、地、天”序列一致；而《汤在啻门》篇明显归属于黄老之学，故《子产》篇亦应与黄老之学关系密切[2]	马王堆帛书《黄帝四书》、《清华简（五）》中《汤在啻门》

[1] 王沛：《子产铸刑书新考：以清华简〈子产〉为中心的研究》，载《政法论坛》2018年第2期。

[2] 王捷：《清华简〈子产〉篇与“刑书”新析》，载《上海师范大学学报》（哲学社会科学版）2017年第7期。

续表

基本观点	主要理由	文本依据
《子产》篇与儒家之学关系密切，以儒家思想为主	(1)《子产》篇所论说的“浅以信深，深以信浅；能信，上下乃周”与《大戴礼记·诰志》篇“上下援，援则乐”异言同义，皆表明了儒家注重上下相同，外向求索的思想倾向，这与《荀子》颇多相合，可以梳理出一条从子产到荀子的儒学思想脉络〔1〕 (2)《子产》篇体现了子产的宽政思想，与以孔子为代表的儒家思想如“选贤与能”“宽猛相济”“德刑并举”等关系密切〔2〕	《大戴礼记》《荀子》

通过表3可知，主张归属黄老之学的观点所提出的主要理由有两个：一是《子产》篇中“天地、顺逆、强柔”所体现的“天道观”，与黄老之学的天道、刑名理论关系密切；二是“身、室、邦国、诸侯、天地”所呈现的序列，与黄老之学的代表《汤在啻门》中“人、邦、地、天”所呈现的序列基本一致。那么，从逻辑上讲，这两个理由如果成立，就必须满足如下两个条件：

其一，“天地、顺逆、强柔”，是黄老之学“天道观”的独有观念；并且，《子产》篇中“乃迹天地、顺逆、强柔，以咸禁御”之语，是就立法依据而言。

其二，“身、室、邦国、诸侯、天地”或“人、邦、地、天”为黄老之学所特有的基本序列，而其他学派均无此基本序列，或有而与其不一致。

在讨论这两个条件之前，我们有必要对什么是黄老之学作一简

---

〔1〕 高瑞杰：《对读〈子产〉篇与〈大戴礼记〉：兼论先秦儒家思想的两条路径》，载《殷都学刊》2018年第1期。

〔2〕 代生：《清华简（六）郑国史类文献初探》，载《济南大学学报》（社会科学版）2018年第1期。

要介绍。

所谓“黄老”，即黄帝和老子。一般而言，黄老之学兴起于战国中后期的稷下学宫，代表人物有慎到、田骈、接子、环渊、尹文子、宋钘、申不害等人。蒙文通先生认为，[1]黄老之学是由战国中后期的稷下学宫各派学者融合而成，不是先有黄老之学，慎、田、接、环、尹、宋等人从黄老出。王中江教授也指出，[2]从学派传承的角度来讲，黄老之学与老庄之学同属于老子所开创的道家哲学一脉。其中，以庄子为代表老庄之学继承了道家哲学“个人化”的面向，注重个人生命、心灵的自由与超脱；以慎、田诸人为代表的黄老之学继承了道家哲学“政治化”的面向，注重社会政治生活及“君人南面之术”。从思想资源的角度来讲，黄老之学实际上是子学之间互动与融合的产物，其以道、法为主，同时融合儒、墨、阴阳、名等诸家思想。从理论形态的角度来讲，黄老之学实际上是一种政治哲学，一种以法律为中心的法哲学。黄老之学的核心思想以“道法论”“人情论”“因循论”为主，其基本特征表现为道法结合、兼采诸家，并以推天道以明人事的根本标志。

了解了黄老之学的基本概况之后，我们再来分析前文所列的两个条件。

首先，黄老之学继承了道家哲学中“道”或“天道”作为宇宙的实体和万物的根源，作为至上性的正义原则和终极性社会规范的理念，并将法家所论法律规范建立在“道”或“天道”的基础之上。王中江教授将这种结合称为“道法论”；而这种“道法论”，则明显不同于儒家所主张的“礼法论”。在“道法论”的模式下，世间的一切行为规

[1] 蒙文通：《略论黄老学》，载《道家文化研究》（第十四辑），生活·读书·新知三联书店1998年版，第233页。

[2] 王中江：《简帛文明与古代思想世界》，北京大学出版社2011年版，第427～428页。

范,当然也包括法律的制定,都必须遵循“天地”“顺逆”“强柔”“阴阳”等自然之道。如《黄帝四经·十大经·观》所论“天道已既,地物乃备。散流相成,圣人之事。圣人不朽,时反是守。优为爱民,与天同道”,《黄帝四经·十大经·姓争》所论“顺天者昌,逆天者亡。毋逆天道,则不失所守”,以及《黄帝四经·经法·道法》所论“道生法……故执道者生法而弗敢犯也,立法而弗敢废也”,皆是此意。

如此说来,如果简文中“乃迹天地、顺逆、强柔,以咸禁御”所表达的意思是说子产在制定法律时遵循天地、顺逆、强柔等自然之“道”,那么将其理解黄老之学,未为不可。但是,这句话的意思是在讲制定法律吗?如果不是,那又当如何理解?为了更清楚地理解这句话的意思,暂将简文完整的句子移录于此,加以分析。

> 乃肄三邦之令,以为郑令、野令,导之以教;乃迹天地、逆顺、强柔【24】,以咸𢿢(禁)御。肄三邦之刑,以为郑刑、野刑,行以峻令、裕仪,以释无教、不辜。

如果要弄清“乃迹天地、顺逆、强柔,以咸𢿢(禁)御”的意思,那么必须先要清楚“以咸𢿢(禁)御”的意思。整理者认为,〔1〕“咸”,同也;“𢿢”,读为“全”;“御”,治也;因此,“以咸𢿢(禁)御”即为“以同全治”。王宁先生认为,〔2〕“𢿢”,当读为“禁”,故而,“以咸𢿢(禁)御”即为“以咸禁御”。那么,无论是“以同全治”还是“以咸禁御”,是什么意思呢?二者皆未说明。我们认为,此处的“咸”当读为“以咸和万民”之“咸”,和谐、和顺之义,例见《左传·僖公廿四年》

〔1〕 李学勤主编:《清华大学藏战国竹简(六)》,中西书局2016年版,第143页。

〔2〕 王宁:《清华简六〈子产〉篇释文校读》,载复旦大学出土文献与古文字研究中心网:http://www.gwz.fudan.edu.cn/Web/Show/2851,最后访问日期:2018年9月25日。

《尚书·周书·无逸》等。而“禁御”为一词，两见《越公其事》：“及群禁御，及凡庶姓、凡民司事”；“禁御莫躐，民乃整齐”。皆指君主身边亲近之人。故此，“以咸禁御”，当解释为“和顺君主身边亲近之人”。那么，“乃迹天地、顺逆、强柔，以咸禁御”的意思是说：遵循天地、顺逆、强柔的道理来和顺君主身边亲近之人的关系。结合上下文意，与上句对国人、野人“导之以教”同为教化类的施政举措、与下文刑罚类的施政举措相对应。所以，“乃迹天地、顺逆、强柔，以咸禁御”并不是就立法依据而言。

其次，有学者认为，简文最后所述“身—室—邦国—诸侯—天地”的序列，与《清华简(五)》中《汤在啻门》篇所述“天—地—邦—人”的序列相映成趣；因为《汤在啻门》已经确定为黄老之学的早期文献，故而《子产》篇亦应归属黄老之学。前文已述，黄老之学的核心思想以“道法论”“人情论”“因循论”为主，以推天道以明人事为根本标志。推“天之道”之所以能明“人之道”，关键在于“因循”。《汤在啻门》篇所述“天—地—邦—人”的序列，正是推天道以明人事的具体反映，其所表达的含义仍然是“天之道”对“人之道”的统摄与规范。反观简文所述“身室、邦国、诸侯、天地，固用不悖，以能成卒”，明显没有表达推天道以明人事的理念，而是说无论是治身治家，还是治理诸侯邦国，乃至治理天下，只要能够坚持这个道理不违背，就一定能够终有所成。

一般而论，在判断一篇文献的思想倾向及其学派归属时，专有的名词概念或者特有的表达方式，确实能直观而迅速地帮助我们形成判断，进而得出结论。但是很多时候，我们容易被这些外在的表象所迷惑，而未能深入分析文献本身所蕴含、所表达的思想观念，从而形成错误判断，得出错误结论。

如果我们仔细分析《子产》篇的基本思想，并与黄老之学的基本主张进行对比，不难发现二者之间存在根本性的差异与对立。

在黄老之学“道法论”的模式下，人君只需效法天地自然之道，清静无为,君逸臣劳即可,根本不需要道德上的修身、固身和以身作则。他们主张用“以法治国”的政治理念来对抗传统儒家“为政在人”的政治理念,倡导以“法治”取代“身治”,以“圣法之治”代替“圣人之治”。这些与《子产》篇所论人君当“取仪于身,勉以利民”“固身谨信、自胜立中”“整政在身”“因前遂故”等“为政在人”“以身治国”的政治理念明显不同。

在黄老之学“人情论”的模式下,人君无论是处理国政还是制定法令,都应该“因循人情”。黄老之学所论的“人情”,是指人的“自然性情”,即“喜好”“欲求”“厌恶”之情;这些都是人所具有的情感。所谓“因循人情”,就是顺应、符合、满足人之情。在黄老之学看来,如果人没有喜好、没有欲求、没有厌恶,就无法任使他们;如果想要任使他们,就必须使他们有喜好、有欲求、有厌恶。只有这样,才能“因循人情”,为其所用。这些与《子产》篇所论“无好恶”“卑逸乐”等治身为政的理念也是明显不同的。

在黄老之学“因循论”的模式下,“天之道”是对“人之道”的统摄和规范;“人之道”是对“天之道”的因循和效法。因此,君主达成邦国、管理国政、制定法律,都应该“取法于天”,效法“天之道”;而不应“取仪于身”,效法先善君或有道之君。可见,黄老之学“取法于天”,将世间一切行为规范的最高原则和终极规范诉诸外在的“天道”,与《子产》篇所论“取仪于身”“身以仪之”,将世间一切行为规范的最高原则和终极规范诉诸内在的“身心”,也是明显不同的。

综上所论,结合前文对于《子产》篇法政思想的论述,我们认为,《子产》篇思想倾向不是以黄老之学为主,更不是黄老学派的早期文献;而是以先秦儒家思想为主,虽不能确证其为先秦儒家的经典文献,但与儒家学派关系密切,大体不误。

五、结语

《子产》篇不仅内容丰富、思想深刻,而且具有重要的历史意义和学术价值。一方面,《子产》篇的出土,可以补正《左传》关于“子产铸刑书”的史实,使我们更加全面的了解子产的个人修养、施政举措以及法政思想,并且重新思考和分析子产与叔向之间的根本分歧与争议焦点。另一方面,对《子产》篇的解读,可以使我们对于子产所铸刑书的内涵和结构形成新的认识;例如“令”与“刑”的区别,“郑令”与“野令”、“郑刑”与“野刑”的区别。此外,对《子产》篇法政思想的研究,也可以使我们更加清楚的认识先秦时期儒、法以及黄老之学互动与融合的轨迹。这也是以后可以继续探讨与研究的一个方向。

你中有我，我中有你
——中国古代民事附带刑事诉讼

李　青*

【摘要】　我国古代虽然没有像今天的法律术语一样明确的刑事、民事诉讼概念。但是在事实层面上，却有着刑事、民事的分别。与今天诉讼体制不同的是，我国古代还存在民事附带刑事诉讼的形态，即在所谓的“细故”案件的审理上，连带着用到了刑事惩罚措施，这在流传至今的档案材料中获得了明确的证明。

【关键词】　古代　民事附带刑事诉讼　档案

随着法制史研究的深入，兼以地下文物的新发现，人们对于中国古代有无民事诉讼的问题已经得出了肯定的结论。但是，正如中国古代法律具有的诸法合体的特点那样，中国古代国情的诸多因素，譬如长期占据统治地位的自然经济、不断强化的专制制度、儒家思想的广泛渗透和家族主义的深远影响，使中国古代的民事诉讼也经历了从依附于刑事诉讼到趋于单一化的发展过程。大量司法诉讼档案的发现，恰好诠释了民事诉讼与刑事诉讼你中有我、我中有你的关系和特点。

据《清史稿·刑法志》：“户婚、田土及笞杖轻罪由州县完结，例称自理。”在清代司法档案中，有单纯轻微刑事案件由州县官裁判的

*　作者系中国政法大学法律史学研究院教授。

记载，但更多的是由民事争讼引发的人身伤害案件，即民事附带刑事案件的记载。这些侵权案件中的殴伤的诉讼，其实就带有了民事诉讼附带刑事诉讼的意味和倾向。首先，在管辖上，民事诉讼附带刑事诉讼是将一些危害轻微的刑事案件交由基层审判机关纳入民事诉讼的系统内管辖。州县一级的衙门有权受理笞、杖、枷等轻微刑事案件，并且与民事案件一样，不必逐级审转、不能上诉，一审终审。其次，轻微刑事案件诉讼程序的启动，与民事案件一样，遵循“民不举、官不究”的严格的不告不理原则，国家公权力并不主动介入其中，而是由受害人呈状启动程序。再次，在举证责任方面，普通民事案件由主张权利的一方承担举证责任，而轻微刑事案件由官方承担一定的举证责任，如追查凶器、寻找证人等。最后，轻微刑事案件的处理结果往往是给受害人一定补偿，同时对加害人责以笞、杖或枷，但打或不打，打多打少，皆由正堂决定。

以下试举几个案例予以说明。

例1：

顺天府宝坻县刑房档案28全宗2目录96卷第049号—055号记录的是一桩关于人身伤害的侵权案件。

保留下来的案卷分为七个部分，分别记录了刑房值日头、被告供述、保人保状、传讯状、调处人呈状、不受理事项、当事人遵结等内容。

案件简述：

> 道光十二年(1832年)五月，原告张远，系本案受伤人，因土地篱笆被被告拔毁而与之相殴，具状县衙。当差衙役石坤、王福和张太成传讯了原告、被告和证人。保人孙必成具状保原告，后经杨美忠、赵有年、金天峰、白广东等四人调处，原告被告同意将地界分拨清楚，嗣后各守各界，永不争执……情甘息讼。正堂批示：既据尔等呈恳事经处明姑请宪准悉免讯销案遂允附卷。

本案档案构成分析。文档第049号“刑房当差衙役”列举了经受本案的胥吏三人，即石坤、王福和张太成。“计开”一栏写有“张远系受伤人”。“计开”意为逐项开列，是清单行头惯用的提冒之语，起明白清晰的作用。落款时间是“五月十四日”，突破了务限之法关于农忙不理细故的规定。本部分由三个环节构成，即刑房值日头、计开和落款。这种格式宝坻县档案的其他案件中也有，而台湾淡新档案采用不同的形式，可见，该格式是一种自发形成的习惯，因满足实践需要而被固定下来，并非国家的法定规范。

文档第050号为受伤人张远供词。供词陈述了双方矛盾的起因、经过和结果，尤其对所受伤害作了细致而详尽的描述和说明。供词叙述简洁，呈现了一起因篱笆田土引起的人身伤害案件。落款时间是“五月十四日”。本部分结构较为简单，其中伤害结果对案件处理有重要意义，另外，行凶工具也是重要的因素。如果达到法定标准，就不能算作细故，而应转入刑事诉讼程序。根据《大清律例·刑律·斗殴》：

> 凡斗殴以手足殴人不成伤者，笞二十。成伤，及以他物殴人不成伤者，笞三十。（他物殴人）成伤者，笞四十。……拔发方寸以上，笞五十。若血从耳目中出及内损吐血者，杖八十；以秽物污人头面者，罪亦如之。折人一齿及手足一指，眇人一目，抉毁人耳鼻，若破伤人骨，及用汤火铜铁汁伤人者，杖一百；以秽物灌入人口鼻内者，罪亦如之。折二齿、二指以上及髡发者，杖六十，徒一年。折人筋。眇人两目，堕人胎者，及刃伤人者，杖八十，徒二年折跌人肢体及瞎人一目者，杖一百，徒三年。瞎人两目、折人两肢、损人二事以上（二事，如瞎一目又折一肢之类），及因旧旧患令至笃疾，若断人舌，及毁败人阴阳者，并杖一百，流

三千里，仍将犯人财产一半断付被伤笃疾之人养赡。〔1〕

清律禁止严重刑事案件为人私和：

凡私和公事者，减犯人罪二等，罪止笞五十。凡祖父母、父母及夫，若家长为人所杀，而子孙、妻妾、奴婢工人私和者，杖一百，徒三年……其卑幼被杀，而尊长私和者各减一等。若妻亲子孙及子孙之妇、奴婢、雇工被杀，而祖父母、父母、家长私和者，杖八十。受财者计赃，准窃盗论，从重科断。

案中张远头皮划伤、膝盖擦伤，被认定为“善伤”，属于轻微伤。清代法律中并为未明确区分的刑事案件与民事案件，所谓自理案件包括州县有权决定的笞、杖、枷的轻微刑事案件和治安案件，如打架斗殴、赌博、40两以下的盗窃案件等。

文档第051号为保人所具保状。结构如下：题为“保状”，具保状人姓名及住址，保状事，保证，衙门批示及落款。案中保人孙必成为张远之母舅，且保证“不误传唤”，不会影响案件审理，衙门批示“准保，无误传唤”。

文档第052号为传讯状。传讯状以“为喊禀事”起首，表明文件的性质。随后简明交代案情，决定传讯的协助人、被传讯人、时限。最后是落款时间及传讯状的签发人。本文档中指明“协同乡牌后开人等”传讯。被传讯人包括原告、被告和证人。时间落款是道光十二年五月十六日刑房凌霄承，签发人为“正堂　黄”，所谓“正堂”，是明清时对州县地方正印官的称呼。

文档第053号为调处人呈状。结构为具状名称、具状人、案由、调处结果等。本状具状人为杨美忠、赵有年、金天峰、白广东等四

---

〔1〕 括号内为《大清律例》的小注。

人。调处结果:“今经身等调处……将地界分拨清楚。嗣后各守各界,永不争执……情甘息讼。”调处息讼是清代民事诉讼的常用方式,本案采取民间调处诉讼,也称为诉讼外调处,本案正堂动员乡邻力量解决纠纷,平息了讼争,由黄县令作出批示“既据尔等呈恳事经处明姑请宪准悉免讯销案遂允附卷”。

文档第054号是关于不受理的情形及被告遵依结状,简称“遵结”。不受理情形,共计十六项。查宝坻县档案其他案件皆有此项内容,只是内容略有差异,可断定是一种固定格式;又,台湾淡新档案无此项,则证明“不受理情形”并非统一格式,是宝坻县处理民事诉讼形成的习惯做法。

文档第055号是原告所具遵依结状。遵依结状是原告、被告对案件处理结果的认可,内容包括具遵结人、所遵结之事、遵结人画押,最后盖有县令及代书官的戳记。遵结是案件结案的标志,也有当事人宣誓服判的意味。

例2:因逼交田租而引起的人身伤害案件

顺天府宝坻县刑房档案28全宗2目录96卷第135号—142号

(本案第135号)

呈状

官代书朱士先

具呈民人梁继孟　年三十五岁,住嘉善里梁家衚衕,距城二十里。

为减禀事。切(身)有承种张各庄旗庄头康姓经管公主府起租地十五亩半亩,年九月交下年新租、车钱四十二吊一百八十文。昨于九月十五日,康姓使令起租人赵三至(身)家要租。因年景歉收,应许过二十日折变交租。奈赵三不容迟缓,立刻逼要,向(身)逞凶。伊用烟袋锅将(身)头颅左边打伤,左耳下抓伤。经(身)庄张国治、刘振玉将伊劝去后,至晚赵三率领伊胞赵四、老堵(身)前门首詈骂。(身)畏惧未敢出门与较。(身)后(身)家后门逃走。但康姓使过(身)三年零令成压租钱文，有伊经身收帖为凭。伊应许如遇年岁不收，令(身)将应交新租自伊长使(身)压租内拔除。(身)主未拔扣压租，今伊令起租人赵三不容(身)迟日折变，交纳新租，将(身)殴打，明后欺(身)孤弱无能。为此叩乞

仁明大老爷恩准验究施引　上呈

单个一页

原告梁继孟

被告赵三　赵四　赵老　康姓

干证张国治理　刘振玉

正堂倪

伤已验，乡牌传讯　究所给田租收帖缝

堂呈验

单个一页

道光二十五年九月十六日

一　凡赦前事判断，复控者不准。

一　凡上宪此结之案，再行具控者不准。

一　告斗殴，无凶器伤痕确证者不准。

一　告强盗，不开明地邻及日月失单者不准。

一　词止许据情直书，不得混扯别项，发人隐私，违者不准。

一　词内止许一告一诉，如有陆续投词，牵连无干证之者不准。

一　被告不许过五名，干证不许过三名，违者不准。

一　绅矜及妇女老疾无抱告者不准。

一　告婚姻，无媒妁书者不准。

一　告田土，钱债无中证契券者不准。

一　告奸情，无确据者不准。

一　非奸情及命盗重案，牵连妇女者不准。

一　每张呈词字限二百以外，多亦不过三百，违者不准。

一　无代书戳记及具状人欣家者不准。

一　无副状者不准。

一　呈词不许越格错落，一空两字、双行夹写以添帖余纸不准。一

（本案第 136 号）

孙成先

刑房　值日头董贵和

马文会

计开

梁继孟　后受伤人

（本案第 137 号）

道光二十五年九月十六日

梁继孟供：小的今年三十岁，租种康旗人地十亩半，每年交租来钱四十二吊一百八十文，向来九月十五日交下年租钱。九月十五日，康旗人起租人赵三因向小的要租，小的应许二十日给租，发生口角，就用烟袋锅打伤小的头上，打伤小的左耳下，使小的压租。小的有收付帖是实。

验得梁继孟左额角近上破伤一，血结周围，不肿。左耳下打伤一条皮，微破。余无伤。

九月十六日

（本案第138号）

年三十九岁

新案　具呈民人赵三　距城十五里

住嘉善里张各庄

刑

为遵批诉明下情叩恩准主讯断事。切身兴和孝固伦公主府旗庄头康姓，起租移年，绿佃户梁继孟承种地二十亩，短欠地主康姓按年新租，东钱四十二吊一百八十文。查承种旗地俱系每年九月十五日交下年新租，其来已久，并无异说。昨于九月十五日，经旗庄头康姓着身往催各佃租项，以备十月初一日赴府交纳。除各佃俱皆交完，不意恶佃梁继孟倚恃横恶，不但不给租项，反勾串伊亲恶佃张国治、刘振玉霸租不交，反斗身与伊扣留压租。因身未允伊等将身揪扭拉倒在地，群殴一顿。身隐忍不敢滋事。不意梁继孟反妄控身用烟袋将伊打伤。禀案蒙批，微伤已验，候传讯察究。所给压租收帖，随堂呈验等因。但身每年与康姓起租，梁继孟并未言过有压租情事，至康姓有无使过伊压租钱文，身并不知情。为此遵批诉明。叩乞仁明太老爷恩准作主，讯断施行。上呈。

单个一页

原告

被告

干证

正堂倪

候集案质讯分别究处毋得多读

（本案第139号）

为传究事。据嘉善里梁家衚衕民人梁继孟称，伊家种有旗庄头康姓交租地亩,向于每年九月向交下年新租。康姓先曾使伊压租钱文,现有收帖为凭。今伊应交来岁租钱,因一明至钱,央饮交纳。讵康姓起租人赵三不容缓期钱文,将伊殴伤,并率同赵四等堵伊门首詈骂,请验究等情;又据赵三以梁继孟不交新租反勾串伊亲张国治等霸租不交,将伊群殴,反行妄控等情具诉前来。据此,除验明梁继孟伤痕、并各王批示外,合行传究。为此,仰役协同乡牌即将后开人证限日内传齐赴县,以凭察究。去役毋得延扰干咎。速速。

计传

系与康姓起租人

伊弟赵四　赵老

地主康姓

被告　赵三

诉被　张国治　刘振玉又系干证

原告　梁继孟　饬令携带所给压租收帖呈验

一　票

距城十五里

道光二十六年正月二十二日刑房周篚承

正堂倪

(本案第140号)

孙成先

十二月初二日差　董贵永　限二日

李文会

为传究事。案据嘉善里梁家衚衕民人梁继孟呈控,租人赵三不容缓期交租,将伊殴伤,并率同赵四等门詈骂等情;又据赵三以梁继孟不交新租,反勾串张国治等霸租不交,将伊群殴,反行妄控各等情一案，当经验伤传讯，未据禀到。时届封录，将要撤销。兹已开篆，合行传究。为此，仰役协同乡牌，即将后开人等限日内传集赴县以凭察究。去役毋得延扰干咎。速速。

计传

系与康姓起租人

地主康姓

被告　赵三

诉被　张国治　刘振玉又系干证

原告　梁继孟　饬令携带所给压租收帖呈验

一　票　差

距城十五里

道光二十六年正月二十二日刑房周篚承

（本案第141号）

孙成先禀　正月二十八日差　董贵和　限三日　李文会

具禀　孙成先

快捕　董贵和、拨役刘锡和

李文会

为回明事。切奉票传案据嘉善梁家衚衕民人梁继孟呈控旗庄头康姓起租人赵三不容缓期交租，将伊殴伤，并率同赵四等堵门詈骂等情一案人等察究等因。役等遵即协同乡保往传原告梁继孟。据伊家属元称，已于去岁因年景出外谋食去，讫至今未回。以致被证人等无凭质讯，均难传案。理合回明。叩乞太老爷查核施行。上禀。

道光二十六年二月二十日

本案的证据涉及与田土、房宅有关的书证。本案原告梁继孟在呈状中说“有伊经身收帖为凭”,并将该收帖呈堂。被告赵三在呈状中言及不知有此“收帖”。压租收帖是本案的主要证据,由此确定延期交纳地租是否有理有据。另,《巴县档案·乾隆三十二年七月二十六日卢廷仪禀状》也是一桩涉及田土的民事诉讼案件,案中的书证包括借贷书证,即禀状中的回书、外债粘单,及田契、赋税粮票。赋税粮票是农民纳税、完粮的凭证。

受伤人的伤情检验结果是殴伤案件被受理的条件之一。检验结果为:验得梁继孟左额角近上破伤一,血结周围,不肿。左耳下打伤一条皮,微破。余无伤。

宝坻档案有载:凡“告斗殴,无凶器伤痕确证者不准”。

顺天府宝坻县刑房档案28全宗2目录96卷第081号—085号也是一桩关于人身伤害的案件,与本案相似。案情简介:

> 受伤人马相濮与被告起争执,被告用镰刀将其砍伤。马相濮之侄马占奎起诉到衙门。正堂批示乡保董加耀去被告家取凶器镰刀。被告躲避不见,被告母、妻则坚决不给。后,庄头沈裕、拨役陆超桂又奉命取凶器镰刀,仍未取得凶器,于是将乡保、原告带回。

从诉状内容看,告状人马占魁前次已经向衙门提交了诉状,此次是根据批示而补充说明某些细节问题。正堂批示:等伤势稍痊再来县验讯。据此可知,州县民事案件可以补充呈状。案中凶器为镰刀,取证时,被告躲避不见,被告母、妻则坚决不给。受伤人马相濮受伤服药调治,允许半个月后送案验伤。本案第083号是庄头沈裕、拨役陆超桂的取证回文。因前次乡保董加耀取证无果,本次庄头、拨役亲往,仍未取得凶器,于是将乡保、原告带回。该案中被告一直躲避不见,没有拘传到案,而且由于被告亲属不合作,凶器也不知所踪。按照清代道光年间的规定:凡“告斗殴,无凶器伤痕确证者不准”，档案中没有最终处理结果的信息可寻，可能是不了了之。

说明州县自理案件，当事人承担着部分举证责任。如果证据不足，原告的诉讼请求将不能获得衙门支持。

档案显示，乡保及另一宗宝坻县档案28全宗2目录96卷第064号—067号、因私卖墓坟引起的人身伤害案件的乡保，均参与司法事务。文档第139号“为传究事”有“为此，仰役协同乡牌即将后开人证限日内传齐赴县，以凭察究”。在这两桩案件中，保甲以拘传人的身份出现。事实上，州县官对于那些情节轻微、涉及亲属宗族事务的案件，往往并不传讯当事人、证人等，而是在呈状上直接批示由乡保、族长或亲友加以调处，不得滋讼。据此，乡保还在诉讼中承担着调处人的角色。清代县以下的基层组织是保甲，负责稽察盗贼、核对户籍和协助征缴钱粮，而其参与司法事务是受法律限制的。清律有规定“一切田土户婚不得问及保甲”。但由于乡地保甲熟悉乡里民人事务，地方官常常借助保甲力量拘传相关人和调处纠纷，所以，乡保介入司法事务在司法实际运行中是禁而不止的。清代民事诉讼中，突破法律条文规则的做法时有发生。

此外，例2案中还涉及了旗人与民人之间的民事纠纷。原告梁继孟将地主旗人康姓作为被告一体起诉。本案第141号是差役所具“为回明事”表明差役等遵即协同乡保往传原告梁继孟，因为年景不好，原告出外谋食，至今未回。以致被证人等无凭质讯，均难传案。所以案件不了了之。如果该案诉讼程序完整，资料齐全，则可能在一定程度上反映清代民人与旗人之间民事纠纷的处理规则。旗人具有旗籍，一般认为其社会地位高于普通民人，在诉讼中会受到偏袒和优待。具体到特定案件，如案情的特殊性、当地旗人与民人实际力量对比、正堂官个人的情感观念等因素都会影响判决结果。

例3：因借贷引发的殴伤案件

顺天府宝坻县刑房档案28全宗2目录96卷第166号—185号

案情简介：

褚俊与褚发是族兄弟，债务人褚俊常向债权人褚发借贷而不还，此次褚俊又向褚发借钱，褚发拒绝，褚俊一气之下将褚发篱笆毁坏。双方因此发生肢体冲突。褚俊将褚发、褚万岭和司四等告上衙门，褚发也向衙门具状。

类似反诉的记载。本案文档第 167 号为反诉人褚发所具呈状。诉状开头有具状人的姓名、年龄和住址，正文简单陈述事由，末尾是王姓正堂的批示，及不予受理的十六种情形，落款时间为二月十三日。此为反诉人第一次呈状，后为进一步说明情况，褚发第二次呈状，即本案文档第 176 号，落款时间是三月二十二日。被告褚发针对同一事由，以原告褚俊为被告所提起的新的诉讼，是原诉的反诉。被告反诉原告表现了中国人特有的诉讼心理。由于传统的无讼理想和长期的息讼政策，导致国人耻讼、贱讼，尤其以当被告为耻。官方制作的传讯状，在措辞上区分被告与原告、证人，被告以“拘”，原告、证人以“传”。

宝坻县知县受理被告的反诉，并将反诉与原诉一并审理。

民事诉讼中也含有强制性因素。本案文档第 174 号为被告司四请求取保文，希望找保回家养病。文档第 175 号为保状。开头为具状人姓名、年龄和住址，正文是保证内容，落款时间为三月初八。保状中“依奉保得”。说明这份保证具有某种强制性的意味，并非保人自愿担保。如果被告司四有误传唤，那么保证人要承担相应法律责任。

文档第 180 号、第 181 号、第 182 号、第 183 号均为“甘结”。文书名称为“甘结”。起首为具甘结人姓名。正文为甘结内容。后附批示“准结”。最后是落款时间和甘结人画押。本案甘结中均有“依奉结得”字样，还保证不再滋事，说明本甘结具有强制性。而这种强制性正是清代“调处”不被称为“调解”的缘由。州县的自理案件多以调处优先。本案虽未见有调处信息，但不排除调处对结案的作用。无论是否经过调处，本案的判决已在“甘结”中存在了。民事案件由州县负责审理，而且不必像刑事案件那样逐级审转，原告、被告根本不存在上诉的机会，所以甘结中的处理意见就是最终的判决。这种强制性的做法，与息讼的思想有关，也与官方重刑事、轻民事的观念有关。

另外，档案中有完整的正堂批示、附件如“带凭票暂存”“案结票销”等，这说明清代民事诉讼程序有其严格的一面。

清代监察法对当前国家监察立法的参考
——以《钦定台规》为借鉴

李仕杨*

【摘要】 清代监察法是中国古代监察法制发展的最高阶段,清代统治者在继承和发展历代监察法的基础上,对监察官的管理形成了一套较为细密的法律规范,并颁布了严肃的监察纪律和较为完善的监察法规。其特有的制度建构模式鲜明地表达了中华民族运用法律约束权力、规范国家机器正常运转等方面的独特智慧。时至今日,其中的一些规制对当前国家监察立法仍然具有可资借鉴和重要的参考价值。基于这一认识,文章分析从清代光绪朝《钦定台规》对监察官的考任资格、考任程序、考任回避、行为准则、奖惩考核、巡视制度等方面的指导思想和细密规定入手,指出现行监察体制下监察立法的不足,阐述《钦定台规》在监察人事管理等方面对完善我国监察立法启示。

【关键词】 清代监察法　《钦定台规》　监察立法　经验借鉴

一、引言

十八大以来,中国共产党在反腐败方面加大了惩治的力度,并取得了许多历史性的突破,然而要想把惩治腐败“进行到底”,做到“三不腐”,就必须要加强惩治腐败的制度建设。2016 年 11 月 4 日,中共

* 作者系中国政法大学政治与公共管理学院纪检监察学专业博士研究生。

中央办公厅印发《关于在北京市、山西省、浙江省开展国家监察体制改革试点方案》,部署在北京、山西、浙江三地设立监察委员会,从体制机制、制度建设上先行先试、探索实践,为在全国推开积累经验。党的十九大报告中提出:深化国家监察体制改革,将试点工作在全国推开,组建国家、省、市、县监察委员会,同党的纪律检察机关合署办公,实现对所有行使公权力的公职人员监察全覆盖。通过一年多的探索和实践,全国县(区)级及以上的监察机构已组建完毕,国家监察体制改革取得了阶段性的成果。自推行国家监察体制改革试点以来,国内学界对监察委员会的合宪性问题、监察权问题、国家监察委员会内部的监督问题、监察机构的设置和职能整合问题、监察委的监察对象问题、监察程序与刑事诉讼的衔接问题、留置代替“两规”问题、监察委与其他行政机关的关系问题、律师介入帮助权问题、党纪与国法衔接问题等给予了很大的关注,〔1〕出了很多成果。综合来看,

〔1〕 有关国家监察立法方面的探讨:(1)监察委员会的合宪性,参见秦前红:《全国人大常委会授权与全国人大授权之关系探讨——以国家监察委员会为研究对象》,载《中国法律评论》2017 年第 2 期;叶海波:《国家监察体制改革的宪法约束》,载《武汉大学学报》(哲学社会科学版)2017 年第 3 期;李忠:《国家监察体制改革与宪法再造》,载《环球法律评论》2017 年第 2 期。(2)监察委的监察权,参见李红勃:《迈向监察委员会:权力监督中国模式的法治化转型》,载《法学评论》2017 年第 3 期;马岭:《关于监察制度立法问题的探讨》,载《法学评论》2017 年第 3 期。(3)监察委员会内部的监督,参见童之伟:《将监察体制改革全程纳入法治轨道之方略》,载《法学》2016 年第 12 期;江国华:《国家监察立法的六个基本问题》,载《江汉论坛》2017 年第 2 期。(4)监察委的职能整合,参见陈光中:《国家监察体制改革的若干思考》,载《中国法学》2017 年第 4 期;徐海燕:《国家监察体制改革及其分析》,载《北京行政学院学报》2017 年第 3 期;石亚军等:《国家监察体制:全域监察立体模式的构建》,载《中国行政管理》2017 年第 10 期。(5)监察委员会的监察对象,参见蔡乐渭:《国家监察机关的监察对象》,载《环球法律评论》2017 年第 2 期。(6)监察程序与刑事诉讼的衔接,参见姜明安:《国家监察立法应处理的主要法律关系》,载《环球法律评论》2017 年第 2 期。(7)留置代替“双规”,参见吴建雄:《“用留置取代两规措施”笔谈》,载《新疆师范大学学报》(哲学社会科学版)2018 年第 2 期;李世锋:《用留置取代两规是法治反腐的转型》,载《新疆师范大学学报》(哲学社会科学版)2018 年第 2 期。(8)监察委与其他行政机关的关系,参见任建明等:《国家

现有的成果缺乏对监察官考、选、任和管等方面的研究。国家监察委员会作为国家的最高监督机关,位高权重,监察官历来被称为“百官之帅”,是管官治官之官。为此有必要对监察官的选任、管理及其监察活动进行制度化和法律化规范。目前仅有一部《中华人民共和国监察法》(以下简称《监察法》)可供参阅。该法对监察官的等级设置、任免、考评和晋升等规定都比较笼统和空泛,在实践中不具有可操作性,尤其缺乏对监察官的考任资格、考任程序、考任回避、监察行为准则、奖惩考核、巡视制度等内容的详细规定,其他配套的法律法规也亟待出台,需以立法的形式确保国家的各项监察活动有章可循、有法可依,以服务于中国特色社会主义法治建设。

要完善惩治腐败的法律制度规范,无疑需要从我国古代悠久的监察官管理制度和监察法律文化中学习智慧并汲取成功经验。习近平总书记在中共中央政治局集体学习时深刻指出:“深入推进党风廉政建设和反腐败斗争,需要坚持发扬我国历史上在反腐倡廉建设长期实践中积累的成功经验。”[1]其原因在于,中国古代监察法制经过了长期的发展和完善,而清代在借鉴历代经验和教训的基础上将传统的监察法制发展到较为完善的程度。《钦定台规》(以下简称《台规》)是清代最为系统完整的一部监察法规,延续两千多年的御史谏官监察系统,是中国古代官吏制度的重大创造与重要历史经

监察体制改革:总体方案、分析评论与对策建议》,载《河南社会科学》2017 年第 7 期。(9)律师介入帮助权,参见秦文峰:《国家监察体制改革背景下律师帮助权研究》,载《吉林大学社会科学学报》2017 年第 6 期。(10)党纪与国法衔接,参见马怀德:《再论国家监察立法的主要问题》,载《行政法学研究》2018 年第 1 期。(11)监察体制改革的意义,参见蒋来用:《国家监察体制改革的史鉴与对策》,载《国家行政学院学报》2017 年第 1 期;王立峰等:《权力监督视角下国家监察体制改革的实践需要和现实意义》,载《南京社会科学》2017 年第 8 期;等等。

〔1〕 习近平:《积极借鉴我国历史上优秀廉政文化,不断提高拒腐防变和抵御风险能力》,载新华网:http://www.gov.cn/ldhd/2013-04/20/content_2383258.htm.,最后访问日期:2018 年 3 月 4 日。

验,是中华民族优秀文化遗产的重要组成部分,《台规》的结构体系、政治价值、思想价值和理论价值弥足珍贵,是丰富现代监察立法的内容源泉。

二、关于清代监察法典:《钦定台规》

《台规》在乾隆时初定,后经嘉庆、道光、光绪三朝续修,共四个版本。它是清代都察院所编关于监察性质的则例,其体例与各部院所编之"则例"基本相同,所以称为"台规",即"御史台的规则"。[1]它始纂于乾隆八年(1743年),当时为8卷,共22目;嘉庆七年(1802年)重修为18目;道光七年(1872年),内容增加为40卷,有大量增加的条款,多数为乾隆九年(1744年)至乾隆五十九年(1794年)时所增,兼有少量嘉庆初新颁的条款,道光朝的《台规》编纂体例出现重大调整,总体分为八大类,各类又再分若干条目,条分缕析一目了然,[2]从立法技术上讲更为科学、系统。光绪年间,《台规》再次增辑为42卷,体例未变,内容上增加了道光、咸丰、同治、光绪历朝新增的各种监察规定,并且也保留了部分乾嘉时的旧例,是清代《台规》中的最后版本也是最完整的版本。[3]

本文主要以作为最后版本的光绪朝《台规》(故宫博物院编,海南出版社2000年出版)为考察对象。光绪朝《台规》由延煦等人奉命续修于光绪十六年(1890年),修竣于光绪十八年(1892年),由都察院正式公布。光绪朝《台规》与道光朝的相比,在体例方面的改动并不大,主要是增加了道光七年以后的部分圣谕诏令,在继承和发展前人监察思想以及细密法律规范的基础上,《台规》由都察院汇辑有关监察制度方面的上谕及皇帝批准的奏议、条例等,分类编辑,分

[1] 焦利:《清代监察法研究》,中国政法大学2006年博士学位论文,第20页。

[2] 《钦定台规·凡例》,第4页。

[3] 《钦定台规·凡例》,第7页。

为《训典》《宪纲》《六科》《五城》《各道》《稽查》《巡察》《通则》八类，每一类又分为若干目。具体目录如表1所示：

表1 光绪朝《钦定台规》〔1〕

类	目
《训典》	圣制、圣谕、上谕
《宪纲》	序官、陈奏、典礼、考绩、会谳、辩诉
《六科》	通掌、分掌
《各道》	通掌、分掌
《五城》	纲领、条教、听断、保甲、纠捕、赈恤、禁令、界址、司坊、街道
《稽查》	京通十六仓、户部三库、八旗、宗人府等衙门、考试、铨选
《巡察》	漕粮、盐政、游牧
《通则》	考选、升转、仪注、公署

《训典》，“恭载圣制、圣谕，继以皇上谕旨，用昭法守”，〔2〕是清朝皇帝对监察机构各种综合性指示的总括，“圣制”为皇帝题词和专论，“圣谕”和“上谕”则汇集了从清朝初年到光绪年间历代皇帝的指示、要求和规范，是清代皇帝监察思想的集中体现；《宪纲》，“乃都御史、副都御史、给事中、监察御史所同有事者也”，〔3〕是对监察机构的设置及其综合性任务的规定，如监察官员的人事制度、奏事制度、考核制度、司法审判、京控案件处理等内容；《六科》《各道》《五城》是对各监察部门的职责、监察内容的具体规定；《稽查》和《巡察》在科道职责范围之内，因其性质特殊，“自与本隶各科道常办之事不同”，〔4〕稽查是派都察院官员专门监察某些特殊的机构，巡察是派都

〔1〕《钦定台规二种》（第二册），第1页。

〔2〕《钦定台规·凡例》，第1页。

〔3〕《钦定台规》卷一《训典一·圣制》，第1页。

〔4〕《钦定台规·凡例》，第2页。

察院官员到地方巡视、监察;《通则》规定的是监察官员的选拔方式、升转补缺、官场礼仪、公署设置及其办事要求方面的内容,实际上是对监察机构自身建设的方面的要求。

清朝入关后,监察方面的立法秉承"参汉酌金"之原则,一方面,仿明制创设监察体制与监察立法;另一方面,结合清代实际,积极发展与完善监察法律体系。经过历朝历代的发展,从较为简单的立法发展为完备的监察法典《台规》,它确立了监察机构和监察人员的特殊地位,把监察机构作为一支特殊的政治力量,给予它相当高的地位。[1] 清朝统治者依法将全国政府、军队、司法、文教、财政等机构全部置于监察机构的监督之下,法规不仅规定了监察人员的职责与广泛的监察范围,还规定了保证监察活动有效实施的各种制度和法律手段:在监察官的选任上,重视个人的品行,文化素养要求高,高度重视实践经验,严格推行回避制度,执行严密的任职程序;在考察与管理上,严格考核奖惩,严肃监察纪律,规范其行为;在监察活动方面,依据规章制度严格开展巡视、巡察活动。"极至完备,颇有建树"的监察立法,其完备程度标志着由秦汉开始确立并经此后各代完善、细密的中国封建监察法律规范化进程的最终完成,《台规》是清代最为系统完整的一部监察法规,是中国监察法制史上第一部以皇帝名义颁布的立法水平最高、规定最严密、最完整最系统的一部监察法典。[2] 《台规》颁布和实施的背景是以维护皇权为目的的政治制度,虽然其立法较为完备,但其实施却并没有避免清王朝覆亡的命运,所以文章不对《台规》在政治制度层面上进行探究,而只对该法规的某些立法指导思想和细致规定予以分析。作为具有一定

〔1〕 参见李巧:《清代监察官员选任之考察》,载《安庆师范大学学报》(社会科学版)2008 年第 1 期。

〔2〕 参见张晋藩:《中国古代监察机关的权力地位与监察法》,载《国家行政学院学报》2016 年第 6 期。

独立性的监察法体系,不仅具体反映了中国古代本土法文化的鲜明色彩,而且在世界监察法史上也占有重要的地位,是凸显中华法系特殊性的一个重要方面,[1]其合理性因素可为当前国家的监察立法提供宝贵的经验借鉴。

三、清代监察法对当前国家监察立法的参考

清代监察法《台规》的一些立法思想和细密规定对完善当前国家的监察立法具有重要参考价值。当前我国关于监察的立法只有《监察法》,该法中关于监察人员的人事管理还比较笼统和宽泛,难以适应新时代纪检监察工作常态化发展的需要。因此,在监察立法的完善和后续法律法规的出台方面可以参考和借鉴清代《台规》监察立法的指导思想和严密的法律技术规范,以弥补我国当前监察立法的不足,推进我国的监察法制事业发展的进程。

(一)《台规》对监察官考任资格的规定

监察官的综合素质决定着监察活动的效能,由于他们"受朝廷耳目之寄,掌国家纲纪之任,用得其人,则庶政清平,群僚警肃;用非其人,则百职怠驰,小人横恣"。[2] 康熙二十六年(1687年)谕:"国家设立都御史、科道官,以建白为专责,所以达下情而去壅弊,职位至重。"[3]因此,监察官员的考任、选拔为历朝历代皇帝所重视,对监察官的考选资格都要高和严于普通官员。清代对于监察官员的基本素质有其严格的规定。关于监察官的品行、才学,《训典》对科道官员的基本要求为"勤敏练达,立心正直","才守兼优","上之则匡过陈善,下之则激浊扬清,务求知而不言,言无不尽,乃称厥职"。[4]

---

[1] 参见张晋藩:《中国古代监察法的历史价值——中华法系的一个视角》,载《政法论坛》2005年第6期。

[2] (明)孙承泽:《天府广记》卷二三《总宪责任》。

[3] 《大清会典事例》。

[4] 《钦定台规》卷一《训典一》,第12页。

康熙认为,"若言官正,则外吏自不敢肆行贪婪矣"。[1]"心术不正,纵使有才学何用。"[2]嘉庆时期要求监察官员须"立志公正,不畏权要",[3]"大公无私,常存以言事君之诚,尽屏取巧谋利之伪"。[4]在清代,包括科道官在内的全部官员都应做到"知稼穑之艰难,力崇节俭,返本还湻淳"。[5]除了具备基本的政治素质之外,清朝时期还明确规定监察官不仅要具备通古今、通经儒士、才守兼优、善文章的文化素养,还要具有一定的专业知识水平,如明通内外政治、明于礼法等。具体来说,清代对监察官的选任在强调品行和道德的同时,还非常重视文化素质和学识水平。当然,清代对监察官的选任把个人的品行和道德放在了首位。

清代对于监察官员的身份、年龄、实践经验等资历也有严格的规定。关于出身,"通例"规定汉人充当科道官人选,向来惯例是要求必出正途。康熙十九年(1680年)上谕:"汉官非正途出身者,虽经保举,不准考选。"[6]康熙二十年(1681年)覆准:"捐纳岁贡不准作正途考选京官。"[7]《台规》还规定了科道官员的人选一般是"大理寺评事、太常寺博士、中书科中书、行人司行人等历俸二年者,俸深有为的推官、知县可以考选给事中与监察御史;各部郎中、员外郎主事、内院中书、国子监博士、京府推官等也可考选"。[8]综合来看,在清代一般只有以下三种人可以参选监察官。一是经过科举考试被录取的进士、举人;二是从各地方州府、县学校的学生(秀才)选出的

〔1〕《康熙政要》卷一五《论贪鄙第二十六》,中央党校出版社1994年版,第279页。

〔2〕《康熙政要》卷九《论择官》。

〔3〕《钦定台规》卷一《训典一·圣制》,第3页。

〔4〕《钦定台规》卷一《训典一·圣制》,第3页。

〔5〕《钦定台规》卷一《训典一·圣制》,第3页。

〔6〕《钦定台规》卷三九《通例一·考选》,第18页。

〔7〕《钦定台规》卷三九《通例一·考选》,第18页。

〔8〕《钦定台规》卷三九《通例一·考选》,第554页。

到京师国子监进行深造者(贡生);三是凭借祖父辈的功德政绩有皇帝特许授给出生的"荫生"。[1] 关于年龄,嘉庆四年(1799 年)规定:"嗣后各衙门保送御史,其年齿过轻者,固不便率行保例;如年逾耆艾,各员精力尚强者,仍准保送,以六十五为率,过此者不准保送。"[2]实践中,一般会选择 30 岁至 65 岁经验丰富、思想成熟、精力充沛的中年人。这意味着年少者或 65 岁以上的官员亦不得被保送为言官。[3] 同时清代还明文规定,只有出任知县经三年考满才可作监官。这是因为在基层有任职经验者,经历过各种风浪考验,思想成熟,能果断处置问题又不失时机。康熙四十四年(1704 年)六月下令:"行取知县非再任者,不得考取科道。"康熙帝认为:"亲民之官,诸悉利弊,得以据实指陈,有裨政治,且足鼓励人才。"[4]由此可见,清代对监察官的考任不仅有身份的界别要求,尤其是对候选人范围的划定,还有年龄的限制,也更加重视对基层丰富的从政经验和良好的政绩之考察。

目前,《监察法》第 2 章第 14 条规定:"国家实行监察官制度,依法确定监察官的等级设置、任免、考评和晋升等制度。"[5]但对监察官制度方面的内容并没有具体的解释,对监察人员的基本素质和资格要求等方面的内容也没有涉及,导致相关工作人员招录基本上是参照公务员招考的条件进行。从具体的运作实践来看,国家监察委员会的人员组成除了主任由全国人民代表大会选举,副主任、委员

---

〔1〕 参见倪军民:《清代监察官的任职资格和回避制度》,载《中国监察》1998 年第 8 期。

〔2〕 《钦定台规》卷三九《通例一 · 考选》,第 18 页。

〔3〕 参见张晋藩:《中国古代监察法制史》(修订版),江苏人民出版社 2017 年版,第 438 ~439 页。

〔4〕 参见张晋藩:《中国古代监察法制史》(修订版),江苏人民出版社 2017 年版,第 406 页。

〔5〕 《监察法》,载中央纪委监察委网:http://www.ccdi.gov.cn/fgk/law_display/6340,最后访问日期:2018 年 3 月 7 日。

由国家监察委员会主任提请全国人民代表大会常务委员会任免之外,改革期间其他的工作人员主要由转隶机构的工作人员和抽调的精干力量组成,从2018年纪检监察系统招录的公务员来看,工作人员的招考基本上参照公务员招考条件,即便中央、省市机关遴选工作人员,其条件除有基层廉政工作经历的要求之外,也并没有太多的条件限制。未来应以立法、建制的行式制定一套科学、严密的现代监察官招考机制,出台"中华人民共和国监察官法"(以下简称"监察官法"),可以参考清朝监察官制度方面的监察思想和具体规定,在"监察官法"中明确、细致地规定监察人员应具的基本政治素质、品行才学和业务能力。如对监察人员的准入作出道德品质、才干、学历、专业、年龄、职业资格、实践经验等方面的要求,把监察官选人、用人制度落实到实处,并以立法、建制的形式确立监察官的考任机制。

(二)《台规》对监察官考任程序的规定

清朝选拔监察官的程序相当严密,任命亦极其庄重。考任程序主要包括考选、引见和任命三个环节,考选即上述讲到的具备监察官考任资格的考生都可以作为考选对象,考选对象经过保举、推荐(在京考选对象由各部院堂官保举、推荐,京外的考选对象由督抚保举、推荐),由吏部奏请考试,引进登记后,最终由皇帝批准任命。在保举、推荐方面中央各部院、各省督抚均有权保举科道官,除个别时期员缺较多,考选规模较大,可由都察院代为主考外,一般情况下无论考选、差遣都由皇帝亲自裁定。〔1〕在录用上采取试俸和考试方式,"凡监察御史历事一年,考核实授",〔2〕"御史试俸之例,有一年

〔1〕参见徐明:《清代监察官员管理制度探析》,载《西南大学学报》(社会科学版)2009年第3期。

〔2〕《钦定台规》卷三九《通例一》,第545页。

限期已满未能深信者，再试一年考核”。[1] 乾隆十七年（1752年）废止此例，“补用御史，既经简擢，同列谏垣，即应无所区别。乃旧……有试俸不试俸之异。旧制相沿，宜归同一，嗣后给事中、御史……不必试俸”。[2] 对于考试的规定，雍正三年曾停止考试，“应开科道人员俱系正途出身，再考文字亦属无益，今次著于翰林各部衙门应兴开列人员内，令各堂官荐举”。[3] 后因无法保证监察人员的素质，乾隆十一年（1746年）恢复考试的规定，“向例御史由保举考试补授，后因臣工修奏请朕与翰林部署引见时记名特用，今看来不若仍复旧制之为妥。著九卿于应行考选人员内秉公保举，请旨考试引见，候旨简用”。[4] 清代严格的考任程序对保证监察官的素质曾起到积极的作用。

参考清代对监察官员的保举、推荐、试俸、考试、引见、任命的规定，对当前监察人员的选拔具有重要的借鉴意义。当前，在《监察法》里并没有提到对监察人员的招考程序，其人员招考基本上沿用公务员招考的程序，用人单位在考生进入政审、考察阶段之前对考生基本上是不知情的，这容易产生所招非人的弊端。所以，监察人员的考任程序可以在未来的“监察官法”里可以作出一些规定。如招考程序可分三个阶段进行。一是考试前进行一次筛选，主要通过师生、邻舍考察报名人的品行、学识、政治表现等；二是录用前对考生的学生家庭、档案、诚信、犯罪记录等进行详细审查；三是在试用期及以后的岗位上建立常态化的跟踪培养考察机制，切实建立起“能者上、庸者下、劣者汰”的有效机制，营造起“尚实干、勇作为、敢担当”的清新氛围。

---

〔1〕《钦定台规》卷三九《通例一》，第545页。

〔2〕《钦定台规》卷三九《通例一》，第546页。

〔3〕《钦定台规》卷三九《通例一》，第556页。

〔4〕参见张晋藩：《中国古代监察法制史》（修订版），江苏人民出版社2017年版，第440～441页。

(三)《台规》对监察官考任回避制度的规定

中国古代自西汉创立回避制度以来,一直被后世所袭用,清代对历代回避制度予以继承和发展。光绪朝《台规》规定了监察官在考任过程中必须严格遵守回避制度,在任职过程中必须严格遵守避亲、避籍、避职务原则。这在清代具体体现为"同官避亲,外官避籍贯"。此外,科考监试官员的子弟不得在本地应考。回避制度具体来讲就是要有明确的任官回避目标,保证考任的公平性。其中,避亲指中央或地方监察官回避亲属关系,不得在自己亲属担任领导职务的部门或单位内担任重要职务;避籍指不得在自己的生源地担任主要领导职务;避职指监察官在执行公务时,应回避涉及本人或本人亲属有利害关系的公务。[1] 关于避亲嫌,康熙十三年(1674 年)规定:"凡父兄现任三品京堂,外省督抚子弟不准考选科道。其父兄在籍其文赴补,及后升任者有子弟现任科道,皆令回避,改补各部郎中。"[2]关于避籍,如乾隆十三年(1768 年),高宗谕:"各御史风闻言事,不域以地,但即按省分道专司稽查该省事务,则本省人,自应回避本省。"[3]乾隆时还规定:"除现任御史内其所任之道在本省者,由院酌拨别道移咨吏部注册外,嗣后遇有御史缺出,如有记名及应补人员应回避本省,查明扣除,即将其次之人引见补授。"[4]关于避职务,主要包括监察官不得兼任部院事务,以防兼职部门的干扰;御史处理具体事务应回避本部门。《台规》中的《五城》规定,五城书吏、衙役若犯命案,本城官员一概回避,由巡城御史"咨调别城正指挥带领本官书吏、仵作等前往相验办理"。[5] 光绪时将回避范围进一步扩大,光绪十三年(1887 年)议准:"嗣后现任满洲科道各官,如

---

〔1〕 参见刘艳勤:《浅析清代监察官员管理制度》,载《理论观察》2014 年第 6 期。
〔2〕 《钦定台规》卷三九《通例一·考选》,第 3 页。
〔3〕 《都察院则例》卷四,乾隆八年刊本。
〔4〕 《钦定台规》卷三九《通例一·考选》,第 12 ~ 13 页。
〔5〕 《钦定台规》卷二一《五城三·听断》,第 8 ~ 9 页。

有父子、胞伯叔、胞兄弟、胞侄升任三品以上京堂、并外任督抚者,即比照汉员科道回避之例一律办理。该科道应自行呈明都察院具奏,令其回避。各衙门保送宗室满洲、蒙古御史人员,如有前项应行回避者,亦应比照考选汉御史之例,一概不准保送。"[1]由此可以看出,清代的回避制度都有其具体的回避范围和回避目标。这对监察官员的监察活动具有积极的意义。

目前,《监察法》并没有对监察人员的考录作出明确的回避规定。其招考遵循《公务员法》里面关于公务员回避制度的规定;提拔任用遵循《党政领导干部选拔任用工作条例》相关的回避规定。而监察活动中有关回避的规定也比较宽泛,不够具体,实施起来也很难执行,其巡察、视察等活动则遵循《中国共产党巡视工作条例》中的回避规定。参考清代监察官关于避亲、避籍、避职的规定,可以将监察人员的招考回避制度、任职回避制度、地域回避制度、避亲嫌制度等回避制度明确写入"监察官法",特别是避亲嫌原则和避职务原则应该作出更具有操作性的规定,如规定如果出现或可能出现监察人员监察亲属的情形,则监察人员不得选任,或者将其亲属调往其他不受其监察的机关或部门。

(四)《台规》对监察官行为准则的规定

清代从体制机制上确立了监察机构和监察人员的特殊地位。清代统治者把监察机构作为一支特殊的政治力量,给予它相当高的地位,并规定了监察官员的职责与广泛的监察范围,与此同时为了规范监察官员的行为,清代统治者还在承袭前代监察法规的基础上,制定了较为详备的约束机制。其具体内容如下。

其一,监察官要忠于职守,随时监察。顺治十年(1653 年)要求,各道"遇有政事大阙失,应上公疏"。[2] 雍正帝元年(1723 年)定轮

[1] 《钦定台规》卷三九《通例一》。

[2] 《钦定台规》卷十《宪纲二·陈奏》,第 1 页。

班条奏之例，即“各科道每日一人上一密折，轮流具奏。一折只言一事，无论大小时务，皆许据实陈之。即或无事可言，折内亦必声明无言之故。在外候旨，或召进见面，或令且退。”[1]此后，最高统治者更是要求言官要尽心尽职，不避嫌怨，轮班上奏，纠参弹劾，科道官怠于言事陈奏，即为失职。如乾隆即位之初便颁布谕旨：“自今一轮之后，不必拘定班次。倘有所见，随时陈奏。”[2]希望达到广开言路、集思广益之效。

其二，监察官要据实言事，严禁奏事不实。为杜绝诬告陷害之风，清代统治者多次下诏申饬，要求言官严守职责，言必有据。顺治十一年(1654年)下诏说：“凡言官务在知无不言，言无不实，庶使佥任屏迹，中外肃清，定行重治。”对于所纠举之事，必须注明年月，并将应参事由据实指出，不得枉陈塞责；奏事不实的，要严加惩处。康熙九年(1670年)谕，言官如将贪婪官员列款纠参，审问全虚者，或参官员老病衰庸，所奏涉虚者，“皆降二级调用”。[3] 后改为降一级调用。不料却造成科道官“往往心怀畏惧”，“奏疏寥寥”，“建白甚少”的局面。这也是康熙以后诸帝为广开言路、鼓励直言，提出“言官虽有不当亦不坐罪”的原因。既要为广开言路赋予言官“风闻言事”的特权，又要防止其奏闻虚妄，这正是《台规》煞费苦心之处。

其三，监察官严禁徇私阿党。反对科道官员利用职权包庇亲戚朋友、同党或陷害他人，为此《钦定大清会典事例》规定，科道官员“若缄默苟容，颠倒黑白，拘私报怨，明知奸恶，庇护党类，不省纠参，而诬陷良善，驱除异己，混淆国是者，实行重罚”。[4] 同时，一系列回

[1] 《钦定台规》卷十《宪纲二·陈奏》，第2页。

[2] 《钦定台规》卷十《宪纲二·陈奏》，第5页。

[3] 《钦定台规》卷十《宪纲二·陈奏》，第16页。

[4] 《钦定台规》卷一九《五城一》。

避措施也被采用。如“巡城满汉御史承审案件时,遇有同旗同籍之案,如满御史应行回避者,会同别城汉御史办理,汉御史应行回避者,会同别城汉御史办理,如满汉御史均应回避,将原案移交别城审办,以杜瞻询”。[1] 又如各地巡按御史,自命下之日起,应在门上大书“回避”字样,不许见客,不收书,不接纳书办人役,不赴宴会,且限定领敕后三日出京,沿途不准停留。嘉庆时,左都御史周延栋与广兴同赴山东审查,复命时,对广兴贪赃枉法之事无一字提及,反以其才具明敏支吾掩饰,“瞻循友谊而事上转不以诚”,以五品顶戴“勒令休致”。[2] 这些规定反映出清代统治者为防止监察官员偏袒同党、亲朋,层层设障,颇费心机。

其四,监察官严禁贪赃受贿。为防止科道官员以权谋私、贪赃枉法,《大清律例》规定,科道官员如有贪赃枉法行为,较其他官员加二级惩处。《台规》也有类似的记载,即所谓知法犯法、执法犯法者须重罚。[3] 清初山西巡抚刘嗣美侵吞赃款3500两,朝议以“御史犯赃,与寻常官吏不同”的原则,从重处罚。[4] 康熙时巡盐御史杭奇、常锡允以诈赃为商人控告,二人皆论绞。[5] 可见清代对执法犯法之科道官处罚尤重。

其五,监察官严禁泄露机密。监察官员有权广泛查阅各部院档案,但不得私自带出衙门,使档案内容泄露于外。《台规》中的《宪纲》规定:“内外大小官员,但有不公、不法等事,俱得纠劾……若系机密重事,实封御前开拆。”[6]《台规》还规定,密奏为科道之职,应“加意谨慎,不谋于人,不泄于外”。如将奏章“自行露泄,或私自存

---

[1] 《钦定台规卷》卷一九《五城一》,光绪十八年刊本。

[2] 《清史列传》卷二八《周廷栋传》。

[3] 《都察院则例》卷一《宪纲》。

[4] 《清世祖实录》卷一〇一,十五年五月庚。

[5] 《国朝先正事略》卷四,“李文襄公事略”。

[6] 《钦定台规》卷十《宪纲二》。

稿者”,一经发觉,必将其“严行究训,重治其罪”。[1] 顺治十八年(1661 年)下令:“言官题奏,应密不密者,罚俸 6 个月。”[2] 凡奉旨事件未到部之先即行抄传者,该科给事中罚俸 6 个月。在稽察京察、大计时,本道要封门阅册,不许接见宾客。有移交咨询事件,密封移询。除外,还有官阶礼仪、案件结案、失察失职等监察官监察活动行为规定。[3]

相比之下,虽然《监察法》对监察官的职责、范围、权限、程序、监督、责任等方面均有涉及,但是其规定都缺乏详细的说明,很难对监察官在监察活动中的行为进行有效监督和把控。参考清代的做法,我们应该继续完善监察法制建设,在《监察法》的基础上针对每一个条款以附则的形式进行详细的补充说明,如制定“中华人民共和监察法实施条例”。同时,为了保护监察官的身心健康和合法权益得到维护,制定“监察官法”等,以使监察官在今后的监察活动中能自觉做到心中有法度、心中有戒律,严格规范自己的行为,少一些后顾之忧,全身心投入工作。

(五)《台规》对监察官奖惩考核的规定

由于科道官员地位特重,“所言公,则国家受其益,所言私,则国家受其害”。[4] 虽然清代科道官的确仕途广阔,升迁也快,但并非所有的科道官都能飞黄腾达。由于他们是其他官员的监察者,本身也要受到官吏考绩立法的制约。在这方面监察官与其他普通官员是一致的,但在某些方面清代对科道官的考核要比其他官员更为严格。《台规》和《都察院则例》对监察考课机关的职掌权限、官员的条件及责任义务都作了详细的规定。

---

〔1〕《钦定台规》卷十《宪纲二》。

〔2〕《钦定台规》卷十《宪纲二·陈奏》,第 113 页。

〔3〕参见李伟:《清代监察官员的选任、管理及对现代监察建设的启示》,载《广州大学学报》(综合版)2001 年第 10 期。

〔4〕(清)张寿镛等:《皇朝掌故汇编》卷一,光绪二十八年刊本。

首先,清代法律明确规定监察官的考核方法。其中,在京监察官采用京察和考满之法,地方监察官则采用大计形式铨考。对在京监察官(都察院御史、科道及总督、巡抚)的考课叫作京察,每3年接受一次"京察"。[1] 顺治八年(1651年)年初规定每6年举行一次,后改为3年一次。顺治十三年(1656年),吏部奏定则例,规定(都察院御史、科道及总督、巡抚等)三品以上官员自陈。康熙元年(1662年)停用京察法,专用3年考满例。几经变更后,京察法到雍正元年成为定制。[2] 除总督、巡抚外,地方所有的监察官一律按照大计形式铨考。大计初行于顺治二年(1645年),行成定制于康熙四年(1664年)。[3] 另外监察官员升迁时,需将"该科道有无条奏,其所奏事件,部议或准或驳,并奉特旨允准,或当经饰之处,于各科道名下开列,以便于鉴别比较"。[4] 为广开言路,雍正元年还对其监察数量进行考核。其规定:"今后各科道官,每日一人上一密折,轮流具奏,或二、三人同日具奏一折,一折止言一事,无论大小事务,皆详据实陈之,即或无事可言,折内亦必申明无可言之故。"[5]清代不仅对监察官员的才干、清廉、勤奋和年轻化进行全面的考核,同时针对不同层级的监察官还设定了不同的考核标准,对监察官员实行统一的考绩标准,考核主要以三式、三等、四格及六法为标准。

其次,清代法律对于检察官的奖惩措施分别进行了规定。在奖励方面,凡考核优秀者予以奖励,奖励的办法很多,如传旨表扬、赏物、晋级、加恩追赠等。如嘉庆年间,和珅当道,家人刘全仰仗其权势,胡作非为,无人敢参奏弹劾,御史曹锡宝抗辞执奏,但只有和珅

---

[1] 参见李光辉:《清代监察官员的选任、升转与考核》,载《成都大学学报》(社会科学版)2002年第1期。

[2] 《清史稿》志八十六选举六《考绩》。

[3] 《清史稿》志八十六选举六《考绩》。

[4] 《光绪大清会典事例》。

[5] 《钦定台规》卷十《宪纲二》。

被治罪之后才敢查办刘全。后来皇帝乃颁谕对曹锡宝“加之优胜，以旌直言”，并加恩追赠副都御史衔。[1] 而对那些失职、不称职的监察官员的惩罚，《台规》也规定有详细的处罚措施规定，如罚俸、降级留用、革职等。情节严重的，交刑部议处、罚俸、降职、勒令致仕、革职。[2] 清上谕一再强调言官需“知无不言”，如雍正时御史谢济世就上疏请求“严不言之罚”，对于不言之言官“放归田里或改授闲曹，则人知所惩矣”。[3] 如乾隆五十年(1785 年)，籍隶湖北给事中梁景阳，御史许北椿，因未参劾湖北抢掠活埋人命案而受处。[4] 此外，对于监察官员受贿罪定罪重于一般官员，《大清律例》中规定“加罪二等”。[5]

关于监察官的考核、奖励和惩处，《监察法》第 2 章第 14 条规定：“国家实行监察官制度，依法确定监察官的等级设置、任免、考评和晋升等制度。”但在具体规定中就其制度、等级设置、任免、考评和晋升等内容均没有作出明确的说明。相关规定过于空泛，不具有操作性。参考清代监察官人事管理制度，有必要制定一套独立而细密的监察官的人事管理制度，考核、奖励和惩处制度是监察人事制度中的一个重要环节。考绩不仅是考察监察人员的德、能、勤、绩、廉等综合业务素质的重要手段，也是作为年终考核、评优奖优、提拔黜降的重要依据。特别是在惩处方面，应该作出细化规定。如泄露机密者依据情节和影响开除公职、党纪行政处分、调离原单位等，做到厚赏重罚方能激励监察人员的工作积极性。

---

〔1〕《钦定台规》，光绪十八年刊本。

〔2〕《钦定台规》卷三《训典三》。

〔3〕(清)谢济世：《论开言路疏》。

〔4〕(清)谢济世《论开言路疏》。

〔5〕参见关汉华：《清代监察官员考选制度述论》，载《广东社会科学》2002 年第 6 期。

(六)《台规》对监察官巡视制度的规定

清代规定各地巡视御史必须严格遵守巡视制度,出巡前不准会客,不赴饯送宴会;巡视过程中凡事必须设法确访,不能只听从府、厅的报告;不能纵容司、道、府、厅单位,更不得庇护大贪大恶,不得接受私人馈赠,违者将撤回治罪。这些出巡规定对当前的巡视工作同样具有重要的参考价值。当前,我国开展巡视工作的主要依据是《中国共产党巡视工作条例》(以下简称《条例》),但从长期的实践过程来看,仍有待完善之处。为此,可以参考《台规》中的某些立法设计与具体的制度规定。关于巡视公开,《六科》规定,出巡官员进入巡察地域,“入境3日内,将御史出巡禁约及皇帝的有关敕谕誊黄刊刻,每一司道发10张,每一府州县各发10张,遍示城乡绅士人民。如不刊刻,不遍示,经都察院举劾,即以违旨论处”。[1] 而当前的《监察法》和《条例》都没有对此作出细致性规定。因此,参考清代的巡视制度,我国可尝试确立全面彻底的巡视公开制度,将巡视工作的全部过程通过新闻发布会、广播电视、报纸、微信、微博等形式告知群众。只有这样,群众才能充分了解巡视工作的内容和方式,从而促使群众积极响应并配合巡视工作。

关于巡察的程序性规定,清代通过对巡视工作的部门化设计,即根据被巡察的机构不同的工作职责,列出了巡察的重点工作,并对此制定了相应的巡察程序。《六科》规定,如对工部的巡察,“陕西道专司稽察工部事务。一切工程,凡工价在50两以上,物价在200两以上的,皆由该处料估,启奏到日,由陕西道御史会同工科复核,竣工后查销,不府则参奏”。[2]

---

[1] 参见张晋藩:《中国古代监察法制史》(修订版),江苏人民出版社2017年版,第456~457页。

[2] 参见张晋藩:《中国古代监察法制史》(修订版),江苏人民出版社2017年版,第461~462页。

清代对巡察程序的复杂程序性规定对我国巡视制度的立法具有重要的参考价值,《条例》第16条规定:"派出巡视组的党组织可以根据工作需要,对重点人、重点事、重点问题或者巡视整改情况,开展机动灵活的专项巡视。"[1]为此可以依照不同部门的工作性质和特点单独来确定巡视工作的重点,这样可以使专项巡视工作变得常态化、规范化、制度化。同时,《条例》第18条规定:"巡视组依靠被巡视党组织开展工作,不干预被巡视地区(单位)的正常工作,不履行执纪审查的职责。"《条例》第22条规定:"巡视组进驻被巡视地区(单位)后,应当向被巡视党组织通报巡视任务,按照规定的工作方式和权限,开展巡视了解工作。"由此可知,巡视组开展巡视工作主要是通过各种途径来收集信息,再对收集的信息进行核实、分析。这样不但会给巡视组工作人员带来很大的工作量,伴随其中的信息失真还会造成一些不良影响。为此,可对巡视工作人员采集信息的途径以及采集、核实、分析信息的工作程序作出细致的规定,以便提高工作效率。

四、结语

党的十九大报告提出,要"建设高素质专业化的干部队伍"。这对我国当下纪检监察干部的能力和素质建设将会是一个新的挑战。如何来应对日益复杂、多变的反腐败工作,如何来适应更高更严的纪检工作要求,将是后续监察体制改革过程中需要继续完善和解决的重要问题。清朝监察法制对惩治官吏腐败、促进国家机器正常运行起到了积极作用,以史为鉴,清代监察法制体现的廉政法律文化是我国加快监察法治建设的源泉。当下可以参考和借鉴清代监察法制,完善我国监察立法,并制定配套的法律法规,如制定"监察官

〔1〕《条例》,载中央纪委监察委网:http://www.ccdi.gov.cn/fgk/law_display/6336,最后访问日期:2018年3月15日。

法”,并制定配套的“监察委员会组织法”作为《宪法》相关法。此外,立法机关应制定“监察委员会监督调查处置案件办法”“监察委员会处理不服处置申诉的办法”“监察委员会举报工作办法”“监察委员会实行回避制度办法”等,使今后纪检监察干部的选拔、任用和管理有法可依、有制度可以遵循。同时,监察机关要更加重视监察人才的培养,始终坚持选人要谨、用人要稳、管理要严、发展要专的基本原则,重视从思想教育、制度建设和严惩不贷等方面构建“三不腐”长效机制,加强对纪检监察人员的教育、管理和惩戒,坚持用高标准、严要求、高素质人才来武装纪检监察干部队伍,为社会主义现代化的建设和发展提供良好的环境。

清人对胥吏任用的利弊认知及应对举措

郭　威*

【摘要】　胥吏，是中国古代各级机构中的具体办事人员。胥吏地位独特，是“官民交接的枢纽”。与官相比，他们无品无权，在官的指令下承办衙门中的具体事务；与民相比，他们又是身处官府的公务人员。胥吏系统是中国古代官僚体系的重要组成部分，胥吏和官僚一起维持着中国古代政治机构的运转。中国历史发展到清代，胥吏在国家政治生活中的作用和危害都极具典型性。清代为了加强对胥吏的管理，制定了一系列的规章制度，采取了许多管理措施，一些有识的官员及士人也提出了一些解决胥吏问题的措施。然而清代并没能有效地控制胥吏，提出的看起来行之有效的措施也多未能够很好施行，以致发展为所谓“清朝与胥吏共天下”的局面。清代的胥吏问题虽未能得到解决，但其原因却仍值得思考。

【关键词】　清代胥吏　任用利弊　体制缺陷　举措　反思

引　言

清代在进一步加强中央集权专制统治之时，在地方上形成了“印官负责制”的地方集权统治模式，衙门也形成了同皇宫相似的内外署模式：外署为“六房书吏”“三班衙役”的办公区，内署为官、幕僚

* 作者系中国政法大学法学院博士研究生。

的日常办公及住宿区。在清代的地方衙门运转的过程中,主要包含了四个主体:官、幕、吏、役。这四个主体的运作关系可以简单概括为:官号令、幕批答、吏办稿、役出差。这四个看似分离的点实际上是一条连绵不断的"线",而这一条线的终端,最终落在了吏、役的身上,因此二者的地位显得尤为重要。[1] 吏即小吏,原是大小官员的泛称,如大吏、长吏、循吏等;后来指在各级官府中从事文书之类工作的公务人员,又称"书吏"。役即差役,原本是为国家无偿劳动的劳役制度。自宋王安石改劳役为雇役,流变至清,逐渐成为一种募役制度。役,也成为一种政治群体的代称,并在各个衙门中,成为比吏还要庞大的一股力量,也习惯称为"胥"。二者共同构成我们所要讨论的"胥吏"。随着社会史研究的进步,理论的革新、方法的运用、视角的选择、主题的切入,胥吏研究出现了一大批颇具影响的成果,大致列举如下:

具有开拓影响的是许凡的《元代吏制研究》。[2]作者利用《元典章》等正史资料对元代胥吏作了一种制度上的探讨,并提出元代的"吏制其实就是官僚政治"即研究胥吏制度就是研究政治制度的结论。从而影响了之后的一系列研究。但此书稍嫌不足之处在于作者只注重于制度史的研究,对于胥吏的许多问题,比如胥吏的社会危害,以及与其他各阶层的关系等都没有进行深入拓展。

瞿同祖的《清代地方政府》[3]一书给予书吏、衙役的地位和作用以充分的重视,书中相关内容为书吏、衙役完全相同的六个问题:组织、职能、录用服务期限及升迁、经济待遇、贪赃形式和纪律控制。

吴吉远的《清代地方政府司法职能研究》是一本讨论清代地方

---

[1] 吴吉远:《清代地方政府的司法职能》,故宫出版社2012年版,第292~294页。

[2] 许凡:《元代吏制研究》,劳动人事出版社1986年版。

[3] 瞿同祖:《清代地方政府》(修订译本),范忠信等译,法律出版社2011年版。

政府司法职能的专著,该书在讨论司法职能的同时,对胥吏的选取、地位、司法职能作了较为详细的阐述。

赵世瑜在《吏与中国传统社会》[1]中将社会史研究方法引入胥吏研究领域中来。并打破了单个朝代研究的界限,从先秦一直到清代对胥吏作了整体的叙述。然后又对胥吏的作用、弊害等作了理论上的分析,作者对胥吏的研究不再囿于就事论事,而是从理论的高度分析探讨。然而,由于著者过于追求总体的描述,该书没有对胥吏行为进行具体研究,所以对于胥吏危害的原因剖析不够深刻,针对性不强。

李晓路《唐代统治集团层次构成析论》[2]这篇文章认为在唐代统治集团中胥吏阶层是介于士庶之间的又一权力圈,并提出如对唐代政权的权力结构和统治集团作分析时,必须将胥吏作为一个单独的阶层来考虑。穆朝庆在《宋代中央官府吏制述论》[3]中对吏与官、吏与役作出了清晰的界定,并给胥吏下了一个不再模糊的概念,即"统治集团内部界于官和公人之间的一个相对独立的社会阶层"。但被认为是狭窄的"胥吏"定义。

宫崎市定的《清代的胥吏与幕友》[4]主要从经济因素入手来分析胥吏问题,并列举了政府的应对措施,即聘请幕友作为监督、各种习惯做法的推广,等等,不一而足。周学军的《论明末清初的胥吏专权》[5]侧重于罗列针对明末清初的不容忽视的吏弊问题,各位思想、政治大家对胥吏问题的对策。这是一篇比较系统明确论述历史

---

[1] 赵世瑜:《吏与中国传统社会》,浙江人民出版社1994年版。

[2] 李晓路:《唐代统治集团层次构成析论》,载《社会科学研究》1988年第2期。

[3] 穆朝庆:《宋代中央官府吏制述论》,载《历史研究》1991年第6期。

[4] [日]宫崎市定:《清代的胥吏与幕友》,载刘俊文编:《日本学者研究中国史论著选译》,中华书局1993年版,第508~539页。转引自周保明:《近年来清代吏役制度研究述评》,载《历史教学问题》2007年第5期。

[5] 周学军:《论明末清初的吏胥专权》,载《学术月刊》1989年第9期。

上对胥吏专权问题的文章。王雪华《从吏胥制度看清代社会对新政治形态的诉求》[1]一文的研究上升到理论的层面,从胥吏制度看到了清代社会对新政治形态的诉求。薛恒《清代对胥吏的管理及其失控原因》论述了清代对胥吏的管理措施,探讨了国家对胥吏管理失控的原因。该文对本文的写作有重要启发,但该文的研究不够全面亦不够深刻,很多方面只是点到为止。倪道善《清代书吏考略》考察了书吏的设置、书吏与文档的关系、清代对书吏的管理和整顿,以及书吏为害的原因。

另外法律史学界如高浣月、徐忠明、林乾等学者也从传统司法运作、法治文化、传统"法律人"等角度对清代的胥吏问题有所研究。其他相关论文,不一而足。

通过对胥吏研究学术成果的简单回顾,似乎可以看到这样一个现象:研究者对胥吏的研究多注重政治制度方面。明清时期随着陋规的加剧,胥吏的危害性行为日益严重,因此研究者的研究态度也趋向于认为胥吏行为的社会危害,对社会的消极影响。笔者试图对清代人对待胥吏的双重心态及其背后的原因进行分析。笔者将利用清人所留下的笔记及官箴文书为材料分析这一现象,并在清代官员建议、措施的基础上谈及对这一问题的简单思考。

一、清人对胥吏任用利弊的认知

胥吏古已有之,但发展到清代,胥吏的数量之多,有关胥吏的相关制度之规定已远非前代所能企及,数量庞大的胥吏群体充斥于各级地方政府之中。书吏在衙门中承担着主要的文书整理工作,可谓上传下递,而胥役则直接往来于衙门与民众之间,衙门中最主要的公务都要靠胥吏来承担,离开了二者,地方官府的政务几乎无法运

[1] 王雪华:《从吏胥制度看清代社会对新政治形态的诉求》,载《江汉论坛》2003年第11期。

转。因此,地方官吏对胥吏颇为倚重。官员也对这一问题知之甚详,认识到帝国政务的运转离不开胥吏的作用,认为胥吏阶层是“官民交接之枢纽”,“一刻无此曹,则宰相亦将束手”,[1]因此才对胥吏阶层予以高度关注。大量的有关胥吏选用、转任、升迁及限制等一系列的规定就说明了这一问题。

(一)胥吏的积极作用

1. 胥吏起着连接官民的枢纽的作用

地方官员任职具有地域回避的规定。而初到当地的地方官一般也总是深居衙门,很少出入,对地方事务了解较少,且一定时期之内还要转任或者升迁。在这样的情景之下,民间的疾苦是很难向上传达的,胥吏在向百姓传达官府的指示、向官员传达百姓的需求方面起到了关键的作用。官员初到一个地方任职,不了解当地的风俗,而“胥吏生于里巷,执事官衙,于民间情伪,官司举措,孰为相宜,孰为不宜,无不周知”。[2]

2. 胥吏能够使衙门中的工作保持连续性

官员任期相对于胥吏的任期比较短,经常更换不同的衙门,新到来的官员在上任时,虽然有交接册详细记录了新旧交接的情况,但是衙门的事务纷繁复杂,交接册中毕竟不能把所有的事情都详细的记载清楚,所以官员对衙门中的一些事务仍然茫然不知所措。胥吏久居衙门,对衙门中的办事之道了如指掌,熟知各种具体事务的办理。如果官员能够驾驭、管理得当,胥吏将成为官员的得力助手。衙门的稳定性以及行政事务在办理程序中的连续性,都需要胥吏来维持。

3. 胥吏是官僚机构的具体法律、条例的执行者

衙门中涉及的不管是国家的大事,还是民间的琐碎小事,都需要

---

〔1〕 陈登原:《国史旧闻》卷六〇《清胥吏》,中华书局1980年版,第644页。

〔2〕 陈宏谋:《在官法戒录》(第1卷),内蒙古人民出版社2003年版,第50页。

胥吏协助办理。胥吏成为衙门的重要的工作人员,没有胥吏衙门中的诸多事务将无法办理。可见胥吏在国家官僚机构的法律、条例的执行方面起到了关键的作用。“道隐而难知,士大夫之学问文章,未必足备国家之用也;法显而易守,胥吏所存之掌故,实国家之制度所存,亦即尧舜以来因革损之实迹也。”[1]

具体而言,衙门中的诸多具体事务的运行都离不开胥吏,如收贮档案、拟写文稿、备置册簿、勘探现场等。

也正因胥吏的作用较大,才使其有了在执行职务的过程中违法乱纪的机会,并且由于他们和社会直接接触,更使百姓对其违法之事有切肤之痛。此一点也是官员及士人对胥吏恶劣品评尤多的主要原因。所谓“胥吏恶迹”不可一一而列,但就其主要大意而言,可将胥吏的不法行径归结如下。

(二)胥吏的危害

1. 借案生事,巧取豪夺

胥吏往往与差役、无赖、地保等相勾结,利用这些人比较熟悉各地各处的乡情,为自己提供有力情报,因此每有案件发生,就借机将“有身家之人”扳入案件,乘机勒索。例如,四川巴县的“贼开花”,即胥吏、差役等嘱令盗贼诬告被窃者邻佑为窝户,借此大搞牵连,以求勒索数额更大。胥吏有时为了将更多的人扯入案件,以求贪赃,竟然敢将县官和幕友已划掉的名字重新填入传唤名单。汪辉祖对这种借案生事、扳人入案的后果讲得极为详细:“如乡民有田四十亩,夫耕妇织,可给数口,一讼之累,费钱三千文,便需假子钱以济,不二年必至舞田,豁一亩则少一亩之入,辗转借售,不七八年而无以为生,其贫在七八年之后,而致贫之故,实在准词之初。”[2]针对这种情况,乾隆帝也发出慨叹:“故有狱讼尚未审结,而财耗于若辈之手,两

[1] (清)章学诚:《文史通义》,上海古籍出版社2008年版,第148页。

[2] (清)汪辉祖:《佐治药言》,中华书局1985年版,第5页。

造已经坐困矣。”

2. 借势勒索，妄加指驳

胥吏经常利用官员及自身所在衙门的权势进行敲诈勒索。上级衙门敲诈下级衙门，下级衙门直接勒索底层的百姓。以州县之上的衙门为例：“盖州县所办事件殷烦，与上司衙门胥吏多有交涉，一切案件无不需索规礼，往往假公济私，借名批驳。其在重大案情固为指驳有名，即平常事件亦吹毛求疵，再三驳话，借事生风，恣意勒啃。稍有不遂，即有延迟违错等情，坐致州县之罪，藩臬道府等衙门皆所不免，而藩司衙门尤甚。藩司为一省之总汇，又有钱粮关系，凡合属正杂钱粮，征解有费，支领有费，盘查有费，奏销有费，以及各官俸薪，各营兵饷各项开销，经费除扣平之外又须饭银，甚至并非关系钱粮而亦刁难需索，不饱不休，种种积弊难以枚举。”〔1〕在京城之中的各部院更是借势勒索的典型，“外省有一事件到部，必遣人与书吏讲求。能饱其欲，则引例准行，不遂其欲，则借端驳诘。司官庸懦者，往往为其所愚，而不肖者则不免从中染指。至于堂官事务繁多，一时难以觉察，且见驳稿，亦遂不复生疑。以致事件之成否，悉操于书吏之手”。〔2〕再以户部书吏为例，田文镜曾讲过南河工奏销时的大体数字，“每开销银一万两，支给部胥饭食银，自五分起，至七分止”。而当时的河工、战争无论哪一项都耗银动辄以数十万两或上百万两计，如此算来胥吏的收入也就是一个让人不敢小觑的数目了。

3. 篡改文书，侵吞公款

篡改文书中既包括司法诉讼类，又包括赋税征解类。

在诉讼类中，如果原被告双方任何一方贿赂，胥吏就会借调查不

---

〔1〕（清）汪廷儒编纂：《扬州地方文献丛刊》，田丰点校，广陵书社 2011 年版，第 298 页。

〔2〕周汝昌：《周汝昌红学精品集之红楼梦新证》，华艺出版社 1998 年版，第 557 页。

全,故意推迟开审时间,并在招录详册(问案记录)内或是多写一字或是少写一字,以达到生杀予夺的目的。甚至从上报的案件档案中,将原始档案调出,通过粘贴修补加入已篡改的内容。或是干脆抽走原始文书,代之以假文书,从而使整个案件内容发生改变。在赋税征解类中,胥吏经常利用手中的职权与官、差合作通同舞弊,方式主要有利用时间差来侵吞公款,即在正式征税之前,对花户征收少于正式税额的税收,将其归入已囊,并竭力帮助花户们拖延纳税,不将他们写入“比单”,或即使写入也是数目极小。还有就是在潜粮征收中仓书与斗级合作,在记录谷米的数量以及斗量上做文章以达到牟求收入的目的。乾隆帝曾讲:“额粮尚未收纳,而浮费于催征,中饱于忿吏,已什去二三矣。”[1]

4. 私雕印信,买卖官札

胥吏主要利用官员对公事敷衍了事的心态,将加盖假印的重支冒领的公文呈上,官员大笔一挥,即可蒙混过关。有时甚至是官、吏串通作弊,这是胥吏违法犯罪的最大手笔,同时也是胥吏广大权力网络强势运用的结果。还有就是在赋税征解过程中,胥吏使赋税册等收据上的某些编号重复出现(清代的赋税编号以百张为标准),并将所有的编号都盖印加收,如此一来他们就可以将重复出现的某张收据上的钱粮据为己有。另外还有就是胥吏直接伪造收据,去私收税钱。胥吏有时还假造官札、奖札,卖给那些急欲入仕的人。如嘉庆十一年(1806年)“杜斐堂伪造奖札假与人官案”。胥吏违法犯罪的手法可谓种类繁多。除列举的四种外,还有说事过钱(以代当事人向本官说情送礼为由,从中抽取好处费)、吓诈求索(用危言恐吓有关当事人,向他们索取钱财)、需索勒捎(办事时故意拖延,迟迟不办理,而当事人若是想催促他们尽快处理,只好被迫向他们行贿)、抑勒恐吓(对罪犯进行威胁恐吓,强行向他们勒索钱财),等

〔1〕《清高宗实录》卷二一,中华书局1986年版,第4页。

等不一而足。可以说胥吏为了更大限度地攫取金钱,挖空心思利用任何可资利用的机会来向下层的官员、有产者和普通百姓掠夺金钱。

二、清人眼中的胥吏形象

胥吏的不法行径及社会危害使官员甚至是皇帝都对胥吏阶层抱有极强的戒备、防范心理,同时又对出任胥吏的人员持有鄙夷态度。大量的朱批上谕,中央、地方大员的奏折、题本、笔记、随笔都明显地反映出了这一问题。笔者曾去第一历史档案馆进行过以"胥吏"为关键字的搜索,发现清朝仅乾嘉两朝皇帝下发的提醒地方大员注意防范胥吏的上谕和官员上奏折对此作出回应,以及朝廷大员、科道官员上奏折或是题本对防范胥吏的提议就达50多件,且语中多有鄙夷之词,统治阶级内部对胥吏的防范、不屑情形,可见一斑。总的来讲,厌恶、鄙夷之词较多。纪昀曾在《阅微草堂笔记》中说:"最为民害者,一曰吏,一曰役,一曰官之亲属,一曰官之仆隶,是四种人,无官之责,有官之权。官或自顾考成,彼则惟知牟利。依草附木,怙势作威,足使人敲髓洒膏,吞声泣血。四大洲内,惟此四种恶业至多。"[1]徐珂也曾说:"汉、唐以来,虽号为君主,然权力实不足,不能不有所分离。故西汉与宰相、外戚共天下,东汉与太监、名士共天下,唐与后妃、藩镇共天下,北宋与奸臣共天下,南宋与外国共天下,元与奸臣、番僧共天下,明与宰相、太监共天下,本朝与胥吏共天下。"[2]极言胥吏之害,并将其与历史上大家所熟知的几种政治势力并列。

---

〔1〕(清)纪昀:《阅微草堂笔记》,北原注译,中国华侨出版社1994年版,第246页。

〔2〕臧知非、沈华:《分职定位:历代职官制度》,长春出版社2008年版,第251页。

胥吏虽属办事人员,但为官员视为“下贱之流”。如《清会典事例》中对胥役地位的记载:“凡衙门应役之人,除库丁、斗级、民壮仍例于齐民,其皂隶、马快、小马、禁卒、门子……及巡捕衙役,皆为贱役。”[1]另外,清代的法律规定,贱役阶层自身及后代不得为官,不得捐纳。如《大清律例》规定:“娼优皂隶之家变异姓名,侥幸出身,访问严行纠问;又皂隶子孙,蒙混捐纳者,照例斥革。”[2]

其实这些胥役原属良民,一旦进入官府充役,就沦落了贱役。除了受到法律的不公平对待外,还要受到世人的鄙夷甚至痛恨。上自皇帝,再至官员,下至百姓。清朝的皇帝曾说:“但此等蠹役自系地方官倚为耳目,不肖者纵其贪婪,昏聩者受其蒙蔽,以致该役等有恃无恐,扰害良善,于吏治民生大有关系。”官员也讲:“今之胥吏,非古之胥吏,不过四民之中桀黠狡猾者而,姓氏一人卯簿,则呼为公人,或则呼为官人,一家十余口,皆鲜衣美食,人咸不敢忤之……官府亦畏之。”[3]“各役之中狡黠至捕役一项尽矣,当斯役者,皆属下贱,非多年积贼,则远方无赖。”[4]甚至在乡里、族内也遭人唾弃,如湖北金江镇刘氏族谱规定:“身充贱役,以图厚利,无耻极矣,我族有入此类者,禁之不听者削籍。”又如浙江余姚县沈氏宗谱规定:“子孙日后甘为下流娼优、隶卒并管家……概不准入祠。”[5]法律虽然未规定书吏属于贱役阶层,但有清一代,胥吏一体,官员除了对书吏抱以鄙夷的

---

〔1〕(清)昆冈等纂:《钦定大清会典事例》卷七〇二,文海出版社1991年版,第15页。

〔2〕(清)吴坤修等编撰:《大清律例根原·壹》卷二五《户律户役》,上海辞书出版社2012年版,第397页。

〔3〕张晋藩:《中国政法大学中国法律史研究所·中华法史丛谈》,中国政法大学出版社1988年版,第263页。

〔4〕已上族谱之规定均参见郑秦:《清代司法审判制度研究》,湖南教育出版社1988年版,第137页。

〔5〕(清)田文镜、李卫等奉敕编:《钦颁州县事宜》,载席裕福、沈师徐辑:《皇朝政典类纂》,文海出版社1974年版,第5051页。

态度之外，他们认为这些识文断字的书吏比胥役的危害可能更大，对待他们连同胥役处处加以提防，如田文镜曾告诫州县官说："传集仵作，刑书，单骑简从，亲往相验，切勿差催搭棚等项，亦不可任仵作、刑书远离左右。"

三、清代胥吏制度本身存在的缺陷

官员们对胥吏任用的利弊、社会地位的认识是矛盾的，一方面胥吏在政务执行、社会运转中作用巨大，另一方面胥吏阶层又屡为不法之事，危害社会，扰乱民间，同时胥役阶层又身属"贱役"，官员及士人齿于与胥吏为伍，并对其加以鄙视。但我们对官绅眼中胥吏的这些矛盾现象稍加分析，就会发现其中的一些端倪。胥吏之所以社会地位低下及危害社会，扰乱民间，很大程度上是由当时制度建构的缺陷或是法律规定的不合理的原因所导致的。如胥役社会地位低下，本身就是法律的差别对待，及相伴产生的社会对胥吏阶层的鄙夷、敌视。而就胥吏不法行径而言，也是有其原因的，清代胥吏制度存在有不合理之处：

第一，胥吏没有基本的物质生活保障、工作职业保障及相应的晋升机会等。一方面，薪俸少的几乎无以为生，有时还遭无理的取消；另一方面，书吏只许任职5年，役满无论好坏一律回籍，以免久恋衙门"熟于作弊"，将继续工作的权利无条件剥夺。虽然书吏役满有所谓考职的"进身之路"，但最多只不过有五成至七成的人参加吏部候选而可望授予八品以下的职衔。况且，授职之口漫长无期，"有候至二三十年不得一缺者。及至得缺……其人大半老迈聋钟"。[1] 因此这样的出身之路，几乎说不上有什么实际意义可言。

第二，政府对书吏没有实行基本的培训教育管理。让老书吏个

---

〔1〕《云南布政使陈宏谋请定书吏工食及役满验看办法奏折录副》，载张我德、杨若荷、裴燕生编著：《清代文书》，中国人民大学出版社1996年版，第106页。

人带徒传授"吏道",使书吏职位逐渐世袭罔替,形成祖孙父子兄弟亲友师徒盘根错节的封建书吏行帮。这种行帮封闭垄断,与贪婪狡诈紧密相连,极易滋生弊端,造成大的社会危害。

第三,胥吏投充制度的不足。清代虽然对投充胥吏人员的办事能力、人品、年龄、身份等方面作了严格的规定,但曾一度实行捐纳制,即只要投充人缴纳一定数量的银两。即可充吏。在捐纳制下,胥吏未经严格的淘汰和选择,既不重德行,亦不问才否,一概以钱财取人,其结果,"奸猾者为之,无赖者为之,犯罪之人为之,缙绅豪强之仆为之"。[1] 多为皇皇求利之徒,德不足以廉身,才不足以成事。致使贪风大长,行政效率十分低下。胥吏投充时,要"令承充之人报明实在籍贯,取具同乡书吏保结"。贴写由书吏雇觅,"该书吏要与所雇贴写连环具保,方准列名卯簿"。如贴写犯法,书吏将与贴写"一并重惩"。此外,地方稽查书吏、书吏役满考职也实行书吏连保。书吏连名互保,增强了书吏之间的联系,客观上促进了书吏在共同利害关系上的朋党勾结。

第四,对胥吏额数的规定不合理。清代全国人口出现了迅速增长的趋势,乾隆中期突破2亿,乾隆晚期突破3亿,嘉庆中期达到35,000千万,道光初突破4亿。[2] 如此众多的民众需要管理,然而清代的额设胥吏却非常少,缪全吉据《清会典》统计,胥吏额数总计:经制京吏1247(攒典31人);外吏23,743人(攒典5268人)。其中,总督衙门平均有37.63人,巡抚平均24.56人,州平均10.75人,县平均11.29人。按照国家机器的需要,行政机构中除了正佐官员外,还应有不同级别、不同层次的事务人员,而清代规定只有一个层次

[1] (明)侯方域:《额吏胥》,载(清)邵之棠辑:《皇朝经世文统编》,文海出版社1980年版,第1448页。

[2] 周祚绍:《清代前期人口问题研究论略》,载《山东大学学报》(哲学社会科学版)1996年第4期。

(书吏或典吏)的两三个人来负责一个部门,这显然无法使国家机器运转起来,正如田文镜在他的《覆陈书役不必定额疏》中所说:“若以一正一副计算,每班不过二十人,以百余人办理不及之事,而欲责成于一二十人,其可得乎?由此而推,则各衙门书吏以一正一副留用,乃万万不能之事。”[1]由此可见,清代对胥吏额数的规定已经不能适应社会的需要,而大量非经制吏的存在则是必要的,有不少是经制吏不得已雇觅的帮手,这也是一种自我调节机制在起作用。

第五,5年著役期的规定。胥吏所需要的律例知识及各式公文写作必赖于较长时间的学习和训练方能获得,然而他们的役期只有3~5年,时间较短,在公家、在个人均为甚大的浪费。然而按照清代法律的设定,“地位巩固、生活无忧”只是可望而不可即的梦想,让他们安分守法也是很难实现的,这就使胥吏阶层在有限的任职期间去冒险获得巨大利益。

第六,从对胥吏的监督机制看,主要包括官员自上而下的监督、胥吏之间的平级监督以及幕友对胥吏的外部监督。由于官员、胥吏、幕友往往结成利益共同体通同作弊,很难实现有效的监督和制约。

就这些制度性的缺陷及其与胥吏阶层不断为害社会、扰乱民间之间的关系,清代的一些有见识的官员和士人对此已经有了一定的认识,并且有的官员已经意识到最令人不能容忍的胥吏之害的根源在于制度的缺陷,并提出了在当时看来不失为行之有效的措施。这些建议和措施有些在提出这些建议的官员的任职期间和任职地区内付诸实行过,有的也只是停留在建议的层面。有些官员也试图为将这些措施上升到国家的层面而努力过,但未能获得认可和在整个国家范围的执行,这一现象或其原因值得我们去思考。

---

〔1〕 缪全吉:《明代胥吏》附录《清代胥吏研究计划》,中国人事行政月刊社1969年版,第253~293页。

四、清代知识分子及官员群体对胥吏问题的治理对策及当下醒思

中国自古吏治就有“治官先治吏”的说法。历代官员甚至最高统治者本人都能意识到,在基层的统治中执法人员与国家的安定最为密切相关。

(一)清代知识分子及官员群体对胥吏问题的治理对策

清代的一些知识分子及官员亦对胥吏制度的缺陷有一定认识,并提出了一些解决措施。

其一,如黄宗羲提出了任用士人为吏的思想。“欲除簿书期会吏胥之害,则用士人。”[1]具体做法是“六部院寺之吏,请以进士之观政者为之,次及任子,次及国学之应仕者;满调则出官州县,或历部院属官,不能者落职。郡县之吏,各设六曹,请以弟子员之当禀食者充之;满调则升之国学,或即补六部院寺之吏,不能者终身不听出仕。郡之经历、照磨、知事,县之丞、簿、典史,悉行汰去。行省之法,一如郡县”。[2] 这样做,首先,可以清源,士人知书达义,自非皇皇求利之徒可比;其次,使儒吏合为一途,打破官与吏之流品界限,吏有荣进之望;最后,可以提高官员素质,科举制造成官员办理具体行政事务能力的欠缺问题,最重要的是,可以打破胥吏世袭、封建之弊。

其二,以陈宏谋为代表的官员提出了一套较为系统的教化措施。如他在乾隆八年(1742年)编成《在官法戒录》一书,用以劝诫胥吏。《在官法戒录》分为4卷,第1卷为《总论》,主要是指出历代和当代胥吏的作恶行径,以及对他们恶行的训诫。第2、3卷为法录上下卷,列举历代忠义、为善之有名胥吏事迹进行介绍,劝诫胥吏守法进取,终有升迁之日。第4卷为戒录,选择历代酷吏、恶吏之事迹,以他们的悲惨结局来警戒胥吏。《在官法戒录》在对胥吏进行教化时,流露

---

〔1〕(清)黄宗羲:《明夷待访录·胥吏》,中华书局1981年版,第41页。

〔2〕(清)黄宗羲:《明夷待访录·胥吏》,中华书局1981年版,第42页。

出一种因果报应、善有善报、恶有恶报的思想。“惟望得此书者，偶寓于目，有动于心，常念祸福无门，感应可信。……奉公守法，可以保身家。其恶者，则一念之非，身后，无术能逃。悔之已晚。”其实，这相当于今天的德化教育。

其三，一些幕友不断告诫，并且官员自身也认识到：为官要持己以正，勤理政事。官员自身勤理政事，一方面可以减少官员对胥吏的依赖程度，同时也可以加强对胥吏的有效监督。“何谓正？不在声色之威厉，而在公私之防闲。其或乘间以私情干请，切勿允许，即应以公私大义削切晓之，稗知惧而又知感；又或伺吾所好而投之，函应拒绝，彼犹不俊，当置之闲散之地，稗计无所施而自止，此持己以正之法也。”〔1〕汪辉祖在《学治臆说》中说“官须自做”，“事无巨细，权操在手，则人为我用。若胸无成见，听人主张，将用亲而亲官，用友而友官，用长随吏役而长随吏役无一非官，人人有权即人人做官，势必尾大不掉，官如傀儡。稍加约束，人转难堪，甚有挟其短长者矣。……故曰官须自做，此诚笃论”。〔2〕

其四，提高胥吏的经济政治待遇。

概而言之，清代胥吏的政治升迁之路狭窄，经济待遇低下。很多官员已经意识到了这个问题，纷纷上疏要求改善胥吏的经济待遇。陈宏谋在乾隆二年（1737 年）的《为书吏工食及考职事奏折》中提出了改革的建议。他说“未有无所藉资而能集事者也，亦未有无所鼓励而能得人者也”，疏请“按照地方繁简逐一清查，除原有公费及有详定应得规例可供纸张、饭食毋庸议外，其余或别有应得例规而明革暗留，均须一一查明，详定数目，不许阳奉阴违；如并无例规可留，

〔1〕（清）觉罗乌尔通阿：《居官日省录》卷一《待胥吏》，载张原君、陶毅主编：《清代四大官司箴书辑要》，学习出版社 1999 年版，第 241 页。

〔2〕（清）汪辉祖：《学治臆说·用吏役》，载《官箴书集成》（第 7 册），黄山书社 1997 年版，第 91 页。

即于办公项下酌给若干,各照事务繁简,予以办公应得之需;此外再有分毫索取,即以作弊按例倍处”。[1] 云南总督庆复、甘肃巡抚黄廷桂、湖南巡抚晏斯盛、陕西布政使慧中等都曾奏请支给胥吏纸笔饭食费。[2] 但乾隆皇帝或以“头绪太繁,恐行之徒滋烦扰”为借口不予采纳;或认为书役之弊不能尽革,“纵动用公项予之,不过多费此一项耳”,不予批准。陈宏谋还主张解决好胥吏的政治出路问题。针对吏途阻塞的情况,他建议对不同水平之人采取不同的措施,“照拣选知县改教之例,将役满考选吏员及未满而已经捐职候选者,每于年底详加考验,择其年力壮盛、人品端正者造册送部,挨班选用;其年力就衰或人品不堪者另册报部,准给原品体致。果有才能杰出、历试有效者,保举一二人出具考语,送部引见,恭候皇上简用,则所选杂职均皆得人,于吏治不无裨益”。[3]

(二)有关清代胥吏问题的当下醒思

结合上文的分析可知,清朝上至封疆大吏、下至服务于政府之幕僚或是选择不出仕的知识分子都对胥吏问题有一定的认识,并对解决胥吏问题提出了一些建议或解决措施,但这些建议或是措施均未能得到较好的实施,或根本就未能得到实施。如上面所提到的提高胥吏经济待遇的措施,就不失为一条较为有益的建议,可是却被乾隆皇帝以“不过多费此一项”加以否决。可能他认为这项支出花费较大或是花费在别的地方更为合适。疲怠的状态不仅仅只出现在人的身上,有时一个制度体制上也会有此状态和表现。这与政治学上的帕金森定律有相似之处,但不尽相同。人有时明明知道自己身

---

〔1〕《云南布政使陈宏谋为书吏工食及考职事奏折录副》,载张我德、杨若荷、裴燕生编著:《清代文书》,中国人民大学出版社1996年版,第107页。

〔2〕 中国第一历史档案馆:《乾隆年间整饬书吏史料(下)》,载《历史档案》2000年第3期。

〔3〕《云南布政使陈宏谋为书吏工食及考职事奏折录副》,载张我德、杨若荷、裴燕生编著:《清代文书》,中国人民大学出版社1996年版,第108页。

上有些需要改掉的不良习惯或陋习但却会因处于这种疲怠状态,而不去改变,一拖再拖甚至在最后因这些陋习拖垮了自己。同样,在政治体制上,或许人人都能看到弊端的存在,可是却因种种考虑或是规则制定者本身的懈怠,最后让这些制度的弊端随着时间不断放大,成为制度上的一颗疣瘤,甚至成为拖垮制度、拖垮国家的顽疾。

解决问题的措施不难提出,但是措施提出之后,能不能得到执行及政策制定的高层有没有决心、愿不愿下大功夫,甚至是抱有"壮士扼腕"的准备去执行,才是问题能否解决的关键。

结　语

清朝的胥吏问题,一直伴随清朝存在的始终。胥吏制度设计不合理的原因可以说是胥吏问题存在的关键。从官员对胥吏既用又防,以及对胥吏制度加以完善处着眼,联系清朝有关胥吏的法律规定、制度设计,能够让我们窥见一些胥吏问题的形态。笔者认为,历史的一大功用在于"察以往之得失,有补于今日社会之发展",清代胥吏的问题在现在看来虽已时过境迁,但其所展现出来的政治制度、社会观念、社会与国家层面中存在的一些弊病及官员阶层所提出的措施仍然值得我们去思考、借鉴。

张晋藩著《中国古代民事诉讼制度》读后

贾秋宇*

【摘要】 煌煌数千年历史的积淀,成就的是中华文明的源远流长。自古以来,博大精深的中华法系傲然屹立于世界法系之林。研究中国法制文明,不可避免的就要论及中国古代的"刑""民"之分,究其原因,无外乎因为中国早期法的起源与"刑"有着密不可分的关系。本文试从张晋藩先生的《中国古代民事诉讼制度》一书入手,以中西方学术史中关于"刑""民"观点的总结回顾、张晋藩先生关于中国古代民事法律制度的研究这两大部分为主线,研究中华法系的体例与体系的构建及其区别,通过对中华法系的再梳理与再认识,为新时期实现国家治理体系和治理能力的现代化提供史鉴价值。

【关键词】 中华法系　中国古代　民事诉讼制度

中国作为四大文明古国之一,从农耕文明时起,其法制的历史也延续了四千多年,源远流长的法制文明,不仅仅是中华民族法制智慧的结晶,更是一幅反映华夏悠悠历史的长卷,更不失为世界法制发展史上的一株奇葩。

论及中国法制文明历史的起源,有两种观点的影响较为深远,即

* 作者系中国政法大学法学院博士研究生。

“刑始于兵”[1]和“礼源于祭祀”之说。早自上古时期,便有“国之大事,在祀与戎”[2]之说,这句话证明了在奴隶制社会时期,宗庙祭祀和军队征伐的重要性位列国家之首位。也正由此抽象出了“礼”和“刑”作为了统治阶层治理国家的重要手段,即所谓礼乐政刑综合为治的治国方略。诚然,“礼”的作用在于以柔克刚,以德化民,在为统治者树立起一个严明的等级制度的同时,也用一种强制性规范教化、感化人民。“出礼而入刑”,“刑”相较于“礼”更具有国家强制力,是维护等级制度和皇权国家统治的最后也是最坚硬的屏障,用刑罚的方式惩罚人民,调整社会关系,从而维护国家机器的正常运作,与“礼”构成了治国理政之二柄,正可谓“德以柔中国,刑以威四夷”。[3] “礼”与“刑”共同构成了中国古代社会调整不同阶级之间矛盾的法律规范。

所谓“刑始于兵”,表明中国早期的法律其实脱胎于军事征伐,古代帝王将相为了扩充领土的需要,必然依靠于军队。所谓“大刑用甲兵”,[4]说明其实中国最早的刑罚就是军事征伐,在这一过程之中产生的规制与制度,就形成了中国最早期的法律。因为只有良好的军规,才能满足统治者不断征伐的需求。秦国原是七国之中不起眼的小国,正是由于商鞅的铁血军规,才为秦国造就了一支虎狼之师,所向披靡。

追溯中国法制文明的起源,我们不难发现,中国早期的法律似乎可以一字概之,即“刑”,那么是否可以这样理解,中国早期的法律就是“刑”,是代表着公权力的国家为了其统治的需要而制定的法律规范的总称?即便如此,我们不禁要问,以私权利为代表的个人的权

---

[1] 《辽史》卷六一《刑法志》。

[2] 《左传·成公十三年》。

[3] 《左传·僖公二十五年》。

[4] 《国语·鲁语上》。

利又当如何保障呢？中国古代社会中生活的人民就毫无私权利可言吗？探究历史的本源，必然应追根溯源，法律作为思想意识发展的产物，是上层建筑汇集出来的思想精华，那么既然研究法律的发展变化，必然应与其同时代的经济基础作一参照，从而论证是否只有“刑”而无“民”。

早在先秦时期，生产力水平较为低下，“刑政不用而治，甲兵不起而亡”，〔1〕“无制令而民从”，人们解决一切争端的依据靠的是部落或氏族的裁决，是一些在日常生活习惯中所形成的约定俗成的定理，那个时候的社会形态我们不能称为国家，只能是部落。随着生产力水平的提高，阶级出现分化，原有的所谓“大锅饭”式的生活模式已经不适应于社会的发展，私有制开始初现端倪，国家形态展露出来。随着生产力水平的持续提高，剩余产品开始出现，从产品到商品的过渡，始于人们之间的交换与商品的流通，而在这一过程之中，用来规制人们行为的法律，究竟应该属于什么样的法律？如若这些事情发生了矛盾与冲突，人们应该以何种途径加以解决？

笔者认为，要想对这些问题一探究竟，就有必要对相关内容借以梳理，而其中最不可忽视的当属张晋藩先生关于民事法律方面的一些研究性成果，基于对张晋藩先生《中国古代民事诉讼制度》一书的浅读，囿于自身的学识有限，无法更加深入的领略其书中之精髓，只得把自己读后的随想略抒一二，以供大家探讨。

一、学术史研究回顾

(一)近代学者关于中国传统法律体系的认识

随着西方法文化的输入，中国传统的法文化遭受着不断地质疑和冲击，以致以梅因为代表的西方学者曾一度认为中国古代没有民事方面的立法，只有刑事方面的立法，而中国学者也桎梏于这一固

〔1〕《商君书·画策》。

有思想的樊篱，在研究中国法制史的过程中，完全忽视其民事部分，甚至于在20世纪80年代初期出版的《中国司法制度史》中完全将中国古代的民事诉讼制度略去而不述，不可谓不令人心惊。但是，尘封的历史需要慧眼的识别，早在清末，以沈家本、梁启超为代表的学者便悉心撷取西方法律思想的硕果，较早开始了对于中国法制文明的思考。现将其二人关于中国传统法律体系在民、刑方面表现的理论观点略述一二。

在主持清末修律的过程之中，沈家本认为："东西各国法制虽殊，然于人民私权秩序维护至周，既有民律以立其基，更有民事诉讼律以达其用。是以专断之弊绝，而明允之效彰。中国民、刑不分，由来已久。刑事诉讼虽无专书，然其规程，尚互见于刑律。独至民事诉讼，因无整齐划一之规，易为百病丛生之府。若不速定专律，曲防事制，政平讼理未必可期，司法前途不可阻碍。"〔1〕故而中国"往昔律书体裁虽专属刑事，而军事、民事、商事以及诉讼等项错综期间"。〔2〕沈家本认为，不可否认，中国古代法律体系中不单单有刑法，还有军事法、民法、商法等，只是混合在了刑法之中，没有单独对其如西方部门法一般进行编纂。

梁启超对西方近代对于部门法的分类理论加以总结，进而得出：大体上的法律应分为公、私法两大类别。所谓的公法，规定的内容应为国家组织法、国家与公民等之间关系的法律，而所谓私法，则是规定平等主体之间相互之关系的法律。例如，宪法、行政法、刑法等为公法，而民法、商法等为私法。通过上述分析，梁启超认为，中国古代法律制度延续三千多年，如果说没有关于商法的规定，大概不足为奇，因为我国素来是重农抑商、贱商的，而数千年文明的社会，

〔1〕《民事诉讼律·奏折》，修订法律馆印刷。

〔2〕（清）沈家本：《进程刑律分则草案折》，载《光绪新法令》（第20册），商务印书馆1909年版。

之所以可以恃以相安,所赖为不成文的习惯或散见于户律户典。

综合以上两位近代学者的论述观点,我们不难发现,其二人虽未将中国古代法律中有民法这一论断予以肯定,但都可散见于其言辞之中。那么我们不禁应思考这样一个问题,正如沈家本所言:“诸律中以刑事诉讼律尤为切要。西人有言曰:刑律不善不足以害良民,刑事诉讼律不备,即良民亦罹其害。盖刑律为体,而诉讼为用,二者相为维系,固不容偏废也。”[1]沈家本关于体、用的观点为刑法和刑事诉讼法的关系作以精准概括,那么民法与民事诉讼法呢?中国古代是否有民法,更甚之有民事诉讼法呢?张晋藩先生予以了肯定的回答。

(二)张晋藩先生关于中国传统法律体系的再认识

基于对近代学者研究成果的归纳与总结,张晋藩先生抛开既有思想的桎梏,对中国传统的法典体例和法律体系进行不断深化,他在1980年发表的《中华法系特点探源》一文中认为:“中国封建时代颁行的法典,基本上都是刑法典,但它包含了有关民法、诉讼法以及行政法等各个方面的法律内容,形成了民刑不分,诸法合体的结构。……在西方古代的法典如罗马《十二铜表法》中,也包括民、刑、诉讼等法,但民法所占比重较大,以后更加发展。相反,在中国的封建法典中,有关田土、钱债、户籍、婚姻等规定,所占的比重较小,条文也较为简单。这是因为调整民事法律关系的,不仅有国家颁布的法律,还有国家认可的长期流行的习惯。”[2]张晋藩先生在1983年中国法律史学年会上提出:“诸法合体,民刑不分是中国古代法典的体例,就法律体系而言,是诸法并存,民刑有分的。”[3]至此,张晋藩

〔1〕《大清刑事诉讼律草案·奏疏》。

〔2〕张晋藩:《中华法系特点探源》,载《法学研究》1980年第4期。

〔3〕顾元:《中国古代的法律体系与法典体例——张晋藩教授“诸法并存,民刑有分”理论述评》,载《政法论坛》2001年第3期。

先生首次将法律体系与体例问题进行详细划分，对长期存在于学界之中的关于中国古代是否有民法的问题作了正面且理性的回答。但是，张晋藩先生并没有满足于此，而是根据此问题继续不断深入下去，挖掘民事法律之后的司法制度运行问题。战国李悝的《法经》中的《网》和《捕》二篇可认为是刑事诉讼法，而中国古代既有民法，那么民事诉讼法的存在也应是必然的。1996 年张晋藩先生发表了《中国古代民事诉讼制度通论》，1999 年在《清代民法综论》一书中专列一章，论述清代民事诉讼制度的状况与特点，同年还出版了其与两位博士生合写的《中国民事诉讼制度史》。

二、详论张晋藩先生的研究

（一）《中国古代民事诉讼制度》的主要内容

张晋藩先生的《中国古代民事诉讼制度》（以下简称《制度》）一书，共分为 8 章，综述了始自先秦，发展于唐宋元，升华于明清直至晚清时期的中国古代民事诉讼制度的流变。在全书导言部分，张晋藩先生对于中国古代民事诉讼制度进行了高度概括，共总结了五个特点，分别是："第一，民事诉讼与刑事诉讼，分中有合，合中有分；第二，民事纠纷被视为'细故'；第三，伦常礼俗是解决民事争端的重要手段；第四，调解结案体现了民事诉讼的特殊性；第五，贯穿等级特权原则。"[1]这五个特点，从民与刑关系、民事纠纷特点与特殊性等方面深入剖析了民事纠纷的特点及其社会土壤从而决定了民事诉讼的表现形式。

《制度》一书以历史发展的脉络为主线，揭开了古代民事诉讼制度的层层面纱。

第 1 章，先秦的民事诉讼制度。夏商周作为先秦时期三个主要

〔1〕 张晋藩：《中国古代民事诉讼制度》，中国法制出版社 2018 年版，导言，第 9～11 页。

的王朝，国家形态初现，但并不完全，随着生产力水平的提高，私有制开始出现，财产关系逐渐摆脱单一而走向复杂化，也使民事诉讼制度开始萌芽。夏商周三朝，由于受神权思想影响颇为深厚，既感于天威，又希望借助天力完成统治的需要，所谓“天命玄鸟，降而生商”，〔1〕故而强调以德化民。但是即便如此，先秦时期仍然出现了司法官吏，有史可考的如司寇一职，贯穿于整个周朝，并发挥着举足轻重的作用。在《周礼》中记载大司寇：“掌建邦之三典，以佐王刑邦国，诘四方。”〔2〕随着土地私有制逐渐被国家承认，土地也逐渐进入到流通领域，生产力水平较之以往有所提高，“生产关系的变化与相应的社会关系的变动，交换与让渡的不断发生，都要求法律的调整与保护”。〔3〕故而在《周礼·秋官·司寇》所说：“凡民间财货者，令从国法行之，犯令者刑罚之。”另据《周礼·秋官·大司寇》：“以两造禁民讼。”“以两剂禁民狱。”郑玄注：“讼，谓以财货相告者。”“狱，谓相告以罪名者。”又说：“争罪曰狱，争财曰讼。”〔4〕据此，张晋藩先生将先秦时期初现规模的民事诉讼制度作以简要论述。接着，先生又引入中国古代司法制度中最为闪耀的明珠之一，即“以五声听狱讼，求民情”，这是中国古代人民司法智慧的升华，相较于神判有了实质性的转变。最后，先生在该章最后一节归纳了先秦时期民事诉讼制度的三个基本特点：“一、命夫命妇不躬坐狱讼；二、民事诉讼开始重证据；三、民事诉讼中仍带有神权法的残余。”〔5〕

---

〔1〕（清）阮元校刻：《十三经注疏·毛诗正义》卷二三《商颂·玄鸟》，中华书局1980年版，第622页。

〔2〕（清）阮元校刻：《十三经注疏·周礼注疏》卷三四《秋官·大司寇》，中华书局1980年版，第870页。

〔3〕张晋藩：《中国古代民事诉讼制度》，中国法制出版社2018年版，第8页。

〔4〕（清）阮元校刻：《十三经注疏·周礼正义》卷三四《秋官·大司寇》，中华书局1980年版，第870页。

〔5〕张晋藩：《中国古代民事诉讼制度》，中国法制出版社2018年版，第20～21页。

张晋藩先生在对先秦民事诉讼制度的概括中，并不是就事论事，对内容进行简单梳理，而是由此及彼，通过对原有史料的再次梳理从而发现个中韵味，兼具史学和法学的双重视野。先秦历史遗物留给世人的并不多见，先生能够从支离破碎的残卷中发现夹杂于刑事法律中的民事法律的踪迹，其所下之功夫可谓少见，也足见其功力之深厚。

第2章，秦汉的民事诉讼制度。汉承秦制，秦二世而亡，汉朝在吸收借鉴秦灭亡经验的同时，对于秦时期的法律也做了几近照抄照搬的沿用。秦自商鞅变法以来，治国理政奉行法家思想，让后人很容易认为秦朝法律“莫不皆有法式”且“诸断于法”。但是在这里需要厘清的一个概念就是，所谓的以法家治国，只能说明其治国理政的理念与德相对，而不能说明其法等同于刑，故而也不能说明只有刑罚，那么商鞅变法之中对于井田制的改革，实现农民土地私有化后的民事方面的纠纷又将如何论处呢？故而，我们只能得出的结论是秦朝重刑罚，但不能得出秦朝没有民事法律的结论。然而，也正是秦的过犹不及，成也商鞅，败也商鞅，汉朝在继承秦朝法律制度的同时，主张“德主刑辅”，德法互补共治的理念虽起源于周公，但在汉朝加以深化。秦汉两朝在法律制度上一脉相承，而且随着汉朝在与民休养之后，经济发展到了一个崭新的阶段，也为其民事法律的发展提供了平台。汉代丞相萧何在做《九章律》的时候，在李悝《法经》的基础之上新增《户》《兴》《厩》三篇，证明了民事法律制度的发展，那么显而易见的是民事法律的运行依赖于民事诉讼法律制度的存在，故而，是否可以得出秦汉时期，尤其在汉朝也是存在民事诉讼法律制度的呢？

张晋藩先生通过层层论证，发现单就级别管辖而言，刑事案件与民事案件别无二致，均实行三级三审制度。先生在梳理历史资料时发现，秦汉时期的民事起诉状其实与现行的民事诉讼法律都有一脉相承之处，均要求原告首先列明自己的基本信息，诸如姓名、籍贯、身份与职业等,以求达到明确的原告这一要求。而且在审理过程之中,要求作为司法官的郡县主官和分管审判的官员亲自审问。在民事诉讼过程中,先生注意到所谓的“三环”,即“宽宥三次”。也就是说,在处理家庭纠纷之中,如若发生老人起诉儿女不孝的案件,须告三次,官府才能受理,其立法目的是考虑到诸如此类案件,被称为“家罪”,很有可能是一时的口舌之争或是供养不上,并不是子女主观上的刻意为之,若即告即授,有时非但不能化解矛盾,相反则有可能会激化家庭矛盾,造成子女与老人之间的隔阂,而其中亦蕴含着中国古代社会“调解息争”的价值取向。

第3章和第4章分述了唐朝和宋朝的民事诉讼制度。之所以将此二章内容合并而写,主要是考虑到《宋刑统》与《唐律疏议》有一脉相承之处,也有学者甚至认为宋朝的法律在继承唐朝的基础之上并无创新之处,但就其民事诉讼制度而言,笔者认为,由于商品经济的空前发展,宋朝甚至出现了以“交子”为代表的纸币的流通,所以其民事活动较之唐朝是相对发展的,那么宋朝的民事诉讼制度是否较完善于唐朝呢?笔者将二者合一比较,以便印证此猜想的合理性。

值得注意的是,正如张晋藩先生在书中所言,中国古代社会发展的过程之中,一直处于司法权与行政权不分的一种状态之中,郡县中的最高行政官员也必然是最高司法官员,而对于国家整体而言,最高统治者更是集司法权与行政权为一体的。这就必然导致了无论刑、民案件均由地方长官进行审理,在这一过程之中,审理的司法专业性就有待商榷了。在唐朝的民事诉讼制度中,单就级别管辖而言,第一级为县,也规定了不得越讼,否则治罪。唐朝的法律之所以为后世称之为“一准乎礼”,正是因为其是引礼入法、礼法结合的典范之作。那么体现在民事诉讼制度中,张晋藩先生研究发现,其对告诉人的身份有所限制,严禁子孙告发祖父母。《唐律·斗讼》规定:“诸告祖父母、父母者,绞。”疏议曰:“父为子天,有隐无犯。如有违失,理应谏诤,起敬起孝,无令陷罪,若忘情弃礼而故告者,绞。”而奴隶则“律比畜产”，作为民事诉讼的客体存在，不具备独立的人格。

及至宋朝，无论从经济还是思想层面，都较之唐朝有了很大的改观。经济层面，宋初采取“不立田制”“不抑兼并”的土地政策，加速了土地转移的速度，佃农也变成了国家编户，从而促进了佃农的劳动积极性，农业取得空前的发展，而农业的发展又带动了手工业和商业的发展，使宋朝一跃而成为当时世界上著名的贸易大国。思想层面，传统的重义轻利思想，由于受到商业发展的冲击，逐渐走向义利并重，这也成为影响宋朝民事诉讼制度较之以往有所不同的原因之所在。通过张晋藩先生的研究我们可以发现，宋朝的民事诉讼制度与今天的已经有相当程度的相似之处，以地域管辖为例，张晋藩先生认为：“民事诉讼一般由纠纷发生地官府审理”，〔1〕即“皆于事发之所推断”。〔2〕若原告与被告不在同一州、县，按照原告就被告原则，由被告户籍所在地的审判机关予以管辖。这条制度至今仍然存在于我们今天的民事诉讼制度之中。而在原告人的条件之中，宋朝也要求必须是本案有直接利害关系的人，即我们所说的“干己”，所谓：“事不干己者不受。”〔3〕相隔千年的法律，在今天看来依然具有其延续性和实用性，不可谓不令人惊叹！

而在义利并重思想的影响之下，宋代的寡妇再嫁以及义庄等较之前朝都有所改善，女性的法律地位有所提升，并且在“民事诉讼中允许卑幼对于尊长分产不公之类的行为上诉官府，对簿公堂。官府根据法律作出判断，这是唐朝所没有的”。〔4〕

从唐朝法律的“于礼以为出入”“出礼则入刑”到宋朝法律的义利并重，这是法律发展史上的一次进步，其受影响于当时经济水平

〔1〕 张晋藩：《中国古代民事诉讼制度》，中国法制出版社2018年版，第144页。

〔2〕 《庆元条法事类》卷七三《刑狱门三·决遣·断狱令》，第744页。

〔3〕 （宋）黄震撰：《黄氏日抄》卷七八《公移一·绍兴府·词讼约束》，第16页，乾隆三十二年刻本。

〔4〕 张晋藩：《中国古代民事诉讼制度》，中国法制出版社2018年版，第192页。

的提升,学术思想的改变,作用于民间社会生活,尤其是民事诉讼制度的变迁与改革,更成为照看唐宋时期社会变革的一面镜子。又由于唐宋两朝法律越发与现今的民事诉讼法律制度有其类似之处,所以张晋藩先生有意在研究过程之中,按照现今分类予以研究介绍,使学者一目了然,管窥一二。

第5章,元朝的民事诉讼制度。元朝是以蒙古贵族联合汉族地主阶级及其他少数民族上层分子所共同建立起来的封建王朝,其带有极强的军事征伐色彩和民族统治色彩,集中体现于民事法律制度之中。如元朝枢密院,作为其最高军事机关,不仅主管军机大事,还兼理狱讼。同时还参与有关军民、军政诉讼案件的“约会”。在管辖之中,专设特殊管辖,这是基于元朝政治历史特点而形成的专属管辖。按《元史·百官志》所载:“以上都、大都所属蒙古人并怯薛军站色目与汉人相犯者,归宗正府处断。其余路府州县汉人、蒙古、色目词讼,悉归有司刑部掌管。”由于元朝是以少数民族政权统治的国家,必然有其特殊性。元朝将各族人民强制分为四等,而南人(南方汉族和其他各族人)作为末等公民,最为低下。除民族以往,元朝按照身份职业的不同,又划分为不同的等级,这些等级制度的交错划分,也有意地将民事诉讼案件的管辖作以划分。主要分为了:回回人之间的民事诉讼;僧侣之间的民事诉讼;军民之间的婚姻、钱债民事诉讼、军户与民户之间的民事诉讼;蒙古人与民户之间的民事诉讼;等等。这些看似层次分明的诉讼管辖,其实质造成了元朝司法机构的重叠和司法案件的管辖难问题,多头都可以管就必然造成了多头都可以不管的局面,司法推诿屡见不鲜。也正因为诸如此类的举措均体现出元朝不同于以往朝代的鲜明特色。

综观元朝的民事诉讼制度,主要被张晋藩先生总结为:第一,元朝专列“诉讼”篇,意将实体法与程序法予以分开;第二,民事诉讼所占比重较大,“不仅有对唐宋旧律中相关内容的发展,如‘停务’是对《宋刑统》‘务限法’的继承与发展。有的是元朝的新改革,新创造,如‘代讼’范围之扩大与‘约会’制度的建立”。[1]

张晋藩先生在整理归纳元朝民事诉讼制度时,不单单是将元朝的史料加以总结,而是透过历史的尘封,渗透出对于那个时代所孕育出的法律的独到且精准的见解,不拘泥于就材料而说材料,而是将历史灵活地再现了出来。

第6章,明朝的民事诉讼制度。明朝作为中国古代封建社会后期最为著名的王朝,其经济的发展较之以往显著提高,资本主义经济开始萌芽,《大明律》也是继《唐律疏议》之后又一部重要的法律规范。但是明朝的民事诉讼制度较之以往律法,又有新的发展。如“亲亲相隐”最早出现于《论语》之中,所谓:“父为子隐,子为父隐,直在其中矣。”但是在明代法律之中,发展到“同居相隐”,明代放宽了对特定情形下的同居相隐的要求。例如,“凡子孙违犯祖父母、父母教令及奉养有缺者,杖一百。(原注:须祖父母、父母亲告,乃坐。)”[2]在这条法律之中,明代明显放宽了对于妇女权利的束缚,可以在“子孙不孝”的情况下充当原告,这是礼灵活地贯穿于法之中的体现。同理,若卑幼告尊长者,明代以“干名犯义”罪加重处罚,但若涉及民事权利侵害问题时,不受此侵害。由此观之,立法者的目光从维护封建家长制逐渐向个人权利的维护流转,这在以家族礼法为宗旨的国家政权体系中是不多见的。

张晋藩先生对明朝民事诉讼制度进行了两个基本特点的归纳,一是民事诉讼权利主体的相对扩大。综观整个明朝的民事诉讼权利主体,仅仅只有奴婢与贱民是民事诉讼权利的客体,而商人等阶层的地位得到了提升,成为商品流通领域的民事主体;田主与佃农

[1] 张晋藩:《中国古代民事诉讼制度》,中国法制出版社2018年版,第242~243页。

[2] 黄彰健编著:《明代律例汇编》卷二二《刑律五·诉讼》,“子孙违犯教令”条,“中央研究院”历史语言研究所1979年版,第882页。

之间的主仆关系得以取消，佃客取得了民事主体的资格。民事诉讼权利的主体不断扩大，一方面体现了立法的进步，不再受制于严苛的身份等级；另一方面则表现出了明朝在民事法律方面更为关注适用问题，而不单单是维护极少数人的既得利益问题。二是适用于民事诉讼的法律有所增多。张晋藩先生在这个特点中着重提出了明朝法律中关于典权、债、继承等方面的立法举措，这些立法举措均在原有基础之上有所增善，且其核心是维护私权益。

第7章、第8章都是对于清朝民事诉讼制度的一个梳理，但是张晋藩先生却专门将晚清的民事诉讼制度单列出来，其意在将清朝法律制度划分为两大阶段，用以区分出清朝法制的变迁。在第7章中，张晋藩先生认为，清朝作为中国古代的末代王朝，在经历了前面几千年法制文明的铺垫之后，其法律制度已到达了一个相当完备的阶段。尤其在清朝早期，康、雍、乾三朝盛世所带来的经济快速发展，商品流通加快，民事活动空前繁荣，所带来的是民事纠纷的增多，而民事纠纷的亟待解决就催化了民事法律制度的不断完善，《清史稿·刑法志》云："户、婚、田土及笞、杖轻罪，由州县完结，例称自理。"〔1〕

张晋藩先生对于清代的民事诉讼制度的特点总结为：第一，民事诉讼案的比例不断上升。这是先生在综合考量清代商品经济取得较大发展之后所得出的结论。第二，调解息讼优先于堂审判决。中国古代法制制度之中，通常将民事案件称为"细故"，故而能够通过调解免于诉讼的，尽量通过调解解决纠纷，避免司法诉累。第三，州县官具有相对自由的裁量权。正如第二特点所说，民事案件尽可能的是通过调解结案，那么完全按照刑事案件具律判决，往往适得其反，并且民事案件往往造成的侵害结果并不如刑事案件造成的侵害

〔1〕（清）赵尔巽等编纂：《清史稿·刑法志三》卷一四四，中华书局1977年版，第4207页。

结果严重,故而给予州县官相对的自由裁量权,不仅不是滥用司法的表现,有时恰恰能够起到平息矛盾的作用。第四,程序简便,一审终审。很多民事纠纷,并没有社会危害性,且权利义务关系较为明确具体,没必要反复审理,很多情况下就可以通过调解结案,州县一级行政长官,在面对民事诉讼案件时,很多时候充当的是父母官,承担更多的是教谕的义务而不是厘清责任的义务。第五,幕吏擅权,操纵司法。清代出现了幕友这一人物角色,幕友作为州县官审理案件的助手,用以协助州县官熟悉法律适用,但也正因为州县官有时往往不能尽知法条,而导致幕友擅权,危害司法,故而有:"殊不知一讼之兴,未见曲直,而吏有纸张之费,役有饭时之需,证佐之友必须酬劳,往往所费多于所争。且守候公门,费时失业……悔之晚矣。"[1]第六,建立民事诉讼检查制度。正因为清朝民事诉讼制度存在上述特点,故而加入检查制度是很有必要的。

在这一章中,张晋藩先生认为,随着封建社会逐渐走向末期,商品经济的发展,人民私权利意识的觉醒,即使囿于封建等级制度的层层壁垒,但仍会为了私权利的尽可能的实现而拼力一搏,这也是清朝民事诉讼制度取得发展的重要原因之一。

第7章,晚清的民事诉讼制度。张晋藩先生之所以将晚清单列出来,是因为其认为晚清的法律制度以经开始受到西方法文化的侵入,之前一以贯之而形成的法律体系受到了前所未有的冲击,司法权与行政权开始分立,以沈家本、伍廷芳等为首的清末修律大臣开始向西方学习法律制度,而尤以学日本为主要对象。在沈家本、伍廷芳等人的组织之下,清朝开始了类西方化的修律过程,起草完成了《刑事民事诉讼法草案》,仅从名称就可以看出与现行法律制度的名字有了较高的相似度。但是由于该草案的立法者过于急功近利,

---

〔1〕 (清)吴炽昌:《正续客窗闲话·续客窗闲话》卷三《陆清献公遗事》,石继昌校点,时代文艺出版社1987年版,第183~184页。

导致水土不服，其中大量的法律条文与中国实际并不相符，法律虽立却难以实施，被束之高阁。直至宣统元年十二月二十四日（1910年12月3日），《民事诉讼律草案》终告修竣。正如张晋藩先生所言："在清末司法改革中，《民事诉讼律草案》确立了晚清民事诉讼制度的基本内容，虽未实施，但是它标志着中国独立的民事诉讼立法的肇始，确立和展示了全新的民事诉讼制度的模式，体现了对于私权的保护。同时，《民事诉讼律草案》也为民国时期民事诉讼制度的建立奠定了基础。"〔1〕但是需要注意的是，《民事诉讼律草案》颁行之后，并没有真正施行，辛亥革命就打响了。而晚清的司法改革，其真正目的亦不是从根本上解决法律弊端，而是要尽快收回治外法权，与国际法律接轨，但由于先天不足，后天缺乏足够的养分支持，导致晚清修律更大程度上成为后期民国立法的一种借鉴，并没有起到清政府和爱国志士救亡图存的目的需求。但其标志着中国社会开始逐渐摆脱旧式司法观念，吸收西方法律文明中的精华，为民国时期民事诉讼法的修订，奠定了重要的基础。

张晋藩先生在总结晚清民事诉讼制度的同时，并没有忽视其存在的积极作用和消极影响，一体两面的分析问题，但又不局限于就法律而说法律，而是把立法活动放置于整个社会的大背景之中来看，从而反思晚清司法改革过程之中能够供给后世的立法经验与思考。

（二）《中国古代民事诉讼制度》的结构特点

第一，综观《制度》一书，以历史发展的顺序，翻开了中国古代几千年的辉煌画卷，其民事诉讼制度肇始于先秦，完备于晚清，在历史的变革中不断贴近于我们现代法律制度的内容，不可谓不令人惊叹。张晋藩先生在著《制度》一书中，采用了他一以贯之的按年代写作的方式方法，完整的再现出了中国古代的民事诉讼制度，为其梳

〔1〕 张晋藩：《中国古代民事诉讼制度》，中国法制出版社2018年版，第419页。

理中国自古以来就有民事诉讼制度提供证据支持。

第二,翻开张晋藩先生的每一部著作,其严密的逻辑性不仅体现在文字的组织编排上,还有文章撰写的体例方面。在《制度》一书中,仔细阅读其目录就会发现,几乎每一章都在其第一小节详述该朝代的司法机关(除第 8 章晚清的民事诉讼制度,有其特殊的立法背景,较之前朝有所不同)。以现代法学的观点来看,程序法的制定是一方面,但更重要的在于贯彻和执行。对于每一个朝代司法机关的详细关注,更能深层次把握诉讼程序运行的背后特点,从而便于理解该朝代对于民事诉讼的重视程度。如先秦时期的司寇,秦汉时期的廷尉,唐朝时期的刑部、御史台,宋朝时期的大理寺、刑部、户部、御史台等,元朝时期的大宗正府、刑部、御史台等,明清时期的刑部、大理寺、都察院组成的三法司等均是每个朝代的司法机关。但是也能看出,这些司法机关其实是司法权与行政权合一的。

第三,在《制度》一书中,每一章的最后一节都会将该朝代的民事诉讼制度的基本特点归纳总结,用分、总的方法,在前述几个小节中将重点问题予以剖析,历史资料予以梳理,最后提纲挈领归纳总结,使读者对该朝代的民事诉讼制度有一个总体的把握。张晋藩先生在总结中提出自己对于该朝代的一个总结性归纳,不仅是归纳出其特点,更重要的是分析出之所以这样归纳的原因,并用史料予以支撑。例如,在第 3 章唐朝的民事诉讼制度中,张先生归纳其有一个特点为:重视证据的证明作用。在这一点的论述中,其运用了唐朝乃至中国古代最具有代表性的《唐律疏议》中的规定,“三人以上,明证其事,始合定罪”,“诸年八十以上、十岁以下,及笃疾,皆不得令其为证”,“诸证不言情……致罪有出入者,证人减二等”。[1] 诸如此类,不胜枚举。张晋藩先生每得出一个结论,一定是依靠的充足的史料,而不是自圆其说。

---

〔1〕《唐律疏议》卷二五《诈伪》“证不言情及译人诈伪”条。

第四,在《制度》一书中,张晋藩先生有意识地将古代民事诉讼法律按照现行民事诉讼法律的条款内容予以归纳。例如,起诉、受理、管辖、移送、调解、判决与执行等。利用这些现代法律的概念,对古代法律问题进行说明,其意义性可见一斑。首先,在说明时并没有强拉硬拽,有牵强附会之嫌,而是通过一种参透史料的方式发现了历史与现实的共通性,从而予以总结的。这一点其实非常能够体现张晋藩先生研究中国法制史的初衷,即"学习中国法制史学,不单是增长知识,还要开阔视野,站在历史的高度观察现实和未来,充分发挥法制史学历史借鉴的价值,并应该感到中国法制史学这门科学的重要性和学习这门科学的必要性。"[1]其次,并没有为了用现代法的观点而忽视了古代法的本质特征,依然是站在将古代法律制度讲清楚的角度上予以分析归纳的。

(三)《中国古代民事诉讼制度》的现代意义

以古观今,是张晋藩先生经常说的一句话。中国法制史虽然研究的是过去,但立足的却是现在和未来。随着晚清司法改革之后,中国在法律制度层面一度全盘西化,对于传统法律文化一律视为封建遗留下来的糟粕而予以摒弃,究其本质,其实是缺乏文化自信的表现。新时期,习近平总书记强调的四个自信中,其中就有文化自信,而这种自信,不是盲目自大,而是在对中国传统文化理智分析之后的去其糟粕、取其精华的自信。在晚清引入西方法律制度之后,很大程度上并没有改变其清政府积贫积弱的现状,很多立法草案的也仅仅是一纸空文,并没有最后实践。其根本原因就在于并没有深入了解中国社会的客观实际,而仅仅是在思想层面认为西法好,就要用,这是一种极端不理智和不自信的想法。应该知道,远在唐朝之时,中国法律一度是在世界的领先地位的,而造成法制文明衰落

[1] 张晋藩:《中国法制史》(第5版),中国政法大学出版社2016年版,绪论,第5页。

的根本原因在于社会制度和经济基础，并不是原有法律制度丝毫没有可取之处。在中国法文化中，以张晋藩先生撰写的另一本书《中国法律的传统与近代转型》为例，其在书中对于中国传统的法文化总结了十五个特点，第一个就是“引礼入法，礼法结合”。这其实就是我们现今以德治国与依法治国的互相印证，以德化民，达到礼乐政刑综合为治，这是在深入总结古人的治国智慧之后的再应用与再思考。

考量中国古代是否具有程序法律制度，其意义可见一斑。张晋藩先生的学术思路是相互继承的，他首先提出的是中国古代是否有民事法律制度这一问题，这在20世纪80年代的中国法制史学界是令人侧目的。因为在传统的观点中认为，中国古代没有民法，只有刑法，从李悝著《法经》到云梦书简的出土，为我们呈现的均是以古代的刑法与刑罚为主。再综合分析之，中国古代封建王朝时期，以“公”治天下，维护封建君权、王权成为国家立法之根本，权利等差，私权利受到的保护少之又少，因此说中国古代没有民法似乎也有其一定的合理性。但是如果按此结论推及各朝立法，我们会发现，那诸如户婚制度、继承制度、典权、债权等以调整私权利为主的法律制度又当如何作解呢？故此，我们不应从西方学界关于法律的定义中，擅自武断地得出到底有无民法的结论，而应从中国本土法律制度的内容出发。我们发现，虽然这些调整民事法律关系的条文蕴含在刑事法律制度之中，但是并不能就此而忽视其存在的意义和价值。故此，张晋藩先生提出了影响当时法制史学界的一个重大观点，即在中国的法律体系中是诸法并存、民刑有分；在法律体例中是诸法合体，民刑不分。这就打破了中国古代只有刑法没有民法的僵局，也使民法在实体法层面得以确立下来。接下来的岁月中，先生并没有停止思考的脚步，因为思考已经成为他的一种习惯，他继续摸索，翻阅史料，既然有民法，那么与其配套施行的民事诉讼制度又是否应该存在呢？带着这样的疑问，先生著就了《制度》一书，脉络清晰地整理出了中国古代的民事诉讼制度,并写出了自己的总结,完善了中国古代立法中民事方面的缺憾,也使中国古代法律变得更为光彩夺目。

三、结语

张晋藩先生作为中国法制史学科的奠基人,其皇皇巨著令人肃然起敬,今年有幸进入张先生门下,实乃万分荣幸,也不胜惶恐。张晋藩先生的治学之严谨令人敬佩,也是我之后辈不断前行之动力源泉。

初读《制度》一书,讶异于中国古代民事诉讼制度竟与现今民事诉讼法律有如此多的共通之处,再读《制度》一书,感叹于先生在写作过程中的缜密思维,章与章之间联系密切,节与节之间条理清晰,在面对如此繁杂的历史史料的时候,先生并没有杂乱无章,不仅写出了其中的内在相沿,而且悟出了古今相通。

抚今追昔,透过中国古代民事诉讼制度的面纱,揭开新时期法治文化建设的篇章,增强民族自信心和认同感,提供历史借鉴,是为此书的最大意义之所在。

德主刑辅的辩证原理

张永祥*

【摘要】 德主刑辅是传统中国法的原则，在传统中国法之中，是以儒家的道德作为刑律的基础。而道是一个大体，是形而上的；德则是人类依据自然变化所演绎出来的原理；刑则是处罚违背道德规范的人之手段。所以传统中国法是一贯的，是道德与刑法结合在一起教育人民的，本文通过辩证过程，说明道德与刑律之间的原理。在以往学者对德主刑辅的研究多是注重在义理解释的部分，而本文的研究则着重在数理演绎的部分。这部分即是一个大体与多数的相与用，如何结合在一个有机的统一体中，一即是多，多即是一，所谓全体大用也。

【关键词】 德主刑辅　道　阴阳　太极　系辞传

德主刑辅已经是学界讨论多年的议题，我们可以从许多的文献里看到有关德主刑辅的文章，其内容都是环绕在道德义理与律法解释相关部分，如《春秋经》《书》《春秋繁露》《唐律疏议》《宋刑统》《大清律例》等。每位作者的文章写的都是广大精微，高深宏博，但是这类著作都是着重在道德法律间的考据跟义理这部分。然而在儒家的学派中除了义理外，还区分出象数之学。所谓的义理部分，也是儒家最重要的核心即是道德伦理的部分，在说明五伦、五常、四

* 作者系中国政法大学法学院博士研究生。

维、八德等人类本于自然秩序所订定出应有的规范，然后再依照伦常制定出刑罚，也就是指传统中国的律法。该律法是建构在儒家伦理之中的，是以儒家思想作为核心来制定所谓中国法律儒家化的方策。另一套儒家学派就是象数之学，是从周易八卦与《尚书·洪范》衍生出来的数理逻辑的部分。所谓的太极一而生二仪，二仪生出四象，四象生出八卦，然八又生六十四，六十四一直到无限多数，是万物生成的术数。这术数易学汉儒研究比较多，到了魏晋王弼解易则转向义理之学，所以象数派就乏人问津了。象数派是到了宋代才又复兴的，道士陈抟传授太极图、胡瑗解易学及《尚书·洪范·九畴》、邵康节作《皇极经世书》等，之后才又开始兴起象数派的研究。以上是儒家哲学的简单面貌，为什么谈及儒家哲学呢？因为传统中国法律儒家化，法律建构在儒家哲学之中，儒家哲学最终的皈依是什么？就是大中至正，也就是西方法律所追求的公平正义。大中至正是什么呢？就是不偏不倚的"德性"。所以传统中国法建构在公平之中。公平的具体现象就是"德性"，因此传统中国法是德主刑辅的模式，以道德为本体，以刑法为作用的法制模式，本文主旨就是展开德主刑辅的原理。

一、数理原理的展开

《周易·系辞传》之中的《太极》有两个世界观，[1]一个是道德义理的世界，另一个是象数推衍的世界。本文则重在象数推衍部分，进而说明德主刑辅的原理。在数学上，一接续生二，二再生三，三再生四，四再生五，可以一直至无限多数。所以二是由一所生出，三是由二所生，四是由三所生出，五是由四所生，由此推算无限的多

---

〔1〕 周文王根据伏羲氏八卦变化而作卦辞，周公作爻辞，所以称为周易。周者，文王当时之国号；易者，自然变动原理。系辞者，孔子对周易的解释。所以称《周易·系辞传》，可知，易经著述于四代圣人之手。

数皆是由一所生出。故一生出多数,多数是由一生出;无限的多与一皆是相同的本体,所以一即是多,多也是一。假设一与其他的(不是一)范畴不是相同的,比如一与不是一不是在同一长短范畴里;一也不是与不是一譬如二,不是在多少范畴里;一也不是与不是一譬如三,不是在同异范畴里;则一与二与三也不会是相同的连续在一起。因为长短范畴不是绝对独立于个体事物[1]存在的,也就是说长与短还是在一个具体现象上比较出来的。譬如在个体事物中,一与二相比较,二虽然比一长,但是要比三还短,则二这个个体事物包含长跟短两种象。同理,三的个体事物,比二长比四短,亦包含长跟短,以此推至于多,则万象皆同样包含长跟短。若一不包含长跟短的范畴,则一隔绝于其他不是一(二或三)的个体事物,一不是二,也不是三,也不是多。只要一包含二,则一就是包含多,所以一就是多,多也是一。以此长短范畴推论其他范畴,譬如多少范畴、方圆范畴、大小范畴、同异范畴、动静范畴、正反范畴等无限范畴,只要在相同关系中,多数的范畴皆是与一同体。这里的一,在《周易·系辞传》是太极,《尚书·洪范》就是皇极。这两本儒家最重要典籍,《周易》与《尚书》,其核心就是极。而太与皇意义相同,皆是大、广、圆,极是至高之屋脊。太极与皇极在哲学意义上即是宇宙最高点,在道家称为道或无。所以极、道、一,殊名而同义,皆是宇宙万象最高统一体,万象皆始于一,故一是一切,一切也是一。

因此孔子对宇宙有两种认知,第一道德的世界,第二数理的世界。所谓数理世界,如前面所述,万象皆从一而生,一的数字由极而出现,一出现则万象同时出现,一与万象皆同体,皆分有太极本质。由于万象皆分有太极,所以一是一切,一切也是一。故《系辞传》云:“易有太极是生二仪,二仪生四象,四象生八卦。”这句是说明一生出万象,万象皆从一生,也在说明一与二与三与多之间的变化。即一

---

〔1〕 客体本身自称为个体事物,反之主体对客体的认识称现象。

生二,二生四,四生八的衍生方式。在各个数之中,各个数又分为二,又分出阴与阳,故太极一分出阴与阳二,生一与二。二这个数又各自分有一与二,即二的一一,二的一二;二的二一,二的二二,即一与二之中又分有一二(阴与阳),故生出四。四又如前面二,分出一与二(阴与阳),故一二三四皆分出二(阴与阳),故生八,于是八卦形成出现。因此一与二,二与四,四与八,各自加上一与二(阴与阳)。所以一与二之间,一是一,二是二;二与四之间,二是一,四是二;四与八之间,四是一,八是二。由此推论,八生十六,十六生三十二,三十二生六十四,六十四生一百二十八,各自互为一与二,乃至于千、万、亿无穷无尽之数,皆是一乘二规律而生出来,朱子所谓加一倍之法则是也,所以万象莫不由一所生出。此处之万象,包含万物与性情,如山水、日月、鸟兽、草木、风雨、高低、长短、方圆、快慢、过去、现在、未来、类似与不类似、静止与变动、感觉与知识、喜怒哀乐爱恶欲等人类能认识或感觉的事物。

道家则更进一步认为,太极的一又是从"无"变现出来,无是虚空的,万物皆是假象,无是透过有才转化为人类知识所能及的符号,这个"有"乃太极,所以宋儒周敦颐说,无极而太极也。极者,理也,形而上,乃大道之所源出。一者,数也,形而下,乃数理的基数。故太极与一两者之间,乃道德之理与数理之数的相互结合,互不相杂,也互不分离。太极不需要依存于一,其太极的理性自存于宇宙之间;一也不依太极而衍变,其变化自存于自然之中。故太极为道理之源,一为万物之祖,二者之间不夹杂,亦不分离,互为经纬表里,可以结合而运用。

二、二元对立的统一

《尚书·大禹谟》:"人心惟危,道心惟微,惟精惟一,允执其中。"所谓的"人心",即是客观面的世界,是动态的,是存在于人的感情之中,是"气""情""欲""动""出""应",是一种实际接触能感知的事物，一种内心发展出现的“喜”“怒”“哀”“乐”“爱”“恶”“欲”等情态。情态漂浮不定，所以称为“惟危”。七情既然发出，则坐立都不安稳，就是经文所谓“人心惟危”。“道心”即是思想层面的，是内心深层意识的，是静态的，超出了人类感情之上的理想层面，就是“理”“性”“静”“入”“定”，一种不动的状态。这是相对于“人心”的对立面，是“喜”“怒”“哀”“乐”“爱”“恶”“欲”未发出的状态，一般人类感知不到的，属于精神意识层面的，所以称“惟微”，也就是指道心难以感知见到的。换言之，“人心惟危”与“道心惟微”是一种对立的状态，一个理性的“道心”与一个无限多的“人心”对立。先在这里肯定“道心”是静，“人心”是动，为什么呢？“道心”是从深层精神意识所体悟出的理性，所谓“精神层面体悟”，所有具有理性的人所体悟出来的结果都是相同的状况，这体悟出的精神层面称“道心”。所以“道心”在儒家哲学上，与“理”“极”“有”“天命”“本性”都是共同之相，共同分有道心而连接在一起。历代的大儒终极推论出的道心大致相同，都是一个相同“大相”，也就是“喜”“怒”“哀”“乐”未发出的“静态”。而“人心”是客观面的，属于实际事物，是七情已发出的“动态”，每个人都具有不同的“心”，每个“心”又具有无穷尽的心情，所以客观的人心是无限的多，是无穷尽的扩张，所以是“动态”。“静态”跟“动态”是两种相互对立的性质，在《尚书》里禹王用“人心”与“道心”作出两个对立的比较。然后以执中与唯一统摄起来。

假如“具体的有”[1]是“多”数的，而具体的有，既是有限的，又是无限的。换言之，也是一，也是多；又是相同，又是不相同。那这样的逻辑不是很矛盾吗？一个“具体的有”，包含了两个互相对立的性质，既是一，也是多。既然性质是对立的，那绝对不可能结合。换言之，不相同的就是不相同，相同的是相同的，具体的有肯定是单一，又是多数的，这样是对立矛盾。在“矛盾律”下，不相同的类似相

[1] 指存有事物，包含物质、精神，人类所能感觉到的物件。

同的,相同的类似不相同的是不可能实现,既然是这样,那万有现象也不可能同一。所以"道心"是静,"人心"是动,静跟动是互相对立分离的,也不可能结合成为一。所以本文重心,在辩证一个相互对立的事物是分离,还是结合。

如果我们认为有一个肉眼跟心理能感知的"相",暂定为"见相"[1]。如果有一个相同的见相,跟另一个相同见相相反的不相同见相,一个是相同见相,另一个是不相同见相,而这两个能够在同一个"具体的有"共同同时出现吗?换言之,"具体的有"共同同时出现两个不同性质的"见相",一个是相同见相,另一个是不相同见相。两个相互对立的见相,是否能同时存在一个"具体的有"之中。如同"道心"与"人心",一个静,一个动,静与动的两个相反性质,如何结合在一个具体事物中同时存在?或是只能有一个性质存在"具体的有"之中?

由上引题,两个相互对立的"见相",如"静"跟"动",是不能互相结合的。因为"见相"是对立的性质,如果结合了就不符合"矛盾律"原则。但是两个对立的"见相"如果是在一个"具体事物"中就有可能打破"矛盾律"结合在一起。例如,一跟多,我一个人在一个群体内只是"一",如果我自已细看身体,则手、脚、头、身体等部位则是"多"。"一"跟"多"在特定关系中就能结合在一起。所以在多个具体事物中,每个事物之间是不同的,不相同具体事物之间发生不同关系,不同关系发生不同性质,也有可能发生相互对立的性质,这样子才有可能使这一个"具体的有"能结合两个相互对立的"见相"。如同上面例子,他跟身体各个部位之间的关系,他是手、脚、头、身体等部位的总和,所以他是"多"。他跟其他的人在一起,他只是一个单位,所以他是"一"。这样子"一"跟"多"两个相反的"见相"就能在特定的关系中结合在一起。因此"阴"与"阳"两个相互对立的性

[1] 相是一种概念,抽象的印象,如一栋高楼,我们感知到高,高是一种相。

质,也是能透过“道”的关系结合在一起。

现在要辨明“道”跟“阴、阳”(静、动)之间是什么关系,为何“道”能调节“阴”与“阳”对立状态。

第一,“道”与“阴、阳”是两种不同类型的,“道”是体,“阴、阳”是用。

第二,“阴”与“阳”必须分离出抽象的见相,舍去具体的有,这样“阴”与“阳”不存在具体的事物之中,仅存“见相”。

第三,“道体”是充遍宇宙空间,“阴”与“阳”是在“道”体之中,所以“阴、阳”都同时分有“道体”的性质,透过分有“道体”性质的关系,进行了两个见相的结合。

如此“道体”是一个大一的存在,所以“道”是一,“阴”与“阳”是多,“道体”是一个大体而不可分割开,是单一的,又是完整的,笼罩了全部“具体的有”。

为什么说“道体”是一个单一的,不分割的大一体?如果说“道体”充遍在宇宙中是切割成每一个小部分再掺入到“具体的有”之中,那这大的“道体”就会成为小的“道体”。小的道体是切成一个小部分再跟“阴”与“阳”结合,然后“阴”与“阳”再分有“道”的性质,才能使两个相互对立的性质结合一起。这种将大的“道体”切割成每一个小的“道体”然后掺入到“阴”与“阳”,使“阴”与“阳”共同出于“道”的模式,会有一个错误的点。在未分割前大的“道体”,与分割后小的“道体”两者比较之中,小的“道体”切割后才掺入“阴”与“阳”里面,使“道体”变小,成了小道体,则区别出大道体与小道体。这样子“阴”与“阳”原本是包括在大道体中,因为共同分有道体的关系,切割成小道体而掺入到“阴”与“阳”之中,使每个小“道体”同样也是大“道体”;反之大“道体”也是小“道体”,这样切割分有后,“阴”与“阳”既是包含在大道体中,又分有小道体,这样的结论不是很矛盾吗?

在儒家哲学中,“道”是绝对的一,极高而不可逾越,所以《尚书·

洪范》用“皇极”符号来表示“道”。由于“道”的笼罩,使一切“具体的有”都变成了具有与“道”相同的性质。所以有道的“德”,有道的“仁”,有道的“义”,甚至有道的“木”,有道的“水”,万事万物皆因为分有“道”的性质而相等。依照这样论证,万事万物皆具有“道”,隐约看来有一个共同的相,就是分有道的“相”。这分有道的“相”与“具体的有”在现实世界是重叠的,因为每一个“有”都含有“道”的性质,所以“具体的有”跟“道体”是掺合的,两个是上、下叠合的。换言之,如若看到一个“具体的有”必然看到他背后有共同的“道相”。由于万事万物是无尽的,因此“道体”本身也是无穷的大。

前面说“具体的有”是人类感觉能知能够认识的事物,所以这事物,必须是具体的存在,是存有的。而在具体事物之上是抽象的认识,如“阴”与“阳”或“静”与“动”,对于这种抽象的认识是什么性质?是存有的认识,还是虚无的认识?“阴”与“阳”不是具体的事物,只存在于想象力里,如“静”与“动”,一个人稳坐着不动,我们说他静止,然后起来时,我说他行动,静止与行动都是存在于想象中而用文字形容出来,而且每个人对于静与动这样行为都必然是这样想的。在这情况中,坐与行走是“具体的有”。抽象上认识是“静”与“动”两个对立“见相”性质,这见相包含在人行动之中。“静”是一个“思想见相”,与人坐在椅子上的行为,是一种重迭的性质,也就是说每个人都能静态地坐着,而静只是一种抽象的形容。所以“静”是无限量的,可以跟无限量人的坐着重叠结合,这是抽象与具体对立结合,也是见相在具体存有中无限量延伸。

在这里我们了解到,抽象的“见相”是“具体的有”的原型。譬如以书为例,书是一个抽象名称的“见相”,与实际的书本是两种完全不同的界限,书是原型的概念,书本是实体的事物,好比前面所说的“静”与人坐着不动。所以“静”与“书”为原型概念,以“具体的有”为事物。所以在自然界之上必定有书或静的原型概念,然后有与之对立的具体存在的有,也就是说,原型在自然界中塑造出与之对立的具体事物,而且是无限制的塑造,比如实体的书本是不可数出的多数。所以原型与对象是两个重迭又对立的状态,是通过相互分有"道体"的性质而结合一起,因此"原型(抽象的想象)"与"对象(具体的事物)"两者是对立统一。所以说"见相"是原型的是无限多的,可以面向"具体的有"也是无限的多,两个对立的界限透过"道体"打破对立界限而相互结合。

再来说明书与书本跟静与人静止不动的四角关系,书与静两者间是水平类似的关系,两个都是原型概念,所以是相同类似范畴;书本与人静止不动也是水平类似关系,都是具体的有。而书跟静的概念与书本跟人静止不动两个之间是不同范畴,一个是形而上(概念)另一个是形而下(具体),隔着一条界线是垂直结合关系。在水平类似关系与垂直结合关系之间,不可能交叉认识,如书的概念与人静止不动的关系。唯一能够把类似概念与不类似事物相互间产生关系的,就是透过"道体"来连接。

因为"具体事物"是本着上一层的"阴"与"阳"而产生出来的,"具体事物"是分有"阴"与"阳"有相同的性质。在这三个关系的成分中,每一个相与事的成分,都蕴含了另外两个相与事的成分在其中。在具体事物中,如"静"与"动"的见相跟人类的行动的关系分析,"静"是"不动",所以静的反面是动,人类能静止所以是"静",不静止则是"动"。"动"也是"不静"所以动反面包含静,人类也能运动所以是"动",不动则是"静"。因此人类的行动,能静能动,所以人包含静与动。人、静、动,三者的关系都是相互含摄包括的,就是互相分有的关系。

在这三个不同的范畴中,"阴"、"阳"、"具体事物",区分了不同的"见相"与不同的"有",三者之间都是相互对立。既然相互对立,那为什么又是相互结合?因为这三个不同范畴,他们在外观上不相同,"阴"是阴的相,"阳"是阳的相,"具体的有"是实际的事物。所以"阴"相对于"阳","阴"相对于"具体的有";"阳"也相对于"阴",

也相对于“具体的有”；“具体的有”也相对于“阴”，也相对于“阳”。但是在这三个不同范畴的相之中，都有一个共同相通的桥梁，搭起了相互间不同的范畴，也就是说，每一个不同的相之间的都有一个相同的关系，这个关系就是构成万物的本质之“道”。所以在我们所认知的事物里，一切的现象都是会变动的，唯有“道体”是不变动的。在“道体”之下就是德性，也是本文中所谓的道德主体，简称为德主。而展现出来的刑罚是变动的事物，辅助道德教育的作用，简称刑辅。以上是德主刑辅原理简说。

三、德体刑用的运用

三代的圣王制定刑罚的用意，不是为了杀戮人民，而教育人民之用。所以舜王命令皋陶说：“明刑以弼教。”接着又说：“刑期于无刑。”其宗旨在于刑罚就是辅助道德教育之用。又孔子说：“古之听狱者，求所以生之，斯则刑之所以为用也。”此所谓用刑罚方法达到减少杀伤人民的作用。可知，在上古中国的政治指导，刑罚是为了辅助道德教育，以严刑防止杀伤，达到理想的政治。但是自秦代以后的中国政治，刑罚渐渐不是为了教育，而多是逞帝王的威武，杀戮是为了帝王的威严，以杀戮来达到政治目的，而不是求百姓之生存。所以德主刑辅是儒家的理想政治模型，以道德政治指导刑罚，求其生存而不忍心杀伤，作为教育百姓的经世方策。下面举一案例，以道德伦常指导刑罚原则，用数理原理简要的分析德主刑辅。

汉景帝时，廷尉上囚，防季。继母陈，杀防季父，防季因杀陈，依律，以杀母大逆论。帝疑之，武帝时，季十二，为太子在帝侧，遂问之，对曰：“夫继母如母，明不及母，缘父之故，比之于母。”今继母无状，手杀其父，下手之日，母恩绝矣。宜与杀人同,不宜以大逆论。[1]

如果主体与客体共同分有“道体”而连接,那防季是继母陈的儿子,依律,防季就是谋大逆罪。

这里有两个部分是重点,一个是“防季”,另一个是“是”。防季是这案例的主体,“是”是连接主体跟事件的桥梁。本案例防季透过“是”与继母陈连接成母子关系,才构成谋大逆的罪,也就是说,“是”是桥梁可以连接无限多的范畴。例如,防季是防某儿子,也可以说是防季是王某丈夫等,“是”可以让防季与无限的对象产生结合。本案的“是”是与继母陈的客体连接,因为连接了继母陈这一客体,才产生特定身份,才有杀继母陈的谋大逆罪。所以主体防季不是隔绝的存在,是连接了与继母陈的范畴才产生类似伦常关系,又因为杀尊亲属,而连接到谋大逆罪。换言之,主体防季透过“是”与客体继母陈结合,也就是说,“是”可以当桥梁连接一切范畴,例如与谋大逆结合、与特定身份结合等。反之,如果防季不是继母陈的儿子,就不会连接到谋大逆罪以及其他关系。在此防季是单独的一,透过“是”与相对的多结合在一起。

前面的论述是数理的推演,即“甲是乙,则甲是丙”。套用在案例上“防季是继母陈儿子,则防季是谋大逆罪”。这样推论是纯数理的,而且传统中国刑律中,刑律不能仅是纯数理化的推演,还必须根据道德规律来制定,为什么要以道德规律来推论?例如,假设的命题,命题一,甲尽心的教育学生;命题二,乙专门的坑蒙拐骗。推论一,甲是个好人;推论二,乙是个坏人,这是符合常情的正确推论。但是另一种的推论,推论一,甲是坏人,推论二,乙是好人,则会被认为是违背常情的错误推论,因为推论的内容不合道德伦常,所以数

---

〔1〕(明)张景撰:《疑狱集》,四库全书册七二九,上海古籍出版社 1987 年版,第 822 页。

理推论还是要遵循实际道德内容来论断。

在这里我们可以看到,道是本体,德是人伦的原始模型,刑罚则是具体的作用,道体、德相、刑用,三者构成了中国特有道德政治有机结合的整体。道体是宇宙万物的本质,分有在全体的事物中,也因此连接全体事物,形成了有机的统一体。德相则是道体之中显现出来的范畴现象,在中国道德则是以伦常、正直、刚、柔、仁、义、礼、智、信、爱、谦、让等为德相范畴,而这案件中以人伦有无为论罪依据。刑用则是指刑法的处罚要根据道德伦常,刑罚是为了辅助道德之作用。所以这案件以具不具有与继母的类母子身份关系,作为谋大逆罪或是普通杀人罪来选择刑法的适用。

因此依照前节所说,中国人的宇宙观,一事一物无处皆不是本于道体,如此德性本于道体,刑罚亦本于道体,在传统中国道德政治中,不论唐律、宋刑统、大明律、清律等,凡是涉及伦常、亲属关系、君臣关系等处,无不是一准于道德伦常关系。其他律令格式,也是本于道体而源自于自然秩序原理。所以本案例,防季、防季父、继母陈、谋大逆罪、父子伦常与母子伦常、杀人行为或是普通杀人罪等,无一处不是透过“道体”来相互连接,结合在同一个事件范畴里。然后再进一步分析形而上的德相原型,因具有母子关系所产生的谋大逆罪,或是不具母子关系而生的普通杀人罪,都是属于一种范畴;与具体事件中,杀人行为、防季、防季父、继母陈等,包摄在范畴里的事件。德相与事件两者之间不相妨碍,而是互相融合,互相含摄,互相重叠的,因为各自的本质都分有“道体”,所以能结合。因此道体是一,相与事是多。相与事之间的关系,相是原型,事是作用。应用在传统中国律法中,相是德性,事是刑律,刑律是辅助德性的,尚书所谓“明刑以弼教”,法史则是“德主刑辅”也。

四、结论

德主刑辅是一个在法律史界中讨论数十载的议题,无数的前辈已经著述了许多广大精深的研究,每每读之都觉得理论高深宏博,只要是学习法律史的学子皆有目共睹。但是内容都是着重在道德义理上,而关于德主刑辅数理原理的研究则寥寥无几。所以笔者不揣庸愚,再次以德体刑用作研究,以数理原理作研究内容,再次说明之。内容不必与前辈著作相互引用批评,因为本来就是不同的方向。所谓侧看成峰,横看是岭,是峰或是岭,全在入手角度不同。所以本文认为,道体,是万物内涵最根本的本体,寂静不动,触动不静,不隐不显,真实充遍全宇宙;德相,本于道体而依照思维区分各类范畴,又儒家本于自然阴阳之变化而生万象,所以有仁义,有伦常,有德性,有政治等,无限的多皆从道体区分出现;刑用,以各种刑律规定,作为治理之用。三者构成中国法律的有机结合整体。然后本文又提出一个具体的古代司法案例来作分析,说明德主刑辅的辩证原理如何运用在实际案件中。

日本中世家族法律地位的变迁
——从中国传统家族制度的继受到武家家内组织的产生

杨怡悦*

【摘要】 随着平安时代律令制的衰微，日本由继受中国法开始向法律的本土化转变。原日本律令之中效法唐律令制定的大量维护血缘家族制度的条文在中世公家法和武家法发展的过程中逐步被削减，而另一种社会组织却取代了血缘家族在法律上的地位，即由主从关系联结起来的领主及其从者所构成的家内组织。这种从血缘关系到主从关系的改变深刻影响了日本后世的政权组织形式。通过对这一问题的分析，亦能够进一步了解中华法系向周边国家扩张及其后续发展的历史规律。

【关键词】 律令制　公家法　武家法　血缘家族　主从关系

日本历史上从镰仓幕府建立到战国时代结束的这一时期通常被称为中世，它是武家政权开始主导历史舞台的重要时期，在此期间日本无论是政治制度还是社会生活都发生了巨大变革。而在法律层面，日本中世法上承奈良时代继受中国的律令法，下启独具日本特色的德川幕府法，也是日本法律史上一个非常关键的过渡转型期。在中世法律的更迭过程中，最为引人注目也极具代表性的一个

* 作者系西北大学法学院副教授，法学博士。

现象就是家族在法律中地位的改变，本文就将以此为切入点一窥日本中世法律与政治变迁的全貌。

一、中世前律令制的衰微与社会状况的变化

对日本中世家族法律变迁的研究，不应局限于考察相关法律本身，首先要将其置于一个更为广阔的法律制度整体变革的背景之下进行分析。

中世之前的奈良时代晚期，日本的官方法仍然是继受于唐律令的日本律令制度，但社会中已经产生了很多与律令政治相违的现象，天皇及其官僚机构对此深感担忧，于是便尝试修改和增补律令，使其能够在社会上顺利实施。为此采用的依然是借鉴了唐王朝的做法，即颁布了大量修改律令的诏敕即“格”，以及律令实施的细则“式”。然而随着格式内容的增加，法律由于冗繁而变得更加不利于适用。为此官方还对这两种法律形式进行了编纂，所谓“三大格式”的《弘仁格式》《贞观格式》《延喜格式》就是编纂活动的著名法律成果。这一时期，律令制度在形式上虽然得到了极大程度的完善，而实质上却并无进展，与日益发展的社会现状逐渐背离。〔1〕

---

〔1〕 关于日本格式的渊源、演变等问题，日本学界早年有论著如泷川政次郎：『律令格式の研究』(『法制史论丛』1)、角川书店、1967；稍近的有川尻秋生：「平安时代における格の特质」、『史学雑志』、1994，以及川尻秋生：「格式法」、尾形勇[ほか]编：『歴史学事典』第9卷「法と秩序」、弘文堂、2002.2，坂上康俊：『律令国家の転換と「日本」』讲谈社、2001.3，等等。其中，川尻秋生、坂上康俊的研究之中皆谈到了日本格式在平安时代的政治与社会的变革之中所发挥的作用以及造成的影响。此外，国内学者对于日本格式的蓝本问题多有讨论，分析较为全面的有吴海航：《唐代格式东传日本嬗变考》，载《法学研究》2007年第5期。文中列举了大量证据指出，日本“三代格”与日本式在形式、功能与内容方面受到了唐代格、式的直接影响；另外张中秋《中日法律文化交流比较研究：以唐与清末中日文化的输出与输入为视点》一书也认为律、令、格、式作为统一的唐代法律体系先后被移入日本，书中还列举了根据江户时期水户藩主德川光圀主持编纂的《大日本史・刑法志》一书的记载，其对于“格”与“式”的理解与唐律相一致，由此也能看出日本格式与唐格式之间的继承关系。

在政治方面,一些律令官制以外的重要实质性官职逐渐出现:首先,由于清河天皇与阳城天皇皆是9岁即位,无法料理政务。借此机会,天皇外祖父藤原良房设置并担任了掌握国家实权的"摄政"一职,这显然与权力集于天皇一身的律令制精神相违背。此后即使天皇成年,也仍然要受到与"摄政"类似的"关白"一职的制约。"关白"名义上辅佐天皇,实际却掌握着不亚于摄政的权力。其次,从嵯峨天皇时代起,开始大量设置拥有实权的令外官,其中包括为天皇传达机密旨意的"藏人"以及掌握对律令制官员的弹劾、审判权的"检非违使"。这些令外官的设置也逐渐使得律令官制濒临瓦解。[1]在社会经济制度方面,从弘仁年间到延喜年间近100年,仅进行了四次班田活动。[2]关于这一情况,学界普遍认为这是由于律令制度已无实效所致,因为下层对于上层下达的律令形式的命令已经毫无反应。而作为律令的经济基础,班田活动的停滞反过来又加速了律令制度的崩溃。

如上所述,在平安时期,律令制体系随着天皇权力的式微以及土地制度的瓦解已经开始逐步被解构。在此之后虽然历经了约100年权力回归天皇的"院政"时期,然而"院政"从一开始就并未将保护律令体系作为其任务。相反,天皇为了与摄关相抗衡,放大了退位后的天皇即"上皇"的权力,上皇所控制的"院"成为主要政务处理机关,其颁布的"院宣"效力高于其他律令。可以说,"院政"实质上成为另一种形式的摄关政治。因此无论是摄关还是院政,客观上讲都严重瓦解了律令制。此后随着源氏征讨平氏获得成功,源赖朝就任征夷大将军一职并取得政治和军事上的威信,日本的国家政权和法

---

〔1〕 参见山本信吉:『摂関政治史论考』、吉川弘文馆、2003.6 第1部:摂政・関白と太政官运営(摂政・関白と左右大臣;平安中期の内覧について)以及第5部:摂関时代における令外官と蔵人日记。

〔2〕 关于弘仁年间到延喜年间的班田次数以及具体的班田时间,参见[日]坂本太郎:《日本史》,汪向荣、武寅、韩铁英译,中国社会科学出版社2008年版,第121页。

律制度开始分异,并朝着公、武二元政治的方向转化,在公家朝廷之外又产生了武家政权的执行机关——幕府。由于幕府最初设立的政治机关“侍所”和“政所”皆是由源氏的私人家政管理机构发展而来,因此整个幕府政权可以说就是建立在将军对“家人”(也就是世代效忠并永久追随将军的家臣)进行控制的基础之上的。因而在武家政权之中,对将军的“忠”也就成为武士阶层最宝贵的信条。[1]

从这一时期的法律来看,以天皇为中心的朝廷在其管辖范围内实施一种对律令制进行修改整合所形成的公家法,而武家社会却是依照当时社会实际情况重新设立法度,产生了另一套规则。将律令法与中世武家法对比之后,史学家坂本太郎认为:律令制从一开始就制定了完善的法典,试图以此去约束社会。武家社会却是按照自然生长的社会实际情况,来制定法律和树立制度的。因此,前者虽然形式完整却并无实效;后者虽然形式不完备却具有实效。[2]

二、日本中世法律的转变——从公家法到武家法

平安时代结束之后,日本在政治上进入了武家掌握实权的幕府时代。镰仓、室町幕府时期主要有三种法律形式并存:其中包括在天皇管辖范围内施行的公家法、幕府管辖范围内的武家法以及寺院势力范围内施行的寺社法。在此之中,公家法可以说是律令制度在天皇管辖范围内的小规模的延续,而占这一时期主导地位的武家法则被认为是日本固有法的复苏。在律令法到公家法再到武家法的这一发展过程中,最为令人瞩目的变化就是法律对于家族的规定,

〔1〕 镰仓初期武家政权的形成过程,参见三田武繁:『鎌仓幕府体制成立史の研究』、吉川弘文馆、2007;以及根岸茂夫:『近世武家社会の形成と构造』、吉川弘文馆、2000。关于幕府时期形成的主从之间的精神羁绊及其表现形式,参见和辻哲郎:『日本伦理思想史』(2)、岩波书店、2011。

〔2〕 [日]坂本太郎:《日本史》,汪向荣、武寅、韩铁英译,中国社会科学出版社2008年版,第180~181页。

不再像奈良时代那样执着于模仿中国构建起一整套家族制度,而是有了自己的创新。

(一)公家法——律令法的延伸与革新

根据上文所述,在平安时期,日本的政治和社会经济发生了巨大变革,而法律层面上的变化也已经悄然发生——在平安时代天皇统治下的公家社会和朝廷组织范围之内,逐渐在律令法的基础之上产生了一套独特的"公家法"。这一法律体系在中世镰仓时代以来的天皇以及朝廷的管辖范围之内仍然得以沿用。而公家法之中最著名的代表就是《法曹至要抄》与《裁判至要抄》。

从平安时代末期到镰仓时代初期,明法博士坂上明兼祖孙三代历经多年,编纂了著名法书《法曹至要抄》。该法书后来被公家社会裁判机构"记录所"作为诉讼实务中的审判规范,成为公家法的重要渊源。《法曹至要抄》在公家社会层面具有非常深远的影响力,资料表明甚至到了明治初年,其中某些规定仍然会被援用。[1]《法曹至要抄》并未继承律令制的体例,然而在开篇却保留了源于唐律"八议"的日本律中的"八虐",称为"八虐事",其中的大部分援引了《养老律》之中的内容。例如,其中的"不孝"规定"名例律注云、谓、告言诅詈祖父母、父母、夫祖父母父母及祖父母、父母在别籍异财、居父母丧身自嫁娶、若作乐、释服从吉、闻祖父母、父母丧、匿不举哀、诈称祖父母、父母死、奸父祖妾、物记云,奸妻亦同也、斗讼律云、告祖父母、父母者、绞……"[2]这与《养老律》及其蓝本唐律之间有着很明显的继承关系。因此《养老律》无疑是《法曹至要抄》的重要渊源,然而在编纂过程中坂上明兼根据自己对法律的理解进行了重新整合,已经有了较大改变。从体例上讲,《法曹至要抄》与《养老律》差

〔1〕 参见浅古弘[ほか]编:『日本法制史』、青林书院、2010、页81。

〔2〕 佐藤进一、百濑今朝雄、笠松宏至编:『公家法;公家家法;寺社法』(中世法制史料集,第6卷)、岩波书店、2005、页355~356。

异明显，其内容大体分为：罪科条62项、禁制条14项、买卖条8项、负债条1项、出举条6项、借物条3项、质物条4项、预物条1项、荒地条3项、杂事条17项、处分条17项、丧服条5项、杂穆条13项。[1]这些条目虽然大多数来自律令法，然而制定者却将其重新加以整理和分类，以适应社会的需要、便于当时的诉讼裁判。

除"八虐"以外，《法曹至要抄》中的很多条文也都源于律令法，以家族成员之间相互容隐的法律规定为例："自首事"条中就有"遣人代首、若于法得相隐者、为首、及相告言、各听如罪人身首法"，同条中又对此作出解释"同律云、同居若三等以上亲等、为相隐之亲"。[2]"众证罪"条则引用了养老律的原文"断狱律云、其于律得相容隐、即八十以上十岁以下、及笃疾、皆不得令其为证，违者减罪人罪三等"。[3]这些条文确定了家族之中如果有人犯罪，一些较近的亲属必须为其隐瞒，不得告发。从以上法律规定可以看出，《法曹至要抄》与律令法中的内容是有着较高相似度的。

镰仓初期承元元年，后鸟羽上皇颁布院宣，命明法博士坂上明基再次编纂法律书。该法书为敕撰法律书，以天皇权威为后盾，更具制度性支持，后被称为《裁判至要抄》。与《法曹至要抄》不同，《裁判至要抄》以民事法律规定为中心，内容大多为出举、继承、买卖、借贷、土地所有权等财产相关法，大量删除了《法曹至要抄》中出现频率较高的家族、服制等规定。《裁判至要抄》虽说在很大程度上参考了《法曹至要抄》的民事相关部分，但也存在与之解释不同之处。《裁判至要抄》的颁布与实施有力地配合了后鸟羽上皇强硬的院政，

---

〔1〕 佐藤进一、百瀬今朝雄、笠松宏至编：『公家法；公家家法；寺社法』（中世法制史料集，第6卷）、岩波书店、2005、页356。

〔2〕 佐藤进一、百瀬今朝雄、笠松宏至编：『公家法；公家家法；寺社法』（中世法制史料集，第6卷）、岩波书店、2005、页259。

〔3〕 佐藤进一、百瀬今朝雄、笠松宏至编：『公家法；公家家法；寺社法』（中世法制史料集，第6卷）、岩波书店、2005、页289。

在当时社会发挥了很大作用;除此以外,其对后世的公家法乃至武家法都产生了重大影响。因此《裁判至要抄》亦被认为是对公家法向武家法过渡产生影响的重要法律。[1]

《裁判至要抄》虽然整体来看条文并不多,但其中涵盖的内容十分丰富,且体现出了非常明显的创新意识。在仅余下的少量的家族内部秩序规定方面,以"祖父母父母让可用后状事"条为例,其规定"斗讼律云、子孙违犯教令、徒二年、又条云、告祖父母父母者、绞、说者云、死生亦同、案之、祖父母父母教命生死不变、然则数度虽改易、以最后状可受领、依无告言理诉之道也、凡子孙虽私蓄财、偏可任祖父母父母意也"。[2] 这一条虽然主要规定的是子孙违犯祖父母父母教令的处罚,包括祖父母父母死后教令是否有效,以及更改以何时为准的问题,但其中也涉及了告言祖父母父母。该条文将原律令法之中"告祖父母父母"条的规定与"子孙违犯教令"进行了类比,来说明祖父母父母死后教令是否仍需遵守的问题。这种做法可以认为是中世公家法在法律解释上的显著创新。

然而值得注意的是,在幕府势力完全压倒朝廷的镰仓和室町时代,公家法能够运用的范围非常狭小,仅仅是在天皇和朝廷管辖的领域内才可施行,无法触及将军以及庄园的势力范围,影响力相当有限。从13世纪开始,随着幕府势力的稳固,武家法也得到了不断发展,公家法则渐趋衰落。总体来说,在镰仓、室町幕府时期虽然有多种法律并存,但适用最为广泛的非武家法莫属。

(二)武家法——融入了公家法精神的武家社会规范

13世纪上半叶,镰仓幕府在北条泰时执政期间,为巩固幕府的

---

[1] 上杉和彦「裁判至要抄」、尾形勇[ほか]编:『法と秩序』、弘文堂、2002、页189。

[2] 佐藤进一、百濑今朝雄、笠松宏至编:『公家法;公家家法;寺社法』(中世法制史料集,第6卷)、岩波书店、2005、页371。

统治,开始推行一系列新的政治体制。贞永元年(1232 年),为了制定一套令审判更为公正的裁判准则,以及为承久之乱以来领地支配的混乱局面做一整理,幕府时期最著名的武家法典——《御成败式目》就此应运而生。该法典因为出台于贞永元年,因此又被称为《贞永式目》。[1]《御成败式目》共有 51 个条文,包括民事、刑事、诉讼等各个领域之规定。然而,在此法典实施之后,裁判机构很快发现这 51 条远远不能涵盖诉讼中出现的所有问题,于是,在这 51 条之后又逐渐增加了许多新的条文,与《御成败式目》正文有着相同的效力,被称为"御成败式目追加法"。《御成败式目》及其追加法在立法理念上将律令法中的思想与幕府时代的武家精神与习惯相融合,与律令法对唐律的全然继受有着显著的区别,在很大程度上体现了日本社会独有的法律思想。[2]

《御成败式目》首先从体例上来说与律令制完全不同,正文 51 条没有总则也并无章节之分,追加条目亦然。内容方面,由于此时日本的政治制度已经远远不同于律令时期自上而下的中央集权官制,因此,在法律上有关政治制度的规定与以往完全不同。而随着班田制的消亡,律令中的土地以及赋税制度也不再具备有效性。此外,律令法中的"八虐""六议"等原则性规定在《御成败式目》中不复存在,婚姻家族法方面也主要采用了武家的习惯,甚至可以说它是一部为武家社会制定的全新法典。然而事实并无绝对,在《御成败式目》之中仍然能够找到少量公家法甚至是律令法的蛛丝马迹。举例来看,《御成败式目》追加法之中的"敌对于祖父母并父母,致相论辈事"条规定"告言之罪不轻之处、近日间有此事、教令违犯之罪

---

〔1〕 浅古弘[ほか]编:『日本法制史』、青林书院、2010、页 108。

〔2〕 浅古弘[ほか]编:『日本法制史』、青林书院、2010、页 108。

科是重、自今以后、可令停止也、若犹及敌对者、慥任本条、可被处重科”。〔1〕其中“相论”指的就是相互诉讼、对簿公堂。该条大意为：“对祖父母父母提起诉讼的‘告言罪’处刑不轻，近来却时而有这种情况发生。‘违犯教令’罪的处罚甚重，从现在起，需停止告言行为，若无视本法令，仍与祖父母父母相敌对，将被处以重刑。”从内容上来看，这一规定同与律令法的“告言祖父母、父母”有一定关联，但是它与《裁判至要抄》“祖父母父母让可用后状事”条之间的承继关系却更为明显。与“祖父母父母让可用后状事”规定类似，该条也将“子孙违反教令”与“告言祖父母父母”相互联系，在同一条文中进行阐述。但在这一规定中，“子孙违犯教令”与“告祖父母父母”之间的联系较《裁判至要抄》规定更为紧密，从整个法条的意图来看，两者所保护的法益基本相同，或者说，“告祖父母父母”就是作为“违犯教令”的一种结果产生的。

中世武家法的主要渊源非《御成败式目》及其追加法莫属。从空间上来讲，在镰仓、室町幕府时期，比起公家法的有限管辖，全国大部处于武家法的控制之下。从时间上来讲，《御成败式目》沿用多年，不仅仅是镰仓幕府，其后的室町幕府以及江户时代初期，《御成败式目》及其追加法都被作为诉讼中裁判的依据。〔2〕历史学家坂本太郎曾经对于《御成败式目》给予整体评价：“作为法典，式目终究无法与律令相提并论……然而能够确定的是，这一法律的内容却是由源赖朝执政以来的惯例以及武家社会的道理为基础而生发出来的适应现实的法律，对于社会具有很大约束力。”〔3〕坂本太郎的观点在很长时间内代表了学界的通说，然而近些年来却被认为存在修正的

〔1〕 佐藤进一、池内义资编：『镰仓幕府法』（中世法制史料集，第1卷）、岩波书店、1978、页122。

〔2〕 浅古弘［ほか］编：『日本法制史』、青林书院、2010、页108。

〔3〕 ［日］坂本太郎：《日本史》，汪向荣、武寅、韩铁英译，中国社会科学出版社2008年版，第178页。

可能。东京大学的新田一郎教授对此就持不同看法,他认为《御成败式目》并不仅仅是一部记录武家习惯的法律,它的制定参酌了《法曹至要抄》等公家法的精神,并试图使之与武家社会相磨合。这部法典的产生,从某种程度上讲是为了向武士阶层通俗易懂地普及公家社会的规范秩序,因此它并不仅仅是一副武家社会的设计蓝图。[1]新田教授的观点,可以说是承认了《御成败式目》与公家法之间存在的继承关系。

综上所述,从日本古代的律令法,到中世朝廷的公家法,再到幕府的武家法,三者之间有一定程度上的继承关系。但是从法律试图保护的社会利益来看,源于武家社会习惯与精神的《御成败式目》,与律令制相比已经有了根本性的转变。

三、日本中世法律中家族地位的整体变迁趋势

(一)规定血缘家族制度法律的大幅度缩减

日本古代的律令法由于是从唐律令继受而来,其最大特点就在于非常重视对家族制度的保护。为了从形式上确立家父长的各种权威,并加深其惯习意义,各种关于家族内部秩序方面的规定在律令制当中占据了很大篇幅。然而当日本从以律令制为主要法源过渡到以武家法为主要法源的变革之中,这种关于家族内部秩序的规定几乎尽数被删除,正如坂本太郎所说:“与完整的律令制相比较而言,御成败式目只是一部内容仅限于民法、刑法、诉讼法的法典。”综观《御成败式目》及其追加式目,有关家族与亲子的规定除了前文所述的“敌对于祖父母并父母,致相论辈事”,就只剩下缘坐、审判回避以及财产继承相关的内容了。

《御成败式目》第10条规定,因为言语不和或者因游宴狂醉发

---

〔1〕 对于武家法的这种新的认识,参见水林彪、大津透、新田一郎、大藤修:『法社会史』、山川出版社、2001、页137。

生纠纷,将对方杀死或杀伤。犯罪人自身被判死刑、流刑、没收财产罪,然而如果他的父或子与本案并无关联,则不可处其罪。然而在子孙杀害父祖敌人的情况下,即使父祖不知情也要受到株连。〔1〕《御成败式目》第11条则规定:如果丈夫所犯为谋叛杀害、山贼海贼、夜讨、强盗等重罪,则妻女的领地将被没收,而若夫所犯的是言语不和、口角导致的杀害及伤害行为,则妻女可以保有其领地。〔2〕正如上面两条所显示,在制定《御成败式目》的镰仓初期,虽然有少量家人共同承担责任的规定,但缘坐罪的实施还是受到很大限制的。《御成败式目》追加条中的"评定时可退座分限事"规定了审判回避问题。在诉讼一方当事人与裁判官具有一定亲缘关系的时候,该裁判官必须从法庭"退座",即为了裁判的公正而回避该次审判。需要"退座"的亲属关系包括"祖父母、父母、子孙、养子孙、兄弟、姐妹、婿(包括姊妹、孙婿)、舅、相舅、伯叔父、甥侄、从父兄弟、小舅、夫、乌帽子子"。〔3〕有关家族方面的规定除了上述两个方面以外,绝大多数都是集中在财产继承事项,更具体来说,主要是所领如何分配方面的规定。譬如《御成败式目》第21条"妻妾得夫让被离别后领知彼所领否事"、第22条"父母所领分配时虽非义绝不让与成人子息事"、第24条"让得夫所领后家令改嫁事"等。此类有关家族继承涉及所领分配纠纷问题的规定,在《御成败式目》正文仅51条中,就占据了9条之多,在亲族相关的规定中更是占绝大多数。在上述条文之中,审判回避和财产继承法并不是某一地区或某一时代的特有规定,而缘坐法则并未涉及家族内部。因此在这一时期,日本继受

〔1〕 佐藤进一、池内义资编:『镰仓幕府法』(中世法制史料集,第1卷)、岩波书店、1978、页8。

〔2〕 佐藤进一、池内义资编:『镰仓幕府法』(中世法制史料集,第1卷)、岩波书店、1978、页8~9。

〔3〕 佐藤进一、池内义资编:『镰仓幕府法』(中世法制史料集,第1卷)、岩波书店、1978、页94。

于中国古代律令、真正涉及维护家族秩序的法律,也就所剩无几了。

日本从古代到中世的法律历经了从律令法到公家法再到武家法的转化,原本在律令法之中占据重要地位的如亲族之间的杀伤、奸非、容隐、服丧以及亲等的区分等维护家族内部秩序的法律规定在公家法中被大量合并、削减,而到了武家法之中则几乎尽数被删除,仅留下了与子孙违犯教令相关的少数条文。由此看来,幕府已经不再认为家族内部秩序值得立法保护,进一步讲,由血缘关系联结在一起的家族在整个社会政治架构之中已经不再能发挥原有的作用了。

(二)血缘家族关系的替代物——“家内”主从关系在法律中的产生

在日本中世,维护家族内部身份秩序的法律条文几乎全数被削减,而与此同时,法律却悄然开始保护一种与亲族血缘结构有着共通之处,在法律中甚至占有更重要地位的关系——主从关系。这种主从关系在中世乃至近世的社会中都发挥着极其重要的作用。

中世武家产生于平安时代大庄园中的名主阶层,该阶层就是以控制下属劳动力来经营一部分庄园土地著称,这为一种稳定的主从关系的产生创造了经济基础;同时,武家的继承方式为诸子皆有财产继承权、而一般来说仅长子具有军事统率权与处断权,由此产生了同族的本家与分家,它们形成的即是基于一定血缘的主从关系;此外,为寻求土地与庇护,一些实力稍逊的武士也会投身于更强有力的武士门下成为其“家人”,也就是从者。这样,全国各地就分别产生了一些由血缘和非血缘的主从关系连结在一起的武家家门。平安时代末期,在武士家族之中诞生了最具实力的源、平二族,此两者为争夺实权纷争不断,全国各地的武士也大多投于源氏或平氏门下成为源平二族的“家人”。[1] 在镰仓幕府掌握政权之后,无论是

---

[1] [日]坂本太郎:《日本史》,汪向荣、武寅、韩铁英译,中国社会科学出版社2008年版,第55~159页。

源氏还是之后的北条氏，其所依据的都是以效忠于镰仓幕府的武士阶层所建立起来的“御家人”体制，作为“御家人”的武士宣誓效忠于将军，而将军则将御家人当作自己家族的一员般给予信任，赐予战争中建立战功的御家人新的土地，同时确认和保护御家人原本拥有土地的所有权。〔1〕因此，以这种主家“恩给”、从者“奉公”的主从体制为支撑建立起来的武家政权，其信条中最为重要的就是主从关系中的“忠”。此外，这种主从之间的关系不仅体现在御家人对于将军的忠，还体现在作为御家人的在地领主与其从者之间的忠。

中世的这种主从关系，在武家法《御成败式目》之中就有明确体现，譬如《御成败式目》正文第14条“代官罪过悬主人否事”就规定了代官在犯有杀害等重罪时，其主人如果向幕府报告了这一情况，则主人不受处罚；若主人未向幕府汇报代官这一罪行，那么主人将被没收领地；代官若是横征年贡，或者破坏法律或先例的情况下，主人同样要受到惩罚。〔2〕这一条文揭示了在地领主与作为“代官”的从者之间的连带责任。又如《御成败式目》第19条“不论亲疏被眷养辈违背本主子孙事”则规定了郎从（从者）在本主生前若得到本主让与的领地，而在本主过世之后却与主人的子孙争夺财产、有敌对之意，那么该从者从已故主人手中取得的那部分所领将收归本主子孙所有。〔3〕该条进一步确定了从者对于主家之“忠”的必要性，从时间上来讲这种精神并不仅限于一人一代，一旦为郎从，就需要世世代代对本主的子孙报以忠心。此外，前文论及《御成败式目》中的“退座”问题时提到了如果裁判官是当事人的一些近亲属或者是“乌帽子亲”，该裁判官就需要回避此次审判。那么“乌帽子亲”指的什

〔1〕 牧英正、藤原明久编：『日本法制史』、青林书院、1993、页113。

〔2〕 佐藤进一、池内义资编：『镰仓幕府法』（中世法制史料集，第1卷）、岩波书店、1978、页10。

〔3〕 佐藤进一、池内义资编：『镰仓幕府法』（中世法制史料集，第1卷）、岩波书店、1978、页14。

么呢？简单来说，就是在武士阶层年轻男子成年的元服仪式上，需要有一位未必有血缘关系的人士为该男子戴上乌帽子，以示成年。该授予乌帽子者被称为“乌帽子亲”，元服男子则为“乌帽子子”。“乌帽子亲”往往是主家中的最高权威者，“乌帽子子”一般来说是年轻的从者。此两者在元服之时建立起相当于义父子的关系，“乌帽子子”将终生服从并忠于“乌帽子亲”，同时也将终身受到“乌帽子亲”的庇护。[1] 到了镰仓时代中期，“乌帽子”亲子关系已经成为一种较为常见的社会现象，而这一现象正是幕府统治者将“主从”关系拟制为“父子”，试图以“孝”的思想来加强“忠”这一观念的体现。

而到了近世的江户时代，主从关系的法律规定进一步增加，对于主的“忠”在法律中的地位甚至超越了对父的“孝”。德川幕府法《公事方御定书》之中就规定了对主人所做恶事的告发，司法机关不仅不予受理，还要对告言者处以磔刑。而且在这一条文中，对主人的容隐排在了对父母容隐的规定之前。又如在《公事方御定书》之中，最为严重的罪行就是主杀（杀害主人）与亲杀（杀害父母），这在当时被称为“逆罪”，然而在这两者之中，却仍有不同倚重，譬如主杀会被处以“2 日晒 1 日引廻鋸挽の上磔”（于日本桥示众场所示众两日，身携带血的竹锯在江户城中游街示众一日后将犯人绑于刑场柱子上用枪刺死）；而亲杀则被处以“引廻の上磔”（游街后将犯人绑于刑场柱上用枪刺死），较主杀更为轻，《公事方御定书》中这种对于“亲杀”的惩罚基本相当于“伤害主人”或“杀原主人”的处罚。同

[1] 关于“乌帽子”的最早的历史记载出现在《吾妻镜》之中。治承四年十二月，镰仓幕府首位将军源赖朝在御家人小山朝光的元服仪式上为其带上乌帽子，成为小山的乌帽子亲。而小山朝光之后即成为镰仓初期御家人之中的活跃武将，源氏将军最忠实的助手。从《御成败式目》“评定时可退座分限事”这一条文之中，除了血缘亲属以外还增加了“乌帽子亲”这一主体也可以看出，武家法已经开始引入拟制的亲子关系。在此感谢东京大学中世法制史学者新田一郎教授向作者具体讲解了“乌帽子亲”的相关概念。

理,伤害主人的刑罚也要重于伤害父母。[1]

(三)领主的家内自治权

通过了解主从关系可能会引起我们的进一步思考——既然领主家内的主从关系在法律上取代了血缘家族的亲子关系,这也就将问题再向前推进了一步:日本在进入幕府时代后,究竟是以何种与中国古代不同的方式,将“家”(主要由主从关系联结起来的家门)与“国”之间勾连起来?由于这一时期“家”与“国”之间具有联系的方式显然不可能再像律令时代那样将“国家治理秩序”类比于“家族内部秩序”,因此中世武家法对于领主及其家内的控制,也明显不同于中国古代法以及日本古代律令法对于血缘家族内部秩序的严格控制。这也就引申出中世武家政治结构的另一个重要特点:在地领主享有对其家内很大程度上的支配权,也可以称之为自治权,这一特点在法律中就有明确的体现。

在日本中世,幕府权力的基础由在地领主这种拥有土地与人力以及武装力量支持的地域支配者所拥有的支配权所构成。这些在地领主的土地大多是自家先祖开发得来,代代相传至本人手中,经过世代经营,以这些土地为基础也集结了一定属于自己的军事力量。同时,对于这块土地的管理权属于在地领主一族,这种家族构成不仅仅包含当今家庭中的夫妇与亲子关系,还包括了被称为“家子郎”的领主的旁系亲属以及从者。由此看来,在地领主的权力从一开始就具有很强的经济和军事上的自立性,不仅仅是对土地的支配,领主对于自己家门内部事务的支配也是具有排他性的。

而幕府的权力就是建立在这样许多御家人(在地领主)的支配权之上。有学说认为,中世的主从关系大概可以分为两种类型:一种是受到主人强力约束的被称为“家人型”的主从关系;另一种是主人立场较为自由的“家礼型”主从关系。一般来讲,御家人同其从者

---

〔1〕 浅古弘[ほか]编:『日本法制史』、青林书院、2010、页213。

之间的主从关系为“家人型”,而镰仓幕府将军与御家人之间为“家礼型”。[1] 由此看来,作为在地领主的御家人家门内部的支配关系异常紧密,甚至超过了将军对御家人的支配程度。在这种情况下,幕府的立法也明智地为在地领主保留了很大程度上的自治权,这在裁判管辖方面表现得尤为明显——幕府法对于御家人的家内部争议持不介入态度。《御成败式目》(镰追第265条)规定,御家人的家支配权之下的从者与主人发生争议而向幕府提起的诉讼即“主从对论”,幕府不予受理。[2]到了日本近世的江户时代,这种统治形态发展得更为完善,形成了以幕府统治为核心、地方领主有更大限度自治权的幕藩体制。从法律上看,江户时代地方上的各藩享有更为明确的立法权和司法权,一些实力较强的藩甚至根据自己的实际情况制定了独立的法典。[3]

正如水林彪在《封建制的重组与日本社会的确立》一书中所描述的:在幕府时期,整个社会的基础首先是“家”,其次由许多“家”的整合形成了如各“藩”这样的“中间集团”,这些中间集团又联合起来

---

〔1〕 关于“家人型”与“家礼型”主从关系的划分,参见牧英正、藤原明久编:『日本法制史』、青林书院、1993、页114。书中罗列了多位学者对于日本中世主从关系特点的不同见解,该书采纳了佐藤进一教授的这种划分方式,并对两种不同类型作出了进一步分析。

〔2〕 浅古弘[ほか]编:『日本法制史』、青林书院、2010、页111。

〔3〕 江户时代约有12个藩的藩法可以认为具备法典的形式,在此之中大多数仿效德川幕府法典公事方御定书颁布了法典(如福井藩、盛冈藩、龟山藩,以及松代藩),而另一些则抛开御定书,效法中国的明清律制定了法典(如和歌山藩、熊本藩、弘前藩、会津藩以及新发田藩)。从这一点也可看出幕藩体制下各藩独立的立法权和司法权。关于这一问题的具体内容,分析较为全面的有井上和夫:「日本近世藩法の成立」、『司法研修所报』、No. 14(1955);Dan Fenno Henderson,“Chinese Influences on Eighteenth-Century Tokugawa Codes”,*Essays on China's Legal Tradition*,Princeton University Press,1980。该文的中译本参见《中国对十八世纪德川法典的影响》,杨怡悦译,载朱勇、张中秋、朱腾编:《海外中国法研究译丛:中国法律传统论文集》,中国政法大学出版社2015年版;以及小早川欣吾:「明律令の我近世法に及ばせる影响」、『东亚人文学报』、Vol. 4(1945)。

被编入了整个国家的统治秩序之中。[1]而“主从关系”,就是将“家”与“中间集团”,以及“中间集团”与“国家”联系起来的纽带。为了强化这种纽带,从中世镰仓时期开始,统治者就在意识形态上将这种作为政治纽带的“主从关系”与家之中的“父子关系”进行拟制与类比,使主从关系更为牢固,从而进一步加深依托于“主从关系”存在的幕府政治的稳固性。而从总体上来讲,幕府政治可以说是由多个具有自治权的组织相互联合形成,而这些属于“中间集团”的大型地方组织又是由一些类似于小型武家家门的较小组织构成的。而在思想观念方面,幕府所推崇的就是让个体服从于自己所身处的组织之中的最高权威:表现在御家人的领地之中,就是从者对主人的服从;而在幕府之中,则是领主对于将军的服从。当然,这与前述日本幕府时代的国家构成是分不开的,在这一时期,幕府将军相应地通过包括法律在内的各种形式授予各领主在其家内进行自治的权力,而绝少加以干涉。因此幕府统治者试图在社会中树立起服从共同体之中最高权威的观念,也可以说是对当时这种自治共同体相结合的政权组织形态在思想上的支持。由此可以看出,幕府时期这种政权的组织形式,与中国古代自上而下的治理形态以及差序等级井然的官制已经有了很大不同。

四、结论

在中国古代的律令制度当中,保护家族制度、规定家族内部秩序的法律条文占据了相当大的篇幅。其背后是一种君主权力主导下的家长主义理念,国家统治的思想基础是以父权来类比皇权。基于这种理念,个人只有在家族关系中做到服从家族长幼亲疏秩序的“亲亲”,在国家政治关系中才能做到服从国家等级秩序的“尊尊”。

---

[1] 关于“中间集团”与国家统治秩序的论述,参见水林彪:『封建制の再编と日本的社会の确立』、山川出版社、1987、页210。

由于借鉴中国法的缘故,日本古代的律令法之中也存在大量保护家族制度的内容。然而随着时代变迁,律令法由于不适应日本社会的发展而衰微,此时的血缘家族已经不再承担原有的政治意义。因此到了日本中世,原先律令制中有关家族问题的规定在由公家法向武家法转化的过程之中逐渐消失。另一种社会组织在法律上取代了具有亲缘关系的"家族"的地位,它们甚至也被称为"家",那就是由主从关系联结起来的在地领主及其旁系、从者所构成的家内组织。与律令制对家族秩序的严格控制不同,武家法给予了在地领主相当大的家内自治权。这也就揭示出了幕府时代武家政权的结构形式的一个特点:与古代中国以及律令时代日本的自上而下的统治形式不同,日本中世的武家政权是建立在众多在地领主的自治权的基础之上的。这种地方在行政与司法层面享有自治权的政权组织形式到了江户时期有了进一步的发展,甚至对于明治时期日本的近代化进程也产生了一定的影响。〔1〕

〔1〕 日本在明治初期曾经推行"王政复古",并效法中国的明清律制定了《假刑律》《新律纲领》等法典,但最终由于不适于当时社会状况而转向对西方近代法的继受。关于明治初期日本法制道路的选择,参见陈煜:《明清律例在日本明治维新前后的遭际及其启示》,载《华东政法大学学报》2018 年第 2 期。文中谈道:"江户前期及之前,日本和中国一样,都是自然经济占主导地位的国家,整个社会是一个封闭型的小农社会。但到江户中期之后,情况就已经有所改变,经济形态上,商品经济已经有很大的发展,到幕末,各强藩大名已经不仅仅是普通地主,更兼有商人和资本家的成分。同时在社会上,商人和市民,即町人阶层,也已经形成了很大的势力。他们和资本化的大名一样,积极追求政治上的权利,并力主改革。"这为效法西方制度提供了社会基础。

从“法政”到“政法”

——对中国现代法律传统的一种分析

吕建伟[*]

【摘要】 中国的法律现代化史，实际上是一部“政法传统”史。“法政”和“政法”是近现代中国法律史上出现频率相当高的词汇。从静态意义上看，“法政”和“政法”在其内涵和外延上并没有太大差别；从动态意义上看，由“法政”到“政法”的词语使用频率变化，则实际暗含着中国现代法律传统的产生和发展。这一法律传统虽然历经清末、民国和中华人民共和国，因其对于法律的具体理解不同而采用了不同的法制策略，但是其精神内涵却一脉相承，即法律作为国家治理的手段(法律的治理化)。中国共产党的政法传统，无疑是自清末、民国以来一百多年的中国法律现代化的必然产物。它充分展现了政治与法律间、法制建设与国家政权建设间的密切联系。更为重要的是，这一法律传统如今以更为法治的方式展现出来，并且仍然决定着中国未来法治建设的进程。

【关键词】 法政　政法　政法传统　隐形维度

中国的现代化进程实际上是从清末开始的，是在追求民族独立和国家富强的过程中展开的。作为国家现代化的题中应有之义，法律的现代化有着举足轻重的地位。然而，中国的法律现代化实际上

---

* 作者系中国政法大学人文学院博士研究生。

附庸在民族独立和国家富强这一时代主题下，是作为政治现代化的一环展开的，“政法传统”实际成为中国现代法律传统的隐形维度。[1] 这一法律传统并不是一成不变的，而是有其发展演变过程。由“法政”到“政法”的词语使用变化，实际上暗含着中国现代法律传统的变迁。因此，通过“法政”和“政法”这组词语，考察其基本语义以及考古学意义上的概念变迁，分析其变迁的因由，可以一窥“政法传统”的真面貌。

一、“法政”抑或“政法”：静态意义上的语义分析

从一般构词法来看，“法政”和“政法”都由“政”和“法”组成，其字面意思相当，并无根本的区别。比如“法政”一词即有两个层面的含义：其一，法律和政令，《管子》中所载的“法政独出于主，则天下服德”即为此义；其二，法律和政治，如胡适《序》中所载的“吴先生是学过法政的人，故他的方法与独秀稍不同”。“法政”中的“法”皆作法律的解释，而“政”则解释为政令和政治两种，但是都是作为名词使用的。

而“政法”一词，也有着大体一致的含义。比如《汉语倒排词典》将“政法”解释为政治和法律的合称；[2]《汉语大词典》中的“政法”词条则有三层含义：[3]（1）法度、法规，《二十年目睹之怪现状》第六回，“那荀才前两年上了一个条陈给制臺，是讲理财的政法”即取此义；（2）法制，荀悦《汉纪 · 惠帝纪》中所载的“其或犯逾之者，则绳以政法”即为此义；（3）政治与法律，“郑康成曰：以正月朔日布王政于天下，至正岁又悬政法之书”，以及明清时期记载的“以政法夏之

〔1〕 徐亚文、邓达奇：《“政法”：中国现代法律传统的隐形维度》，载《河北大学学报》（哲学社会科学版）2011 年第 5 期。

〔2〕 郝迟、盛广智、李勉东：《汉语倒排词典》，黑龙江人民出版社 1987 年版，第 63 页。

〔3〕 《汉语大词典》（第 5 卷），汉语大词典出版社 1989 年版，第 424 页。

雷霆,故夏官守政典”等即取此义。此外,根据学科划分标准,“政法”还被视为政治和法律学科的合称等。

由此可见,在基本语义上,“法政”和“政法”并没有根本区别,都可以追溯到古代,两者都含有法律和政令、法律和政治的意思。即使从学科划分意义上,“法政”和“政法”也都可以视为政治和法律学科的合称,如中国政法大学、西南政法大学、中国海洋大学法政学院等。当然,两者并不是完全没有区别,“政法”比“法政”就多一层“法制”的意思。此外,“法政”和“政法”都是以合成词的形式出现,但从当前使用率上看,“政法”远远大于“法政”,“法政”几乎销声匿迹,而且主要集中在教育机构名称上,如某某大学的法政学院。“政法”则有着近乎统治性的使用频率,不仅体现在教育机构的命名上,如某某政法大学;而且有着更深的政治意味,如政法机关、政法委、政法院校、政法干警等。因此,从基本语义上区分“法政”和“政法”并不容易。

“法政”和“政法”虽然都由“政”和“法”构成,但是其前后顺序不同,使其主宾关系发生变化,其词义必然有所区别。根据语言学相关原理,词语构造的搭配顺序对于词语本身的含义有着一定之影响。因此,“法”与“政”谁在前谁在后,即决定着“法”或“政”对另一方的统领或优势地位。如此,“法政”则为“法”领导“政”,“法”在“政”之上,而“政法”则为“政”领导“法”,“政”在“法”之上,“政法”或“法政”于是得到区分。〔1〕也就是说,在一定程度上,“法”与“政”的相互影响以及影响的方式,决定着“法政”或“政法”所蕴含的内容。显然,“政”或“法”的动态组合方式一定程度上可以解锁“法政”或“政法”。

当然,在基本语义上,“法政”或“政法”在其含义和外延上并没

〔1〕 参见徐亚文、邓达奇:《“政法”:中国现代法律传统的隐形维度》,载《河北大学学报》(哲学社会科学版)2011 年第 5 期。

有太大差别，仅能从当前使用率上判断“政法”一词的使用率更高、更广泛；从动态构词法来看，“政”与“法”的不同组合，实际上影响着“法政”或“政法”的含义或指向。当然，从语义上区分“法政”或“政法”并不是本文的目的，只是借此追问“法政”或“政法”的语义微妙变化，如何在近现代中国法律史上展开以及其背后隐藏的法律传统等。

二、从“法政”到“政法”——一种考古学意义上的考察

作为中国近现代法律史上出现频率极高的一组词汇，“法政”和“政法”大致经历了一个动态的变化过程，即从“法政”到“政法”的语词使用变迁。这一过程肇始于清末，在中华人民共和国成立以前大致平分秋色，而在中华人民共和国成立之后“法政”几近消失，“政法”一统天下。

虽然早在先秦典籍中，“法政”或“政法”即已出现，但是这组词汇的大规模使用却是在清末，特别是清末修律以后。近现代意义上的“法政”或“政法”实际上是来自日本的“舶来品”。这其中，“法政”一词，其指代法学专业教育，即作为学科意义上的法学和政治学。[1]而“政法”则指代“政治的方法、政道”。[2] 从原生义来看，“法政”与“政法”有着明显的区分，前者专指法学专业教育，“法”与“政”是呈并列状态的名词；后者则更强调“政”，“法”在这里仅仅指代方法和手段。但是在传入中国的过程中，两者间的区分并没有受到重视，几乎是同时涌向当时的中国，并被当时的学人所接受和使用。

“法政”和“政法”的传入，一定程度上是清末留日政法教育的结

---

〔1〕 日本最早的法政大学，始于1903年8月和佛（法）法律学校改名为法政大学，其学则第一条即明确规定：“本大学以教授法律、政治以及经济之学术、探究其奥秘”为目的。可见“法政”仅仅指代学科意义上的法律或政治。参见丁相顺：《晚晴赴日法政留学生与中国法制近代化的再思考》，载《金陵法律评论》2001年春季卷。

〔2〕 ［日］新村出编：《广辞苑》，上海外语教育出版社2005年版，第1231页。

果。有感于甲午战争的失败,清政府于1896年3月向日本遣送第一批"法政"留学生,揭开了留日政法教育的序幕,特别是日俄战争以后,"法政"留学生进一步增多。[1]一方面,清政府相当重视"法政"留学,提供了一系列的便利条件,大大激发了法政速成教育,其为清政府以及其后的民国政府提供了大量的法政人才;另一方面,对国内法政学堂的发展也相当重视,各地纷纷设立法政学堂,培养法政人才。[2]大多数的留日法政学生回国后,或者参政或者参与法学教育,成为以后法政领域的顶梁支柱,并对中国近现代法制的发展产生重要之影响,但是由于留日法政学生素养的良莠不齐,加之其接受的又多是速成教育,其对法学或法律缺少真正的独立思考,其间的政治功利主义倾向相当明显。[3]

受到留日法政学生的影响,"法政"一词的使用频率要高于"政法",但在中华人民共和国成立之前,"法政"与"政法"大致处于并驾齐驱的地步。这一情况主要体现在专门法学教育机构的名称演变上。[4]20世纪初,晚清政府先后成立了直隶法政学堂(近代中国第一所独立的法律教育专门机构),并于1903年颁布了《奏定学堂章程》,其明确规定学堂要设立法政学科。1905年成立的京师法律学堂则是清末唯一称为"法律学堂"而非"法政学堂"的法律专门教育机构。[5]1910年12月20日,清政府学部为统一办学,特制法政学堂

---

〔1〕 参见王立中:《论近代中国政法留学教育及其影响》,载《史学月刊》1993年第3期。

〔2〕 国内法政学堂在课程设置上基本照搬日本,不仅教授法律,还包括政治和经济诸科,体现出日本近代法政教育的鲜明特点。参见翟海涛:《日本法政大学速成科与清末的法政教育》,载《社会科学》2010年第7期。

〔3〕 参见姚琦:《论清末民初的法政学堂》,载《华东师范大学学报》2006年第3期。

〔4〕 余继田、李永成、孙小龙:《从法政到政法——由近代以来法学教育机构名称演变所引发的思考》,载《河北经贸大学学报》(综合版)2010年第3期。

〔5〕 王健:《中国近代的法律教育》,中国政法大学出版社2001年版,第192页。

章程，明确法政办学宗旨为“养成专门法政学识、足资应用”。[1] 辛亥革命以后，法政大学也纷纷建立，如成立于1912年的北京法政大学、1924年的上海法政大学[2]等，综合类大学也建有专门培养法政人才的法政院系等，这一情况一直持续到中华人民共和国成立之前，而在当今的台湾地区，法政大学的称呼仍然相当普遍。在北洋政府期间，甚至出现了部分专门法学院从法政院校独立出来的现象，“法”与“政”开始出现分离的状况。[3]当然，这种情况并不普遍，南京国民政府时期的法学教育机构仍以“法政”大学命名为主。而这一时期“政法”的使用，则主要体现在学者的著作中，比如严复所言及的“政法之将立也，集思广益，用其众而议之”，[4]“今日欧美之文明其可贵而难能者，正在其形而上之学之发达耳，所谓政法是也”。[5] 而以“政法”命名的专门法学教育机构则无稽可查，其仍然指代“政治的方法、政道”等。

在“法政”一词使用频率更高的这段时间（从清末到中华人民共和国成立之前），其更多的是在教育领域特别是在法律教育领域使用。在近代中国救亡图存的主题下，法政教育的目的在于培养国家法律人才，而不是培养具有独立人格的法律人，因而走的留学生速成教育之路，所培养的法律人才知识体系不完备、素养良莠不齐，其对法律的理解必然有所偏差。而国内法政学堂培养出的法政人才受制于教育定位和教育资源，质量更是堪忧。在法政教育成为一般

---

〔1〕 参见徐亚文、邓达奇：《“政法”：中国现代法律传统的隐形维度》，载《河北大学学报》（哲学社会科学版）2011年第5期。

〔2〕 徐亚文、邓达奇：《“政法”：中国现代法律传统的隐性维度》，载《河北大学学报》（哲学社会科学版）2011年第5期。

〔3〕 参见余继田、李永成、孙小龙：《从法政到政法——由近代以来法学教育机构名称演变所引发的思考》，载《河北经贸大学学报》2010年第3期。

〔4〕 《严复集》（一），中华书局1986年版，第220页。

〔5〕 攻法子：《政法通论：论研究政法为今日之急务》（续前稿），载《译书汇编》1992年第10期。

法律人才、在职或候补官吏进入官场或提升官位的"敲门砖"这一背景下,无论是法政留学生还是国内法政学堂的学生,一旦进入官场,必然将其法学人格及素养带入官场(政治领域)之中,并对中国法制"性格"的塑造产生深远的影响。[1] 显然,在中华人民共和国成立之前,"法政"并没有太多的政治意味,但是接受法政教育的法律人,一旦进入政治场域,其对法律的理解就成为影响中国现代法律的重要因素。这一时期,已经有人试图对"法政"与"政法"进行区分,比如沈家本认为"近代中国法制变革来看,中西方法律存在诸多差别,其中显著的区别就在于政与法的相互地位,或者说政与法的关系,是政从属于法还是法从属于政";张之洞在《劝学篇》中讲"泰西诸国,无论君主、民主、君民共主,国必有政,政必有法"。[2] 但是这种区分仍是个人的,也没有改变当时官方对于"法政"的偏爱。"法政"的使用频率虽然远高于"政法",但两者在使用上并没有明显的区分,而且所发挥作用的场域并不完全重合。

"政法"一词的大规模使用,即"政法"的使用率远远超过"法政"则发生在中华人民共和国成立之后。而关于"法政""政法"之名的探讨早在 1949 年年初即已展开。特别是在北平解放以后,中共中央接管了朝阳学院,本着培养中华人民共和国法律人才的目的,以及与国民党法律及其传统的切割,遂交由当时的中共中央法律委员会讨论决定,在此,"法政"与"政法"进行了正面交锋。最后的结果是毛泽东批准通过了贾潜提出的"政法大学"的建议并亲自题写

---

〔1〕 "近代中国政法留学教育产生的更深远的人才效用,是它构建了近现代政坛上的中坚力量";"20 年代中华民国的重要政法人物的姓名十分之几都可以从政法留学生的名录中找到,其影响于中国政治法律变化者不能不谓之大矣"。参见王立中:《论近代中国政法留学教育及其影响》,载《史学月刊》1993 年第 3 期。

〔2〕 (清)张之洞:《劝学篇》,广西师范大学出版社 2008 年版,第 40 页。

了校牌。[1]正如梁漱溟所言,"我固早知在毛主席思想体系中,法律只是施政的工具,非其所中,即如清季有法律学堂,民国初年有法政专门学校;毛主席却不沿用'法政'一词,而必曰'政法'者,正谓无产阶级专政为主,固非若近世欧美立宪国家,宪法高于一切也"。[2]

自此之后,"政法"在与"法政"的正面交锋中取得胜利,并日益占据压倒性的优势。一方面,通过全国政法院系调整,各政法院系纷纷建立起来,并皆以"政法"命名;另一方面,通过中华人民共和国成立初期的大规模司法改革,"政法委员会"的设立以及"政法机关"统称的出现,使"政法"成为官方话语,并迅速覆盖到整个司法领域,甚至进入政治领域。此外,随着中国共产党对司法领导的政策性宣传和推广,"政法"日渐深入人心并成为我国民众日常生活中的常识性词汇。此时的"政法"明显已经有了更多的内涵,而不仅仅是民众所熟知的政法干警、政法院校、政法系统等组合词汇,还暗含着政治领导司法、法律服务于政治的意思,而在我国,"政法"在"党""政""法"三个层面上构建了新的关系网络。至此,"政法"全面压倒"法政","法政"逐渐退出政治领域、教育领域,几近于消逝。在当前,"法政"几乎成为学术上的专用术语,在其他领域几乎很少使用,虽然也有中国海洋大学法政学院等教育领域的例子,但毕竟是少数。

特别是自20世纪80年代以来,在党领导司法的"政法"大环境下,"政法"的压倒性优势日趋明显,"法政"的生存空间日益减少,但在学界其形象却愈来愈高大,其褒义性也愈强,而且其内涵在一定程度上随着"政法"内涵的扩大而扩大;与此同时,学界对"政法"的评价则相对较低,多采取相对悲观或批判的态度。总体而言,学界对于"政法"或"法政"的关注度还不够,或者直接忽视或者视而不

---

〔1〕 参见熊先觉:《熊先觉法学文集》,北京燕山出版社2004年版,第544~581页。

〔2〕 梁漱溟:《梁漱溟全集》(第7卷),山东人民出版社1990年版,第429页。

见。只有少数学者对“政法”有着较为清晰的认识,比如冯象就将“政法”视为地道的官方术语,认为“政策是法律的灵魂”“法律是党的政策的定型化、条文化”“法律是政治的晚礼服”。〔1〕 苏力则认为“政法”因为“带着先前的时代印记,所以法学界不愿理它,其实,‘政’与‘法’不可分,从政治治理或功能的角度来看,法治其实是一种现代社会的政治策略;法治建设其实是一种社会政治力量和资源的重新配置”。〔2〕 对“政法”的解读也日渐呈多样化趋势。

通过“法政”和“政法”使用史的考察,可知:其一,“法政”和“政法”的大规模使用始于清末,在中华人民共和国成立前,“法政”的使用频率更高;在中华人民共和国成立后,“政法”占据压倒性的优势,“法政”几近消失。其二,“法政”最早始于教育领域,并随着法政学生进入官场而被带进政治领域,同时又与政治保持着若即若离的关系,即使在其使用高峰期也没有成为官方话语;而“政法”则不同,一旦进入政治领域,就迅速成为官方话语,进而成为官方和民间共同使用的常识性词汇。其三,“法政”和“政法”的内涵都是随着时代的发展逐渐丰富起来的,既受到外国的相关词汇的影响,也受到国内不同阶段政治或政党指导思想的影响。此外,两者的内涵也是其在近现代史相互较量的过程中丰富起来的,或通过并存,或通过相互对立,其内涵都在丰富,其外延都在扩展等。

三、从“法政”到“政法”的变迁因由分析

从“法政”到“政法”的历史变迁,实际揭示了中国现代法律传统的产生和发展。一方面,从“法政”到“政法”的“变”,这种变迁揭示了清末、民国和中华人民共和国因对于法律的具体理解不同而采取

〔1〕 冯象:《政法笔记》,江苏人民出版社2004年版,第4、37、146页。

〔2〕 苏力:《从政法的视角切入——读冯象的〈政法笔记〉》,载《文汇读书周报》2004年3月5日。

的法制策略上的不同，即治理[1]理念的不同；另一方面，从“法政”到“政法”的“不变”，虽历经清末、民国和中华人民共和国，对法律的工具主义式理解不变，即法律始终作为国家治理的手段（法律的治理化）。

（一）变

作为来自日本的舶来词，“法政”和“政法”的大规模使用实际受惠于留日法政教育。晚晴政府对于留日法政教育的支持，一方面是有感于甲午战争的失败和日本的迅速强大；另一方面是出于维护自身统治的需要。这是近现代中国在救亡图存大背景下寻求民族独立和国家富强的必然反应，它揭开了中国法律现代化的序幕。留日法政教育不仅带来了“法政”或“政法”这组词汇，还带来了现代的法律理念。无论是留日法政学生还是国内法政学堂培养的法政学生，都相继进入晚清或民国的官场为官，就必然将其所受的法政教育带入司法甚至政治场域。这种新式的法政教育虽然参差不齐、质量堪忧，学员对于法律的理解也存在政治功利主义的倾向，但是对于当时中国的古老法律传统无疑是具有颠覆性的。于是，旧有的法律传统出现裂缝甚至崩塌，而晚清的司法改革更是标志着中国法律现代化的开始。因此，作为新生词汇的“法政”或“政法”开始被官方或学者大规模使用，但这时候并没有对“法政”或“政法”进行区分，“法政”或“政法”在使用上的并行不悖，说明，作为新生事物的这组词汇的自由生长，尽管已经有学者对此进行区分了，比如沈家本、张之洞

[1] “治理”一词是当前社会使用率颇高的词汇，在政治领域，一般是指国家治理，即政府如何运用国家权力（治权）来管理国家和人民。福柯在其《治理术》中对西方治理历史有着精湛的分析，早在十七八世纪，国家的治理便已经从基督教的牧领权力发展为围绕国家理性的治理术，在这一过程中，国家的治理与法律产生密切联系，法治逐渐成为西方现代社会的治理形式，这种基于法律的治理使得西方的治理传统在法律的形式理性和实质理性间摇摆。参见强世功：《法制与治理——国家转型中的法律》，中国政法大学出版社2003年版，第131～132页。

等人。

这一情况到了民国初年并没有明显变化,“法政”的使用频率仍然高于“政法”,并体现在专门法学教育机构的命名上。甚至在北洋军阀时期出现了“法”与“政”分离的情况,当然这一情况得益于当时司法独立的思想和西方宪政文化的传播,并迅速在制度建构和法制实践中得到反映。即使在整个民国时期,“法政”的使用频率仍然要高于“政法”。而“政”对“法”的影响不是减少了而是增多了,只是在词汇的意义上没有明确区分“法政”和“政法”。

“政法”对“法政”的全面压倒,实际发生在中华人民共和国成立之后。但这一过程早在陕甘宁边区时期就已经开始了,它真正体现了中国共产党的政法传统的精神内核。在经过对“法政”和“政法”的激烈辩论后,中国共产党在国家层面上确立了“政法”的政治正确性和统治地位。由“政法”取代“法政”,是中国共产党人深思熟虑的结果,是对国民党政府时期旧法统终结的宣示,〔1〕同时也是中国共产党通过创造新的法律传统确立自身权威和合法性的标志。不仅如此,“政法”在内涵上更为丰富了,除了“政治的方法、政道”这一原生义外,它还体现着“政”领导“法”、“法”服务于“政”的含义。

由“法政”到“政法”的并行不悖,到“政法”对“法政”的全面压制,实际体现着三个阶段的治国理念的不同。晚清政府引入“法政”和“政法”,是中国法律现代化的开端,它的最主要目的不是实现法治,而是挽救处于危亡中的晚清统治;民国对于“法政”和“政法”的接纳,则表明一个现代中国为实现法治的努力,尽管效果很有限;而中华人民共和国成立前后,“法政”和“政法”地位的这种转变,则更加鲜明地表明了中国共产党的治国理念,即法律作为实现国家治理

---

〔1〕 1949年2月中共中央发布的《关于废除国民党的六法全书与确立解放区司法原则的指示》,宣布“在无产阶级领导的工农联盟为主体的人民民主专政的政权下,国民党的六法全书应该废除,人民的司法工作不能再以国民党的六法全书为依据”。

目的的手段。

（二）不变

从“法政”到“政法”这一变迁的过程中，还隐藏着更为重要的一点，即它的不变。虽然晚清、民国和中华人民共和国对法律的理解并不相同，但是法律工具主义倾向一直是主流，法律一直作为国家实现其治理目的的手段而存在，也即“法律的治理化”。当然，西方治理传统下的法律治理建立在市民社会、民主共和传统和自由主义之上，而近现代的中国并没有这些传统，作为移植而来的法律相当脆弱，为国家治理所迅速驯服，而20世纪中国“全能主义”症候的国家特质，使国家治理得以无限扩张，其深刻塑造着近现代中国的法律传统。〔1〕但是，国家现代化恰恰是20世纪中国最大的主题，法律的现代化必然依附在国家现代化这一主题下，法律的治理化倾向则成为必然。〔2〕

法律的治理化从晚清司法改革就已经开始了，并成为20世纪乃至今天中国国家治理的最主要特征。一方面，从“法政”和“政法”的传入开始，法律的工具主义倾向就随着留日法政学生的归国带入政治场域，并和古代法律传统的工具主义相互依存。另一方面，面临着国家、民族危亡的大时代背景，晚清司法改革实际上是国内外局势下被动的反应。只有推进国家现代化、法律现代化，晚清政府才可能融入当时的世界，才能勉强维护其自身统治。因此，晚清司法改革必然是以清廷为主导的自上而下的改革，必然混杂着古代法律传统和西方法律传统，必然会将法律视为维护、巩固自身统治的手

〔1〕 参见强世功：《法制与治理——国家转型中的法律》，中国政法大学出版社2003年版，第132～133页。

〔2〕 笔者基本认同强世功对于法律治理化的界定和分析，但并不局限于自陕甘宁边区以来的中国共产党的新法律传统，其实从清末改革开始，法律的治理化特征即已体现，只是中华人民共和国成立以后，法律的治理化才真正全面（不仅在国家层面，而且在地方，尤其是乡村）展开。

段。政治先行，法律其后，“政”领导“法”、“法”服从于“政”的种子已经种下。

这一情况到了民国初年并没有明显变化。一方面，“法政”或“政法”继续得到沿用，官方也没有偏爱；另一方面，随着中华民国临时政府的成立，中国作为一个现代国家真正成型。《中华民国临时约法》的颁布，更是使中国开始向现代法治国家迈进。甚至在北洋军阀时期出现了“政”与“法”分离的情形，这得益于当时司法独立思想和西方宪政文化的广泛传播以及在制度建构和法制实践上的反映，政治对于法律的影响特别是司法的影响确实相对减弱了。但是从当时的司法实践看，司法权仍然受制于行政权，司法独立实际上只是少数人的一厢情愿，只是纸面意义上的摆设和好看不中用的花瓶。〔1〕移植自西方的法律制度，因为缺少相应的法治环境而被政治所驯服，成为实现政治功能的主要手段。

到国民党时期，法律的治理化情势有增无减，虽然并没有在官方意义上表达对于“法政”或“政法”的好恶，但政治对法律的影响甚至干预却进一步加强，特别是党国体制成型以后。根据孙中山的“训政论”，〔2〕国民党逐渐确立了精英化的治国路线，通过集中权力实现国民党的一党专政，〔3〕并在国民党的统一领导下，实现对国家的治理，此时党的意识形态是高于一切的，司法党化的思想一经提出即贯穿于所有法领域。一方面，国民党政府极其重视法制建设和法律体系之完备，通过向西方学习，确立“六法全书”体系；另一方面，在

---

〔1〕 参见封丽霞：《政党、国家与法治——改革开放30年中国法治发展透视》，人民出版社2008年版，第324～330页。

〔2〕 即在实现民主宪政（“约法之治”）前，需要对民众进行训政，教习民众学会民主之权利。参见孙中山：《孙中山全集》（第1卷），中华书局1981年版，第50～51页。

〔3〕 参见徐亚文、邓达奇：《“政法”：中国现代法律传统的隐形维度》，载《河北大学学报》（哲学社会科学版）2011年第5期。

司法领域，特别是在具体司法实践中，坚持党的领导、党的意识形态、党的政策等。也就是说，国民党通过一党专政，实现了党、国家与社会的整合，并在其领导下进入所谓的“约法之治”社会，法律作为实现国家治理的手段，被贯穿于方方面面，这种政治控制法律、法律与政治相结合的情形成为党国体制的主要特征。其实，纵观整个民国时期，政治对于法律的影响都是决定性的，特别是“司法党化”的提出和实践，使法律完全成为政治的附庸，成为国民党实现其国家治理的工具。

在中华人民共和国成立之后，“政法”的使用频率远远超过“法政”，并占据着压倒性的优势。国家层面对于“政法”的选择，不仅宣告国民党旧法统的终结，还意味着对于发轫于陕甘宁边区时期的政法传统的全面推广适用。此时，中国共产党成为唯一的执政党。在法制建设方面，党将陕甘宁边区的政法经验推广到城市并借鉴苏联的法制经验，通过一系列的政策、运动推进司法改革，“政治司法”成为这一时期的主要司法体现。[1]而“政治司法”实际上就是“政法”在司法领域的延伸义，即政治挂帅，政治领导司法、司法服务于政治（这里的政治主要是指党领导下的政治，即在党的领导下进行国家和社会建设，实现国家治理的目标），在这一过程中，法律不可能被当作目的而只能是党领导国家实现治理的手段。而到了“文化大革命”时期，政治甚至能决定法律的生死，不仅司法机关都被取消，党的政策、方针还成为唯一的法律。十一届三中全会以来，随着司法领域的拨乱反正以及依法治国理念的确立，立法、司法、执法等仍然处在党的领导下，受到政治的深刻影响，不但没有摆脱法律的治理

〔1〕 高其才等人根据诉讼档案、文书档案、访谈材料等做的1949～1961年华县人民法院的研究，揭示了这一时期基层人民法院在组织机构设置、人员选任、职能行使等方面有着极强的政治色彩，具有“政治司法”的特点。具体参见高其才、左炬、黄宇宁：《政治司法——1949～1961年的华县人民法院》，法律出版社2009年版。

化倾向，反而以更为法律化的面目呈现出来，从而加深了这种治理的效果。[1]

纵观中国现代法律传统形成和发展的这一百多年，即可发现从"法政"到"政法"的历史变迁，不仅传达着国家出于治理目的的有意选择，还显示着一种一脉相承的法律治理化倾向。如果说"法政"大致传达了当时知识分子对于中国法治社会建设的一种理想状态，那么"政法"才是中国现代法律实践的真实写照，政治主导、塑造法律，而法律服务于政治，就是中国现代法律传统的主要特征。因此，中国的近现代法律史无疑是一部政法史。

四、由"政法"到政法传统

由"法政"到"政法"的历史变迁，实际显现着现代中国对于法律治理化的选择，这种选择逐渐形成了一种有别于中国古代法律传统的新的法律传统，即政法传统。而"政法"正是这种中国现代法律传统的主要标志，它之所以构成中国现代法律传统，"既与'救亡压倒启蒙'的历史使命有关，又是中国法律工具主义传统与西方现代法律文化'杂合'的结果，将'民族的危机化作了一次重构传统的机会'"。[2] 政法传统的形成，与清末面临的救亡图存大背景相关，是古老的中国在内忧外患下的反应，法律不可避免地附庸在国家治理上；它的精神源头又是多元的，既有中国古代的法律传统，也有来自日本、苏联等国的法律传统，它是中西方法律传统相互撞击、杂交的产物；它对自清末以来一百多年间的政治与法律关系有着真切的揭示和显现。[3]

---

〔1〕 参见强世功：《法制与治理——国家转型中的法律》，中国政法大学出版社2003年版，第134页。

〔2〕 邓达奇：《"政法"研究》，武汉大学2012年博士学位论文，第19页。

〔3〕 徐亚文：《知识社会学能为中国法学研究带来什么?》，载《湖北警官学院学报》2010年第4期。

“政法”这一中国现代法律传统的维度，历经清末、民国、中华人民共和国一百多年的历史，其间虽有发展变化，却始终是一脉相承的。有学者提出政法文化五阶段论，即清末修律与礼法之争、训政与党国体制、革命根据地时期的法制、中华人民共和国成立后的法制建设以及“文化大革命”后的社会主义法治建设五个阶段，[1]而中国共产党的政法传统无疑是这一现代法律传统的继承者和集大成者，通过这一阶段性的传统，可以窥视政法传统的真貌。

中国共产党的法制经验最早可以追溯到20世纪30年代的苏维埃政权时期，其深受苏联革命和法制经验的影响。而中国共产党的司法传统则肇始于陕甘宁边区时期，因为当时环境的恶劣以及司法人才的短缺，党的路线、方针、政策等成为当时最主要的“法律”。党的“政法传统”实际是在党实现其基层治理的同时发展出的独特的法律传统。比如，著名的马锡五审判方式，即是党的群众路线在司法领域的贯彻和运用。而1942年由李木庵领导的边区司法改革(司法规范化)的失败，更使党坚定了发展符合当时国情的司法道路。而到了中华人民共和国成立后，党在法制建设上，一方面加强对于苏联的学习和模仿；另一方面加强对于陕甘宁边区时期的司法经验的推广，从而使党的“政法传统”真正实现了制度化。早在1949年1月司法干部培训班的讲话中，谢觉哉就重申：“我们的法律是服从于政治的，没有离开政治而独立的法律。政治要求什么，法律就规定什么……我们的司法工作者一定要懂政治，不懂得政治决(绝)不会懂得法律。”[2]这就突出了党的政法传统的最大特征，即“政”在“法”之前，“政”领导“法”，“法”服务于“政”。

---

[1] 参见徐亚文、邓达奇：《“政法”：中国现代法律传统的隐形维度》，载《河北大学学报》(哲学社会科学版)2011年第5期。

[2] 谢觉哉：《谢觉哉同志在司法训练班的讲话(摘要)》(1949年1月)，载《人民司法》1978年第3期。

到了1959年5月16日,董必武在全国公安、检察、司法先进工作者大会上讲话指出,“我们党从井冈山建立革命政权的时候起,就有了自己的政法工作。人民政法工作和军事工作、经济工作、文教工作一样,在党中央和毛主席的领导下,从民主革命到社会主义革命,逐步积累起丰富的经验,形成了自己的优良传统。这就是服从党的领导、贯彻群众路线、结合生产劳动、为党和国家的中心工作服务”。[1] 董必武的讲话,无疑总结了中国共产党的“政法传统”的主要内容,即党的领导、群众路线、为党和国家的中心工作服务等。到了“文化大革命”结束后的1979年,彭真在法制宣教班第一期结业典礼上重申:“公、检、法的任务,总是围绕着党和国家及全国人民的任务的。”[2]随着改革开放以及新时期的到来,党在司法工作方面积累了许多新的经验,党的法治理念也日渐成熟,党的“政法传统”又有了新的发展,但是其基本内容并没有多大变化。

中国共产党的政法传统主要有三方面的属性:其一,“法”之党性,即强调党对司法的领导以及司法对党的服从,比如政法委制度的设置以及司法系统内部的党委领导等;其二,“法”之工具性,即强调司法为中心工作服务,强调司法是党实现国家治理之目的的手段,比如改革开放时期的“为经济建设保驾护航”、参与和谐社会建设等;其三,“法”之人民性,即强调司法为民、司法为众,坚持司法工作的群众路线,比如陕甘宁边区时期的马锡五审判方式、当前受到褒奖的宋鱼水法官都强调司法工作要深入人民群众中去等。

中国共产党的政法传统,展现了一种政治与法律密切相连的法律传统,这一法律传统与共产党的国家政权建设紧密相连。这种政

---

[1] 董必武:《董必武法学文集》,法律出版社2001年版,第423~424页。

[2] 彭真:《论新中国的政法工作》,中央文献出版社1992年版,第190页。

法传统是通过实现"法律的治理化",以"实现改造社会的目的",[1]因此它不可避免地要求"法律的制定和实施必须服务于、服从于党和国家社会治理的根本目的,强调国家权力的相互配合和执政党的政治领导权在各种国家权力之间的主导、协调作用"。[2]

显然,中国共产党的政法传统构成了中国现代法律传统最重要的一环,它并不是凭空产生的,而是自清末、民国以来一百多年的中国法律现代化的必然产物。它充分展现了政治与法律间、法制建设与国家政权建设间的密切联系。更为重要的是,这一法律传统如今以更为法律的方式展现出来,并且仍然决定着中国未来法治建设的进程。

五、结语

作为近现代法律史上使用频率相当高的"法政"和"政法",它们有着丰富的含义,而且其含义是随着历史进程的推进逐渐丰富起来的。只有将"法政"和"政法"真正放置到整个中国近现代史,其意义脉络才更加清晰,从"法政"到"政法"既是语义方面的变迁,也是历史时代的变迁。通过考察"法政"到"政法"的语词变迁史,可以发现其间蕴藏的政治逻辑,即法律的治理化、法律作为国家治理的手段。特别是在当前的政法大背景下,要客观评价当前的政法体制,就必须在现代中国法律史这一场域,总结分析这一现代法律传统是如何产生发展的,以及是如何影响并塑造中国法治品格的。

当然,通过"法政"和"政法"这组词语展开对于中国现代法律传统的分析是相当片面的,它仅能展现"政法"这一中国现代法律传统

---

〔1〕 韩伟:《政法传统的司法生成——以陕甘宁边区肖玉璧案为中心》,载《河北法学》2014 年第 8 期。

〔2〕 徐亚文:《知识社会学能为中国法学研究带来什么?》,载《湖北警官学院学报》2010 年第 4 期。

维度的部分内容。对于政法传统[1]本身,它仍然是语焉不详的,仍需要做更多的工作。但这无疑是个开端,因为"政法"这一中国现代法律传统的维度仍然蕴藏着许多仍未被关注的东西,正是这些东西真正构成了影响近现代中国法制建设进程的政法传统。

[1] 对于中国现代法律传统,笔者认同"政法传统"一说,但是并不局限于中国共产党的政法传统,而将其放置在更大的历史语境中,即将晚清以来的法律传统都作为政法传统来研究。当然,这一广义意义上的"政法传统"因所历时期的不同又有所差异,但大致一脉相承。

近代以来中医法律政策的变迁与反思
——基于中医药法律制度完善的视角

杨开愚*

【摘要】 中医药是中华民族在与人类疾病斗争的长期实践中所形成的历史瑰宝，为中华民族的健康和繁衍生息做出了重大贡献，是中华民族优秀文化不可缺少的一部分。自近代“西学东渐”以来，中医药也面临了诸多挑战，“废”“立”争论不休，法律政策在其中也扮演了重要角色。《中华人民共和国中医药法》的颁布，体现了国家对于中医药学保护、继承和发扬的重视。然自该法实施以来，仍然有不少问题亟待完善。本文试图总结近代以来的中医药法律政策，以有所裨益于较好认识和把握中医药事业的发展规律，完善中医药法律制度，促进中医药事业发展。总体而言，中医药事业的发展离不开法治的保障，而中国特色社会主义法律体系的构建也必须涵盖中医药领域。

【关键词】 中医药法　近代法制　法律政策　医师资格　中西医论争

一、中医内涵初探

中医，是与西医相对的一个概念。随着社会、历史的发展，中医

---

* 作者系中国政法大学博士研究生。

的概念和内涵也在不断发生变化。《黄帝内经》以黄帝及其臣子岐伯的问答为文形成了中国传统医学的最初理论体系，因此后世常称中医为“岐黄之术”。随后，经过历朝历代的医者努力，逐步形成了集用药、针灸、拔罐、四诊等为一体的、完整的医学理论体系。中医还有汉医、悬壶、杏林、青囊、医林等诸多名称。而中医的称呼则是在西医流入中国之后，为了与西医相区分而慢慢发展而来的一个称谓。

据《中古的医学》记载，在中世纪时即有印度、波斯及西域地区、阿拉伯、大秦等外国将医药输入中国。[1]西方医术是伴随着西方传教活动渐渐传入中国的，大致经历了由传教顺带传医、以医传教两个阶段。公元1568年，中国第一所西方教会医院——白马行医院在澳门成立，公元1582年（明万历十年），传教士利玛窦来到中国，他是有史料记载的最早把西医和西药带入中国的西方人，其《西国记法》是最早传入中国的西方神经学著作，而西方解剖学的概念也是由其带入中国，我国古代著名外科著作——王肯堂所著《疡科准绳》也是在其帮助和影响下完成的。[2]而西方传教活动和医学的传入随着清朝“汤若望案”引发的“废除西法、排除西洋”运动而暂时废弛。直到康熙年间，康熙皇帝所患疟疾在服用了西方传教士洪若翰所进贡的金鸡纳霜后痊愈，西医在中国迎来了一段快速发展时期。但在公元1704年（康熙四十三年），因罗马教皇颁布《七条禁约》，这引起了中国皇帝的反感，又加之宫廷传教士参与宫廷内斗，雍正即位后立刻宣布禁教，西医在中国的传播再次受到禁锢。19世纪二三十年代，西方传教士发现通过行医能够成功避开清政府的禁教政策，取得底层人民好感，十分有利于传教活动的开展。西医在中国

---

〔1〕 参见陈邦贤：《中国医学史》，团结出版社2011年版，第160页。

〔2〕 参见海天、易肖炜：《中医劫：百年中医存废之争》，中国友谊出版公司2008年版，第74～75页。

的传播开始进入以医传教时期。中国第一家西医院——博济医院以及随后在以医传教中扮演重要角色的“医院传教会”也是在此时成立。鸦片战争后,传教和传教士的医疗活动被合法化,西医开始从中国沿海向内陆深入。此时,西医较之中国本土医学并不具有优势,尤其面对内科疾病往往束手无策。直至清光绪帝时期,官方、学界虽提倡新医学的发展,但对医学的阐述也多是作新医学和旧医学、玄学医学和科学医学的分类,而并未有中医和西医的区分。[1]而把中国传统医学称为中医的习惯渐行则是随着清末外强入侵后的包括“废除中医”等一系列除旧革新运动开始的。此时,传统医学、中医的内涵其实与汉医相等,并不包括少数民族医学,也并未有官方认定。直至1999年,原卫生部发布《传统医学传承和确有专长人员医师资格考核考试暂行办法》规定,传统医学是中医学和少数民族医学的统称,并在2007年出台的《传统医学师承和确有专长人员医师资格考核考试办法》中延续了这种界定。[2]此即当时的官方认为中医的概念并不包括少数民族医学,而中医和少数民族医学又都属于传统医学的分支。2016年年底全国人大常委会审议通过了《中华人民共和国中医药法》(以下简称《中医药法》),该法对中医药的概念和内涵进行了新的界定,认为中医药包括了汉族和少数民族医学,这是中医药概念和内涵在法律上的第一次确定。[3]官方进一步认为,中医药既是传承历史的,也是现代的,是面向未来发展

[1] 参见陈邦贤:《中国医学史》,团结出版社2011年版,第226页。

[2] 《传统医学传承和确有专长人员医师资格考核考试暂行办法》第3条规定:“本办法所称‘传统医学’是指中医学和少数民族医学。”《传统医学师承和确有专长人员医师资格考核考试办法》第5条规定:“本办法所称‘传统医学’是指中医学和少数民族医学。”

[3] 《中医药法》第2条规定:“本法所称‘中医药’,是包括汉族和少数民族医药在内的我国各民族医药的统称,是反映中华民族对生命、健康、疾病的认识,具有悠久历史传统和独特理论和技术方法的医药学体系。”

的,虽包含了传统医学的内容,但不限于传统医学。〔1〕笔者以为,因西医在中国传播的过程中,中西医互相学习、取长补短,互相融合,西医有了新的发展,中医亦非昔日的传统医学。采拟此定义,更能反映中医药发展的历史和规律,有利于中医药事业的未来发展。

二、民国时期中西医大论争与中医法律地位转变

(一)民国时期中西医大论争背景

自西方医学传入中国,与注重辩证论治的中医相比,前者更注重对具体病名的精确定义,认为"一病有一病之原",但两者在疾病解释尤其在对于"热病"的认识上却存在诸多相通。〔2〕虽然中国有关现代化进程的讨论多集中在中国对西方文化技术的学习上,而对西方学习中国的科技文化较少关注。但不可否认,在很长一段时期内,中西医是各有所长、互相学习、和谐相处的。19世纪30年代,英国传教士主张在中国建立医学传教会的理由之一即:"包括中国人和日本人在内的每个国家都有其独特的药物和疾病,而这两个国家有很多有效的药物,我们在此行医,就有机会加以学习,从而增长我们的相关知识……并从中国的诊疗方法和疾病分类中获益。"〔3〕但中西医的矛盾却随着晚清时期人们对现代性的反思和讨论而日趋尖锐,甚至出现了"废医存药"和"废除中医"的呼声——面对外族入侵,人们把自身的贫弱归咎于包括中医在内的传统文化上,中医被

---

〔1〕 参见宋大涵、王国强、袁曙宏、许安标主编:《〈中华人民共和国中医药法〉释义》,中国民主法制出版社2017年版,第7页。

〔2〕 参见皮国立:《论争前的和谐——近代中西医知识中的"热病"论述初探》,载《清以来的疾病、医疗和卫生:以社会文化史为视角》,生活·读书·新知三联书店2009年版,第213~214页。

〔3〕 参见梁其姿:《医疗史与中国"现代性"问题》,载《清以来的疾病、医疗和卫生:以社会文化史为视角》,生活·读书·新知三联书店2009年版,第24页。

视为愚昧、迷信，首先受到了公知和上流社会的质疑。自晚清国学大师俞樾提出“废医论”后，中医存废论战就一直持续百年至今。而耐人寻味的是，俞樾本人在晚年因体弱多病却不得不广求良方，但其本人却不愿推翻自己早年提出的论点，只是对其加以修正，提出“医可废，而药不可尽废”。晚清对中医持批评态度的多为公知和社会精英。[1]随后，论战也逐渐从医学领域迅速蔓延到文化、科技、社会、政治、法律等各个方面，此时中西医的矛盾已非单纯的专业技识问题，更多成为救亡图存的问题。

因此，对“废除中医”的历史背景进行分析，概括原因如下：其一，西方民主和科学传入中国后，精英阶层以西方科学的标准来审视一切，只要是符合西方科学的就是绝对好，一旦难以被西方科学所证实的即非科学，而中医存在大量的不能被西方科学所证实的理论、疗法和“哲学观”，因而和不符合西方民主文明的儒学一样成为众矢之的。其二，中国近邦日本自明治维新后开始采取一系列有关政治、社会、经济的改革措施，其中的医疗改革不乏“废除中医”的举措。而中国自晚清以来，面对自身国力孱弱的境况，精英分子开始把注意力转向与中国昔日国情最接近的日本，认为日本的发达就是因其学习西方，甚至认为西化越多就越强盛，因此主张摒弃中国传统旧思想，当然也包括中医在内。其三，辛亥革命后发生了巨大的社会政治变革，统管全国医政的太医院随着封建专制制度的覆灭而消亡，中医在中国几千年的官方地位正式终结。而西医卫生制度与近代先进的行政管理体系更加契合，北洋政府卫生司的成立标志着在官方行政管理系统中，西医已经正式取代了中医的主导地位，随后颁布的《中华民国教育新法令》也将中医药完全排除在外，这宣告

[1] 比如，保皇派的康有为、梁启超，共产党人李大钊，国民党人胡适、傅斯年等。参见海天、易肖炜：《中医劫：百年中医存废之争》，中国友谊出版公司2008年版，第112页。

了中医在中国近代行政体制和文化中正式被边缘化。其四,中医界在与“废医论”的抗争中试图以西医学的所谓的“科学的”方法论去解释自身的“科学性”,无形中使西医理论获得对整个医学领域的支配权,从而使中医成为医学的边缘地带。

(二)民国中西医论争时期的中医药制度考察

面对学界对中医的抨击,显然中医群体在这种破旧变革的历史背景下颇为势单力薄。这种影响很快席卷到了政界。1914 年,教育中长汪大燮力主废除中医,其后,在第一次中央卫生委员会议上,曾经发表《灵素商兑》主张“废医存药”的余岩提呈《废除旧医以扫除医事卫生之障碍案》并获得通过,而相关部门订立的医学课程也全为西医。这引起中医界的极大反弹,随后该提案被撤销。此间,各地中医组织医药救亡请愿团,呈请国务院及相关部门保存中医中药,但得到的回复虽行文模棱两可但态度明确——如教育部批示——“本部对于医学,只期学术完备,求合于世界进化之大势;……并非于中医西医有所歧视也。所请另颁中医医药专门学校规程之处,应勿庸议。”[1]随后,在出台的医药管理法规中,也几乎是将传统中医排除在外——1929 年 1 月公布的《中华民国医师暂行条例》(以下简称《医师暂行条例》)第 2 条第 1 款规定:“凡有医师资格者,由卫生部审查后,给予医师证书;其未经核准给证者,不得执行医师之业务。”《医师暂行条例》第 3 条进而对医师资格进行了规定,有资格申请者大体为以下四类:在本国承认的国立、公立或私立医学专门学校以上毕业并领有毕业证书,年满 20 岁者;在外国承认的官立或私立的医学专门学校以上毕业并领有毕业证书者或在外国政府领有医师证书,年满 20 岁者;持有国外政府医师证书并经外交部证明的,年满 20 岁的外国人;通过医师考试领有证书并年满 20 岁

---

〔1〕 参见陈邦贤:《中国医学史》,团结出版社 2011 年版,第 230 页。

者。[1]其第4条对申请者资格作了禁止性规定,对非因从事国民革命而曾判处3年以上之徒刑者、禁治产者、心神丧失者三类人不得给予医师证书,给予后发现有上述三种事项得将证书撤销,禁治产和心神丧失两种情形原因消灭后得再发此证。[2]同时颁布的《中华民国药师暂行条例》(以下简称《药师暂行条例》)第2条规定,只有通过卫生部审查给予药师证书的具有药师资格者才能执行药师业务。其第3条对药师资格进行了规定,有资格申请者大体为以下四类:在本国承认的国立、公立或私立专门以上学校药科毕业并领有毕业证书,年满20岁者;在外国承认的官立或私立的专门以上学校药科毕业并领有毕业证书,年满20岁的者;在外国得有药师证书,年满20岁者;通过药师考试,年满20岁者。《医师暂行条例》第4条对申请者资格作了禁止性规定,具体和《医师暂行条例》无异。[3]这对于通过言传身教、师承相传的传统中医而言无异于是灭顶之灾。而在教育部公布的《大学规程》中则把医科分为医学和药学两个子学科,学业年限分别为4年和3年。在其所列医学51项教授科目和药学52项教授科目中,几无传统中医的踪迹,而在公立医学专门学校和药学专门学校根据《医学专门学校规程》所设置的具体授课科目也无

---

[1] 《医师暂行条例》第3条规定:"凡年在二十岁以上,具有下列资格之一者,得呈请给予医师证书:一、在国立或政府有案之公立私立医学专门学校以上毕业,领有毕业证书者;二、在外国官立或政府有案之私立医学专门学校以上毕业,领有毕业证书,或在外国政府领有医师证书者;三、外国人曾在各该国政府领有医师证书,经外交部证明者。"

[2] 《医师暂行条例》第4条规定:"有下列各款情事之一者,虽具有前资格,仍不得给予医师证书:一、非因从事国民革命而曾判处三年以上之徒刑者;二、禁治产者;心神丧失者。其给证在前事发见后者,应随时将证书撤销;但二三两款之原因消灭时,得再发给此项证书。"

[3] 《药师暂行条例》第4条规定:"有下列各款情事之一者,虽具有前资格,仍不得给予医师证书:一、非因从事国民革命而曾判处三年以上之徒刑者;二、禁治产者;心神丧失者。其给证在前事发见后者,应随时将证书撤销;但二三两款之原因消灭时,得再发给此项证书。"

传统中医的内容。这种在制度安排上主动西化、排除中医的现象其实在1915年颁布的《文官高等考试令》中已初现端倪,在其医学文官职考试中所制定的医学类考试科目皆为西学。甚至在南京国民政府时期颁布的医师高等考试条例也直接命名为《高等考试西医医师考试条例》,即使于1936年出台了中医条例,但抗日战争的爆发使其基本未被付诸实施。上述条例规定满足以下五个条件之一者,准予参加西医医师考试:国立或经立案的公立私立大学、独立学院或专科学校修医满4年并毕业得证书者;政府承认的国外大学、独立学院或专科学校修医满4年得毕业证书者;有大学或专科学校医学科毕业的同等学力并经检定考试及格者;确有医学专门技能或著作,经审查及格者。通过普通考试4年后,或由医院出身在同一地方从事业务3年以上,得有证明书者。[1]其规定的考试科目皆为西医专业技术知识。[2]而药师考试资格的规定与西医医师考试资格相

〔1〕《中华民国高等考试西医医师考试条例》(民国十九年十二月二十七日公布、民国二十年六月十九日修正)第2条规定:"中华民国人民,有下列各款资格之一者,得应西医医师考试:一、国立或经立案之公私立大学、独立学院或专科学校修医学科四年以上毕业,得有证书者;二、教育部承认之国外大学、独立学院或专科学校,修医学科四年以上毕业,得有证书者;三、有大学或专科学校医学科毕业之同等学力,经检定考试及格者;四、确有医学专门学术技能或著作,经审查及格者。五、经普通考试及格四年后,或由医院出身在同一地方执行业务三年以上,得有证明书者。"

〔2〕《中华民国高等考试西医医师考试条例》(民国十九年十二月二十七日公布、民国二十年六月十九日修正)第4条规定:"第二试之科目如下:甲、必试科目:一、《中华民国训政时期约法》,二、法制大意,三、解剖学(组织学在内),四、生理学,五、病理学(病理解剖学法医学在内),六、药物学,七、卫生学(细菌学在内),八、诊断学或鉴别诊断学,九、医化学,十、内科学,十一、外科学(耳鼻咽喉科学、皮肤病学、性病学在内)。乙、选试科目:一、产科学,二、妇科学,三、儿科学,四、眼科学,五、X光线学,六、精神病学,七、传染病学,八、治疗学,九、外国文。以上选试科目,任选三种。"

关规定大致相同。[1]在专业考试科目的规定上也更加西化。[2]同时，在其出台的《高等考试卫生行政人员考试条例》中对卫生行政人员参加高等考试的资格和考试科目也作了具体规定，将中医从业者排除于外。[3]这些迹象都反映了民国政府已经正式地、完全地将中医排除在了体制之外。

---

〔1〕《中华民国高等考试药师考试条例》（民国十九年十二月二十七日考试院公布、民国二十年六月十九日修正）第2条规定："中华民国人民，有下列各款资格之一者，得应药师考试：一、国立或经立案之公私立大学、独立学院或专科学校，修药学科三年以上毕业，得有证书者；二、教育部承认之国外大学、独立学院或专科学校，修药学科三年以上毕业，得有证书者；三、有大学或专科学校药学科毕业之同等学力，经检定考试及格者；四、确有药学专门学术技能或著作，经审查及格者；五、经普通考试及格四年后，或由医院药房出身，在同一地方执行业务三年以上，得有证明书者。"

〔2〕《中华民国高等考试药师考试条例》（民国十九年十二月二十七日考试院公布、民国二十年六月十九日修正）第2条规定："第二试之科目如下：甲、必试科目：一、《中华民国训政时期约法》，二、法制大意，三、药用植物学，四、生药学；五、制药化学，六、分析化学，七、药品鉴定，八、卫生化学，九、裁判化学。乙、选试科目：一、调剂学，二、毒药学，三、药事法规，四、药工学，五、细菌学及免疫学大意，六、电气化学，七、药典，八、药理学，九、制剂学，十、脏器化学，十一、外国文。以上选试科目，任选三种。"

〔3〕《中华民国高等考试卫生行政人员考试条例》（民国十九年二十七日公布、民国二十年六月十九日修正）第2条规定："中华民国人民有下列各款资格之一者，得应卫生行政人员之高等考试：一、国立或经立案之公私立大学，独立学院或专科学校，修医学卫生学科三年以上毕业，得有证书者；二、教育部承认之国外大学、独立学院或专科学校，修医药卫生学科三年以上毕业，得有证书者；三、有大学或专科学校医药卫生等学科毕业之同等学力，经检定考试及格者；四、确有医药卫生专门学术技能或著作，经审查及格者；五、经普通考试及格四年后，或曾任卫生机关委任官与委任官相当职务三年以上者。"该条例第4条规定："第二试之科目如下：甲、必试科目：一、《中华民国训政时期约法》，二、法制经济大意，三、卫生行政及卫生法规，四、卫生学大意，五、社会卫生学，六、生命统计，七、细菌学及免疫学，八、传染病学，九、生理学。乙、选试科目：一、卫生工程学，二、卫生教育学，三、职业病学，四、学校卫生学，五、病院管理学，六、劳工卫生学，七、海港检疫，八、原虫与寄生虫学，九、法医学，十、卫生化学，十一、外国文。以上选试科目，任选三种。"

三、中华人民共和国成立后对中医的法律政策

(一)中华人民共和国成立初期中医法律政策——中医法律地位的逐渐确立

自中华人民共和国成立以来,党和国家领导人都十分重视和关注中医药事业的建设和发展问题,充分肯定了中医在中国医药学的重要地位,提出和坚持"中西医结合"的重要工作方针,毛泽东同志在这一时期发挥了关键作用。中华人民共和国成立初期,党中央就制定了"团结中西医,正确地发挥中医的力量为人民健康事业服务"的政策方针。1949 年,毛泽东同志在接见全国卫生行政会议代表时指出,"必须很好地团结中医,提高技术,搞好中医工作,发挥中医力量,才能负担起几亿人口艰巨的卫生工作任务。"在其为第一届全国卫生工作会议的题词也直接表示要"团结新老中西医",本次会议也正式将"工农兵、预防为主、团结中西医"作为我国卫生工作"三大方针"。但很显然,中央关于中医的政策精神一开始并没有被认真贯彻。余岩在此次大会上重提"废除中医"的意见,得到了卫生部副部长贺诚、王斌的支持,政府及相关部门出台的法规政策和实施的具体措施,如卫生部等相关部门于 1951 年至 1952 年出台的《中医暂行条例》、《中医师暂行条例实施细则》、《中医诊所管理暂行条例》、《关于组织中医进修学校和中医进修班》和《中医考试办法》等一系列文件在实质上都严重限制了中医的发展。比如,把中医排除在公费报销和医院门外,中医进修班鼓励中医改学西医,中华医学会拒绝中医会员,医学院不设置中医相关课程。甚至中医考试不考中医考西医,更有一些中医进修学校因设置多为中医课程而被卫生部叫

停。[1]《中医师暂行条例》的有关规定也排除了中医函授教育和师承教育获得中医师的资格。这直接导致了很多中医从业人员被迫失业。根据1953年对全国92个大中城市和165个县登记、审查的结果,合格的中医只有14,000余人,绝大多数中医被取缔。[2]1954年毛泽东同志对这种错误做法作出严厉批评,提出组织西医向中医学习、西医以“适当的态度”与中医合作的主张,并指出“重视中医、学习中医,对中医加以研究整理,并发扬光大,这将是我们祖国对全人类贡献中给的伟大事业之一。”[3]随后,中央批转中央文委党组《关于改进中医工作问题的报告》时再次强调坚持人民保健事业要“团结中西医,正确发挥中医的力量”。这一文件提出了建立中医院校、研究机构、中医院、西医师离职学习中医等一系列措施和办法,对中华人民共和国中医药的发展起到了十分重要的推动作用。中医院校、研究机构、中医院在全国范围内如雨后春笋般建立起来,招收了数万中医医生,西医学习中医的工作也取得极大进展。根据中央指示,卫生部很快出台了《加强中医工作方案》,在卫生部成立中医司,建立中医研究院,要求大医院招收中医,扩大和改进中医业务,发展中医带徒工作,改进中医进修工作,加强对中药产、供、销三个环节的全方位管理,对中医典籍进行整理和出版,吸收中医成为中华医学会会员,举办中医离职学习中医班,并废除了《中医暂行条例》和《中医考试办法》。[4]1955年,中央批准中医研究院成立,1956年分别在北京、上海、广州、成都四地正式启动建设中医研究

---

〔1〕 1950年6月广东中医药专门学校因提交给上级的教学大纲多为中医课程,中南局卫生部以“与中央政策不符”为由叫停。参见海天、易肖炜:《中医劫:百年中医存废之争》,中国友谊出版公司2008年版,第232页。

〔2〕 参见中华人民共和国卫生部中医司主编:《中医工作文件汇编(1949~1983年)》,国家中医药管理局1985年版(内部发行),第216页。

〔3〕 参见桑滨生:《关于我国的中医药政策》,载《中医药管理杂志》2006年第6期。

〔4〕 参见朱杰:《关于党的中医政策》,载《中国医药学报》1991年第1期。

院。直至1958年,全国范围内共建立了13所中医学院、数百所中医学校和中医进修学校,300余所中医医院,建立了大批中医门诊部和综合性医院中医科额中西医结合病房。[1]1958年年底,毛泽东同志在对卫生部党组《关于组织西医离职学习中医班总结报告》批示,提出西医离职学习中医以培养"中西医结合的高级医生"是"一件大事"。这一时期所实行的"中西医结合"政策使中医药获得了长足的发展,到"文化大革命"前夕,全国建立了21所中医学院,330所中医医院,中医病床达到14,000余张,中医门诊部、综合医院中医科室和中西医结合病房规模进一步扩大,28万余中医投入到全民或集体的医院工作中来,中医学院培养了近5600余名中医学生,中医学徒数量达到近6万名,"西医离职学习中医班"培养医生4000余名,另外在中医典籍和经验整理、教材编写、中药管理体系、中药剂型改革、加强农村中医工作等方面都取得了巨大的历史性进展。[2]中医在医学届乃至社会上的地位发生了根本性改变。

(二)改革开放后的中医法律政策——中医法律地位的重新确立

"文化大革命"时期,中医被视为封建迷信的"牛鬼蛇神",大批中医科研、教育、临床机构受到严重破坏,相关书籍、资料、设备被摧毁,中医从业者受到严重打压,与1959年全国中医医院1371所、中医生36.1万人相比,1977年全国中医院仅剩129所,中医从业人员减少了三分之一,中医药事业再次遭遇灭顶之灾。

党的十一届三中全会后,中央开始着手中医相关恢复工作,1978年9月中央"56号文件"批转卫生部党组《关于认真贯彻党的中医政策,解决中医队伍后继乏人问题的报告》,文件提出了重审并认真贯彻落实党的中医政策并纠正对中医药人员的错误态度、认真办好中

[1] 参见桑滨生:《关于我国的中医药政策》,载《中医药管理杂志》2006年第6期。

[2] 参见朱杰:《关于党的中医政策》,载《中国医药学报》1991年第1期。

医院校、整顿和办好中医院、加强中医药研究机构建设、继续组织西医学习中医、从集体所有制医疗机构和民间医生中选拔一批真才实学的中医到全民所有制的中医机构中来、地方基建优先考虑发展中医机构、各级党委把中医和中西医结合列入议事日程等解决中医后继乏人问题的"八项建议"。随后以邓小平、彭真为主要代表的党的领导人多次对中医药工作作出重要批示。邓小平指出:"特别要为中医创造良好的发展与提高的物质条件。""56 号文件"是改革开放以后振兴中医药事业的纲领性文件,承上启下,具有深远的历史意义。随后,相关部门在贯彻原有开展"西医离职学习中医班"等原有政策外,又成立了中华全国中医学会、为中医药从业人员确定了技术职称,鼓励中医药利用现代科技,确定了保护中药资源,保持和发扬中医特色,发展中医药事业,中西医相互配合、发挥各自优势等一系列重要方针政策。[1]1982 年 4 月由原卫生部组织的"全国中医医院和高等中医药院校建设工作会议"在湖南衡阳召开,会议强调了发展中医事业的根本方向是保持和发扬中医特色,继续加强对中医药事业的各方面支持,重视中国传统医学的传承和人才培养。1985 年中央书记处在《关于卫生工作的决定》中指出,"根据宪法发展现代医药和我国传统医药的规定,要把中医和西医摆在同等重要的地位"。重申了上述重要方针政策。1986 年国务院决定成立国家中医管理局,这提高了中医管理在体制内的地位。1987 年世界针灸协会联合会将总部设在北京。1988 年在原国家中药管理局基础上成立国家中医药管理局,扩大了其职能范围。1989 年世界医学气功学会在中国成立。"中西医并重"在 1991 年全国人大七届四次会议通过的《国民经济和社会发展的十年规划和第八个五年规划纲要》中被明确列为我国卫生工作五大方针之一。1999 年 5 月出台的《中华人民共和国执业医师法》(以下简称《执业医师法》)肯定了以师承相

---

〔1〕 参见朱杰:《关于党的中医政策》,载《中国医药学报》1991 年第 1 期。

传的传统医学者和确有专长的传统以学者参加执业医师资格和执业助理医师资格考试的权利。[1]同年7月,卫生部发布《传统医学师承和确有专长人员医师资格考核考试暂行办法》,对《执业医师法》的相关规定进行了细化,该办法首次明确了传统医学的内涵,指出中医学和少数民族医学统称传统医学,[2]并对考核考试的条件和办法作了具体规定,要求考核内容涵盖职业道德和业务水平等,考核方式包括个人述职、口试、笔试、实际操作、对其本人书写医学文书的检查等。[3]

(三)"非典"和新世纪中西医大论争与中医药发展的黄金期

1."非典"和新世纪中西医大论争始末

2002年年底中国广东地区首先爆发了"非典"(SARS)疫情,随后疫情蔓延至全国,乃至世界,2003年4月14日,"非典型性肺炎"被列为法定传染病管理,在北京确定的8家定点医院中竟无一家是中医院。与此同时广东的疫情已经得到有效控制,这里面中医功不可没。世卫组织官员专程到广州调查,认为广东省中医院采用的"中西医结合"治疗方法有可能上升为"非典"的常规治疗手段。而此时疫情严重的北京却遵循国内西医专家认为中医防治没有科学依据的观点,拒绝中医界介入。2003年4月14日广东中医药大学一附院收治患者36例,4月底共收治45例,采用西医方法确诊、中

---

〔1〕《中华人民共和国执业医师法》第11条规定:"以师承方式学习传统医学满三年或者经多年实践医术确有专长的,经县级以上人民政府卫生行政部门确定的传统医学专业组织或者医疗、预防、保健机构考核合格并推荐,可以参加执业医师资格或者执业助理医师资格考试。考试的内容和办法由国务院卫生行政部门另行制定。"

〔2〕《传统医学传承和确有专长人员医师资格考核考试暂行办法》第3条规定:"本办法所称'传统医学'是指中医学和少数民族医学。"

〔3〕《传统医学传承和确有专长人员医师资格考核考试暂行办法》第8条规定:"传统医学师承和确有所长人员的考核内容包括职业道德、业务水平等。"该暂行办法第9条规定:"考核的方式可以包括:个人述职、口试、笔试、实际操作、对其本人书写医学文书的检查等。"

医药为主治疗、再用西医方法确认痊愈,无一例死亡,医护人员无一例感染,绝大多数患者痊愈,没有留下后遗症,患者平均退烧时间3天,平均住院天数9天,与此同时,采用西医治疗的病人不仅死亡率高,即时治愈者因大量使用激素导致肺部纤维化和骨坏死的人达到三分之一以上。[1]随后,在中医界人士的呼吁下,北京终于破除偏见,让中医参与到"非典"抗争中来。因其治疗效果显著,中医作为抗击"非典"的重要力量受到中央领导人的肯定,16家定点医院全部实施中西医结合疗法。2003年6月底世界卫生组织宣布取消北京地区的旅游警告,北京抗击"非典"工作取得成功。但令人惋惜的是在各地举办的"庆功大会"中中医并没有出现在被邀请名单上,舆论和政府也鲜有提及中医的重要作用,中医在期间发挥的重要作用被很多人认为是中医界的"吹牛皮"。中西医再次论争的端倪初现。2006年中医被列入申报世界非物质文化遗产名单,几乎与此同时,新世纪中西医大论争正式拉开帷幕,这迅速扩大到医学界内外领域。一些以方舟子、何祚庥、张功耀为代表的公众人物和西医人士直斥中医为伪科学,主张"废除中医",甚至为此不惜著书立说,在网上发起"废除中医"签名活动。[2]这遭到了以高学敏、郑超强为代表的中医界人士的强烈反对。跟20世纪中西医大论争中中医界孤立无援不同,这次论争中中医界得到了来自甚至包括西医界等各方的支持,大众也更为理性,作为国内制药业领头的修正药业老总指出:"不管中医药,还是西医药,能治病救人,就是好医药。"2006年10月

---

[1] 参见海天、易肖炜:《中医劫:百年中医存废之争》,中国友谊出版公司2008年版,第216~227页。

[2] 2006年6月,张功耀在其博客上发表《告别中医中药比破除迷信更容易》拉开了本次"废除中医"大讨论的帷幕,随后又发表了《从中医药成为国家"非物质文化遗产"说起》等多篇文章,矛头直指中医药,方舟子甚至专门出版新书《科学成就健康》称医圣张仲景医学知识基本错误。参见海天、易肖炜:《中医劫:百年中医存废之争》,中国友谊出版公司2008年版,第254、257页。

卫生部正式宣布“取消中医是对历史的无知”并予以坚决反对。国家中医药管理局指出,取消中医是对科学的肆意否定,本次论争实属闹剧,“废除中医”签名活动被叫停。中医最终得到了官方支持。

2. 中医药发展的黄金期——法治为中医药发展保驾护航

自“非典”以后,中医开始逐渐受到官方更多的关注,政府开始主导并推动中医药的发展布局。2003 年国务院第三次常务会议通过《中华人民共和国中医药条例》(以下简称《中医药条例》)指出,国家保护、扶持、发展中医药事业,实行中西医并重的方针,鼓励中西医相互学习、有机结合,全面发展我国中医药事业。[1]2006 年 11 月 27 日卫生部部务会议讨论通过《传统医学师承和确有专长人员医师资格考核考试办法》(以下简称《办法》),并于 2007 年 2 月 1 日正式实施,规定出师考核和确有专长考核每年进行一次,并由相关部门对考核合格者颁发相应证书。[2]《办法》肯定了师承和确有专长人员医师资格考试是国家医师资格考试的组成部分,[3]规定了师承和确有专长人员医师资格考试方式分为实践技能考试和医学综合笔试两种,只有实践技能考试合格者才能参加医学综合笔

[1] 《中华人民共和国中医药条例》第 3 条规定:“国家保护、扶持、发展中医药事业,实行中西医并重的方针,鼓励中西医相互学习、相互补充、共同提高,推动中医、西医两种医学体系的有机结合,全面发展我国的中医药事业。”

[2] 《传统医学师承和确有专长人员医师资格考核考试办法》第 16 条规定:“出师考核每年进行一次,具体时间由省级中医药管理部门确定,考核工作开始前 3 个月在辖区内进行公告。”第 17 条规定:“出师考核合格者由省级中医药管理部门颁发由国家中医药管理局统一式样的《传统医学师承出师证书》。”第 23 条规定:“确有专长考核每年进行一次,具体时间由设区的市级卫生行政部门、中医药管理部门确定,考核工作开始前 3 个月在辖区内进行公告。”第 24 条规定:“考核合格者由负责组织考核的卫生行政部门、中医药管理部门发给由国家中医药管理局统一式样的《传统医学医术确有专长证书》,并报省级中医药管理部门备案。”

[3] 《传统医学师承和确有专长人员医师资格考核考试办法》第 25 条规定:“师承和确有专长人员医师资格考试是评价申请医师资格者是否具备执业所需的专业知识与技能的考试,是国家医师资格考试的组成部分。”

试。[1]2009 年国务院发布《关于扶持和促进中医药事业发展的若干意见》,肯定了中医药在人民卫生健康保障中的积极作用,确立了"中西医并重"、"继承与创新的辩证统一"和"政府扶持"的基本原则,并对中医医疗和预防保健服务建设、人才培养、考核评价制度、中药发展与管理、民族医药发展、中医药文化建设等工作提出了目标和要求。[2]2012 年 8 月国家中医药管理局、卫生部、人力资源部联合发布《关于实施基层中医药服务能力提升工程的意见》,指出要构建"群众支付的起、政府承受得了、财政可持续的中西医相互补充的中国特色医药卫生体制",提出了充实基层中医从业人员、诊疗设备、开展常见病多发病基本医疗和预防保健服务等多种举措。2013 年 7 月,国家中医药管理局发布了《关于加强中医护理工作的意见》,提出建立中医医疗和中医护理的区别技术性标准,充分发挥中医护理在疾病预防、老年病和慢性病防治、康复工作中的特色优势,发展中医护理教育和继续教育,成立省级中医护理质量控制中心,加大对中医护理工作的管理、考核和监督工作力度。几乎同时,国家卫生与计划生育委员会发布了《关于印发中医药健康管理服务规范的通知》,有效推动和规范了各地开展的中医药健康管理服务工作。2015 年 4 月国务院办公厅发布《关于印发中医药健康服务发展规划(2015~2020 年)的通知》,主要提出如下举措:"加强中医养生保健机构、人员、技术、服务、产品等规范管理;推动中医门诊部、中医诊所、中医坐堂医诊所规范建设和连锁发展;发挥省级药品集中采购平台作用,探索发展中医药电子商务;向社会开放所有法律未予明令禁入的中医药健康服务领域,不许搞地域保护和限制;对社

---

[1] 《传统医学师承和确有专长人员医师资格考核考试办法》第 26 条规定:"师承和确有专长人员医师资格考试方式分为实践技能考试和医学综合笔试,实践技能考试合格的方可参加医学综合笔试。"

[2] 参见《国务院关于扶持和促进中医药事业发展的若干意见》(国发〔2009〕22 号)。

会资本举办仅提供传统中医服务的医疗机构设置规划、区域卫生发展规划不作限制；允许取得乡村医生执业证书的中医药一技之长人员，在乡镇和村开办只提供经核准的传统中医诊疗服务的传统中医诊所；建立健全中医药健康服务监管机制、推行属地化管理；制定中医药健康服务机构、人员、服务、技术产品标准，完善中医药健康服务标准体系，建立适应中医药健康服务发展的职业技能鉴定体系；推进职业教育学历证书和职业资格证书'双证书'制度，在符合条件的职业院校设立职业技能鉴定所（站）；加强中医药健康服务教育培训，培养一批领军（后备）人才、骨干人才和师资。"[1]2016 年国务院发布《关于印发中医药发展战略规划纲要（2016～2020 年）的通知》，总结了我国近年来中医药发展的成就，指出了我国中医药发展现存问题，提出要完善中西医结合人才培养政策措施，建立健全西医学习中医制度，重申鼓励西医离职学习中医的政策，加强中西医高层次人才培养，改革中医医疗执业人员资格准入、执业范围和执业管理制度，探索实行分类管理制度，对中医诊所实施备案制管理允许取得乡村医生执业证书的中医药一技之长人员在乡镇和村开办中医诊所，保证社会办和政府办中医医疗机构在准入、执业等方面享有同等权利，提出推动"互联网＋"中医医疗，强化师承教育，实现与院校教育、毕业后教育和继续教育的全面对接，健全中医药法律体系，推动中医药法的颁布和实施、执业医师法、医疗机构管理条例等的修改以及相关法律、法规、规章的制定和完善，构建适应中医药发展的法律法规体系。[2]习近平总书记历来关心和重视中医药事业的发展，2016 年在其出席全国卫生与健康大会时指出："要着力

---

〔1〕 参见《国务院办公厅关于印发中医药健康服务发展规划（2015～2020 年）的通知》（国卫基层发〔2013〕7 号）。

〔2〕 参见《国务院关于印发中医药发展战略规划纲要（2016～2030 年）的通知》（国发〔2016〕15 号）。

推动中医药振兴发展，坚持中西医并重，推动中医药和西医药相互补充、协调发展，努力实现中医药健康养生文化的创造性转化、创新性发展。”经过30多年无数次立法调研、论证、起草与修改，为了更加有效地继承和弘扬中医药、促进中医药事业的健康发展，《中医药法》于2016年12月25日第十二届全国人大常委会第二十五次会议表决通过，并于2017年7月1日正式实施。[1]这是中国历史上第一次从法律层面上确立中医药事业的重要地位和发展方向，构建了符合中医药特点的管理制度，加大了对中医药事业的扶持力度，坚持扶持与规范并举，加大了对中医药违法行为的处罚力度，对于深化中国医药卫生体制改革、促进中医药事业发展及国际传播和应用、提升中华软实力具有重要意义。这也是中医药史上的里程碑。《中医药法》颁布以后，相关部门和地方政府积极贯彻和落实，制定、修订或修正原有行政法规。2017年7月31日国家卫生和计划生育委员会委主任会议讨论通过了《中医诊所备案管理暂行办法》和《中医医术确有专长人员医师资格考核注册管理暂行办法》。中医诊所由许可管理变为备案管理，申请时限由以往的至少三个月变为了一次办结。[2]而《中医药法》规定的中医医术确有专长者的医师资格考核制度也有了更明确的指引和依据。2017年12月1日河北省第十二届人大常委会第三十三次会议表决通过《河北省中医药条例》，这

〔1〕 从20世纪80年代就有人提出制定中医药法，2009年《中共中央国务院关于深化医药卫生体制改革的意见》明确要求加快中医药立法工作，2011年12月原卫生部向国务院报送《中医药法草案(送审稿)》，2015年12月国务院将中医药法草案提请全国人大常委会审议。全国人大常委会于2015年12月、2016年8月、2016年12月三次审议并予以通过。

〔2〕 《中医诊所备案管理暂行办法》第4条规定：“举办中医诊所的，报拟举办诊所所在地县级中医药主管部门备案后即可开展执业活动。”该办法第8条规定：“县级中医药主管部门收到备案材料后，对材料齐全且符合备案要求的予以备案，并当场发放《中医诊所备案证》；材料不全或不符合备案要求的，应当当场或者在收到备案材料之日起五日内一次告知备案人需要补正的全部内容。”

是继中医药法实施后首个完成修订的中医药地方性法规,随后,各地纷纷出台中医药条例和中医医术确有专长人员医师资格考核注册管理实施细则等。截至2018年6月中旬,全国备案中医诊所数量就达到了3500多家,与上一年度全年开办中医诊所数量持平。“中医药+互联网”模式不断取得突破,中医药出口取得逆势增长,中医走向世界,与多个国家签订了战略合作协议。

四、对近代以来中医法律政策的分析和反思与中医药法律制度的完善

(一)近代中医法律地位和内涵的变迁

近代以来,中医药在包括西方近代医学的科学技术冲击中风雨飘摇,几起几落。清末太医院的取消,正式宣告中医在中国医学领域几千年以来的主导地位终结,这也是中国医学史上的重要转折点,从此揭开了近代官方排斥和打压中医的序幕。民国时期颁布的一系列法规政策拒斥中医参加医师资格考试,不把中医知识列入高等教育课程……几乎完全将中医排斥在体制之外。中医界人士的拳拳努力在高举西方民主和科学大旗的变革历史大潮中显得苍白无力。这一时期可以说是中医有史以来的最大灾难——法律不仅排斥为中医药提供保护,甚至尽其所能地摧毁中医药。中医一度沦为“过街老鼠”,多数中医医生成为“非法行医”。“官医”沦为“非法医”,“法律”扮演了重要帮凶。这一现象直到中华人民共和国成立才得以开始改变,官方充分肯定了中医在中国医学中的重要地位,提出了“团结中西医”和“中西医结合”等多个方针,采取了“西医离职学习中医”、“整理中医典籍”、编写中医教材、废除不利于中医发展的“条例”和“办法”、要求中华医学会吸收中医成员、成立中医学院等多项措施,使中医在体制内和社会上的地位发生了根本性改变。经过“文化大革命”的破坏和打压后,中医体量再次被空前削弱。党的十一届三中全会后,重申了党的中医政策,继续执行“文化

大革命”前的措施和办法外，又成立了中华全国中医学会、确定中医从业人员技术职称、鼓励中医运用现代科学技术，等等，这些措施为中医发展提供了良好的物质条件和体制环境。但这一阶段，虽经过“拨乱反正”，中医得到很大程度的恢复，但依然是基本以西医管理制度管理中医，甚至在高等医学教育中极少见到中医药科目。“非典”以后，中医迎来了其发展的黄金期。2003 年国务院第三次常务会议通过《中医药条例》指出，国家保护、扶持、发展中医药事业，实行中西医并重的方针，鼓励中西医相互学习、有机结合，全面发展我国中医药事业。[1]2006 年出台的《传统医学师承和确有专长人员医师资格考核考试办法》更是标志着中国官方在制定政策法规时候开始关注中医药本身的特点。2015 年 4 月国务院办公厅发布的《关于印发中医药健康服务发展规划（2015 ~ 2020）的通知》要求“制定中医药健康服务机构、人员、服务、技术产品标准，完善中医药健康服务标准体系，建立适应中医药健康服务发展的职业技能鉴定体系”。2016 年，国务院发布《关于印发中医药发展战略规划纲要（2016 ~ 2020）的通知》更是直接指出要“构建适应中医药发展的法律法规体系”。同年由全国人大常委会通过的《中医药法》更是中国历史上第一次在法律上肯定中医药的价值和地位，完成了构建符合中医药特点管理制度的框架结构。随后相关部门和地方政府出台了多项法规、规章，使中国特色中医药管理制度不断完善。这其中，随着中医的法律政策由“完全排斥和打压”到“歧视和限制”再到“重视和保护”，又到“保护和规范并重”，中医药的社会地位从官医到跌落神坛成为民间散医又成为与西医并重的重要医学力量，其内涵也经历了由传统医学（汉族医学）到汉族医学（传统医学的一部分）再到中医

[1] 《中医药条例》第 3 条规定：“国家保护、扶持、发展中医药事业，实行中西医并重的方针，鼓励中西医相互学习、相互补充、共同提高，推动中医、西医两种医学体系的有机结合，全面发展我国的中医药事业。”

药(汉族医学和少数民族医学的统称)的演变,其功能定位也产生了由“救死扶伤”(主导医学)到“封建迷信伪科学”(被抛弃)再到“预防保健养生”(治未病、康复、养生)的转变。其中滋味,多少有点断臂求存的蕴意,令人唏嘘。

(二)对近代以来中医药法律政策变迁的反思和中医药现行法律制度的完善

虽然近代以来中国社会经历沧桑巨变,但是经过多方人士的据理力争和长期努力,中医还是被保存和发展下来了。这当然有传统文化更深层次的内在原因。就法律政策而言,不难发现,凡是法律不重视并拒绝为中医药提供保护时,中医药就会迅速被排挤出体制之外,甚至难以为继;凡是法律重视并保护、扶持时,中医药便会迎来快速振兴和发展时期。法律对于中医药事业的发展之作用不言而喻。《中医药法》通过以来,中国政府正在加快构建符合中医药特点的中国特色中医药管理制度,将“中西医并重”的方针写入法律,继续实行“中西医结合”“中西医相互学习”等多种举措。官方为扶持和发展中医药事业做出的努力虽值得肯定,但依然暴露出很多问题:

(1)中医定位依旧尴尬。法律虽然确立了“中西医并重”的方针政策,但从一系列文件解读中不难看出,官方将中医的“特色和优势”仍然定位在了“预防、保健、养生”等辅助治疗上,这与中医本身在中国医学史中的角色并不相称,在一定程度上,中医在治疗疾病尤其是重症杂症方面的作用仍然没有受到应有重视。〔1〕虽然《中医药法》也有提及,但多在于“防”,在具体实施中也更多关注“防”与

〔1〕 比如2013年7月,国家中医药管理局发布了《关于加强中医护理工作的意见》指出要充分发挥中医护理在疾病预防,老年病和慢性病防治、康复工作中的特色优势。又如《中华人民共和国中医药法》第18条规定:“县级以上政府应当发展中医药预防、保健服务,并按照国家有关规定将其纳入基本公共卫生服务项目统筹实施。”

"复"。[1]笔者以为,治未病和病后复健是中医的特色和优势,但并非其特色之全部,也非中医药之最主要功能,"非典"疫情中中医所体现的独特优势和"青蒿素"的发明也充分印证了这一点,法律政策过于强调保护其特色部分反而更容易失去其最重要之功能——治病以救死扶伤。在对中医的特点和经验进行总结的时候不能以西方科学的标准去作以衡量,这也是在经历近代浩劫之后时至今日中国人越来越重视从自身文化和历史经验中寻找现实问题的解决方案的启示——西方的民主与科学标准是植根于西方特定历史和环境所建立起来的,其中有些是可为我所用的,有些却是值得怀疑和反思的,简单地以西方标准解释中国医学、中国文化与伦理是非科学的、不合适的,因此,在制定法律和政策时既要吸收世界普适性的先进思想和标准,也要从中国文化和历史经验中挖掘和提炼中国的先进思想和标准,去更好地、正确地、辩证地理解中国问题,才能制定更适合中国国情的、更有利于中国自身发展的法律和政策,从而推动中国制度完善与创新。

(2)中医法律法规体系仍需进一步完善。这体现为:①法律框架仍不完整。自《中医药法》颁布以来,虽然相关部门和地方立法和行政机关制定、修订、修改了一系列条例、办法和实施细则,但与之联系甚密的《执业医师法》和《医师资格考试暂行办法》等法律法规仍未修改,在一定程度上影响了《中医药法》的实施效果。[2]比如《执业医师法》规定,只有通过国家执业(助理)医师资格考试并合法

---

〔1〕 比如《中华人民共和国中医药法》第41条规定:"国家采取措施,加强对中医药基础理论和辩证论治方法,常见病、多发病、慢性病和重大疑难疾病、重大传染病的中医药防治,以及其他对中医药理论和实践发展有重大促进作用的项目的科学研究。"

〔2〕《中华人民共和国中医药法》第15条规定:"从事中医医疗活动的人员应当依照《中华人民共和国执业医师法》的规定,通过中医医师资格考试取得中医医师资格,并进行执业注册。中医医师资格考试的内容应当体现中医药特点。"

注册,才能获得医师资格,这对经考核获得医师资格的规定是构成制度障碍的,需要予以解决。②具体规定仍需细化。比如《中医药法》第16条第1款所规定的“与中医师专业相关的现代科学技术方法”的界定不明确,哪些是“与中医师专业相关的现代科学技术方法”需要法律法规作进一步说明,“经过考试取得医师资格的中医医师按照国家有关规定,经过培训、考核合格后,可以在执业活动中采用与其专业相关的现代科学技术方法”中的“考试”如何解释,是否可以作包括考核的扩大解释,如果不包括经考核获得医师资格的中医医师,其立法合理性在哪,既然都需要经过培训、考核合格,为什么要否定经考核获得医师资格的中医医师在执业活动中运用相关现代科学技术方法的权利?〔1〕另外,关于拔罐、推拿的定性问题,〔2〕还有《中医医术确有专长人员医师资格考核注册管理暂行办法》(以下简称《暂行办法》)关于中医医术确有专长人员医师资格考核申请的规定,〔3〕在实施过程中,地方做法不完全相同,比如广东省规定推荐医师只能是本省以内且专业相关的执业医师,鉴于本地域相关领域中医医师可能较少、同业竞争、互相没有业务往来拒绝推荐等

〔1〕《中华人民共和国中医药法》第16条规定:“中医医疗机构配备医务人员应当以中医药专业技术人员为主,主要提供中医药服务;经考试取得医师资格的中医医师按照国家有关规定,经培训、考核合格后,可以在执业活动中采用与其专业相关的现代科学技术方法。在医疗活动中采用现代科学技术方法的,应当有利于保持和发展中医药特色和优势。”

〔2〕参见黎志敏、蒋川、杨思进:《〈中医药法〉实施后急需解决的四个问题》,载《医学和法学》2018年第5期。

〔3〕《中医医术确有专长人员医师资格考核注册管理暂行办法》第5条规定:“以师承方式学习中医的,申请参加医师资格考核应当同时具备下列条件:‘(一)连续跟师学习中医满五年,对某些病症的诊疗,方法独特、技术安全、疗效明显,经指导老师评议合格;(二)由至少两名中医类别执业医师推荐,推荐医师不包括指导老师。’”

因素，是否在一定程度上增加了考核申请难度。〔1〕与此同时，河南省的相关规定却与该《暂行办法》的规定基本一致。〔2〕如此，是否会导致考核申请资格的正当性受到挑战，比如由本区域外本专业中医类别执业医师或其他专业执业中医医师推荐是否另需提供更多证明，需要提供什么证明，未有提及。笔者以为，这需要法律法规予以统一和明确。

（3）法律需要加强对中医教育的扶持和规范。《中医药法》明确了中医药教育的实践与理论相结合、传统教育方式与现代教育方式相结合的教育方针。并规定了中医药学校教育、师承教育、对中医医师和基层中医药从业人员的培训培养、中西医结合教育、中医药继续教育各种教育途径。另外，规定国家要采取措施对相关古籍文献、名家思想和诊疗经验、民间中医药技术方法整理、研究和利用。但却没有提及中医教材的整理、编写。另外，在具体实施中，对大学医学院开展中医课程也鲜有规定，很多医学院校不开或少开中医课程，导致中医课程融入高等医科教育仍然困难。中医教育事关中医药人才的培养，而中医教材和中医课程事关中医教育的未来，必须予以重视和明确、鼓励与扶持。法律在中医教育中应该发挥更大作用，作更具体的明确和指引。

---

〔1〕《广东省卫生和计划生育委员会广东省中医药局关于中医医术确有专长人员医师资格考核注册管理的实施细则》第5条规定："以师承方式学习中医的，申请参加医师资格考核应当同时具备下列条件：'（一）在本省医疗机构连续跟师学习中医满五年，指导老师在广东省行政区域内执业；（二）对某些病症的诊疗，方法独特、技术安全、疗效明显，经指导老师评议合格；（三）由至少两名本省中医类别执业医师推荐，且专业相关，推荐医师不包括其指导老师。'"

〔2〕《河南省中医确有专长人员医师资格考核注册管理实施细则（暂行）》第7条规定："在河南行政区域内，以师承方式学习中医的，申请参加医师资格考核应当同时具备下列条件：（一）连续跟师学习满五年（自拜师合同公证之日算起，下同），掌握中医基本理论技能，对某些病症的诊疗，方法独特、技术安全、疗效确切，经指导老师评议合格；（二）由至少两名中医类别执业医师推荐，推荐医师不包括其指导老师。"

(三)总结

几千年来,中医药为中华儿女的生存、延续作出了巨大贡献,却在近代以来坎坷沉浮、命运多舛,但依旧被继承和发展下来。这一事实即证明了中医药的存在具有现实和理论合理性。就法律政策而言,纵观中国近代史,凡是法律拒斥和打压中医药,则中医药几近废弛,凡是法律扶持和保护中医药,则中医药振兴。任何事物都是在不断发展变化之中,任何事物之间也是在相互影响,可以说现代中医药除了自己的发展以外,其实也已经糅合了太多的西方因素,而西医在这个过程中也不断吸收了包括中医的一些先进经验。一方面,中医药的合理性和合法性的法理基础必须植根于中国传统文化之上,辩证运用西方先进科学标准去伪存真,从而对中医药的法律地位、内涵和发展方向作出准确定位,既要体现传统中医药的特点,又不能将中医药囿限于传统中医药的枷锁中画地为牢。另一方面,要在具体制度上,法律要为包括中医在内的传统文化保驾护航,就中医药法律制度而言,要在尊重其自身特点的同时,“保护和规范并重”,宽严有度,不断实现其医师资格、执业规范、教育与继承等制度的创新和完善,以使中医药事业不断发展,为人类健康卫生服务。中医药法律制度也当然构成中国特色社会主义法律制度的一个重要组成部分。

学术聚焦

【编者按】 本期“学术聚焦”栏内，我们聚焦于唐代法制文明。我们选编了两篇文章，第一篇侧重于唐前期法制文明的述论，而第二篇则在学界已有研究的基础上，进一步申论了唐代法制文明的域外影响。这两篇文章主要不在于细究唐律制度，而是从宏观的文明角度上立论，有一定的新意。

唐前期法制文明探析

曹京徽*

【摘要】 作为中国历史上占有举足轻重地位的朝代，唐朝政治、经济、文化、外交等的发展水平和繁荣程度在中华民族发展史上都留下了浓墨重彩的光辉篇章。根植于其时物质生活、社会生活、文化生活的土壤，唐朝法制特别是高祖至武则天统治时期的唐朝前期法制，[1]也成为中华法制文明史上极为辉煌的一页。本文以唐朝前期法制的整体作为研究对象进行系统研究，力图从行政法、民事经济法、刑法、社会保障法等多角度入手，剖析这一时期法制的指导思想和立法特点，探讨其中仍具有现代意义的积极因素，并就唐朝前期法制文明的影响和借鉴意义进行探析。

【关键词】 法制文明　唐朝前期　影响

"法制"一词古已有之，《管子·法禁》即有"法制不议，则民不相私"的记载。一般而言，法制是法律和制度的总称，既包括静态的法律制度，从广义上讲还包括其制定、实施、监督等动态过程。法制文明是对法制的价值功能判断，代表的是法制中符合社会发展要求和

---

* 作者系中国政法大学法学院博士研究生。

[1] 指唐高祖李渊至武则天统治时期。武则天虽改唐为周，然一般仍将其视为唐朝的一部分。需要说明的是，作为唐代行政法大成的《唐六典》虽成书于玄宗时期，但主要内容为唐朝前期行政立法成果的汇集，因此基于研究完整性、客观性考虑，一并把《唐六典》纳入前期的研究范围。如无特别说明，本文中的唐朝前期均指这一时期。

方向的正面因素。唐朝作为中国历史上占有举足轻重地位的朝代,其前期法制,也成为中华法制文明史上极为辉煌的一页。对唐朝前期法制文明的全面梳理和深入研究,既是法制史研究的题中应有之义,也能为今天健全社会主义法制建设提供有益借鉴。

无论是学术专著还是研究论文,关于唐朝前期法制的着墨颇多。其中系统探讨法制文明的,有张晋藩的《中华法制文明史》以及张晋藩、陈煜合著的《辉煌的中华法制文明》等,上述著作将唐作为重要内容,论述了唐朝的法律思想,并从刑事、民事、经济、行政、涉外等多方面,较为系统地梳理了唐朝法制文明的基本脉络。而对于唐朝法制某一门类的研究作品,则更为丰富。如杨廷福的《唐律初探》运用历史文献学方法,对唐律的制作年代、实施、刊本、避讳等问题进行了论述,是中华人民共和国成立后较早系统研究唐律的专著。乔伟的《唐律研究》从刑法学角度对唐律进行探讨,论述了唐律的形成、总则以及各项刑罚原则,并运用分类撰述的方法,分析了各项具体罪名。钱大群的《唐律研究》主要论述了唐律的制定修改、刑罚制度、犯罪形态等。王立民撰写的《唐律新探》,注意运用比较方法体现唐律的特点、作用和地位等,不再就唐律而论唐律,而是形成了从唐律的法律思想到结构、实施、后世对其变革及与外国法典的比较等整体结构系列。

与此同时,学术界把对唐律的研究也从传统的刑法视角拓展至民法、经济法、诉讼法、司法体制等维度,多方面挖掘唐律的价值。如张中秋的《唐代经济民事法律述论》专论唐代中国的经济民事法律问题,岳纯之的《唐代民事法律制度论稿》,“力求用现代的法学理论解释中国古代社会中具有典型意义的唐代有关婚姻、家庭、契约等方面的法律制度”。随着对现实问题的关注,学术界向古人取经的现象也大量出现,社会保障也日益受到法制史学研究人员的青睐。如郭成伟、王广斌的《公平良善之法律规制:中国社会保障法制探究》,韩淑红的《基于救助的唐朝社会保障制度研究》,裴恒涛的

《唐代社会保障制度体系研究》等,都是对唐代社会保障制度进行研究的范例。

本文从行政法、民事法律、经济法、刑法、社会保障法五个角度,详细阐述了唐朝前期法制文明的具体内容。

一、调动行政主动性与强化行政监督的行政法内容

唐朝的行政法律规范包括律、令、格、式,《唐律疏议》旨在对官吏职务犯罪进行惩罚,《唐六典》则是对官员行政的规制。通过上述行政法律体系,唐朝在严格约束官员行政、加强监督的同时,也通过完善考课等奖惩机制,调动官员主动性、积极性。

(一)明定岗位职责,明确行为规范

唐律对机构设置、人员编制都作出了明确的法律规定,"内外百司杂任以上,在令各有员数"[1]在行政程序、办事程限、公文送达、考勤制度等方面,也制定了详细制度。如唐律规定官吏行政必须遵守办事程序,如果"称律、令及式条内,有事不便于时者,皆须辨明不便之状,具申尚书省",不能擅自更改,否则即为犯罪。在办事程限(时限)方面,唐代法令明确规定,王命制书,要在"百刻之内""即日行下"。对各类文书的签发与检核,唐律规定:"凡内外百司所受之事,皆印其发日,为之程限,一日受,二日报。小事五日,中事十日,大事二十日,狱案三十日,其急务者不予焉。"[2]

(二)注重加强对官员的管理,通过律、令、格、式四种形式来强化约束

"令者,尊卑贵贱之等数,国家之制度也;格者,百官有司之所常行之事也;式者,其所常守之法也。凡邦国之政,必从事于此三者。

---

[1] (唐)长孙无忌等:《唐律疏议》;刘俊文:《唐律疏义笺解》,中华书局1996年版,第693页。

[2] (唐)李林甫等撰:《唐六典》,陈仲夫点校,中华书局2014年版,第11页。

其有所违及人之为恶而入于罪戾者,一断以律。"[1] 在令、格、式方面,令是国家组织制度方面的有关规定,唐玄宗开元时期所定令共27篇,1546条。[2] 格是皇帝临时颁布的各种敕令,式是中央各部门制定的公文程序和行政管理活动的细则。开元年间制定的《唐六典》,对格、式有较为系统的记载,其调整对象和范围更接近现代意义上的行政法概念。《唐六典》规定了中央各部门的机构职能、人员编制、权力运行机制以及各部门沟通协调的关系,同时对官吏选拔任用和考核、奖惩制度等责任制度进行了明确规定。为官员依法行使职权划定了范围、列明了机制,同时也为监察机构监督提供了依据和标准,是唐代"以法治吏"的典型体现。张晋藩在其《中华法治文明史》一书中认为《唐六典》"已经达到初步的行政法典的水平"。[3]

(三)加强官吏考课,实现奖惩结合,调动官员积极性

唐代官吏考课有内、外考之分。皇帝亲自主持内考,对象为三品以上京官、五大都督等外员以及皇亲国戚。而对其他官员的"外考"则由吏部考功司官员负责。"每岁,尚书省诸司具州牧、刺史、县令殊功异行,灾蝗祥瑞,户口赋役增减,盗贼多少,皆上于考司。"[4] 除"流内、流外官考前厘务不满二百日"[5] 者不参加当年的考课外,其他任何人一经入仕,都必须参加考课。考课的要求有"四善""二十七最",并将考课情况与薪酬待遇、升迁相结合,"凡考,中上以上,每进一等,加禄一季;……中品以下,四考皆中中者,进一阶;……有下

[1] (宋)欧阳修、宋祁撰:《新唐书》,中华书局2000年版,第925页。

[2] 唐令今已散佚,日本学者仁井田陞《唐令拾遗》一书,复原唐令715条,参见[日]仁井田陞:《唐令拾遗》,栗劲等编译,长春出版社1989年版。

[3] 张晋藩:《中华法治文明史》,法律出版社2013年版,287页。

[4] (宋)欧阳修、宋祁撰:《新唐书》,中华书局2000年版,第784页。

[5] (唐)李林甫等撰:《唐六典》,陈仲夫点校,中华书局2014年版,第42页。

下考者,解任”。[1] 通过考课度建立的能者上、庸者让、劣者汰机制,极大地调动了行政的主动性。

(四)加强对官员犯罪的惩处

《唐律疏议》关于打击职务犯罪的规定达150多条,占全部条文的三成,旨在用刑罚规制贪污渎职腐败等行为。对重点范围内的官员也进一步加强监督力度,《唐律疏议》对那些对所管辖部门、事务及官吏民人负有监督领导职责的“监临官”和专门负责某事的“主守官”,进行了“重点关照”,对其犯罪行为加重处罚。如规定监临官与主守官盗窃自己所监管的官府财物,按窃盗罪加二等论处,赃物的价值达到绢30匹,处绞刑,而唐律中普通百姓犯窃盗罪是没有死刑的,这充分体现了唐律重惩官吏的精神。

二、均衡国家与民间利益的民事法律内容

在重公权、轻私法的传统观念影响下,唐朝前期法制并没有改变重刑轻民的倾向,但是随着商品经济的发展和财产关系的复杂化,为民事法律的发展奠定了坚实的社会经济基础,在维护唐帝国统治秩序的前提下,也或明或暗地集聚着现代民法的若干价值追求,努力地平衡着国家与民间利益。

(一)加强对动产等私有产权的保护

对动产所有权的保护,唐律进行了详细规定,涉及范围广泛。如“孳息”,唐律规定“生产蕃息者,谓婢产子,马生驹之类”。[2] 同时对“孳息”的处分,也进行了详细规定,“‘生产蕃息’,本据应产之类而有蕃息。若是兴生、出举而得利润,皆用后人之功,本无财主之力,既非孳生之物,不同蕃息之限,所得利物,合入后人。其有展转

[1] (宋)欧阳修、宋祁撰:《新唐书》,中华书局2000年版,第784页。

[2] (唐)长孙无忌等:《唐律疏议》;刘俊文:《唐律疏义笺解》,中华书局1996年版,第328页。

而得,知情者,蕃息物并还前主;不知情者,亦入后人"。[1] 这是现代民法中善意取得思想的具体体现。此外,唐律还对损害赔偿进行了规定,如"诸以赃入罪,正赃见在者,还官主",[2] 相当于现代民法的返还财产。如果不能归还原物,则受害者可以根据唐律中的"诸负债违契不偿"[3] 条款行使物上请求权。

(二)尊重意思自治,维护正常经济秩序

唐律加大对债权人利益的保护,保护合法的债权债务关系。唐代借贷关系的成立以双方当事人"合意"为基础,并在"合意"的基础上订立契约,"诸公私以财物出举者,任依私契,官不为理"。[4] 但同时为保护借贷人权利,防止高利贷,又对利息进行限制,"每月取利,不得过六分。积日虽多,不得过一倍"。[5] 这说明借贷契约的有效成立必须建立在双方当事人合意之上,但为体现公平原则,对契约部分条款官方也会进行适当干预,一方面为交易行为提供了可参照的依据;另一方面也可以预防纠纷的产生。此外唐律还对保证及连带责任进行了明确,"如负债者逃,保人代偿"。[6]

(三)划分民事权利能力和行为能力

民事权利能力和民事行为能力是现代民法的基础性制度之一。唐律认为,作为权利主体的人并不平等,"诸习学文武者为士,肆力耕桑者为农,巧作贸易者为工,屠沽兴贩者为商。工商之家不得预

〔1〕(唐)长孙无忌等:《唐律疏议》;刘俊文:《唐律疏义笺解》,中华书局1996年版,第329页。

〔2〕(唐)长孙无忌等:《唐律疏议》;刘俊文:《唐律疏义笺解》,中华书局1996年版,第328页。

〔3〕(唐)长孙无忌等:《唐律疏议》;刘俊文:《唐律疏义笺解》,中华书局1996年版,第1803页。

〔4〕[日]仁井田陞:《唐令拾遗》,粟劲等编译,长春出版社1989年版,第789页。

〔5〕[日]仁井田陞:《唐令拾遗》,粟劲等编译,长春出版社1989年版,第789页。

〔6〕[日]仁井田陞:《唐令拾遗》,粟劲等编译,长春出版社1989年版,第789页。

于士,食禄之人不得夺天下人之利”。[1] 关于民事行为能力,唐代把年龄与承担的徭役和赋税挂钩,不同时期关于丁年的差别常常是应国家人口的多少与徭役的需要而定。高祖武德七年定令,男女“始生者为黄,四岁为小,十六为中,二十一为丁,六十为老”。[2] 后来又改丁的起始年龄为二十二岁、二十三岁。隋末唐初,大规模战乱导致的人口减少和经济凋敝,统治者为了使更多的劳动力投入社会生产中,规定的成丁年龄较小,而到了唐中期,随着社会经济好转和繁荣,统治者提高成丁的年龄在很大程度上是为了安抚民心,也促进了社会的稳定发展。

三、强调稳定性与规范性的经济法律内容

(一)户籍

1. 健全户籍登记制度。唐朝建立了一套完整的户籍管理体制,户部“掌领天下州县户口之事”,[3] 地方上不仅州县长官有掌管“户口赋役增减”的职责,还分设司户参军、司户协助长官专司户籍管理。登记户籍时,历经手实、户籍、计账自下而上三个环节,“每一岁一造计帐,三年一造户籍。县以籍成于州,州成于省,户部总而领焉”。[4]

2. 完善户籍登记内容。户籍上不仅有姓名、年龄、性别等基本信息,还注明相貌、身体特征(如残疾)、良贱之分等。同时对户口分等,“凡天下之户,量其资产,定为九等”,并“辨天下之四人,使各专其业:凡习学文武者为士,肆力耕桑者为农,功作贸易者为工,屠沽兴贩者为商”。[5] 为了防范造假欺诈,唐朝还建立了“貌阅”制度,

---

[1] [日]仁井田陞:《唐令拾遗》,栗劲等编译,长春出版社1989年版,第154页。
[2] (后晋)刘昫等撰:《旧唐书》,中华书局1975年版,第2089页。
[3] (唐)李林甫等撰:《唐六典》,陈仲夫点校,中华书局2014年版,第64页。
[4] (唐)李林甫等撰:《唐六典》,陈仲夫点校,中华书局2014年版,第74页。
[5] (唐)李林甫等撰:《唐六典》,陈仲夫点校,中华书局2014年版,第74页。

通过现场核对，以防止虚报年龄或其他信息。

3. 加强人口管控。唐朝实行乡保制，百户为一里，五里为一乡，“里及村、坊皆有正，以司督察。里正兼课植农桑，催驱赋役”。“四家为邻，五家为保。保有长，以相禁约。”[1]保内有纠举不法的义务，“同伍保内，在家有犯知而不纠者，死罪徒一年，流罪杖一百，徒罪杖七十”。[2]

（二）田制

唐朝实行均田制，按户按丁分别授予不同数量的“世业田”“口分田”。“诸丁男、中男给田一顷，笃疾、废疾给四十亩，寡妻妾三十亩，若为户者加二十亩。所授之田，十分之二为世业，八为口分。世业之田，身死则承户者便授之，口分则收入官，更以给人。”[3]为保证田地的稳定，维护农业生产，唐律严厉打击私自买卖土地的行为，“诸卖买田，皆须经所部官司申牒，年终彼此除附。若无文碟辄卖买，财没不追，地还本主”。[4] 另外，唐律还对“占田过限”“盗耕种公私田”“妄认公私田”等不法行为进行规制，对“在官侵夺私田”即居官挟势、侵夺百姓私田者，规定“一亩以下杖六十，三亩加一等；过杖一百，五亩加一等，罪止徒二年半。园圃，加一等”，[5]通过刑罚依法保障百姓的土地产权。

（三）漕运

得益于李唐开国以来休养生息的政策，都城长安所在的关中地区官员人口不断增加，对粮食物资的需求日益增多，“关中号称沃

---

〔1〕（唐）李林甫等撰：《唐六典》，陈仲夫点校，中华书局2014年版，第73页。

〔2〕（唐）长孙无忌等：《唐律疏议》；刘俊文：《唐律疏义笺解》，中华书局1996年版，第1680页。

〔3〕［日］仁井田陞：《唐令拾遗》，栗劲等编译，长春出版社1989年版，第540页。

〔4〕［日］仁井田陞：《唐令拾遗》，栗劲等编译，长春出版社1989年版，第561页。

〔5〕（唐）长孙无忌等：《唐律疏议》；刘俊文：《唐律疏义笺解》，中华书局1996年版，第977页。

野,然其土地狭,所出不足以给京师、备水旱,故常转漕东南之粟"。[1] "自高宗已后,岁益增多",[2]由此对漕运这一当时重要运输形式的依赖日重。为改革漕运弊病,玄宗时期对漕运制度进行了改革,形成了分段运输、节级转送的漕运制度,"于河口置武牢仓,巩县置洛口仓,使江南之舟不入黄河,黄河之舟不入洛口。……节级转运,水通则舟行,水浅则寓于仓以待,则舟无停留,而物不耗失"。[3]这样大大提高了运输效率,节约了成本,"凡三岁,漕七百万石,省陆运佣钱三十万缗"。[4] 随着漕运的日益重要,其管理部门也发生变化。唐初,户部度支司掌管"水陆道路之利",[5]开元时期,设转运使这一初时临时后渐渐固定下来的使职差遣官掌管,这是漕运行政管理体制上的一大变化,开元二十二年(734 年)上任的裴耀卿成为首位漕运转运使。

(四)赋税政策——满足国家财政需要的前提下适当减轻百姓负担

租庸调制是唐沿袭隋朝,在均田制的基础上实行的一种赋役制度,征收以民户授田为基础和前提。《新唐书·食货志》记载:"唐之初时,授人以口分、世业田,而且之以租、庸、调之法。"而租庸调的征收方法则是"课户每丁租粟二石。调则随乡土所产,绫绢絁各二丈,布加五分之一。输绫绢絁者,兼调绵三两;输布者,麻三斤。凡丁,岁役二旬,若不役,则收其庸,每日三尺。有事而加役者,旬有五日免调,三旬则租调俱免"。[6] 可以看出,唐代的课税对象为田、户、身,三者之间联系密切,统一征收使赋役量比较稳定,且相关制度规

---

[1] (宋)欧阳修、宋祁撰:《新唐书》,中华书局 2000 年版,第 1365 页。
[2] (宋)欧阳修、宋祁撰:《新唐书》,中华书局 2000 年版,第 1365 页。
[3] (宋)欧阳修、宋祁撰:《新唐书》,中华书局 2000 年版,第 1366 页。
[4] (宋)欧阳修、宋祁撰:《新唐书》,中华书局 2000 年版,第 1366 页。
[5] (唐)李林甫等撰:《唐六典》,陈仲夫点校,中华书局 2014 年版,第 80 页。
[6] (后晋)刘昫等撰:《旧唐书》,中华书局 1975 年版,第 2088 页。

定得也较为清楚,“这样既把农民置于国家控制之下,又将其束缚在土地之上,既满足国家最大限度的剥削,又使农民在法定的范围内能够承受的起”。[1] 唐德宗建中元年(780年),又推行两税法取代租庸调法,以解决“王赋所入无几”的财政窘境。两税法实际上是将各种税负统一,“凡百役之费,一钱之敛,先度其数而赋于人,量出以制入”,[2]这多少改变了课役不均、主要摊派在农民头上的状况,也及时解决了国家的财政危机。

(五)钱法

1.改革钱制。隋末行五铢白钱,唐高祖即位以后,一方面有感于五铢钱“既渐讹滥,质贱价轻”,同时又鉴于“天下盗起,私铸钱行,千钱初重二斤,其后愈轻,不及一斤,铁叶、皮纸皆以为钱”[3]的混乱局面,于是在武德四年(621年),“铸‘开元通宝’,径八分,重二铢四参,积十钱重一两,得轻重大小之中,其文以八分、篆、隶三体”。[4]“开元通宝”的铸行,正式开启了我国古代钱制的“通宝钱”时代。

2.打击恶钱。通宝钱推行以后,“盗铸渐起”,[5]社会上逐渐出现了以次充好、质地不纯的“恶钱”,“以一善钱售五恶钱,民间藏恶钱以待禁驰”。[6] 为严厉打击“恶钱”,唐朝在刑法上进行了严厉规制。唐律专设“私铸钱”条,并区分犯罪完成、未遂等不同阶段予以规制,规定“私铸钱者,流三千里;作具已备,未铸者,徒二年;作具未备者,杖一百。若磨错成钱,令薄小,取铜以求利者,徒一年”。[7] 徒流主导成为唐朝前期规制盗铸犯罪的基本依据。后为应对愈发猖

[1] 张晋藩:《中华法制文明的演进》,法律出版社2010年版,第428页。

[2] (后晋)刘昫等撰:《旧唐书》,中华书局1975年版,第3421页。

[3] (宋)欧阳修、宋祁撰:《新唐书》,中华书局2000年版,第1384页。

[4] (宋)欧阳修、宋祁撰:《新唐书》,中华书局2000年版,第1384页。

[5] (宋)欧阳修、宋祁撰:《新唐书》,中华书局2000年版,第1384页。

[6] (宋)欧阳修、宋祁撰:《新唐书》,中华书局2000年版,第1384页。

[7] (唐)长孙无忌等:《唐律疏议》;刘俊文:《唐律疏义笺解》,中华书局1996年版,第1779页。

獗的盗铸犯罪,高宗时期又加大了刑罚力度,“私铸钱造意人及勾合头首者,并处绞,仍先决杖一百;从及居停主人加役流,各决杖六十”。[1] 同时鼓励举报,“若有纠告者,即以所铸钱毁破并铜物等赏纠人”,[2]开创了以涉案赃钱酬赏的制度。

四、整齐划一、宽严相济的刑法内容

《唐律疏议》虽然是刑、民、诉讼等诸法合体的编纂体例,但究其内容和实质,称其为唐代刑事法典或更为贴切。从现代意义上来看,《唐律疏议》对刑法总则和刑法分则的规定既详尽完备又突出重点,突出体现了刑法维护统治阶级的国家属性。

(一)关于体例结构

以现代法律体例视角来看,第1篇《名例》为《唐律疏议》的总则,“名者,五刑之罪名;例者,五刑之体例”。[3] 后11篇为《唐律疏议》的分则,[4]皆是定罪量刑的条文。从实体法、程序法的角度看,后两篇《捕亡》《断狱》主要是有关审判、执行方面的程序和内容,对追捕犯人、案件起诉与审判、刑讯、执行、狱政等进行规定,相当于现代法律中的程序法。可以看出,唐律实际上既有总分结构之分,又

---

[1] (唐)长孙无忌等:《唐律疏议》;刘俊文:《唐律疏义笺解》,中华书局1996年版,第1781页。

[2] (唐)长孙无忌等:《唐律疏议》;刘俊文:《唐律疏义笺解》,中华书局1996年版,第1781页。

[3] (唐)长孙无忌等:《唐律疏议》;刘俊文:《唐律疏义笺解》,中华书局1996年版,第2页。

[4] 这种观点可参见大量的法制史教材及研究成果,如曾宪义主编的《中国法制史》第7章“隋唐的法律制度”中表述为:唐律的总则——《名例律》、唐律的分则——其他各篇主要内容。参见曾宪义主编:《中国法制史》,北京大学出版社2009年版,第153、159页。又如宋四辈认为:“中国古代刑法典的编纂体例和结构从整体上由总则和分则两部分组成。”参见宋四辈:《中国古代刑法典的编纂体例和结构特点——兼论中国传统刑法文化的作用和影响》,载《郑州大学学报》(哲学社会科学版)2003年第4期。

区别实体程序规定,这种法典结构说明这一时期的立法水平已达相当水准,对宋元明清等后世法典的体例与结构产生了极大影响。[1]

(二)关于总则性规定

1. 明确法定刑种类和幅度。唐代一改过去刑种繁多的情况,明确以笞、杖、徒、流、死为法定刑。其中,笞刑分五等,“从笞十至五十”,[2]每等加十,“人有小愆,法须惩诫,故加捶挞以耻之。”[3]杖刑分五等,从杖六十到杖一百,每等加十,是一种“薄刑”。[4] 徒刑也分五等,从1年至3年,每等加半年,“任之以事,寘以圜土而收教之”。[5] 流刑分三等,由2千里到3千里,每等加半年。死刑分绞、斩两等,相对于前代繁多残酷的生命刑,唐代死刑较为和缓固定,体现了对生命的尊重。除“十恶”大罪外,上述从笞刑到死刑都可以以铜赎免。

2. 严厉打击“十恶”等严重犯罪。具体包括谋反、谋大逆、谋叛、恶逆、不道、大不敬、不孝、不睦、不义、内乱。这十项之所以被严惩,在于它们直接威胁了专制皇权和纲常礼教秩序,“亏损名教,毁裂冠冕”。[6] 触犯“十恶”,就连皇亲国戚、贵族官僚也没有优待,死罪不得上请,流罪不得例减。

3. 定罪量刑出现了一些现代刑法原则。如以70岁以上和10岁

---

[1] 参见刘晓林:《唐律立法体例的实证分析》,载《政法论坛》2016年第5期。

[2] (唐)长孙无忌等:《唐律疏议》;刘俊文:《唐律疏义笺解》,中华书局1996年版,第17页。

[3] (唐)长孙无忌等:《唐律疏议》;刘俊文:《唐律疏义笺解》,中华书局1996年版,第17页。

[4] (唐)长孙无忌等:《唐律疏议》;刘俊文:《唐律疏义笺解》,中华书局1996年版,第23页。

[5] (唐)长孙无忌等:《唐律疏议》;刘俊文:《唐律疏义笺解》,中华书局1996年版,第29页。

[6] (唐)长孙无忌等:《唐律疏议》;刘俊文:《唐律疏义笺解》,中华书局1996年版,第56页。

以下作为刑事责任能力的划断时点,“诸年七十以上、十五以下及废疾,犯流罪以下,收赎。八十以上十岁以下及笃疾,犯反、逆、杀人应死者,上请;盗及伤人者,亦收赎”。[1] “除反、逆、杀人应死、盗及伤人之外,悉皆不坐”,[2] “九十以上七岁以下,虽有死罪,不加刑”。[3] 规定了自首制度,基本原则是“犯罪未发而自首者,原其罪”。[4] 此外还规定了共同犯罪、数罪并罚等处理原则。这些都是现代刑法总论的关注重点之一。

(三)关于分则性规定

唐律并没有刑法分则的具体体例,但从具体内容看,各篇中所述犯罪种类实际上已经接近现代刑法分则。杨鸿烈先生将唐律刑法分则的罪名归纳为35大项,[5]认为“不过是关于帝室的犯罪,和内乱罪、杀伤罪、奸非罪、遗弃罪,和与道德混淆部分的不孝不义罪”。[6] 张晋藩先生在《中华法制文明的演进》一书中将唐律刑法分则划分为8大类。[7]笔者看来,唐律重点打击的刑事犯罪大体可分为以下几方面:一是危害皇权和国家统治罪。如《名例》篇中的“十恶”,《贼盗》中的谋反、谋大逆、谋叛等罪名等。二是破坏社会秩序罪。《贼盗》、《卫禁》和《杂律》多有涉及,如私铸钱、不走城门、翻

---

[1] (唐)长孙无忌等:《唐律疏议》;刘俊文:《唐律疏义笺解》,中华书局1996年版,第298~299页。

[2] (唐)长孙无忌等:《唐律疏议》;刘俊文:《唐律疏义笺解》,中华书局1996年版,第301页。

[3] (唐)长孙无忌等:《唐律疏议》;刘俊文:《唐律疏义笺解》,中华书局1996年版,第301页。

[4] (唐)长孙无忌等:《唐律疏议》;刘俊文:《唐律疏义笺解》,中华书局1996年版,第365页。

[5] 参见杨鸿烈:《中国法律发达史》,中国政法大学出版社2009年版,第264~296页。

[6] 杨鸿烈:《中国法律发达史》,中国政法大学出版社2009年版,第264页。

[7] 参见张晋藩:《中华法制文明的演进》,法律出版社2010年版,第439~446页。

越城墙等规定。三是侵犯他人人身和财产权罪。如"七杀"罪、伤害罪、窃盗、强盗罪等。特别值得一提的是,唐代对保辜制度进行了完善和发展,"诸保辜者,手足殴伤人限十日,以他物殴伤人者二十日,以刃及汤火伤人者三十日,折跌支体及破骨者五十日。限内死者,各依杀人论;其在限外及虽在限内,以他故死者,各依本殴伤法"。[1] 保辜制度对于减轻受害人伤害、判明刑事责任具有重要意义,是刑法制度的一大进步。此外,唐律还对官吏贪污渎职犯罪进行详细规制,前文已有论述,不再重复。正如张晋藩先生所言:"唐律不仅对各种犯罪规定了明确的刑罚处分,还表现了对于预防犯罪的重视。"[2]唐律刑法分则中的一些具体规定,对今天仍有借鉴意义。

五、强调灾荒救济的社会保障法内容

唐朝在吸收前人经验的基础上,建立了以国家政权为主导,同时涵盖血亲体系、地缘体系等民间行为的社会保障体系,注重调动各方面积极因素,通过官民的共同作用,构建起相对缜密的社会保障体系。

(一)血亲体系内的社会保障,主要包括家庭、家族两个基本单元

从家庭层面看,规定了夫妻、父母之间的相互抚养义务,如"诸流人科断以定,及移乡人,皆不得弃故妻妾,及私遁远乡"、[3]"妻无七出义绝及有三不去而出之"[4]等规定。关于对老人的赡养义务,唐律也有规定,如"诸犯死罪非十恶,而祖父母、父母老疾应侍,家无

---

〔1〕(唐)长孙无忌等:《唐律疏议》;刘俊文:《唐律疏义笺解》,中华书局1996年版,第1482页。

〔2〕张晋藩:《中华法制文明的演进》,法律出版社2010年版,第447页。

〔3〕[日]仁井田陞:《唐令拾遗》,栗劲等编译,长春出版社1989年版,第702页。

〔4〕(唐)长孙无忌等:《唐律疏议》;刘俊文:《唐律疏义笺解》,中华书局1996年版,第1055页。

期亲成丁者,上请”。[1] 对无子家庭的承嗣,规定“诸无子者,听养同宗于昭穆相当者”。[2] 从家族层面看,唐代对家族内部之间的互助赈济规定也较为详细。如由宗族官僚分俸禄给宗族成员、分土地给宗族内贫穷者耕种、宗族成员收葬宗族内亡者事宜、对本族的贫困生员接济助考以及族人收养孤寡、孤弱、贫者等。

(二)地缘体系内的社会保障,主要涵盖村社、行会等自治组织

村是居民生活小区,唐代注重发挥村坊的社会保障功能,“诸鳏寡、孤独、贫穷、老疾……若无近亲,付乡里安恤。如在路有疾患,不能处胜致者,当界官司,收付村坊安养。仍加医疗,并勘问所由,具注贯属。患损之日,移送前所”。[3] 可见,村坊对界内的鳏寡、孤独、贫穷、老疾负有救助职责。此外,行会作为民间自治组织,在社会保障中也发挥了一定作用,如安葬客死异乡之同乡,设立学堂、养病所、旅社及佛教寺院开展的慈善救助等。但是行会的上述“善举”、“义举”通常只限于本行、本乡,范围有限。

(三)强调灾荒救济的社会保障措施,这是唐朝国家社会保障体系的主要内容

1. 设立义仓。义仓源于隋开皇五年(585 年),此后唐承隋制予以延续,但将隋时的半自愿缴纳改为强制。唐太宗贞观二年(628 年),尚书左丞戴胄上言曰:“水旱凶灾,前圣之所不免。……随时出给,才供当年,若有凶灾,将何赈恤? ……今请自王公已下,爰及众庶,计所垦田稼穑顷亩,至秋熟,准其见在苗以理劝课,尽令出粟。稻麦之乡,亦同此税。各纳所在,为言义仓。若年谷不登,百姓饥

---

〔1〕 (唐)长孙无忌等:《唐律疏议》;刘俊文:《唐律疏义笺解》,中华书局 1996 年版,第 269 页。

〔2〕 [日]仁井田陞:《唐令拾遗》,栗劲等编译,长春出版社 1989 年版,第 141 页。

〔3〕 [日]仁井田升、池田温:《唐令拾遗补》,东京大学出版社 1997 年版。转引自梁骄阳:《唐代社会保障体系的现代启示》,载《沈阳工业大学学报》(社会科学版)2014 年第 6 期。

馑,当所州县,随便取给。"〔1〕太宗从其议。自是天下州县,始置义仓,每有饥馑,则开仓赈给。关于义仓粮食的缴纳和管理,唐朝规定:"凡王公已下,每年户别据已受田及借荒等,具所种苗顷亩,造青苗簿,诸州以七月已前申尚书省;至徵收时,亩别纳粟二升,以为义仓。凡义仓之粟唯荒年给粮,不得杂用。"〔2〕后至高宗永徽二年(651年),将缴纳方式改为按户出粟。义仓对灾害救济发挥了重要作用,有学者统计,唐朝从高祖到文宗的220年里,政府组织的赈贷共有136次,而其中义仓赈贷是就有108次。

2. 灾害免租制度。根据灾害造成的损失情况,减免相应负担。"凡水、旱、虫、霜为灾害,则有分数:十分损四已上,免租;损六已上,免租、调;损七已上,课、役俱免。若桑、麻损尽者,各免调。若已役、已输者,听免其来年。"〔3〕

3. 加强对弱势群体的照顾。唐朝对生活能力较弱的儿童、老人、母子家庭、残疾人等均提供额外照顾,如"丁男中男,给一顷,笃疾、废疾给四十亩,寡妻妾三十亩,若为户者加二十亩"。〔4〕对80岁以上者给侍及免役等,"诸年八十及笃疾,给侍一人,九十,二人。百岁,五人",〔5〕以此来实现敬老养老。此外,唐朝还设立了灾后临时性的救灾使职,建立常平仓、悲田院与病坊及理丧恤葬和优恤婢女等制度,通过调节粮价、备荒赈恤、恤贫宽疾等,建立起比较完备的社会保障体系。

---

〔1〕(后晋)刘昫等撰:《旧唐书》,中华书局1975年版,第2533页。

〔2〕(唐)李林甫等撰:《唐六典》,陈仲夫点校,中华书局2014年版,第84页。

〔3〕(唐)李林甫等撰:《唐六典》,陈仲夫点校,中华书局2014年版,第77页。

〔4〕(后晋)刘昫等撰:《旧唐书》,中华书局1975年版,第2088页。

〔5〕[日]仁井田升、池田温:《唐令拾遗补》,东京大学出版社1997年版。转引自刘志敏、王玥:《唐代社会保障制度初探》,载《西部法学评论》2014年第6期。

六、对唐朝前期法制文明的评价

(一)文明的影响——唐朝前期法制文明是唐承袭以往的重大创造,具有重要的历史地位和深远的历史影响,并对周边地区产生了重要影响

唐律的发展完备吸收借鉴了之前历代律法的宝贵财富,在继承前人优秀成果的基础上,唐朝统治者们又出于维护统治的需要,并根据当时的社会经济状况对法制进行了再创造,从而形成了一套从中央到地方完整的法律体系。唐代法制体系不仅在当时的社会上是独一无二的,更被评价为"标志着中华法系的形成,而且是中华法系的巅峰之作",[1]是中华法制文明的定型之期。

与此同时,作为唐文化的重要组成部分,唐朝前期法制文明对周边国家产生了重要影响,在中华民族价值输出方面发挥了重要作用。如据史料记载,日本为全面学习唐朝法律,曾派遣过外交大使前往唐朝学习其先进的法律制度,这些留学生回国后,"宣传切身体验到的唐朝那种法制完备和国力强盛的情况,使国内有识之士都认识到,这正是当前改革的样板"。[2] 日本随后便开始了大规模输入唐政治文化法律制度的历程。而对朝鲜半岛的影响更为深远,《高丽史》就直言不讳地说,"高丽一代之制,大抵皆仿于唐。至于刑法,亦采唐律,参酌时宜而用之"。[3]

(二)文明的内涵——唐朝前期法制在法律精神层面和法律制度层面均体现出文明价值,具有范围的广泛性

从法律精神和法律制度两个维度,盘点唐朝前期法制的方方面

---

〔1〕 张晋藩:《中华法制文明史》,法律出版社2013年版,第275页。

〔2〕 张中秋:《中日法律文化交流的动因比较分析》,载《南京大学学报》(哲学、人文科学、社会科学版)2005年第6期。

〔3〕 《高丽史》卷八四《刑法志》,转引自杨廷福:《唐律研究》,上海古籍出版社2012年版,第175页。

面,可以看出,唐朝前期法制文明具有非常清晰的文明特征,即法律制度紧紧围绕德治与法制相结合这条主轴,在维护皇权专制的前提下,体现出民本、仁政、礼教思想。而在具体制度规定层面,以《唐律疏议》《唐六典》等为代表的法律体系,无论是调动行政主动性与强化行政监督的行政法和整齐划一、宽严相济的刑法等公法,还是均衡国家与民间利益的民事法律和强调稳定性与规范性的经济法律等私法,都呈现出许多文明特征。这些文明特征不仅体现于唐律一部法律,而是贯穿于唐朝前期的法律体系之中;不仅是一时的闪光一现,而是作为立法、司法的重要价值贯穿于全过程。可以看出,唐朝前期法制在法律精神层面和法律制度层面均具有广泛的、深层次的、相关联的文明价值,成为中华民族灿烂文明的象征之一。

(三)文明的价值——唐朝前期法制奠定了后世司法制度和司法文明的基础,具有借鉴的普遍性

在中国法制史上,唐律居于继往开来、承前启后的重要地位。无论是立法思想、原则、篇章体例,还是法律内容,都承袭了以往各代立法的成果,是前朝立法之集大成者,同时又有所发展和创新,使唐律熔封建法典之共性与自身发展完善之特性于一体,以"一准乎理,而得古今之平"著称于世,不仅对唐代的政治经济起到了巨大的促进作用,而且直接影响了后代中国封建法制的发展,对宋、元、明、清法律产生了深刻影响,成为后世封建立法的典范。唐代被公认为"中华法制文明高度发展、中华法系臻于定型,并对国内外法制发展影响巨大的朝代",唐代法制文明彰显了中华民族对于世界法制发展的伟大贡献。

《唐律》在东亚世界的传播与影响考论*

闫强乐*

【摘要】 中国传统法律文化对东亚世界产生了重大的影响，并形成了以《唐律》为母法，以日本、朝鲜、越南、琉球等国法为子法的中华法系。本文分析《唐律》在东亚世界传播的原因以及对日本、朝鲜、越南法律制度的影响。发掘《唐律》跨越时空、历史常新的价值和合理因素，为建设具有中国特色的社会主义法律体系提供传统资源与历史借鉴。

【关键词】 《唐律》 东亚文化圈 日本 朝鲜 越南

中国作为"东亚大地文化惟一之策源地"，[1]中国传统法律文化(以律令制度为主)作为"东亚文化圈"的基本要素之一，作为世界五大法系之一的中华法系，曾经支配了整个东亚世界，对于这一区域内的其他国家和地区的法律文化，产生了不可估量的影响。

《唐律》是中国传统法律文化的集大成，由于它产生的历史条件，使它在中国古代法律文化发展史上，上承战国时期的《法经》，历经秦汉魏晋，至唐而集其大成，沿继于宋、元、明、清各代，皆以《唐律》为蓝本制定法典，从而也使《唐律》成为唐以后历代律典之楷模，

---

* 作者系中国政法大学法学院博士研究生。本文系陕西省人民政府地方志办公室重大招标项目《周秦汉唐法制史》阶段性成果。

〔1〕 杨鸿烈：《中国法律对东亚诸国之影响》，中国政法大学出版社 1999 年版，第 7 页。

起着承上启下的作用。同时由于《唐律》作为唐文化的重要一脉，在它被制定、颁布之后，对东亚世界产生了重大的影响，并形成了以《唐律》为母法，以日本、朝鲜、越南、琉球等国法为子法的中华法系。故以《唐律》为研究对象，即可分析中国传统法律文化的价值。

20世纪以来，法律史学界对《唐律》在东亚世界诸国的传播与影响研究已经取得了很大的成绩，〔1〕但也并非题无剩意。本文在前贤研究的基础上，详细考论《唐律》在东亚世界的传播与影响，提出自己的学术思考，不当之处，还望学界前辈批评指教。

一、《唐律》在东亚世界传播的原因

《唐律》是中国传统法律文化的集大成，东亚各国选择《唐律》进行其国内的律令变革，以模仿隋唐帝国建立律令制国家，这种选择绝非偶然，必定有其特定的因素。本节即尝试探讨《唐律》在东亚世

〔1〕 杨鸿烈：《中国法律对东亚诸国之影响》，中国政法大学出版社1999年版；［日］西嶋定生：《中国古代国家と东アジア世界》，见［日］堀敏一：《隋唐帝国与东亚》，韩升、刘建英编译，兰州大学出版社2010年版；［日］池田温：《隋唐律令与日本古代法律制度的关系》，载《武汉大学学报》1989年第3期；［日］石田琢智：《日本移植唐朝法律考述》，载《法学》1999年第3期；［日］仁井田陞：《东亚法典的形成》，霍存福、丁相顺译，载《法制与社会发展》2003年第1期；［日］堀敏一：《隋唐帝国与东亚》，韩升、刘建英编译，兰州大学出版社2010年版；杨廷福：《〈唐律〉对亚洲古代各国封建法典的影响》，载《社会科学战线》1978年第1期；郑显文：《从唐律到日本律——关于日本律成立的几个问题》，载《比较法研究》2004年第2期；郑显文：《中华法系对古代周边国家的法律交流》，载郑显文：《出土文献与唐代法律史研究》，中国社会科学出版社2012年版；吴海航：《唐代格式东传日本嬗变考》，载《法学研究》2007年第5期；刘敬者：《日本律令官制对隋唐官制的继承与创新》，载《河北法学》2000年第1期；张春海：《高丽移植唐代法制之变形及其历史背景》，载《上海交通大学学报》2008年第3期；张春海：《高丽律对唐律变形之原因探析——以"华化"与"土俗"之关系为视角》，载《南京农业大学学报》2009年第2期；张春海：《高丽律、唐律关系研究评述》，载北京大学韩国学研究中心编：《韩国学论文集》第17辑，辽宁民族出版社2009年版；张春海：《论唐律对朝鲜王朝前期法制之影响——以"华化"与"土俗"之关系为中心》，载《中外法学》2010年第4期；张春海：《唐律、高丽律比较研究：以法典及其适用为中心》，法律出版社2016年版；张金莲：《浅议明以前中国法律对越南的影响》，载《经济与社会发展》2009年第2期。

界传播的原因。

（一）以唐王朝为中心的东亚国际秩序的建立

唐王朝在东亚世界确定了以自己为中心的国际关系秩序，采用册封或者羁縻的形式，将东亚世界的其他国家纳入到这一国际体系之中。韩昇认为："共同的文化基础，形成东亚世界的国际道德与正义，并建立起以文化的先进或者落后来定位国家间上下关系的价值取向。唐朝因其制度文化的先进而居于最高地位，成为国际道义的裁判。"[1]唐王朝依据国家实力、制度文化的先进，成为东亚世界的文化中心，从而出现万邦来朝的局面。唐太宗被推举为"天可汗"，即可视为唐王朝在东亚世界国家战略取得成功的证明。唐王朝所拥有的一套先进的政治、文化、法律制度，确保唐朝社会在法治环境下繁荣发展，这为正在建设中央集权政治制度的东亚各国起到了巨大的示范作用，东亚各国争相学习模仿唐王朝，而其中又以法律制度的学习移植最为显著。于是在这样的国际关系环境下，《唐律》在东亚世界得以传播开来，为东亚各国法律制度的建设提供了模板。

（二）唐朝的对外开放政策

有唐一代，唐朝政府以开放的心态坚持对外开放政策。在经济上，当时的长安是世界贸易中心，通过陆海丝绸之路的传播，长安汇集了世界各地的商人和商品，大唐西市成为外国人聚居的繁华之所。在文化上，唐朝政府采取开放的政策，帮助外国人来中国学习，同时支持唐朝人远渡他国宣扬唐朝文化。唐朝政策上的开放和优待吸引了众多外国留学生和使节、僧侣来到唐朝。据史料记载，唐朝 260 余年间，日本派出 19 次遣唐使，遣唐使团的主要成员包括留学生和僧侣，日本留学生大多数被唐朝政府安排在国子监，系统学习中国古代经典和唐代典章制度，在唐学习时间一般在 10 年以上，由于他们受到唐朝文化的熏陶，归国后为日本仿效唐朝的法律制度

---

[1] 韩昇：《东亚世界形成史论》，复旦大学出版社 2009 年版，第 280 页。

做出了巨大的贡献。如来唐的日本留学生高向玄理和归国僧南渊请安等人参与了日本大化改新,高向玄理和来唐学问僧僧旻参与了日本《近江令》的编纂,推动了中日文化的交流。

(三)唐朝航海技术的发展

唐朝海上交通的发达与贸易的繁荣,与唐朝航海技术的发展密不可分。这也就使日本、琉球、越南等国家可以通过海上交通,派遣使者,将唐朝先进的法律制度移植回国,《唐律》也得以通过海上交通传播至日本、琉球、越南等东亚诸国。

唐朝的造船技术在隋朝的基础上发展而来,隋文帝开皇八年(588年),隋朝出兵征伐陈朝,即建造有五牙舰,"上起楼五层,高百余尺,左右前后置六拍竿,并高五十尺,容战士八百人,旗帜加于上"。[1] 之后唐朝在此基础上进一步发展造船技术。唐太宗贞观末年及唐高宗初年,唐朝为了准备对高丽的战争,命令江苏、浙江、安徽、江西等省造船千艘。[2]大历、贞元年间(766~804年),有俞大娘造船最大,居者养生、送死、嫁娶,悉在其间;开巷为圃,操驾之工百数,南至江西,北至淮南,岁一往来,其利甚博。此则不啻"载万"[3]也。由此可见唐朝制造海船的能力。同时这些船只都是具有远航能力的,如天宝二年(743年),鉴真和尚第二次东渡日本,从扬州出海前,曾从岭南采访使刘巨鳞处买得"军舟"一艘,船上有船工18人,僧人17人,各种工匠5人。[4]据相关史料记载,唐朝人张支信、李邻德、江长、李延寿、张蒙等,都有往来于日本与大唐的商船。[5]而这些船只将唐朝的法律制度文本《唐律疏议》带到了东亚诸国,传

---

[1] 《隋书》卷四八《杨素传》。

[2] 张泽咸:《唐代工商业》,中国社会科学出版社1996年版,第86~95页。

[3] (唐)李肇:《唐国史补》卷下,上海古籍出版社1983年版。

[4] (唐)真人元开:《唐大和上东征传》,中华书局1979年版。

[5] [日]圆仁:《入唐求法巡礼行记校注》,白化文等校注,花山文艺出版社1999年版,第404、509页。

播开来。可见唐朝造船、航海技术的发展,为《唐律》在东亚世界的传播提供了必要的条件。

(四)唐律高超的立法技术

《唐律》代表了中国古代法制的最高水平,经魏晋南北朝的大分裂、大融合,到了隋唐时期再度统一,唐朝的法律体系,空前完备,律、令、格、式四者和谐统一,"律以正刑定罪,令以设范立制,格以禁违正邪,式以轨物程事",[1]从而组成既稳定又灵活的法律体系,其内容涵盖国家体制、公文格式,使唐王朝整个国家的运行处于有法可依的状态。这种严密的法律体系是中国法律制度长期发展成熟的产物,代表了当时东亚世界的最高成就。

《唐律》比较全面地制定了调整唐代政治、经济、文化、军事、司法、社会、家庭等各方面的法律规范,更加切合统治集团的利益以及中央集权制国家的需求。唐律基于调整对象的不同,以各种法律形式进行协调配合,形成以刑法为主,民事、刑事法律不分,行政与司法合一,道德与法律混合,实体法与程序法杂糅的律、令、格、式相对完整、稳定的法律体系。[2]《唐律》第502条,内容复杂,逻辑严密,注疏解释法律规范、统一,显示了唐代高超的立法技术。正如日本著名中国法律史学者仁井田陞所言:"像唐律那样的刑法发达程度,可以说在当时世界上无有望其项背的。"[3]

二、《唐律》对日本法律制度影响

著名日本中国史学者内藤湖南曾说过:"日本文化,总括一句话,便是东洋文化亦便是中国文化的延伸,是从中国古代的文化一

[1] 《唐六典》卷六。

[2] 张晋藩主编:《中国法制史》,中国政法大学出版社2007年版,第106页。

[3] 刘俊文:《日本学者研究中国史论著选译》(第8卷),中华书局1992年版,第102页。

直延续到现在。"[1]在法律制度的移植方面,日本继受与移植外来法治文明最为突出,近代日本主要学习、模仿欧洲,主要是德国,古代日本主要是学习、模仿中国,日本著名法学家穗积陈重在其《日本新民法》中曾说:"日本法律属于中华法系已有1600年,虽自大化革新后历经变化,然日本法制的基础仍属于中国道德哲学与崇拜祖先的习惯及封建制度。"[2]而在模仿、学习、移植中国法律制度方面,又以对李唐王朝法制度的移植最为显著,桑原骘藏称:"我国大宝律大体上是采用唐律,只不过再考虑我国国情稍加斟酌而已"[3]。

(一)《唐律》对日本法典编撰的影响

自大化改新伊始,日本即全面模仿《唐律》制定法典。天智天皇(662~672年)在位期间,以唐《武德令》《贞观令》为范本,制定《近江令》,据《大织冠传》记载:"(天智天皇七年)先此帝令大臣撰述礼仪,刊定律令,通天人之性,作朝廷之训。大臣与时贤人,损益旧章,略为条例。"[4]

天武天皇时期,十年(682年),下诏诸亲王及大臣曰:"朕今更欲定律令,改法式,故俱修是事,然敦就是物,公事有阙,分人应行",[5]至天武天皇十四年(686年),《天武律令》修撰完成,此律令编撰者伊吉博德为遣唐留学生,在其留学长安期间,《永徽律》已经颁行天下。故日本著名学者泷川政次郎认为:"《天武律令》之蓝本

[1] 马小红、史彤彪主编:《中国传统法律文化研究》(第8卷),中国人民大学出版社2011年版。

[2] 孟祥沛、郑志华、姚明铭:《日本近代法制:"脱中入西"》,载《探索与争鸣》1999年第12期。

[3] [日]武安隆编著:《遣唐使》,黑龙江人民出版社1985年版,第207页。

[4] 此问题杨鸿烈先生进行细致考证,参见杨鸿烈:《中国法律对东亚诸国之影响》,中国政法大学出版社1999年版,第180页。

[5] 《唐文拾遗》卷七一。

必《武德》《贞观》《永徽》三律令之一"[1]。

到文武天皇时期,《续日本记》:"文武天皇四年(700 年),诏净大参刑部亲王、直广藤原朝臣不比等撰定律令。"[2]至大宝元年(701年),《大宝律令》编撰完成。《大宝律令》篇目与次序与《唐律》极为相似,《大日本国·刑法志》:"大宝所撰,谓之古律令令……律之为书,分篇十有二:一曰名例,二曰卫禁,三曰职制,四曰户婚,五曰厩库,六曰擅兴,七曰贼盗,八曰斗讼,九曰诈伪,十曰杂律,十一曰捕亡,十二曰断狱。"[3]同时参与编撰《大宝律令》的主要成员,伊吉博德为遣唐留学生,萨弘恪为唐人,土部生男、白猪骨皆留学唐朝数十年,故泷川政次郎亦认为:"《大宝律令》是以唐高宗永徽二年的《永徽律令》及武后垂拱元年的《垂拱格式》为蓝本制定。"[4]《大宝律令》是一部承前启后的法典,《弘仁刑部式》"其大宝二年制律以后,依律科断",[5]《大宝律令》的制定和实施在日本法典编撰史上占有重要地位。

到元正天皇时期,《本朝文粹·弘仁格式序》:"养老二年(718年),复同大臣不比等奉敕更撰律令,各为十卷。"[6]《养老律令》编撰完成,《养老律令》以唐《永徽律令》为蓝本,同时参考了唐《开元律令》以前的其他法律,它是对《大宝律令》的继承与发展,承袭《大宝律令》的许多具体条文。[7]

---

〔1〕 [日]泷川政次郎:《律令之研究》,载刘俊文、[日]池田温主编:《中日文化交流史大系》(法制卷),浙江人民出版社 1996 年版,第 18 页。

〔2〕 《续日本记》卷一。

〔3〕 《大日本国志·刑法志》。

〔4〕 [日]泷川政次郎:《律令之研究》,载刘俊文、[日]池田温主编:《中日文化交流史大系》(法制卷),浙江人民出版社 1996 年版,第 18 页。

〔5〕 《政事要略》卷八四《弘仁刑部式》。

〔6〕 《本朝文粹·弘仁格式序》。

〔7〕 具体内容参见刘俊文、[日]池田温主编:《中日文化交流史大系》(法制卷),浙江人民出版社 1996 年版,第 222~223 页;[日]池田温:《隋唐律令与日本古代法律制度的关系》,载《武汉大学学报》1989 年第 3 期。

《养老律令》颁行天下以后,天皇为适应日本国情,对律令作出一定的修改,同时模仿唐朝的法律形式,制定“格”“式”,逐渐完善日本的律令体系。称德天皇时期,颁行《删定令式》,嵯峨天皇敕命颁布《弘仁格式》十卷,清和天皇时期颁布《贞观格式》,醍醐天皇时期颁布《延喜格式》。

以上为日本仿《唐律》编撰法典的概况,《大日本史·刑法志》:“此皇朝所以遵神道,采唐制,删定百代之大典者,可谓备矣。”〔1〕

(二)《唐律》对日本经济法律制度之影响

土地制度、赋役制度是国家的基础经济制度,唐朝颁行《均田令》《赋役令》,施行均田制与租庸调法,日本模仿唐朝,同时根据本国国情,制定相应的土地、赋役制度。〔2〕

唐朝施行均田制,日本模仿唐朝,颁布《班田令》,参照唐朝《均田令》创制土地制度,据《大宝令》与《养老令》记载:“在土地种类的划分、口分田的分配、田宅地和山川薮泽的使用上明显以唐制为准。”〔3〕如田制结构方面,唐朝均田制施行永业田和口分田的双重结构,日本的田制模仿唐朝,根据本国实际情况,采用口分田制。在授田对象方面,唐、日两国的律令在授田总原则上,均实行按丁授田,彼此之间较为相似。在土地买卖制度方面。唐朝、日本均严格限制私有土地买卖。在户籍编造方面,唐朝和日本均进行户籍的勘查和编造,一方面配合按丁分田的土地制度,配合相应的租庸调赋役制度;另一方面利用土地加强对人口的控制,保持国家的稳定。

唐朝与日本的赋役制度亦极为相似,其包括租、庸、调、役四个方面。在纳税人口方面,唐、日两国都对“课户”“不课户”作出明确的

---

〔1〕《大日本史志·刑法志》。

〔2〕张中秋:《继受与变通:中日法律文化交流考察》,载《法制与社会发展》2003年第2期。

〔3〕参见刘俊文、[日]池田温主编:《中日文化交流史大系》(法制卷),浙江人民出版社1996年版,第206~209页。

规定。在“课役”规定方面，唐朝的租、庸、调、役，皆“以丁为本”，日本的庸、调、杂，以人丁为本，但田租按照班田数量征收，这是日本在模仿《唐律》基础上根据本国国情“因地制宜”所作出的调整。在赋役减免方面，唐朝和日本都规定，凡是遭到洪水、干旱、冰雹等自然灾害，赋役均给予一定额度的减免。

对比唐朝、日本两国的土地制度、赋役制度，我们可以看出，日本在模仿唐朝制度的同时，根据本国国情，因时制宜、因地制宜地作出了相应的调整，但主体上仍是《唐律》，日本学者在《略论儒学对日本政治和法制的影响》中，即指出：“日本在唐律的影响下，制定《班田收授法》《户籍法》以及庸调等税法”，以促进日本社会经济的发展，维护以天皇为中心的统治。

（三）《唐律》对日本行政法律制度之影响

日本统治者模仿唐朝制度，确立了以天皇为中心的中央集权制度，在行政法律制度中，主要是天皇制和官制的体现。

中国“皇帝制度”始于秦朝，历代通过不断地加强君主专制，树立皇帝的权威，日本模仿唐朝，颁布《近江令》《大宝律令》，用法律的手段保护天皇的权威，逐步在日本建立起律令制下的天皇制和位阶制。同时在国家律令中维护天皇权力的不可侵犯性，依据《唐律疏议》《养老律令》，日本奈良时代，所犯“十恶”“八虐”罪名中，侵犯皇权的罪名就有四项，即谋反、谋大逆、谋叛、大不敬，犯此罪者，处以斩、绞、流等重刑，逢大赦不在赦免之列。〔1〕这使天皇像唐朝皇帝一样树立起绝对权威，圣物天皇曾说“有天下之富贵者，朕也；有天下之势者，朕也”，〔2〕从而仿照唐朝皇帝制度建立起以天皇制为核心的中央集权制度。

---

〔1〕 王金林：《汉唐文化与古代日本文化》，天津人民出版社1996年版，第202～203页。

〔2〕《续日本纪》卷一五。

中国的官僚制度在唐朝发展臻于成熟、高效,中央建立起“三省六部”的中央官僚体系,地方上建立州县制的地方行政体系。日本仿效唐朝,建立起一套上自天皇、下至地方的官僚体制。杨鸿烈详细地比较研究了唐代中央官制与日本中央官制的异同,认为唐日中央官制机构较为相近,并且各官职中官吏的职责也很相似。[1]日本奈良时期施行太政官制,其太政大臣模仿唐朝三师、三公而设置。次于太正大臣的左、右大臣参照中书省、门下省的左右仆射设置。再次一级的大纳言及其属官,参照唐代尚书省设置,其中务、式部、治部、民部、兵部、刑部、大藏、宫内,类似于唐代尚书省的吏、户、礼、兵、刑、工六部。

在地方官制方面,唐朝将地方划分为州、县两级行政,由中央任命,对皇帝负责。日本将地方分为国、郡、里三级,除国是由中央任命,其余由地方豪强势力担任,这是根据日本国实际情况而制定,因地方豪强势力太过于强大,地方权力不能完全收归中央。

(四)唐律对日本司法制度之影响

日本司法体制模仿唐朝,分中央、地方两级,中央由刑部省和弹正台组成,刑部省是中央司法和审判机关,其职能相当于唐朝的刑部和大理寺;弹正台是中央的监察机关,其职责相当于唐朝的御史台。地方司法机关,唐朝地方司法机关隶属于行政机关,司法、行政权不分,由地方最高行政长官负责,日本模仿唐朝,其京都的左、右京职类似于唐朝的京兆尹,国守类似于唐朝的刺史,郡司类似于唐朝的县令。

在司法制度方面,唐朝实行大理寺、刑部、御史台联合审判的“三司制度”,日本的具体司法操作与唐朝相似,只是简单化一些。同时《唐律》中的“亲亲相隐制度”“同居相为隐”制度,日本也模仿

[1] 参见杨鸿烈:《中国法律对东亚诸国之影响》,中国政法大学出版社1999年版,第190页。

唐朝作了相似的规定,具体可参考马小红的研究成果。[1]

通过以上分析,我们可以看出在司法体制、司法制度方面,日本法律基本上与《唐律》规定相同。正如张中秋指出的:"日本国家司法制度中的诉讼制度、回避制度、用刑制度等,类似于唐制,只是在具体名称和量刑上略有出入。"[2]

三、《唐律》对朝鲜法律制度的影响

杨鸿烈曾认为:"1905 年以前高丽(朝鲜)所施行之法律,都是对中国法律的模仿。高丽法律之原则及性质与施行于中国者无甚显著之差异。中国谨严之保守主义统治高丽者为时深久。"[3]可见朝鲜与中国文化极为相似,历史上朝鲜的法律深受中国传统法律的影响。

(一)新罗王朝时期

朝鲜半岛的三国时代,高句丽、百济、新罗,都在中国的影响下,建立了自己的法律制度,高句丽制定法律时,"所能直接参考的律令条文,最有可能是晋朝律令"。百济制定法律,"则其法律必自汉、魏两代脱胎而出,为无可疑惑之事也"。[4] 在古代三国中,新罗的历史地位最为重要,与中国交往最为密切,对中国体制了解最多,其法制参考模仿《唐律》而成,"惟当时新罗法典条文均丧失无遗",[5]现不

---

〔1〕 马小红、史彤彪主编:《中国传统法律文化研究》(第 8 卷),中国人民大学出版社 2011 年版,第 41~42 页。

〔2〕 张中秋:《继受与变通:中日法律文化交流考察》,载《法制与社会发展》2003 年第 2 期。

〔3〕 杨鸿烈:《中国法律对东亚诸国之影响》,中国政法大学出版社 1999 年版,第 23 页。

〔4〕 杨鸿烈:《中国法律对东亚诸国之影响》,中国政法大学出版社 1999 年版,第 33 页。

〔5〕 杨鸿烈:《中国法律对东亚诸国之影响》,中国政法大学出版社 1999 年版,第 27 页。

能具体分析新罗受唐代法律影响之程度。

但新罗的职官制度与唐颇为类似。其中央机构主要为四部八府,借鉴唐朝三省六部制度,其名称、职能皆与唐朝基本相同。其主管司法审判事务的部门称为理方府,类似于唐朝的刑部和大理寺。同时新罗在统一三国以后,设置律博士数人,效仿中国体制,颇为明显。故日本学者泷川政次郎认为:"唐时首都长安有新罗留学生260人,可知唐之法制输入新罗殆为无可怀疑之事。"〔1〕

(二)高丽王朝时期

新罗统一朝鲜半岛之后不久,复又分为三国,到936年,高丽重新统一朝鲜半岛,建立高丽王朝。高丽法律制度皆模仿唐朝,以《唐律》为蓝本。

法典编撰方面,据洪汝河所撰《刑法志》:"高丽刑法所遵用者,李唐焉。"〔2〕《高丽史·刑法志》亦记载:"高丽一代之制,大抵皆仿乎唐,至于刑法亦采《唐律》,参酌时宜而用之。曰《狱官令》二条、《名例》十二条、《卫禁》四条、《职制》十四条、《户婚》四条、《厩库》三条、《擅兴》三条、《盗贼》六条、《斗讼》七条、《诈伪》二条、《杂律》二条、《捕亡》八条、《断狱》四条,总七十一条,删繁取简,行之一时,亦不可谓无据。"〔3〕

张春海详细地比对了《唐律》与《高丽律》的异同之处,〔4〕其虽重点分析《高丽律》与《唐律》的不同之处及其产生的原因,但我们发现《高丽律》与《唐律》在刑种规定、罪名设置等方面重合度非常高,足见《唐律》对《高丽律》的影响深远。

在行政法律制度方面,模仿唐制,"高丽太祖开国之初,参用新

〔1〕 杨鸿烈:《中国法律对东亚诸国之影响》,中国政法大学出版社1999年版,第27页。

〔2〕 《增补文献通考·刑考》卷一。

〔3〕 [朝]郑麟趾:《高丽史》卷八四《刑法志》。

〔4〕 张春海:《唐律、高丽律比较研究》,法律出版社2016年版,第101~175页。

罗、泰封之制，设官分职，以谐庶务然其官号或杂方言盖草创未暇革也。二年，立三省、六尚书、九寺六卫，略仿唐制”。[1] 其设置司法宪台，成宗改革后改为御史台，与唐御史台职能、设置类似，“掌论执时政，矫正风俗，纠察弹劾之任”。[2] 高丽的司法审判机关为刑部，与唐类似。在地方司法行政机构建制方面，高丽实行州府两级制，颇类似于唐朝之州县两级制度。

在民事法律制度方面，《高丽律》规定："诸田丁连立无嫡子，则嫡孙；无嫡孙，则同母弟；无同母弟，则庶孙；无男孙，则女孙。”此条与《唐律》规定基本相同，仅允许女性继承人继承一项，为《唐律》所无，可见这是高丽参考《唐律》根据本国国情因地制宜的变革。

在司法制度方面，以“恤刑”制度为例，《高丽史·刑法志》记载“文宗十六年二月制曰：自今必备三员以上，然后讯鞫囚徒，以为定制”，[3] 可见高丽是存在“恤刑”制度，并明显取法于《唐律》中的相关法条。

四、《唐律》对越南法律制度的影响

中国与越南山水相连，两者之间很早就有文化交往，戴可来认为“在长期的历史交往中，两国人民之间的经济、文化交流十分频繁。可以说，世界上没有任何一个国家与中国关系之密切，有如越南者”。[4]

越南开始受到中国传统法律文化的影响，最早在东汉时期。是时马援平定交趾，“条奏越律与汉律驳者十余下事，与越人申明旧制以约束之，自后骆越奉行马将军故事”，[5] 可见东汉时期马援平定交

[1] [朝]郑麟趾：《高丽史》卷七六《百官志》。
[2] [朝]郑麟趾：《高丽史》卷七六《百官志》。
[3] [朝]郑麟趾：《高丽史》卷八四《刑法志》。
[4] 戴可来等点校：《岭南摭怪等史料》，中州古籍出版社 1991 年版，第 1 页。
[5] 《后汉书》卷二四《马援传》。

趾之后,越南开始实施《汉律》,日本学者牧野氏《安南黎朝刑律中家族制度》一文认为,“在唐代以前,越南所行法律即主要以《汉律》为主”。[1]

到李氏王朝统治越南时期,李太宗明道元年(1042年),“命中书删定律令,参酌时世之所适用者,叙其门类,编其条贯,别为一代《刑书》”,[2]是《刑书》三卷,大都依循《唐律》,“当初核定律格,想亦遵用唐宋旧制,但其宽简之间,时加斟酌”。[3] 现阶段由于《刑书》及所刊定之律令已经失传,仅能从所存的零星史料中分析《唐律》对朝鲜李朝法律制度的影响。

在经济法律制度方面,李朝法律保护私有财产,禁止百姓偷盗。如《盗杀牛令》:“诸盗杀牛,杖八十,徒犒甲,其妻杖八十,徒桑室妇,并偿其牛,邻家不告者,杖八十。”[4]中国历代法律皆对盗杀牲畜有沿革的法律规定,《唐律疏议》规定:“诸盗官私马牛而杀者,徒二年半。”[5]可见越南李朝法律制度多所模仿《唐律》。

在刑事法律制度方面,李朝法律规定对于老小废疾采取免刑或者轻刑的方式,“诸年七十以上八十以下,十岁以上十五岁以下及身有残疾,至于皇室、大功、期亲以上犯罪者,许赎,犯十恶者不能”,[6]《唐律疏议》亦有此方面的规定,“诸年七十以上十五以下及

---

〔1〕 参见杨鸿烈:《中国法律对东亚诸国之影响》,中国政法大学出版社1999年版,第417~418页。

〔2〕 [越]吴士连:《大越史记全书》卷一《本纪·丁纪》,陈荆和编校,日本东京大学东洋研究所1968年版。

〔3〕 [越]吴士连:《大越史记全书》卷二《本纪·李纪》,陈荆和编校,日本东京大学东洋研究所1968年版。

〔4〕 [越]吴士连:《大越史记全书》卷二《本纪·李纪》,陈荆和编校,日本东京大学东洋研究所1968年版。

〔5〕 《唐律疏议》卷一八《贼盗律》。

〔6〕 [越]吴士连:《大越史记全书》卷二《本纪·李纪》,陈荆和编校,日本东京大学东洋研究所1968年版。

废疾，犯流罪以下，收赎”，[1]可见李朝刑事法律制度的制定以《唐律》为蓝本。

在司法制度方面，如李朝在刑事诉讼法律方面规定“诸讼已经祖尊理判者，不得复论奏，违者罪之”，《唐律》亦规定告讼他人赦前罪行的构成诬告罪，应反坐其罪：“诸以赦前事相告言者，以其罪罪之。官司受而为理者，以故入人罪论。至死者，各加役流。”[2]可见唐朝这一制度被李朝所学习、模仿。

综上所述，可知越南李朝法律制度以《唐律》为蓝本，正如杨鸿烈指出的“安南自秦、汉至唐入于中国版图，其法制与中国无大出入。”[3]

五、结论

中国传统法律文化对东亚世界产生了重大的影响，并形成了以《唐律》为母法，以日本、朝鲜、越南、琉球等国法为子法的中华法系。《唐律》不仅在中国法制史上具有重要的历史地位，也在世界法治文明发展史上留下了辉煌的印记。

习近平总书记提出“文化自信”的治国方略，我们应该去深入发掘中国传统文化中优秀的、具有生命力的精华部分，去创造性地转化。而中国传统法律文化中《唐律》的世界价值是值得我们极为关注的，《唐律》跨越时空、历史常新的价值和合理因素，可以为建设具有中国特色的社会主义法律体系提供传统资源与历史借鉴。

---

〔1〕《唐律疏议》卷三《名例律》。

〔2〕《唐律疏议》卷二四《斗讼律》。

〔3〕杨鸿烈：《中国法律对东亚诸国之影响》，中国政法大学出版社 1999 年版，第 7 页。

法治人物

【编者按】 本期“法治人物”栏中，我们选了三篇文章。第一篇用极为精炼的笔墨重新讨论荀子“隆礼重法”的法律观，属于“旧诗新诠”式的研究。第二篇则关注了一个为法律史学界长期忽视的法律人物，属于“寻找法律史上的失踪者”式的研究。而最后一篇则系统讨论了老子的“无为”思想。通过研究法治人物，追踪其法律思想和理论，能让我们对法律思想史的发展，有更深刻的认识。

荀子礼法思想的再认识

刘广安*

【摘要】 在礼法概念并举应用时，荀子所说的礼是指从夏商西周继承而来的传统法，所说的法是指战国时期编纂的当代法。荀子主张“隆礼重法”，就是既要遵从传统法的精神，又要重视当代法的变通。

【关键词】 礼法思想 传统法 当代法

在荀子的著作中，礼和法经常结合在一起论说。礼法的含义有何不同？二者的关系应当如何认识？学界论者虽多，却没有取得统一看法。本文认为，在礼法概念并举应用时，荀子所说的礼是指从夏商西周继承而来的传统法，是长期历史选择形成的。所说的法是指战国时期的当代法，是根据当时的政治需要编纂制定的。荀子主张“隆礼重法”，就是既要遵从传统法的精神，又要重视当代法的变通。现从以下几个方面进行简要说明。

一、用礼的概念说明传统法的产生和作用

荀子从社会组织方面说明传统法的产生和作用。他认为：社会是由职业不同、身份不同、等级不同的人组成的。不同身份的人发生争斗，会造成社会混乱，古代的圣王为建立有秩序的社会，防止社

* 作者系中国政法大学法律史学研究院教授。

会出现混乱,才制定了礼来确定人们的身份地位,使人们有贫、富、贵、贱的等级差别,组成有秩序的社会,从而产生了传统法。

荀子又从人性改造方面说明传统法的产生和作用,他认为:"人之性恶,其善者伪(为)也。"[1]人的天性是趋向恶的,变为善良是后天改造的结果。人的天性,一生下来就喜欢对自己有利的东西,厌恶对自己有害的东西。目好色,耳好听,口好味,心好利,身体好安逸,都是人的天性。饿了想吃饱,冷了想穿暖,累了想休息,都是人的自然欲望。人有了欲望就会有追求,如果追求没有一定的规则限制,就会发生争夺。一旦发生争夺就会导致社会混乱,使人们的生活陷入困境。古代的圣王为防止社会出现混乱,才制定礼来节制人们的欲望,供给人们的需求,使欲望的满足和财富的增长都有规则遵行。

在夏、商、周时期,统治者认为法起源于天意,刑罚的执行是奉行天命,神权法思想占主导地位。荀子认为法的产生和作用是由人决定的,不是由天决定的,对神权法思想持否定的态度。在荀子看来,传统法不是来自天意,而是由古代的圣王(英明的帝王)为建立社会秩序维持人们的生存条件而制定的。荀子把法的产生与神权划清了界限,明确了人在法产生中的决定性作用。把法从神权的支配下解放出来,是传统法思想的重大进步,也是荀子重视当代法的理论基础。但荀子完全否定自然的变化对法产生的影响,也有不当之处。一年四季的变化,就会影响某些法的产生,如春季禁止采伐树木、禁止捕捉幼鸟幼兽的立法,夏秋农忙季节限制受理民事案件的立法,就是自然的变化决定的,与自然的影响直接相关。

二、礼法兼顾说明法的适用问题

荀子认为等级制度是社会建立的基础,应当遵从礼确立的等级

[1]《荀子·性恶》。

制度和社会秩序。但在礼的适用上,荀子主张贵族和平民应当同等对待。“虽王公士大夫之子孙,不能属于礼义,则归之庶人。虽庶人之子孙也,积文学,正身行,能属于礼义,则归之卿相士大夫。”〔1〕荀子主张的等级制度不是固定不变的,贵族子孙不遵守礼义,要依法施加惩罚,剥夺贵族地位。平民子孙,求学上进,遵守礼义,可依法奖励获得贵族地位。这与商鞅、韩非的有关主张在法的精神上是一致的。荀子重视法的思想与法家代表人物主张法治的思想相近,战国后期法家的代表人物韩非、李斯都是荀子的学生,在奉行法家思想的秦朝灭亡之后,荀子的法思想没有得到执政者的宣传提倡,荀子的著作也没有像孔子、孟子的著作受到社会的重视。但荀子既重视礼又重视法的思想,实际上影响了历代法制的发展,维护了帝制时代的社会制度。

在当代法的适用上,荀子主张:“有法者以法行,无法者以类举。”〔2〕意思是有当代法规定的,按规定执行,没有当代法规定的,比照相近的案例处理。这种法的适用主张,在后世上升为法律原则,对历代律典规定的类推制度有直接的影响。

荀子还主张法的适用要公开公正,“上宣明则下治辨矣,上端诚则下愿悫矣,上公正则下易直矣”。〔3〕君主适用的法公开公正,臣民就会正直服从,国家就会走向安定。反之,国家就会走向混乱。如果君主做到公开公正依法而治,就会取得这样的效果:“赏不用而民劝,罚不用而民服,有司不劳而事治,政令不烦而俗美。”〔4〕

三、礼法并举说明人与法的关系

在人与法的关系问题上,荀子特别强调人的决定性作用。他在

---

〔1〕《荀子·王制》。
〔2〕《荀子·王制》。
〔3〕《荀子·正论》。
〔4〕《荀子·君道》。

法的产生、法的适用等问题上都阐发了这方面的思想。

在法的产生问题上,如前面所讲的,荀子认为,礼义和法度都是圣人创制的。圣人总结思考社会的需要,创制了礼义和法度。礼义法度产生于圣人的作为,而不是产生于天意、神意。圣人为改变人的本性而作出了人为的努力,人为的努力作出后就产生了礼义,根据礼义而创制了法度,礼义法度是圣人创制的。因为法是圣人为治理社会而创制的,所以荀子说:“法者,治之端也;君子者,法之原也。”[1]意思是法是治理社会的前提,君子是法产生的本原。

在法的适用问题上,荀子认为:“法不能独立,类不能自行,得其人则存,失其人则亡。”[2]在荀子看来,法和案例都不能自动地实现其治理社会的作用,有了善于用法的人,法就会实现其作用,失去了善于用法的人,法就实现不了它的作用。所以,荀子进一步认为:“有君子,则法虽省,足以遍矣;无君子,则法虽具,失先后之施,不能应事之变,足以乱矣。”[3]指有了善于用法的人,法即使简略,也能发挥其作用;如果没有善于用法的人,法即使完备,也会实施不当,也不能适应事情的变化,而出现混乱的局面。基于人在法的适用过程中的重要作用,荀子得出了“有治人,无治法”的结论,即有能治理国家的人,没有能自行治理国家的法。因为法的作用的实现靠人,而不是靠法的自身。所以,荀子又认为:“故有良法而乱者,有之矣;有君子而乱者,自古及今未尝闻也。”[4]意思是,有了良法而发生动乱的,经常会听到。有了君子而发生动乱的,从古到今还不曾听说。荀子还认为,法的适用过程中的变通要靠人去实现,只有人才能做到有法规定的就按照法的规定执行,没有法规定的,就按照类推方

〔1〕《荀子·君道》。
〔2〕《荀子·君道》。
〔3〕《荀子·君道》。
〔4〕《荀子·王制》。

式处理,即所谓"有法者以法行,无法者以类举"。[1]

四、礼法并用说明教化与惩罚的关系

荀子主张改造人的"性恶",应首先采用礼义教化的方式,在教化无效时,才使用刑罚去惩治。他既反对"不教而诛",也反对"教而不诛"。他说:"故不教而诛,则刑繁而邪不胜;教而不诛,则奸民不惩。"[2]意思是不进行教育就实行惩罚,就会刑罚用得很多,邪恶仍然不能制止。只进行教育而不实行惩罚,邪恶的人就得不到应有的惩罚。荀子先教后罚的思想继承了孔子反对"不教而杀"的德治思想,但进一步指出了"教而不诛"的社会危害性。先教后罚的思想为后世儒家所继承和发扬,形成了"礼禁于将然之前,法禁于已然之后"的思想。

荀子虽然强调礼义教化的作用,但他对有罪的人则主张严格依照刑法惩处。他认为,如果杀人者不处死,伤人者不处刑,一般人就不知道犯罪的危害性后果,就会导致社会出现严重的混乱。杀人者不处死,伤人者不处刑,这是对暴徒的优惠,对强盗的宽恕,是对邪恶的放纵。杀人者被处死,伤人者被处刑,这是历朝历代相同的。荀子甚至主张"元恶不待教而诛",即对罪大恶极者可以不经过教化就处死。

荀子主张对有罪者必须处以刑罚,但处以的刑罚应当与其所犯的罪行相称。刑罚与罪行相称就有威力,与罪行不相称就会受到轻视。他认为:"刑称罪则治,不称罪则乱。"[3]把刑罚与罪行是否相当,视为关系到社会的治平和混乱的重要问题。他既反对杀人者不处死刑,伤人者不被处刑的现象,也反对重罪处以轻刑,认为"罪至

---

〔1〕《荀子·王制》。

〔2〕《荀子·富国》。

〔3〕《荀子·正论》。

重而刑至轻”，是“罚不当罪，不祥莫大焉”。[1] 基于罪刑相称的主张，荀子否认古代曾经有过“象刑”。他认为，如果古代的治世真的使用象征性的刑罚，用黑墨画脸来代替黥刑，用系上草制的帽带来代替劓刑，用割去衣服前的蔽膝来代替宫刑，用穿麻鞋来代替剕刑，用穿不带衣领的红褐色衣服来代替死刑，那就是重罪轻罚，只会助长邪恶，导致社会混乱。基于罪刑相称的主张，荀子也反对滥用刑罚。认为“刑滥则害及君子”，宁可多用奖赏的方式去治理社会，也不可滥用刑罚去治理社会。与其滥用刑罚伤害了好人，还不如多用奖赏便宜了小人。在反对滥用刑罚方面，荀子继承了孔、孟的仁义思想，认为：“行一不义、杀一无罪而得天下，仁者不为也。”[2] 好的统治者不会为取得政权而乱杀无辜做违反道义的事情。

基于罪刑相称的主张，荀子坚决反对使用族刑。认为：一人有罪而诛灭三族的刑罚是暴政的表现，必须废除族刑。

五、结语

荀子的礼法思想对战国以后的政治法律的发展产生了重大的深远的影响，特别是影响了汉代以来的礼法结合、外儒内法的历史传统的形成。秦朝灭亡后，历代执政者没有公开宣传提倡对法家人物李斯、韩非有重大影响的荀子的礼法思想，但汉代的董仲舒、唐代的韩愈、宋代的苏轼、晚清的梁启超等思想家，对荀子的思想都有很高的评价。荀子的著作得到较完整的保存留传，与这些思想家的重视是分不开的。近年来，在荀子晚年任官和讲学著书的地方（今山东省兰陵县），召开了一系列荀子思想的国际学术研讨会。2015 年 5 月，司法部、中国社会科学院等机构在兰陵县举办了“荀子思想与依法治国学术研讨会”。荀子的礼法思想，内容非常丰富，值得我们继续深入研究。

---

〔1〕《荀子·正论》。

〔2〕《荀子·王霸》。

状元出身的刑部侍郎——钱维城

张　群*

【摘要】 法学界关于乾隆年间状元出身的刑部侍郎钱维城的法律贡献和法律思想探讨较少。他除了在诗文及艺术方面颇有造诣之外，在法律方面亦有相当的作为。作为刑部堂官，他对于例案的作用，以及编纂案例汇编等，都有深刻的认识，并且认为精于律学方能成一信谳。故而发掘钱维城的法律贡献和法律思想，对于我们认识清代法律史，具有重要的意义。

【关键词】 状元　刑部侍郎　钱维城　例案

钱维城是乾隆年间为数不多的状元出身的高级官员，也是当时的著名学者，在诗歌书画方面造诣精深，有《钱文敏公全集》传世，[1]《清史稿》《清史列传》均有其传记。[2] 在清代法学史上钱维城也有一定影响，曾任刑部侍郎，撰写过多篇法律文章，魏源编《皇

---

* 作者系北京大学近代法研究所兼职研究员，法学博士。近年阅读明清文集，偶见个别律学资料不为何勤华先生《中国法学史》（法律出版社 2006 年版）论及者，随手札记，不计短长。现不揣浅陋，择其中勉强成文者一则，发布于此，求教于法史界师友。

〔1〕《钱文敏公全集》，乾隆四十一年眉寿堂刻本影印，续修四库全书第 1443 册，上海古籍出版社 2002 年版。以下所引为同一版本，不再另行标注。

〔2〕收录钱维城传记的还有《汉名臣传》卷二八《钱维城列传》、《从政观法录》卷二八《刑部侍郎钱维城》、《国朝先正事略》卷一五《钱文端公事略　附钱文敏公维城》等。

朝经世文编》收录其文两篇:《杀贼无抵命法论》《陈斗杀父妾辨》。[1] 清末著名法学家薛允升在《读例存疑》中讨论"夜无故入人家"律时,曾特地引用钱维城的观点。[2] 下面先介绍其个人经历,再考察其法律方面的言论和作为,希望可以加深对清代法学史的认识。

一、博学多能,少年得志

钱维城,字宗磐,一字稼轩,晚号茶山,[3]江苏武进人,出身官宦家庭,虽然家境贫寒,[4]但受到良好教育,"十岁能为诗,十二三岁为骚赋古文,斐然可观"。[5] 在诗画方面颇有美誉,时人洪亮吉称赞他"诗如名流入座,意态自殊"。[6] 其画名气更大,时人评价"工画山

---

[1] 《皇朝经世文编》卷九二《刑政三律例下》,扬州广陵书社2018年版,第357、359页。

[2] (清)薛允升:《读例存疑点注》,中国人民公安大学出版社1994年版,第528页。

[3] 茶山是武进的一个小土堆,既算不上是山,也没有茶,诚所谓有其名而无其实,但习俗这样称呼,也并没有什么违碍。钱维城认为自己也是如此,虽有各种各样的名声和好评,但其实并无足称道,也是自谦之意。但从文中确能看出钱维城本身的一些实际情况。"余性钝,不善读书,即穷日读亦不过数十行。然自发蒙以至握管为文,塾师辄称之曰循谨而慧。年十六七侍家大人赴杭州,家大人自督课甚严,予时亦稍自勸力。家大人辄许为不鲁。十八赴京师。十九就京兆试,得隽。又七年遂成进士。余素不工书,廷试谬得进呈,蒙圣明拔置第一,擢词馆入内直,不十年而跻卿贰,待罪司寇。余最健忘,所读书掩卷都不省记,然与同官论事,每谬许曰强记。其他杂伎艺,余稍粗知其大略者,人又许之曰多能。"参见(清)钱维城:《茶山文钞》卷八《茶山说》,载《钱文敏公全集》,续修四库全书第1443册,第50页。

[4] "先大夫令浙江,家甚贫。吾母吴太夫人织紝以给。公自塾归饭,太夫人买肉啖之,而自蔬食。公恒弗忍啖。"(清)钱维乔撰:《钱文敏公全集·家传》,续修四库全书第1442册,第422页。钱维城家庭情况详见(清)钱维城:《茶山文钞》卷一二《先考铸庵府君行状》,载《钱文敏公全集》,续修四库全书第1443册,第83页。

[5] (清)钱维乔撰:《钱文敏公全集·家传》,续修四库全书第1442册,第422页。

[6] 钱仲联主编:《清诗纪事·乾隆朝卷·钱维城》,凤凰出版社2004年版,第1324页。并见《洪亮吉集·续集·祭尚书钱文敏公文》,中华书局2001年版,第395页。

水，秀骨天成”，[1]深受乾隆帝赏识，曾奉旨画盘山图。[2] 故有“多能”之名。[3]

钱维城仕途起步堪称亮丽。乾隆十年(1745 年)，时年 26 岁的钱维城参加科举考试，就赢得天下读书人梦想的廷试一甲第一名，即俗语所谓的状元。按照惯例，授翰林院修撰，早早进入高级文官行列。虽然在随后的满文考试中只得到一个三等的成绩，遭到乾隆帝训斥“自甘怠忽，学业转荒”，但鉴于其“赋尚通顺”，仍留修撰之职，可谓有惊无险，并“以文学侍从受主知”。[4] 随后经多次升迁，至乾隆二十六年(1761 年)调刑部左侍郎，故后人称他“钱司寇”。此后又做过浙江学政等地方官。

钱维城不仅学问优长，行政才干亦相当突出，当时舆论称之曰“起家文学而练于政事”。[5] 乾隆帝也称赞他“学问素裕，才具亦优；侍直内廷，勤劳夙著”。[6] 从一些记载看，钱维城也称得上这一评价。乾隆二十三年(1758 年)，钱维城在工部任职，负责监管京师平粜事务。一日，某乡民携钱粜米，不慎被窃，钱维城即令搜查所有在场之人，发现某甲已经粜米，但身上仍有钱若干，且恰符被窃之

---

〔1〕 徐世昌语。参见钱仲联主编：《清诗纪事·乾隆朝卷·钱维城》，凤凰出版社 2004 年版，第 1324 页。其弟钱竹初亦诗画并工，足相媲美。

〔2〕 徐珂编撰：《清稗类抄》第一册《恩遇类·钱维城以绘事受知高宗》，中华书局 2010 年版，第 310 页。

〔3〕 “其他杂伎艺，余稍粗知其大略者，人又许之曰多能。”参见(清)钱维城：《茶山文钞》卷八《茶山说》，载《钱文敏公全集》，续修四库全书第 1443 册，第 50 页。

〔4〕 (清)钱仪吉纂：《碑传集》卷三三《乾隆朝部院大臣中之中·资政大夫刑部左侍郎赠尚书钱文敏公维城神道碑铭》，中华书局 1993 年版，第 1013 页。此事家传无载。

〔5〕 徐世昌语。参见钱仲联主编：《清诗纪事·乾隆朝卷·钱维城》，凤凰出版社 2004 年版，第 1324 页。

〔6〕 《清史列传》卷二三《钱维城》，中华书局 1987 年版，第 1773 页。并见《碑传集》卷三三《资政大夫刑部左侍郎赠尚书钱文敏公维城神道碑铭》、《清史稿》卷三〇五《钱维城传》。

数。但某甲不服,说这是买其他东西的钱。钱维城令将两人就地拘押,暗派衙役到甲家,对甲妻说:"你老公带去粜米的钱被盗,现在抓到小偷,但要核对一下钱数,就可以卖米给他了。"其妻即告甲带钱数目,衙役回去一报告,甲乃服罪。此案虽然不大,但足见钱维城处事之明决。[1] 又如在贵州查办铜矿亏空案期间,遭遇苗人叛乱,钱维城临时奉命,调兵遣将,很快平定,其机变能力受到一致好评,他提出的善后措施也获得乾隆帝首肯。[2]

此外,钱维城为人谦和、低调,"虽早贵而自处同寒士",[3]生活相当简朴,对人亦不以状元自傲,但颇有风骨,对权贵不卑不亢,见皇帝亦坦然处之。[4] 但终其逝世(53 岁),[5]并没有当上大官,也没有任过要职,这对一个状元出身,本应封侯入相的人来说,委实有点遗憾,其门生钱大昕就认为他"立朝垂三十年,曾未展怀抱之瑾瑜",这是符合实际的评论。[6] 不过他个人似乎很满意,晚年回顾平生说:"余素不工书,廷试谬得进呈,蒙圣明拔置第一,擢词馆入内

[1] (清)钱维乔撰:《钱文敏公全集·家传》,续修四库全书第 1442 册,第 427 页。

[2] 家传叙述此事尤详。参见(清)钱维乔撰:《钱文敏公全集·家传》,续修四库全书第 1442 册,第 423 页。并见《茶山文钞》卷二《古州奏摺一至六》,载《钱文敏公全集》,续修四库全书第 1443 册,第 653 ~662 页

[3] (清)钱维乔撰:《钱文敏公全集·家传》,续修四库全书第 1442 册,第 427 页。

[4] "……方被命之时,至宫门,大学士傅公执公手,为整冠曰:上意不测,勉之。公笑曰:某以一书生登上等第,岂有所营谋而得哉? 遂入。其器度如此。"(清)钱维乔撰:《钱文敏公全集·家传》,续修四库全书第 1442 册,第 423 页。

[5] 钱维城素有消渴疾,回乡侍母期间感风寒去世,时年 53 岁。参见(清)钱维乔撰:《钱文敏公全集·家传》,续修四库全书第 1442 册,第 426 页。并见(清)钱维城:《茶山文钞》卷四《三弟竹初诗彙序》,载《钱文敏公全集》,续修四库全书第 1443 册,第 686 页。

[6] (清)钱大昕:《潜研堂文集》卷五〇《祭文·祭座主钱文敏公文》,凤凰出版社 2016 年版,第 772 页。

直,不十年而跻卿贰,待罪司寇。"[1]也是一个知足的人。

二、久任秋官,精于律学

从钱维城死后获赠刑部尚书看,在官方评价体系中,其司法方面的贡献最为突出。这一点在《清史稿》《清史列传》,以及其弟钱维乔、友人王昶撰写的传记中都有所记载。钱维乔撰写的《家传》说,钱维城任职刑部期间,"通晓律意,善察狱情,秋审烛治谳牍,常竟夕不寐。同官或偶异所见,反复辨譬,辄手书千百言论之,久皆以公言为然"。[2] 王昶撰写的传记也说,钱维城本以文学起家,但任职刑部后,"精研律意,体察情状,往往从纠结疑互处反复别白,不惜数千百言析而出之,同官老于刑名者弗能难也"。[3]

钱维城还主办过多起大案要案。奉命参与查办贵州铜场亏空案期间,深获主办案件的湖广总督吴达善、内阁学士富察善的信任,认为他"久任秋官"熟悉业务,具体工作一概由其负责,钱也"悉心鞫论,不枉不漏,各得其平,奏牍爰书,悉出手定,指为之助",起到了重要作用。[4] 乾隆帝也认为钱维城"持法平,生杀悉当于理"。在处理云南龙陵逃兵一案时,众议皆以为,应当按照新疆伊犁逃兵例,首犯枷示一月,再犯者斩,龙陵又属新边地,尤宜严加惩创,建议将逃兵就地正法。钱维城坚决反对,认为用法过重,且恐后遂为例,所杀实多,建议枷示三月"足以示儆"。恰逢召见,遂面奏乾隆帝,最后按

---

〔1〕(清)钱维城:《茶山文钞》卷八《茶山说》,载《钱文敏公全集》,续修四库全书第1443册,第50页。

〔2〕(清)钱维乔撰:《钱文敏公全集·家传》,续修四库全书第1442册,第423页。

〔3〕《清史列传》卷二三《钱维城》,并见《碑传集》卷三三《资政大夫刑部左侍郎赠尚书钱文敏公维城神道碑铭》、《清史稿》卷三〇五《钱维城传》。

〔4〕(清)钱维乔撰:《钱文敏公全集·家传》,续修四库全书第1442册,第424~426页。

钱的意见办理。[1]

相比实际办案,钱维城在立法和政策层面的贡献似乎更为突出。钱维城出身科甲,做过多次主考官,[2]又是饱学之士,对科举制度和教育政策的利弊有切身感受,曾就考试科条、学政条例提出修改意见建议。这属于现代的广义法学范畴,自应予重视。[3] 钱维城在刑部期间,注意到京师拐卖幼儿案件多发生在秋冬,又以卖往东北为主。经调查发现,这是因为卖给内地邻省,易于发觉,而东北人一般每年秋冬来京,买下幼儿之后立即出关,无从觉察。因此,钱维城建议加强出关口票管理,东北人在京买奴婢的必须官为立契,并在口票上注明、盖章,出关时查验放行。[4]

钱维城关于律例适用、刑事司法方面的意见和建议影响尤其突出,也最值得肯定。钱维乔、王昶都提到乾隆二十七年(1762 年)九月,钱维城任刑部侍郎的次年,上呈的一份关于申明律例的奏疏。其主要内容是批评司法实践中错误适用律例的两种情形,一是关于弃尸罪。大清律规定,死尸在家或者在野未殡葬,残毁人尸以及弃尸水中,杖一百,流三千里。[5] 在实践中,一些登时杀死奸夫、格杀持杖拒捕罪人及临时杀死窃劫盗贼等案件的当事人,因惧怕连累,选择毁尸或者弃尸。地方官因其本罪勿论,遂专治其移埋弃尸之

---

〔1〕(清)钱维乔撰:《钱文敏公全集·家传》,续修四库全书第 1442 册,第 426 页。

〔2〕"公屡司文衡,为乡会主考官各一,为殿试读卷官者四,及选拔浙江士所取,率多闻人,擢高第登卿列者辈起,得人称极盛。"(清)钱维乔撰:《钱文敏公全集·家传》,续修四库全书第 1442 册,第 427 页。

〔3〕(清)钱维城:《茶山文钞》卷一《请删考试科条摺》、《请增定学政条例摺》,载《钱文敏公全集》,续修四库全书第 1443 册,第 645、649 页。

〔4〕(清)钱维城:《茶山文钞》卷一《请严出关口票摺》,载《钱文敏公全集》,续修四库全书第 1443 册,第 652 页。

〔5〕《大清律例》卷二五《刑律·贼盗下·发冢》,法律出版社 1999 年版,第 409 页。

罪。结果就是“杀死罪人,律得勿论,而移弃此勿论之尸,罪反流徒”。这明显本末倒置,且不符合法律本意(弃尸本在发冢条中),属于比较严重的适用法律错误;但看此后案例,似乎并未改正这一做法。[1] 二是关于杀死奸夫。按照律例规定,亲属杀死奸夫,若系登时杀死,则依夜无故入人家已就拘执而擅杀律科罪,若非登时,以斗杀论。但以上均指奸夫未曾格斗拒捕而言,若有拒捕格斗,则均依罪人拒捕论。而在司法实践中,却普遍忽视是否拒捕这一关键要件,简单套用登时、非登时,有的适用斗杀律,有的适用擅杀律,结果拟罪失平,甚至出现“杀拒捕之奸夫,反重于不拒捕之奸夫”。原文如下。

一、弃尸之律,宜归本条也。查律载:残毁他人死尸,及弃尸水中者,杖一百,流三千里;其弃而不失者,减一等。此系发冢本条。注云:尸谓在家、在野未殡葬者,若已殡葬则以开棺见尸论。以残弃常人未埋之尸与发掘坟冢者有间,故以次递减,罪止流徒。皆蒙上文发冢见尸而言也。乃各省谋故斗杀命案,遇有弃尸灭迹之事,辄援此律声明弃尸轻罪勿论一语,据为成例。是误以毁弃常人之死尸,例诸杀命弃尸之重辟,固与律意不符,然尚无关罪名出入。若有登时杀死奸夫,或格杀持杖拒捕之罪人,临时杀死窃劫之盗贼,间有愚民畏累,将尸移埋弃水者,问刑有司因其本罪原应弗论,遂专治其移埋弃尸之罪。臣伏思此等人犯所杀者,原系罪人,故宽其擅杀之罪,乃杀死罪人,律得勿论,而移弃此勿论之尸,罪反流徒。是为本小末大,只因命案弃尸,相沿引用,遂致牵混不明。应请嗣后一切命案,即有弃尸余罪,不

[1] 《续增刑案汇览》卷七《杀死奸夫案内奸妇之兄移尸/将女之奸夫尸身私埋灭迹》。这些案例均适用地界内有死人不报官司私自掩埋例定罪。参见《大清律例》卷二五《刑律·贼盗下·发冢》,法律出版社 1999 年版,第 409 页。

得援引此律。其杀死奸盗等项,弃尸水中,如果情真事确者,一并依律弗论,庶轻重不致失伦。

一、亲属捉奸非登时杀死奸夫之例,宜按律引用也。查例载:本夫有服亲属,皆许捉奸,如登时杀死奸夫奸妇者,并依夜无故入人家已就拘执而擅杀科罪;若非登时,以斗杀论。例于亲属杀奸,分别登时、非登时,皆照本夫加一等定罪,各指奸夫未曾格斗拒捕而言也。若一有拒捕格斗,则无论本夫与亲属,皆当依罪人拒捕论。然则例所云亲属捉奸非登时杀死以斗杀论者,正引罪人不拒捕而擅杀以斗杀论之律,文义甚明。乃各省问拟,有援擅杀论者,有直以斗杀论者,虽斗杀之与不拒捕而杀,同一拟抵,而情罪判然,甚至持杖拒捕之奸夫,反以谋故斗杀分别拟议。是杀拒捕之奸夫,反重于不拒捕之奸夫,尤为舛错。盖奸夫与窃盗俱属有罪之人,故杀奸与杀盗,罪适相等,其轻重俱在拒捕、不拒捕之分。称情准法,岂容互异?应请将亲属杀奸,非系登时者,悉据罪人不拒捕而擅杀之律,以斗杀论定拟;其有拒捕,一依罪人拒捕之律科断,庶秋谳俱归画一。[1]

钱维乔《家传》中还特别提到钱维城关于"事主杀贼之例"的观点。这是钱维城关注和研究比较多的问题,先后撰写三篇文章(其一为奏折),但主要观点类似。其大意如下:按照《大清律例》规定,事主杀死窃贼的,应当按照夜无故入人家律办理,也就是说,"夜无故入人家"是"杀贼本律"。

律文:"凡夜无故入人家内者,杖八十。主家登时杀死者,勿论。其已就拘执而擅杀,伤者减斗杀伤罪二等,至死者杖一

〔1〕(清)钱维城:《茶山文钞》卷一《申明律例摺》,载《钱文敏公全集》,续修四库全书第1443册,第643~644页。

百、徒三年。”

条例：“凡黑夜偷窃或白日入室内窃取财物，被事主殴打至死者，比照夜无故入人家已就拘执而擅杀至死律，杖一百、徒三年。若非黑夜，又未入家，止在旷野，白日摘取蔬果等类，俱不得滥引此律。”[1]

但在司法实践中，许多地方却比照罪人拒捕擅杀律办理：“若罪人持杖拒捕，其捕者格杀之，及囚逃走，捕者逐而杀之，若囚窘迫而自杀者，皆勿论。若囚已就拘执，不拒捕而杀之，或折伤者，各以斗杀伤论。罪人本犯应死而擅杀者，杖一百。”[2]

钱维城经分析认为，这种做法违背律意，应予纠正。其一，违背律例适用的基本原则。没有本律才可以比照他律，而且必须律例有允许比照的明确规定。现在大清律既然有夜无故入人家的规定（所谓本律），即不应比照他律。其二，错误理解窃盗律。一些司法官之所以比照适用罪人拒捕律，主要是认为窃盗律中提到事主追贼。[3]但仔细阅读可以发现，该段律文的本意是说若罪人弃财逃走，被事主追逐，持刀将事主杀伤的，应按罪人拒捕律给窃贼定罪，至于这种情形下事主杀贼应如何处理，则没有规定。原因也很明显，即因夜无故入人家律已有规定，不必在此重复。其三，忽视事主杀贼与官司杀死罪人之间的区别。事主杀贼是自保，窃贼伤害在先，事主处于弱势，需要法律特别保护；官府抓捕罪人是法定职责，主要目的是

[1] 《大清律例》卷二五《刑律·贼盗下·夜无故入人家》，法律出版社1999年版，第413页。

[2] 《大清律例》卷三五《刑律·捕亡·罪人拒捕》，法律出版社1999年版，第544页。

[3] 《大清律例》卷二四《刑律·贼盗中·窃盗》，法律出版社1999年版，第392页。

抓住坏人,除非罪人有明显反抗情形,不得擅杀。[1] 其中,《申明事主捕贼本例摺》原文如下:

窃惟贼盗居刑律之首,治之极严,我皇上爰养闾阎,于弭盗安良,尤为周至。近以积匪猾贼改发新疆,又敕令各省获贼之案,分别功过,按年汇题。诚欲使内地务绝根株,有司加意督缉,法至善也。窃思治贼捕贼,在官之法,各有专条,而民间捕贼,总以夜无故入人家一条该之,序于贼盗下卷之末,别无岐二。

伏读乾隆七年钦定夜无故入人家例文曰:凡黑夜偷窃或白日入室内窃取财物,被事主殴打至死者,比照夜无故入人家已就拘执而擅杀,杖、徒。细绎例义,黑夜偷窃是夜而不入人家,白日入人家内窃取财物是入人家而非夜,于律文各得其半。故为区别不分登时及拘执,总照已就拘执杖徒,正与窃盗临时有拒捕不分杀伤与否皆斩文义相对。其止于杖徒者,以斗殴律自笞杖以至折伤杖流、至死者绞,事主殴贼折伤以下皆勿论。故虽至死杖徒,亦以贼盗不得与良民论抵,宽良民所以严盗贼也。犹恐引用失当,复申之曰:若止在旷野,白日摘取蔬果等类,不得滥引此律。则苟非旷野白日摘取蔬果,不得滥引他律,尤为明显周匝。

而外省问刑衙门于事主杀贼,往往有用捕亡律,比照罪人拒捕擅杀论抵者。推原其故,因律载窃盗临时有拒捕及杀伤人者皆斩,若弃财逃走,事主追逐,执持金刃又拒杀事主者,自依罪人拒捕科断等语。[2] 窃盗既用罪人拒捕律,事主杀贼即用罪人不拒捕律,似乎一反一正,比例未为不合。然查窃盗拒捕,止就窃

[1] 清代司法实践似乎纠正了这一错误做法。《续增刑案汇览》卷七《被盗持械撞门事主铳毙盗犯/雇工疑盗黑夜铳毙抢亲之犯》。

[2] 《大清律例》卷二四《刑律·贼盗中·窃盗》,法律出版社 1999 年版,第 392 页。

盗而言，未尝言及事主。故曰自依，言贼盗自依此耳。盖以弃财尚知畏惧，与临时拒捕不同，故从宽至折伤方绞。此于应死之窃盗，求一线可生之路也。今以原窃盗者转而苛事主，已非律意。况考律例，必律例所无，方比照他律。且既用比照，必将比照某律之处，于本律申明。事主杀贼既有夜无故入人家本律，又有黑夜偷窃本例，并非律例所无，本条亦并无应比照罪人不拒捕之文，则不得意为牵引可知。

臣悉心参校，其中实多不可假借之处。如官司勾摄人犯，责在拘拿，不拒捕即不难拘拿，而殴打至死，必有挟差逞凶索诈教供情弊，故从不拒捕科罪。事主殴贼，势必自救，未尝责以拘拿，惟已就拘执，即应送官，不应擅杀，故从已就拘执科罪，各有等差。又窃盗取财拒捕，与护赃有间，故稍从宽宥。今因窃盗拒捕分弃财、不弃财，事主杀贼亦分弃财、不弃财。夫弃财与否，窃盗自知之，事主无检点家财再行捕贼之理。又罪人拒捕言持仗者，以官司勾摄人犯，凡户婚田土之案，牌票有名者皆是，不必尽是凶顽。故必持仗方为拒捕，方许格杀无论。事主杀贼，不分窃盗持仗与否者，以贼盗必系凶强，事主每多良善，窃盗之手足已胜于事主之他物。今以手足折殴之窃盗，事主殴死仍以不拒捕论抵，非锄强扶弱之义。

详查旧案，康熙五十一年，直隶陈奇琅殴死褚氏等一案，比照罪人不拒捕律拟绞，盖以褚氏等皆系女流，且止白日摘取苜蓿，并非真正窃盗，故不以事主杀贼论。嗣后偶或引用失错，必加驳正，载在成案，历历可稽。但日久相沿，引用渐滥，若非一一声明，恐致牵混。

请于贼盗事主本律下各加添注，以归画一。再贼盗故应严治，而民命亦不可轻，其非当场现获，或事隔多日，自行访拿，或已加捆缚，恣意毒殴，或非刑吊拷因而致死者，俱依白日旷野摘取蔬果之例，比照罪人已就拘执而擅杀者绞，明载例文，以便遵

守。愚昧之见,是否有当,伏乞皇上圣明睿鉴,敕下大学士九卿详议施行。谨奏。〔1〕

《与李尚书论夜无故条例书》说的也是这个问题,更为简要一些。

夜无故入人家,杀贼本律也。凡律举轻可以该重,举偏可以该全。夜无故入人家尚未成贼也,而已杀之勿论矣,又何论得财未得财、弃赃未弃赃?故登时打死勿论,则凡杀盗贼皆勿论也。已就拘执而擅杀者杖徒,则拒捕不拒捕事在拘执前,必无反重于杖徒可知也。且律载窃盗临时有拒捕及杀伤人者皆斩,有拒捕即斩,而夜无故入人家云杖八十,则无拒捕可知也。事以拘执为限,自拘执以上杀,有不同皆勿论也。自拘执以下杀,有不同皆杖徒也。所谓举轻以该重、举偏以该全也。自康熙五十一年题驳陈奇琅一案,始分黑夜偷窃或白日入人家内窃取财物二层,后遂载入夜无故入人家条下。盖以夜无故入人家六字,分两层看,全者勿论,得半者杖徒,分晰愈细而律渐摇矣。然犹云仍照律拟徒,虽去登时勿论一层,而犹以上条为事主本律也,其罪犹止于杖徒也。独未将登时与拘执分别引例者,错会其意,遂谓登时者杖徒,无以处已就拘执者,于是始借用捕亡律以补其阙。盖前此外省亦偶一用之,刑部亦间有未加驳正者。然查成案所载,乾隆八年以前驳正为多,今则一概用捕亡律,竟使夜无故律文为虚设,且有谓古律今无所用者,误之误也。今将成案依依粘签,呈览,惟高明裁之。〔2〕

---

〔1〕(清)钱维城:《茶山文钞》卷一《申明事主捕贼本例摺》,载《钱文敏公全集》,续修四库全书第1443册,第651~652页。

〔2〕(清)钱维城:《茶山文钞》卷九《与李尚书论夜无故条例书》,载《钱文敏公全集》,续修四库全书第1443册,第58页。

《杀贼无抵命法论》说得也是这一主题,但学理性更强,篇幅也较大,在法学圈子内引用较多。

立纲陈纪,以整齐天下,所以防乱也。乱必自盗贼始,故治之严。治之严,故民皆得自救,而盗贼时时有可死之道,惮于民而不敢逞。周礼朝士职曰:盗贼军乡邑及家人,杀之无罪。军犹军其南门之军。言攻也,攻一家一人,与攻一乡一邑同,杀之皆无罪。郑康成曰:即今律无故入人家,及上舟车牵引人欲为非者,杀之无罪,是也。唐律加夜字,分登时拘执,始失古义,而其听民杀贼则同。

夫保有身家,安分乐业,此谓良民,国家所当保护者也。衣食不足,流离迁徙,此谓穷民,国家所当矜恤者也。若既不能保守身家,又不能忍受穷饿,小即鼠窃狗偷,大则明火执杖,此谓乱民,国家所当锄治者也。一乡之盗贼不治,则患将在一邑。一邑不治,将在一郡。故律文自鼠窃狗偷,明火执杖,以至叛逆,皆谓之贼盗。贼盗之不可姑息也明矣。

贼盗之狱大,而治之必有等差。自杖六十以至于死,在官之法也。若其事在仓猝,则听民自为之,虽擅杀,止于徒。其义有二种:一则良民能自杀贼,不烦官司,虽使天下无盗贼,可也。今治贼亦甚严矣,以积猾之为害也,为之铃枷,为之铁鎗,无济也。不得已而徙烟瘴,徙黑龙江,非仍窃则尽逃耳。其罪不至死,而治之之法已穷,则知听民杀贼之自有深意也。二则良民者上所深爱。今以盗窃之故,而不得安居。富者或有余资,贫者止此升斗,财与命相连,忿激一时,邂逅致死,至杖徙而害已深。不忍迁徙良民之身家,以偿盗贼之命也,况以良民之命偿盗贼哉?

捕亡律者,官司勾摄人犯之律也。其律有曰:罪人拒捕,殴所捕人至折伤以上者绞,死者斩。又曰罪人不拒捕而杀之者绞。而窃盗律亦用之曰:窃盗弃财逃走,事主追逐,如有执持金刃,戳伤事主者,照罪人拒捕绞。盖窃盗临时拒捕,及杀伤人者皆斩。弃财与临时有间,故从宽至折伤以上绞。此本以原窃贼于死中求生也。而事主杀贼,遂有用罪人不拒捕擅杀论抵者。原其故,一因窃盗拒捕,既以罪人拒捕断,则事主杀贼,即以捕人杀罪人断,事若相当,故类推之。一因夜无故入人家,条例分黑夜白日,而不言登时,疑无以处拘执而杀者,故以捕亡律补之。而其中有大不可者。

偏考律例,绝无事主杀贼,比照罪人不拒捕之文。立法如此,治罪如彼,何以晓示愚民?且因用捕亡律,遂以原盗贼者悉移之以苛事主。于是分弃财不弃财。弃财与否,窃盗自知之耳,不能责事主以先检家财而后捕贼也。且财固有在于掌握而不能知者乎?又分拒捕不拒捕。事主杀贼,至拘执始科罪。此律文也。天下无已就拘执而能拒捕者,则拒捕与否,事在拘执前,何得复论?又分持杖不持杖。盗贼多凶强,事主多良善。事主之他物,或不如盗贼之手足。今以手足拒殴为不拒捕,何以服事主?此类推之非也。

律文夜无故入人家,本一义,例文分而为二。黑夜偷窃,是夜而不入人家者。白日入人家内,是入人家而非夜者。于律文各得其半。故不论登时与拘执,而杀皆杖徒,本非律义,然犹止于杖徒者,事主殴贼折伤以下皆勿论。故虽至死,止杖徒。今以登时杀者杖徒,拘执及不拒捕杀者绞,则杖徒加一等,即失递加之次。尤异者,因共殴律有余人,而殴贼亦有余人。于是殴贼一,杖良民百。轻重倒置,此补其阙者之非也。

说者特谓官司捕人,何反不如事主捕贼?不知官司捕人,责在拘缚,不拒捕即非不服拘。故治擅殴之罪。事主缚贼,未尝责以拘缚也。且事主得殴贼,而官役不得殴罪人。虽凶至盗贼,必验无拷打伤痕,有则先治捕人之罪。是官司原不得比事主,非轻官司而严捕役也。

或者又谓人命至重,恐开擅杀之端。不知窃盗固命,良民亦命也。与其惜窃盗已死之命,何如惜良民未死之命?且恶其擅杀者,谓其不告官司耳。告诸官司,而仆仆讼庭,吏役需费,所失有过于窃者。城市且然,何论村野?即无之,而废其农时,荒其执业,民且不堪,又况事起倥偬,计不旋踵乎?

或者又谓事多在黑夜,易起诈伪。不知案疑则治案,不宜移律以就疑。果情涉游移,即当穷究根源,分别谋故殴。又不得仅以罪人不拒捕,颟顸了事也。

或者又谓盗固无论,窃贼不至擅而轻杀之,彼特逼于贫耳。夫不能使民各安其生,不得已而为盗贼。此固在上者之责,不特窃贼可悯,盗亦可悯,而不可以此责之民。且牧民者既已不能使民无盗贼矣,又以盗贼之故而杀民,是益之责也。夫奸所获奸杀之有勿论者矣,奸亦不至死也。律有得捕奸之人,无不得捕贼之人。捕贼固重于捕奸矣。昔孟子论井田曰,出入相友,守望相助。古人惧事主之力或不足以治贼,而责之于邻里。若并事主而禁之,毋乃长盗贼之势而夺民救乎?

考之于古,稽之当今之律,杀贼拟抵,实无其文。特以幕客无学,支离牵合,遂致数年之间,习熟闻见,以为当然。一二奇杰自喜者心知其谬,而且强为之辞,可慨也夫。[1]

三、余论

最后还要指出的是,其一,与当时的一般士大夫不同,钱维城较为重视法制。他认为,要重视和善于使用刑罚,发挥其治理作用。他说,“国家之有刑,犹天之有雷霆也。善治者以之生,不善治者以

---

〔1〕(清)钱维城:《茶山文钞》卷八《杀贼无抵命法论》,载《钱文敏公全集》,续修四库全书第1443册,第48~50页。

之杀”。“杀而当,严亦生也。生而不当,宽亦杀也。”他根据自己在刑部工作的体会,认为清代刑罚政策宽仁得当,“仁育海内,法网之宽,超越前古”,“每岁秋谳,缓决率数千人,其即市者十分之一耳”。他认为这和清代秋审制度密不可分,特别是从雍正朝开始,刑部对秋审案件进行驳议,发现错误的即予改正,“适轻适重”,“务协于中”,乾隆朝三十多年积累了几百个类似“成案”。刑部主事洪某将其编辑成书《题驳成案》。钱维城对此高度评价,认为自古以来,“皆详于律令而略于成案”,只有马端临在撰写《文献通考》时,设“详谳”一门,“多采驳议”,“示后世用中之准”,“意至善也”。《题驳成案》“殆亦马氏之意耶”,其对司狱者的借鉴价值是很明显的。[1] 相应地,钱维城反对读律无用论,尤其是因果之说。他说,“夫刑之关于治乱,大矣。”“自煦煦为仁者惑于果报之说,动言庭坚不祀,由于作士,绝口不敢谈,至以读书不读律,用为訾謷,岂不谬哉!”“律之为书,别嫌疑,明是非,其义同春秋,而三百三千,与礼教相出入。”“儒者平时鄙为不足道,一旦临民,其不以人命为草菅,也几希矣。”这些观点都很有见地。[2]

其二,钱维城虽然在司法方面有一些值得肯定的贡献,但综观其言论和作为,并不是那么突出。他对司法和法律性质和作用的认识并无高明之处,基本还是传统一套。与姚文然等其他刑部长官相比,钱维城深入研究的法律问题比较少,文集中收录的法律相关文章不足10篇,上述3篇写得比较好的文章其实探讨的都是一个主

[1] (清)钱维城:《茶山文钞》卷四《题驳成案序》,载《钱文敏公全集》,续修四库全书第1443册,第681页。

[2] (清)钱维城:《茶山文钞》卷四《大清刑法表序》,载《钱文敏公全集》,续修四库全书第1443册,第684~685页。

题。钱维城撰文探讨的陈斗杀父妾一案,案情和法理都比较简单,[1]钱维城此文也谈不上多么有见地。钱维城还曾因错判受到处分。乾隆三十四年(1769年)五月(时任浙江学政),“因覆拟广东民何长子奸污幼女,致母服毒身死一案,率拟绞候,部议降一级调用,奉旨从宽留任”。[2] 这样的错误似乎与他精于律学之名不大相称,这一负面例子自然不为《家传》记载。在当时以及身后,钱维城也更多是以文学和书画著名,律学只是其全集中很小的一部分。这也是清代许多刑部官员的普遍特点。

此外,还有一点有必要指出的是,钱维城家教甚为成功。他有一个出名的女儿钱孟钿,《清史稿》《碑传集》均有传。[3] 钱孟钿,字冠之,号浣青,幼年受到良好教育,也展现出过人的天资,钱维城亲授《史记》《通鉴》,又授香山诗。其母能诗,故钱孟钿亦自幼好诗。长大后,钱孟钿诗词独步当世,是清代影响较大的女诗人之一。洪亮吉说其诗“如沙弥升座,灵警异常”。[4] 赵翼说“吾乡钱文敏公女孟钿最工诗”。[5] 因其诗风近李白,又有“女青莲”之称。其词亦有“清虚婉约,词家正派”的佳评。[6] 袁枚《随园诗话》记其作诗轶事

---

〔1〕 当事人陈斗因其父之妾王氏虐待其母,乘父出外之际杀死王氏,最后确认父妾实为婢女(因没有履行纳妾程序),“以杀婢断”,免除死罪。参见(清)钱维城:《茶山文钞》卷七《陈斗杀父妾论》,载《钱文敏公全集》,续修四库全书第1443册,第31页。

〔2〕 《清史列传》卷二三《钱维城》,中华书局1987年版,第1772页;《清史列传》卷六一《钱维城》;《国朝耆献类征》初编卷一〇三。

〔3〕 《清史稿》卷五〇八《列女一·崔龙见妻钱》,中华书局1977年版,第14,057页;赵怀玉:《碑传集》卷一四九《列女一·崔恭人钱氏权厝志》,中华书局1993年版,第4382页。

〔4〕 (清)洪亮吉:《洪亮吉集》卷一,中华书局2001年版,第2247页。

〔5〕 钱仲联主编:《清诗纪事·列女传·沈岫云》,凤凰出版社2004年版,第3949页。

〔6〕 唐圭璋编:《词话丛编·左庵词话》卷下《钱孟钿词》,中华书局2005年版,第3152页。

甚详。有《浣青诗草》《鸣秋合籁集》传世。[1] 除了诗词之外,钱孟钿还以能当大事著称。她的夫君崔龙见任四川顺庆知府、湖北荆宜施道兵备期间,两逢匪乱,龙见率师出御,有贼乘间攻城,钱以一女流主持大局,指挥得宜,防御得法,贼不得逞,颇有其父明决之风。其乡人赵怀玉撰写的传记赞誉其父女有云:钱维城"以学术致通显,余事擅三绝之目,又尝出使黔中,勘平叛苗,文经武纬,暴著当世",其儿女"禀承庭诰,亦能出其所有以定变乱,如崔恭人者,吾不能无异焉"。[2] 钱孟钿的诗文素养和为人果敢可谓不愧状元之女,也说明简单以是否当大官来判断状元贤否也不合理。状元家庭会有较好的教育,对子女成长乃至一个地区的教育文化发展都是正面的。

---

〔1〕 以上除另有注释,均引自钱仲联主编:《清诗纪事·列女传·钱孟钿》,凤凰出版社2004年版,第3944页。

〔2〕 (清)赵怀玉:《碑传集》卷一四九《列女一·崔恭人钱氏权厝志》,中华书局1993年版,第4382页。

老子的"无为"思想及其现代意义

周伯翰*

【摘要】 老子是我国古代杰出的思想家之一。他著的《道德经》一书至今深受人们的喜爱。书中蕴含了像"无为""道法自然""大道无形""少私寡欲""顺其自然""守静制动""致虚守静"等一系列的探讨宇宙、自然、治国和修身等重要问题的深刻思想。"无为"思想是老子哲学中十分重要的思想,可以说是老子整个哲学体系的精髓,是老子"道"的本质特性。它强调人们做人要坚守自己的本性,做事要遵循一定的自然规律,使人与人、人与自然、人与宇宙都能处于和谐统一状态,它不仅是老子时代提出的一个救世方案,经过中国人历代的理解、运用及阐发之后对于现代人也有着重要的启示意义。本文对"无为"思想的依据以及落脚到人与社会的人生观和政治论进行分析,最后对"无为"思想在当前时代的启示进行了探讨。

【关键词】 老子　无为　道　自然

一、老子"无为"思想的含义和根据

(一)"无为"思想提出的背景

1. 时代背景

老子所经历的时代,时局动荡,战争频繁,社会形态正在发生巨

---

* 作者系中国政法大学法学院博士研究生。

大的变革,在这一个时期里,中国正在经历社会形态的转变,各类社会矛盾突出,伴随着诸侯国的崛起,周王朝的实力也不断地减弱。在这个过程中,在诸侯国中相继浮现出了大国争霸的局面,相互之间战争频发,然而,正所谓春秋无义战,这些战争基本上都是为了扩展诸侯国的领土、争夺劳动力而产生的,并不是出于捍卫某种正义或者保卫政治道德原则的"义战"。除此之外,随着社会形态的转变,经济的发展,在经济地位逐渐升高的地主与奴隶主贵族之间也产生了剧烈的矛盾,在经济层面上渐渐变强的地主渴望能够得到更多的政治权力,要求能够享受同贵族一样的权力,这自然会导致剧烈的夺权斗争和战争冲突。

面对战乱频繁、权力横暴、尔虞我诈、争权夺利的社会现实,老子站在农民阶级的立场上,在《老子》中,对社会政治与人生进行了全面深刻的反思,创立了以"道"为最高本体的哲学体系,提出了"无为"的救世主张,主张让老百姓自化、自正、自朴,描绘了小国寡民的理想蓝图,老子的思想与当时的主流思想儒、墨可以相提并论。儒家与墨家思想处于周王朝逐渐衰弱的时期,在伦理道德范围内讨论问题,主张仁义,并采取积极入世的态度服务于天下,与儒、墨不同,老子把人类思考的范围由人生扩展到整个宇宙,主张柔弱不争,自然无为,是一种看起来倾向于消极出世的态度,并以宁静谦逊的态度自处。他认为天下的混乱,就是因为政令苛繁,应该无为而治,让天下休养生息,无为自化,和平无争,越是通过依靠仁义礼乐、明君能臣来治理天下,改善局面,其结果往往会适得其反。老子的"无为"思想并不是看起来那样的消极,他所提倡的"无为"哲学是对于当时社会处于"过度有为"状态下的一种反动,在"有为"统治的桎梏下,人们的思想受到约束,会逐渐变得僵化,越来越脱离淳朴的状态,他渴望解除这些约束和限制,让社会人民摆脱枷锁,避免干扰,能够返璞归真,回归于合乎"道"的状态,所以老子的思想是渴望通过"无为"来矫正当时的社会之弊,反其道而行之,以间接的方式,反而能取得积极方式下达不到的效果。

2. 职业背景

老子出生于楚国，他在崇尚仁义礼乐的春秋时代，提出“上德无为而无以为；上仁为之而无以为；上义为之而有以为。上礼为之而莫之应，则攘臂而扔之”[1]的言论，说明他的思想是非常具有批判性的，春秋时代的楚国被人们认为是蛮荒之地，距离周朝的文化中心较远，这也从侧面显示了，楚国人受到周朝仁义礼乐的影响比较小，“楚人虽不沾周之文化之利益，亦不受周之文化之拘束；故其人多有极新之思想”，[2]这种楚地的新思想与文化，使老子本身的思想具有很强的创新能力。

老子在周朝具有史官的身份，这可以说明，他是一个至少对古代文化学识很丰富的人，通过其在任期间对民间疾苦的所见所闻——“朝甚除，田甚芜，仓甚虚；服文彩，带利剑，厌饮食，财货有余”，[3]老子发现社会上的种种问题，都归根于当权者的“有为”，受到压迫的百姓和奢靡腐败的贵族导致老子对当权者的不满，老子希望通过自己的言论，能够影响当权者改变其“有为”的统治方式，使天下百姓能够休养生息，实现“无为自化”。

楚人出身的老子处在动乱的时代下，通过其丰富的学识，以一个隐士特有的静观方式，把人类思考的范围由人生扩展到整个宇宙。他看人生社会问题，总是先跳出现实的社会人生之外，站在宇宙的高度，俯视社会人生，从宏观的宇宙出发，对现实的社会和人生进行多方面的围观审视，从而构成了以“道”为最高本体，以“自然无为”为精神实质的哲学体系。

（二）“无为”释义

首先，我们需要回归老子的时代，弄清楚“为”的含义。从象形

---

[1] 《老子》第三十八章。

[2] 冯友兰：《中国哲学史》，重庆出版社 2009 年版，第 144 页。

[3] 《老子》第五十三章。

结构的角度来说,“为”字从象从爪,最初始应该是指人从事劳动的意思,根据郭沫若的说法,“为”字的意思是“盖示以象从事耕作”,[1]由此,我们可以得到“为”字在它最初的意思应该是指人们进行农业生产类的活动。

到了殷周时期,“为”的意思不再只是指农业生产活动,而是被用来指人们生活中的各种行为活动,比如从《易经》所提到的“不利为寇”“利用为大作”,我们可以看出“为”的意思已经拓展到了政治、文化、军事以及日常生活等领域,不仅仅局限在农业生产活动的范围内了。

通过对“为”的分析,可以帮助我们进一步对“无为”的含义进行分析,看到“无为”,一般我们都会联想到的印象就是“无所作为”,这主要是由于“无”的含义在现代汉语中与“不”的含义是相同的,自然而然就会对应出“无为”就是“不作为”“无所作为”,这样的理解显然是不正确的,对于老子“无为”的理解,我们应该透过老子当时所处时代下的语义环境去进行分析,所谓“为无为,则无不治”[2]以及“民之难治,以其上之有为,是以难治”。[3] 通过对这两句话的分析,无为和有为相对,所以我们可以得出:“无”就是对有的否定。那么“有为”,到底是什么意思呢?我们先对“有”字的含义进行分析,在《说文》中的解释是:“有:不宜有也。”对于“宜”的解释,在《说文》中的意思为:“所安也。”通过上述的解释,我们可以得出“有”表示一种“不安”的有,和如今我们对“有”的理解完全不同,现在我们认为“有”就是与“无”“没”相对,代表着“拥有,具有”的意思,并不包含不宜有的意思,而在当时,“有”更多地表现出的是“不应当有的具

[1] 周法高:《金文诂林》(第四册)卷三下,香港中文大学出版社1974年版,第156页。

[2] 《老子》第三章。

[3] 《老子》第七十五章。

有”的意思,我们可以认为在老子当时的语义环境下,“有为”或可解释为“不宜有之为”“不当有之为”,根据上文对“无”的理解,“有”“无”相对,那么“无为”就是“有为”的否定含义,应该代表的是“无不宜之为”“无不当之为”。

根据徐梵澄的理解,我们可以知道,如果将“无为”等同于“不为”,意思就是社会上的人们什么都不用做了,或者说只是进行满足日常生活的行为就可以了。这样一来社会发展就会停滞不前,到最后,人们的温饱问题都很难解决。这一种让人们基本生存都出现了问题的无为,与老子所愿景的理想社会是相抵触的,同时也与道教所倡导的延年益寿相抵触。〔1〕

通过上文的分析,我们可以知道,如果按照老子所处时代的语言环境,是不能将“无为”等同于“不为”或者“无所作为”的,而是应该将“无为”理解为“应当为”。这样的理解也是同众多学者对无为的理解相一致的,庄子认为:“以知为时者,不得已于事也。”〔2〕意思是说让在恰当的时间,恰当的人做应当做的事。河上公对于“无为”的理解是“不造作,动因循”,〔3〕陈鼓应对“无为”的理解也是“不妄为”,〔4〕冯友兰则认为,“把这为严格限制在必要的、自然的范围以内”,〔5〕这些观点可以说明,“无为”的意思等同于更好的“应当为”。

那么如何才能算是“应当为”呢?老子“无为”的思想中包含“自然”“无为”这两层含义,“自然”代表的是一种状态或者效果,而“无为”则是达到“自然”的途径。“自然”可以认为是自己本来的样子,与我们现在所认知的代表大自然或者自然界的“自然”的概念是不

〔1〕 徐梵澄:《老子臆解》,中华书局1988年版,第56页。
〔2〕 《庄子·大宗师》。
〔3〕 王卡:《老子道德经河上公章句》,中华书局1993年版,第12页。
〔4〕 陈鼓应:《老子注释及评介》(修订增补本),中华书局2012年版,第35页。
〔5〕 冯友兰:《中国哲学简史》,涂又光译,北京大学出版社2013年版,第98页。

同的。在“自然”的状态下,我们的行为自然会处处表现出“无为”的思想,同时,“无为”的表现形式下也必然体现着“自然”的状态。所以,我们可以认为“无为”思想就是指顺应事物之自然,英国科学家李约瑟讲道:“不做违反自然的活动,亦即不要固执地违反事物的本性,不强使物质材料完成他们所不适的功能。”〔1〕可以看出我们不能出于个人的动机悖于自然规律。

(三)天之“无为”与人之“无为”

老子的思想更多的是偏于形而上的思考,然后来告诉我们宇宙万物是由“道”“无为而无不为”地创造演化的,但是他没有进一步去探究天地万物是如何被“道”生化出来的,而是通过“道”的本质特性,来对“人”的存在方式进行思考,可以看出老子哲学的落脚点是对人生、尘世的关怀。对于这点,陈鼓应先生在书中也提到,“形而上的‘道’如果不与人发生关联,那么它只是一个空挂的概念而已”。〔2〕按照《老子》第二十五章中“人法地,地法天,天法道,道法自然”的说法,那么我们人就应该顺应“地”“天”“道”“自然”,因此“人道”就该符合“天道”“自然”“常无为”的特性。但是,人生来就带有主观的情感,具有创造的天性,“人道”的“无为”并不可能同“天道”那样不夹杂任何人为因素,不去主观地进行任何生产创造。根据老子在第二章所说,“是以圣人处无为之事,行不言之教;万物作而弗始,生而弗有,为而弗恃,功成而弗居。夫唯弗居,是以不去”,可以看出,老子认为,人的“无为”并不是违背人的主观能动性,什么事情都不做,而是指应该满足一定条件的“为”,应该顺应自然,按照自然规律来行事,不强加妄为,这样也就是“法天道”,最终方能“为无为”。

---

〔1〕[英]李约瑟:《中国科学技术史》(第2卷),何兆武译,上海古籍出版社1990年版,第76页。

〔2〕陈鼓应:《老庄新论》,上海古籍出版社1992年版,第26页。

(四)“无为”思想的依据——“道”

1.“道”的含义

老子的整个哲学体系,根据陈鼓应先生的理解,是由宇宙论延伸至人生论,再通过人生论延伸至政治论,这个体系最根本的理论基础就是“道”,都是围绕“道”展开的。

“无为而无不为”是老子“道”的本质特性。因此,要了解和体会老子思想中的“无为”思想,首先必须研究和理解“道”的意义。所以,想要对“无为”思想有一个深刻的了解,我们必须首先弄清楚“道”的含义。关于“道”这一概念早在老子前,就已经广泛地被使用了,道主要是指道路以及规律的意思,在春秋时期,如子产讲“天道远,人道迩”[1]以及孔子所讲的“天下有道,则礼乐征伐自天子出”[2]中可以看出,“道”已经被人们引用来表示自然天象的运动规律,并且也表示着人类社会中普遍的行为准则。老子的“道”与上述的用法是不同的,他将“道”作为了哲学最高范畴提出不只是把“道”看作万事万物的规律、法则,更是将“道”看成世间万物的总根源。在《老子》第一章中,老子开篇就告诉我们:“道可道,非常道;名可名,非常名。无,名天地之始;有,名万物之母。故常无,欲以观其妙;常有,欲以观其徼,此两者,同出而异名,同谓之玄。玄之又玄,众妙之门。”这一章是《老子》全书的总纲,整章都在对“道”进行讨论,老子告诉我们“道”具有不可言说的性质,“无”和“有”都是对“道”的指称,说明“道”是不断运动的,是从无形到有形的活动过程,“道”是宇宙的本源。《老子》第二十一章云:“道之为物,惟恍惟惚。恍兮惚兮,其中有象,其中有物,窈兮冥兮,其中有精,其精甚真,其中有信。”老子告诉我们,“道”虽然幽冥恍惚,难以言说,空虚无形,但它其中“有象”“有物”“有精”“有信”,是真实存在的。

---

〔1〕《左转·昭公十八年》。

〔2〕《论语·季氏》

“道”只有当它作用于事物,才能够显示出其功能,所以,也可以说,一旦将“道”具体地作用于事物显示出具体的形象和功能,就从“无”到“有”,不再是“常道”,而是不断变化的“非常道”。

《老子》第四章云:“道冲,而用之或不盈。渊兮,似万物之宗;湛兮,似或存。吾不知谁知子,象帝之先。”老子在这里告诉我们“道”虽然空虚无形,可是他发挥的作用却无穷无尽,永不枯竭,是万物之宗,“道”虽然高深莫测,远大难知,但隐隐约约、影影绰绰,总是实际存在的,至于道是从哪里产生出来的,他没有正面回答,只是说它出现在天地以前。

《老子》第十四章云:“视之不见名曰夷、听之不闻名曰希、搏之不得名曰微,此三者不可致诘,故混而为一,其上不皦,其下不昧,绳绳兮不可名,复归于无物,是谓无状之状,无物之象,是谓恍惚。迎之不见其首,随之不见其后。执古之道,以御今之有,能知古始,是谓道纪。”老子告诉我们,“道”作为形而上的最高实体,是个哲学范畴,它不同于现实世界中任何已知经验或者事物,它没有具体的形象,也没有形体,自然更没有声音与颜色。

看不见,听不到,摸不着。它是我们感官所无法认知的。但它并非空无所有,它虽然不可思议,难以名状,深微诡秘,但却真实存在,作为宇宙万物的本源和规律客观存在,永不消失。

在第二十五章中,老子进一步对“道”进行描述:“有物混成,先天地生,寂兮寥兮,独立不改,周行而不殆,可以为天下母。吾不知其名,字之曰道,强为之名曰大。”这里的“物”指的就是道,它具有含糊混沌、模糊不定的特点,在天地万物形成之前就已经存在,它自身没有形状,悄无声息地运动变化,独立地存在宇宙中而没有改变,永不停息地运转,可以被看作世间万物的本源,无法知道它的名字,就勉强称之为“道”,或者叫作“大”。从这里可以看出,老子所说的“道”,作为万物的本源,是一个最先存在、浑然一体、圆满自足的最高实体,是永远存在并且不依人的意志而转移的。

《老子》第二十五章云：“故道大，天大，地大，人亦大……人法地，地法天，天法道，道法自然。”老子将道称为大，在宇宙中有着四大，它们都道遵循“自然”在运动，而这里的“自然”指的就是“道”，也可以说，“自然”是道的本性，所以，老子眼中的道，就是万事万物要遵循的规律和原则。

通过对前文的分析，我们可以总结得出万物起源于“道”，遵循于“道”，“道”是万物的本源和形成演化规律的客观存在，“道”具有“自然”的本性，从“道法自然”的基本观念出发，我们应该如何理解“道常无为而无不为”？

下文我们将对“道”的特性——“无为而无不为”——进行分析。

2.“道”的特性——无为而无不为

《老子》第三十七章云：“道常无为而无不为，侯王若能守之，万物将自化……”老子告诉我们，“道”永远是顺应自然的，“侯王”只要遵守“道”，天下万事自然会得到恰当的处理。老子认为，“道”虽然生养万物，但从不凌驾于自然界万物之上来主宰万物、干涉万物、操纵万物、摆布万物，而仅仅是存在于自然界之中，按自然法则行事，即一切顺应自然，不加干预，不将自己的意志强加于他物，只是让自然界的万事万物都按其自身的规律自成自化，自我发展。

首先，从原文“道生一，一生二，二生三，三生万物”[1]以及“大道汜兮，其可左右。万物恃之以生而不辞，功成而不有，衣养万物而不为主，可名于小；万物归焉不为主，可名为大。以其终不自为大，故能成其大”，[2]可以分析得出，老子认为，“道”在创造天地万物时，完全是一种顺应自然的本性，并没有刻意地在主观上强加的目的性，万物依附着它生长，道从不推辞，有所成就了也不自认为有什么功劳，滋养着万物而是其主宰，可以称之为“小”；万物归附于它也

---

[1] 《老子》第四十二章。

[2] 《老子》第三十四章。

不自以为主宰,可以称之为“大”。由于它不自以为“大”,所以才能成就其“大”。所以可以说“道”在生养万物的过程中,其实是“常无为”,由此可见,老子认为宇宙中是不存在主宰角色的,一切都是自然演化的结果,“道”虽然是万物的本源,也是万物发展的规律,但它是任物自然其不带有主观的控制。

《老子》第五十一章云:“道生之,德蓄之,物形之,势成之,是以万物莫不尊道而贵德。”老子进一步说明了“道”在万物生成之后,以“德”的方式存在于万物之中,万物依靠自身的德,维持“道”存在的状态,万物根据自身的自然属性自然演化为具体的事物,根据环境局势不断地生长演化成熟,所以可以看出,在万物演化的过程中,也是要遵循自身的“道”。“德”能够维持自身“依道而行”,万物自然演化,“道”不具有主宰性,所以在这个过程中是不存在主观的主宰力量的,万物尊道贵德,生生不息。《老子》第三十八章云:“上德不德,是以有德;下德不失德,是以无德。”意思是说,上德是不刻意去追求道德,自然而然地依“道”而行,称之为有德;如果带有某种目的或者功利性去刻意地追求道德,失去了“自然无为”的本性,则称之为下德。可以看出,之所以万物莫不尊道而贵德,恰恰是因为其“自然无为”的本性,并不存在为了受到尊道贵德的目的性。“道”在“自然无为”的状态下生养万物最终却达到了“无不为”结果,所以《老子》第七十三章云:“天之道,不争而善胜,不言而善应,不召而自来,繟然而善谋,天网恢恢,疏而不失。”更清楚地解释了“道”所具有的“无为而无不为的”特性。

所以,我们可以理解“无为”思想,就是遵从“道法自然”的规律,在“自然”的状态下,自然地表现出“无为”,同时,“无为”的表现形式下也必然体现着“自然”的状态。“天大,地大,人亦大……人法地,地法天,天法道,道法自然。”[1]世间万物都在依“道”而行,所以可以说,“道法自然”是老子“无为”思想的依据。

---

〔1〕《老子》第二十一章。

二、“无为”思想的多层面含义

（一）“无为”的人生论含义

1. 顺应自然之“为”

前文已经分析得出“人道”也应该具有“天道”“自然无为”的特性，人们的行为应该依“道”而行，顺其自然，遵循事物演化发展的基本规律。《老子》第四十六章云：“圣人……以辅万物之自然而不敢为。”这里所说的“不敢为”，不是畏畏缩缩胆怯得不敢去做事，而是“不敢妄为”，也就是老子所一直推崇的“无为”思想。这就告诫我们，不应该违背自然规律去人为地阻挠、干扰事物的自然发展，而是要顺应事物发展的自然规律，如果逆“道”而行，那么这样的有为必然会带来不好的结果。比如，我们在农业生产中，依照农作物的本性，根据时令季节耕种劳作，一切都看似“自然无为”，实则万物都处于生生不息的演化当中；如果我们不顾自然规律，“揠苗助长”，那么我们的行为就属于看似“有为”，其实是“妄为”，自然也会带来相应的“妄为”结果。为了避免我们的“妄为”，我们就应该不断地提高自身的道德修养，尽可能地依“道”而行，更不能为了自己的某种目的，去刻意地为了“无为”而“无所作为”，要遵从内心，顺其自然地修行自己的品德。所以我们如果想要对宇宙万物有一个更清楚明确的认识，那就一定不能违背自然规律去“有为”，也只有达到这样的一个认识，我们人类才能让自身也有一个更加全面的发展，世间万物达到可持续发展的和谐状态。

2. 少私寡欲之“为”

《老子》第五章中“天地不仁，以万物为刍狗”，以及第七十九章中“天道不亲，常与善人”的这些说法，是要告诉我们“天道”的特点：它是“不仁”“不亲”的，是公正无私、没有主观感情色彩的，而“善人”指的是效法天道的人，因为“善人”遵循自然，公正无私，所以能够获得天道的帮助。第二章讲：“是以圣人处无为之事，行不言之教,万物作焉而不辞;生而不有,为而不恃,功成而弗居。夫唯弗居,是以不去。”这告诉我们,在我们遵循自然的过程中,应该做到公正无私,不要总是在意自己的利益得失,才是遵循了符合“无为”思想的“人道”,我们要处“无为”之事,行“不言”之教,就算有什么功劳,也不居功自傲,认为一切都是自然而然发生的,而不存在主宰或者控制的元素。

我们每个人都是处于社会关系中的一分子,在很多时候我们的利益自然与一部分人的利益息息相关,《老子》第七章云:“天长地久。天地所以能长且久者,以其不自生,故能长生。是以圣人后其身而身先,外其身而身存。非以其无私邪?故能成其私。”意思是说天地之所以能够长久存在,那是因为天地总是默默地奉献来养育万物,而不会为了自己的存在肆无忌惮地做些什么,不去计较自身是否能长久的存在。圣人也是这样,先人后己,舍己为人,将他人的利益建立于自身利益之上,这样自己的利益反而能够得到保护。可以看出,老子告诉我们不要计较个人的利益,不争名夺利,无私地奉献,就是合“道”的“无为”。

世间所有的事物都会有一个限度,如果我们超过了这个度,那么一定会物极必反。《老子》第九章云:“持而盈之,不如其已;揣而锐之,不可常保;金玉满堂,莫之能守;富贵而骄,自遗其咎。功遂身退,天之道。”这段话很好的表明了老子对社会和人生的基本态度,他认为,不管做人还是做什么事情的时候都要把握好一个度,要懂得留三分余地,不能一概地去追求极致,过于追求“满”,要知道适可而止。如果把握不好度,事物将会向反的方向发展,带来灾祸。所以就应该在功成之后退而隐居,这也是我们应该遵循的自然之道。在第二十九章老子说:“是以圣人去甚,去奢,去泰。”意思是告诉我们圣明之人能做到顺应自然,遵循常道,是因为他们摒弃了那些极端的、过分的、夸大的想法和行为,如此才能依“道”而行,顺应自然。生活中,我们一定要把握好这个度,不能过度地去索取,放纵自己的欲望，正所谓：“祸莫大于不知足，咎莫大于欲得。”唯有做到知足，才能“知足不辱，知止不怠，可以常久”。[1]

3. 善利不争之“为”

《老子》第四十章云：“弱者道之用。”意思是说，“道”的作用具有柔弱的特点，它只是辅助万物各以其性，自生自化，而不使其感到有受控制、被压迫的感觉。正是因为道的这种“柔弱”的品格，所以“道”的作用具有绵延不绝、永不衰竭的力量，所谓“绵绵若存，用之不勤”。老子认为，“道”的另一基本品格是“柔弱不争”，体道之人在立身行事方面也应坚持“柔弱不争”的基本原则。

《老子》第八章云：“上善若水。水善利万物而不争，处众人之所恶，故几于道。”意思是说，具有最高尚品德的人就像是水一样。因为水是善于用自己去滋润万物使万物生长但不与万物相争，它总是处于大家所不喜欢甚至是厌恶的卑微的地方，所以它是最接近道的。老子认为，水是最值得尊崇的，因为它具有柔弱、坚韧、处下、不争的品格。结合第七十三章“天之道，不争而善胜”和第八十一章“圣人之道，为而不争”我们可以看出，老子在最后都反复来讲“不争”，是因为他把其看作“道”的一个特性，所以，由此看来，老子所推崇的“不争”的这样一种人生态度，并不是不思进取，也不是放弃自己的人生，放弃一切，逃离社会，而是通过自己顺着自然，发挥自己的本性，没有私心，不计回报的奉献，反而能取得比争更好的结果。

作为天地万物中的一分子，我们的认知是存在局限性的，我们需要谦虚地承认这一事实，万物平等且互不主宰，默默奉献，生生不息，并不存在什么人定胜天的概念，如果我们忽略了这一客观事实，妄自尊大，那么就可能会妄为，所以，我们应该相互尊重，彼此奉献，自然而然地演化，不敢为天下先的“为”恰恰是“自然无为”思想的

[1] 《老子》第四十四章。

体现。

(二)"无为"的知识论含义

《老子》第四十八章云:"为学日益,为道日损,损之又损,以至于无为,无为而无不为。"老子指出学习的过程中我们的认知每天是增进的,而悟道的过程每天是减损的,就这样减损再减损,以至于自己无意去做的按道行事,这样看来,学习知识和体道好像是相反的,学的越多,就距离"道"越远,然而,我们都知道学习知识是我们很重要的生存方式,我们在学习的过程中,感觉到的知识越多,知道的也就越多,老子却告诉我们学习知识是有害的,这么来看,老子的思想与当今的社会环境是不符的,但笔者认为,老子并不是反对人们学习,只是如果我们求学的过程中,没有自己的区分,不能保持自己内心的淳朴,那么更多的知识对自己反而是个损害,"知识"是人类通过在各领域积累的实践得到的,但是,我们人类的认知是有限的,并非我们所认知的所有"知识"都能够真实地反映客观规律,对于这些"不知道"的知识的学习,如果我们自作聪明地认为,我们通过这些"不知道"的知识,就完全地掌握了事物的运行规律,并妄下定义,将自己的认知绝对化,那么最终将会是聪明反被聪明误,这样的"知识"掌握得越多,弊端也就越多,离"道"越来越远。

《老子》第二十一章云:"绝学无忧,唯之与阿,相去几何,善之与恶,相去几何。"如果了解了"知识"并不代表我们知"道",就很好理解老子这句话的用意了,我们要知道自己认知有限,我们所积累的"知识"距离真实的"道"有可能会出现相差甚远的情况,所以,我们不应该自作聪明,善与恶又能相差多少呢?如果我们主观地去绝对地区分,那么,就有可能利用所谓的"知识"蒙蔽了自己。"道可道,非常道"就是告诉我们,被具体化的"道"本身就是不断变化的、混沌不清的,最可怕的就是没搞清楚以前,就认为自己搞清楚了,然后给它一个绝对的定义,然而,我们在一个这样不准确的定义的基础上去学习,也自然会让自己的认知分化、对立,走向极端,这样的"知识"自然也是对我们的"道德"是有损害的。

《老子》第四十一章云:"明道若昧,进道若退,夷道若纇,上德若谷,广德若不足。"老子就是告诉我们,一个明道的人,看起来他总是感觉对什么都不太明白,越懂得"道"的人,越不去争,但其实是内进外退。

《老子》第四十九章云:"善者吾善之,不善者吾亦善之,德善,信者吾信之,不信者吾亦信之,德信。"意思就是说,一般人认为是善的,我认为是善,一般人认为是不善的,我也认为是善,这才是真正的善,讲信用的我对他讲信用,不讲信用的,我也对他讲信用,得到了真正的信用,从这里可以看出,老子告诉我们的"无知"并不是指没有感觉没有知识的无知,而是要求我们能够返璞归真,保持自己淳朴天然的本性。比如一个刚学会走路的小孩,拿了别人家的钱,他本身是没有你我之分的概念的,更没有偷的概念,现在告诉他一些道理,他才了解了,原来是可以偷的,他知道了这些道理,如果不能保持自己淳朴的内心,那么自然也就产生相应的有害的欲望,这么看来,如果不能保持自身的虚静淳朴,那么所有好的"知识"都会自然而然带来反面的欲望,就像《老子》第二十五章云:"五色令人目盲,五音令人耳聩,五味令人口爽,驰骋畋猎,令人心发狂。"

(三)"无为"的政治论含义

1. 对"有为"之政的批判

老子处于春秋战国之际的社会大变革中,面对战乱频繁、权力暴横、尔虞我诈、争权夺利的社会现实,在《老子》中,他对社会政治进行了全面深刻的反思,他认为统治者的"有为"统治下的社会,存在巨大的祸患,人民处于水深火热之中。《老子》第五十三章云:"朝甚除,田甚芜;服文采,带利剑,厌饮食,财贷有余;是谓盗竽。非道也哉。"描述了当时的社会灾难:朝政腐败弄的田园荒芜,国库空虚,还穿着锦绣的衣服佩戴锋利的宝剑,享受丰收的酒、宴,搜刮足余的财富,强盗当政,天下无道。《老子》第七十五章云:"民之饥,以其上食税之多,是以饥。民之难治,以其上有为,是以难治。民治轻死,以其上求生之厚,是以轻死。”意思是说,人民之所以会饱受饥饿,是因为统治者要求的税赋太多,人民所剩的粮食可能无法供给正常的生活;人民之所以难以管理,是因为统治者肆意妄为,人民无法去服从他们的管理;人民之所以不怕死,是因为统治者奉养奢厚,使人民难于生存,所以才会不怕犯死罪。可以看出,当时社会为政者,鱼肉百姓,过着奢靡的生活,而老百姓处于水深火热之中,社会动乱,这一切都是因为统治者的不顾人民死活,横征暴敛,厉民自养,以权谋私,巧取豪夺,再加上政令繁苛,高压管治,使老百姓动辄得咎,人人自危。面对这种腐败黑暗的统治,人民自然会从饥饿和死亡的边缘铤而走险,轻于犯死了。这既是老子对社会动乱根源的深刻思考,也是对实行暴虐统治的剥削阶级的无情揭露和严重警告。老子从其“道法自然”的基本观念出发,在社会政治思想上,否定礼法,主张复古,反对有为,提倡“无为”,提出了以“无为自化”为基本主张的政治思想。《老子》第三十七章云:“道常无为而无不为。侯王若能守之,万物将自化,化而欲作,吾将镇之以无名之扑,夫将不欲。不欲以静,天下将自正。”又在第五十七章讲:“我无为,我自化;我好静,而民自正;我无事,而民自富;我无欲,而民自朴。”在老子看来,统治者能否真正做到“无为”,是社会能否安定繁荣的关键所在。只要统治者自身做到清静、真朴、不贪,真正地做到“无为”“好静”“无事”“无欲”,从而做到对人民不骚扰、不奢靡、不扩张私欲,让人民安居乐业,自我发展,人民自然会“自化”“自正”“自富”“自朴”,养成真朴淳厚的社会风气。所以,可以看出老子认为社会动乱、人民贫苦、风气败坏的根源皆在于统治者强烈的支配欲和占有欲,这都是违反“道”的行为,如果能够遵循“道”“自然无为”,那么社会自然能够趋于安定繁荣。老子认为当时的统治者,沉迷于声色,贪欲太多,如果能够体察到“道”“清心寡欲”,做到“无为”“好静”“无事”“无欲”,

则"不欲一经天下将自定"。[1]

2."无为自化"之政

老子反对统治者强力有为的政治控制,《老子》第二十九章云:"将欲取天下为主,吾见其不得也。天下神器,不可为也,为者败之,执者失之……是以圣人去甚,去奢,去泰。"治理国家若以强力控制或者通过暴力把持,都将会自取灭亡,因此圣人要去除极端的、奢侈的、过度的措施。《老子》第五十七章云:"天下多忌讳而民弥贫。"意思是说,天下禁忌越多,人民就越陷入贫困,并认为"法令滋彰,盗贼多有"。老子推行"清静无为"为政,统治者应该少宣扬法令之治,以不骚扰百姓为原则,使百姓安然舒畅,合乎自然之道。第六十章用"治大国,若烹小鲜"比喻对国家的治理,"烹"是煎、煮的意思,"小鲜"是指小鱼,意思是说治理大国就如同煎小鱼一样,是不能胡乱翻腾的,但也不能完全不管不顾。煎小鱼的时候,如果在锅中胡乱翻腾,就会把鱼弄烂,但是如果一直不管,那么鱼的一面也会被烧焦。治理一个国家,如果不能清静无为,胡乱折腾,搞得百姓无所适从,不得安宁,那就必然会把国家搞得一塌糊涂,灾祸必然降临,社会必然动乱,但这里的"无为"并不是指"无所作为",而是指应该在适当的时机采取相应的合乎自然的行为。《老子》第二十三章云:"希言自然。故飘风不终朝,骤雨不终日。孰为此者?天地。天地尚不能久,而况于人乎?"意思是说不言教令是符合自然发展规律的。所以狂风不能狠狠地刮整整一个早上,暴雨也不能狠狠地下整整一天。是什么使其这样呢?天地。天地的狂风暴雨尚且都不能持久,那更何况是我们人类呢?从老子的角度来看,如果以法戒禁令束缚人民,以苛捐杂税榨取人民,就如同暴雨般的保证,是不会持久的。《老子》第五十八章云:"其政闷闷,其民淳淳;其政察察,其民缺缺。"老子告诉统治者,政策越条理,分明越苛刻,老百姓就会受到更多的

---

[1] 《老子》第三十七章。

约束,品德就会缺失,如果其政策宽松自由,老百姓就会民风淳朴,自在安宁,品德越来越好。

除此之外,老子认为"智慧出,有大伪"[1],"不尚贤,使民不争",[2]"绝圣弃智,民利百倍"[3],在老子看来,如果统治者带有自身目的所定义的"圣""智""贤"都是会控制人民,拘束人性的因素,是违背自然之道的。他主张"绝圣弃智",使人民还真归朴,保持淳厚的天性。所以,他主张统治者们不要以自己的一些想法来治理国家,然后将自己的思想困在一个狭小的世界里,而一定要遵循一些合适的法则和自然规律,也就是"道"。《老子》第六十五章云:"故以智治国,国之贼;不以智治国,国之福。"以智巧治理国家,是国家的灾祸,而不以智巧治理国家,是国家的福。

3."小国寡民"的理想社会

老子呼吁人们抛弃伪饰,返璞归真,造就良好而淳朴的民风,并描绘出了一个"小国寡民"的理想社会,《老子》第八十章云:"小国寡民。使有什伯之器而不用;使民重死而不远徙。虽有舟舆,无所承之,虽有甲兵,无所陈之。使民复结绳而用之。"在老子的眼中,理想的社会生活是一种追崇自然朴实的、安静闲适的、返璞归真的社会生活,虽然拥有兵器但不用,人民爱惜生命,不必为了生活到处奔波,虽然有军队,但是不去战争,这里的统治者是由"处上而民不重,处前而民不害"[4]的圣人来充当,他们生而不有,为而不恃,他们依"道"而行奉行"无为自化"的政治主张,国家没有战乱,人民回到结绳记事的时代。这里有些人认为老子这是要回到原始社会的想法,笔者认为,这样的理解并不正确,老子只是在勾画出他心中的理想

[1] 《老子》第十八章。
[2] 《老子》第三章。
[3] 《老子》第十九章。
[4] 《老子》第六十六章。

王国，小国寡民只是代表了一个回归淳朴的概念而已，同时从这段描述里，也可以明显地感觉到老子对于战争的痛恨，在当时的时代背景下，战争给社会生产带来了巨大的损害，而战争的来源就是人们心中的欲望越来越多，所以，他渴望人们能够回归原本。接下来他说道：“甘其食，美其服，安其居，乐其俗。邻国相望，鸡犬之声相闻，民至老死，不相往来。”[1]“甘其食，美其服，安其居，乐其俗”，这是老百姓最朴素而又现实的人生追求。对于“鸡犬之声相闻，民至老死，不相往来”的理解，有些人认为，这代表了老子自我封闭，反对与外界交流的表现，笔者认为这是由于老子的时代局限性。在老子生活的时代背景来看的话，在农业生产为主要生产力的时候，生产资料具有一定的稳定性，同时人们的生活也具有一定的长期的稳定性，老百姓没有必要为了争夺生存空间而发动战争，或者由于灾难发生背井离乡，在本乡本土能够安分快乐地生活，就已经是人民心中最朴实的愿望了，这也同样说明了，那个时代的战乱对于当时人民心中造成的伤害以及老子对于恢复自然平静生活的渴望。

三、“无为”思想对当今社会生活的启示

“自然无为”的思想是老子哲学体系的精神实质，贯穿《道德经》始终，由宇宙论延伸到人生论，再从人生论延伸到政治论，闪烁着老子智慧的光辉。在我们当今的社会生活中，跨越两千年“无为思想”是否具有它的当代价值呢，又能给我们当前面对的社会环境带来怎样的启示呢？

（一）“无为”思想在竞争观上的启示

众所周知，人的本身属性是具有社会性的，所以，生活在社会之中，人与人之间，人与社会之间，无时无刻不在发生着各种各样的联系，在这些联系中也必然包含冲突、竞争，我们不可避免地、无时无

---

〔1〕《老子》第八十章。

刻都在面临着各种各样的竞争,尤其是在当下社会,我们从小受到的教育就是去争取第一的目标,弱肉强食的自然法则,我们要不断地让自己变得更强,应该建功立业,功成名就,这与老子所推崇的“贵弱守静”的思想,“虚静,不争”的人生态度是完全不符的,那么,我们应该在这样的社会环境里,如何正确地理解老子的“无为”思想,去正确认知人与人之间、人与社会之间的关系?老子告诉我们人要以修德为本,树立道德人生观,《老子》第二十一章云:“孔德之容,惟道是从。”意思是说,有大德之人的仪容,都是以“道”作为自己的准绳,“德”就是“道”在人身上的体现,虽然“道”是无形的,但是它所表现出的“德”是我们能够感受到的,所以,我们要依“道”而行,就必须先要提升自己的“德”,根据“天之道,不争而善胜”〔1〕以及“圣人之道,为而不争”,〔2〕我们可以看出,“不争”属于“道”的特性,也应该为圣人为人处世的法则,是一种高尚的德。老子讲“圣人后其身而为身先,外其身而身存,未以其无私焉,故能成其私”,〔3〕从中可以得出老子所讲的“不争”对应于我们的生活,绝不是指不参加竞争,也不是指消极避世,而是指不与人争功名、争利益、争地位,应该时刻保持着先人后己、先公后私的“后其身”“外其身”的谦退精神。“功成而不有”“功成名遂身退”都是这种谦退的体现。

我们在生活中面对各种各样的竞争时,绝不能通过损害他人利益的途径去为自己争,但也不必刻意消极地逃避竞争,我们应该积极自然地面对,消除自己内心的私欲,只有真正的“后其身”“外其身”,在满足他人的利益的基础上,去自然而然地做好自己的事,不在意结果,结果反而会更好。在剧烈的竞争过程中,更不应具有强者心态,企图去控制主宰,如果刻意地刚强,往往会起到反作用。总

---

〔1〕《老子》第七十三章。

〔2〕《老子》第八十一章。

〔3〕《老子》第七章。

之，只要我们在生活中谦虚地奉献，遵从内心，不刻意而为，提高自己的道德修养，自然而然地发挥出自己原有的特性，就算做出什么事也只是在发挥自己原有的特性而已，就仿佛什么都没有做，自然也就不在意竞争后的结果，这样就能够在竞争中做到“无为而无不为”了。

（二）“无为而无不为”在人生价值观上的启示

我们每个人处于世界上，都希望能够实现自我存在的价值，在“无为”的思想下，我们应该具有怎样的人生价值，并应该怎样去实现呢？

《老子》第六十七章云：“人生有三宝，持而保之，一曰慈，二曰俭，三曰不敢为天下先。”就是告诉我们在实现人生价值的过程中，应该慈心于人，慈心于物，对万事万物爱惜节俭，要保持一种谦虚的态度，认清人只是天地万物的一分子，应该遵循“道法自然”的原则，万物并没有主宰，都应处于一个和谐共处的状态下，绝不能将自己的价值观建立在唯我独尊、自大狂妄的基础上。

《老子》第八章云：“上善若水，水利万物而不争，处众人之所恶，故几于道。”老子认为水的特性几乎等同于道。它具有柔弱、坚韧、处下、不争的品质，是应该值得我们去学习的。作为一个道德高尚的人也应该具备水的这些品格。笔者认为，对于水这一段的描述，可以给我们的人生价值的探索上带来很多启示，通过水的描述，我们可以发现水是自然而然地善利万物而不争，这也是它自己的本性，从水的角度上来看，它只是发挥了它的本性而已，并没有刻意地做什么，尽管它的存在对于世间万物具有很高的价值，但它并没有主宰和控制，也不在意是否能够得到相应的回报，世间万物都依存于它。尽管它看起来非常柔弱，但实际上它胜过了很多刚强的东西。对于我们自身来说，我们应该通过对水的思考，来探讨自己的人生价值。

首先，笔者认为人生的价值落实到具体，并非恒定不变，并不是一定要刻意地去做一些所谓伟大的事情,而是应该自然而然地发挥我们自己的本性,尽可能地不去刻意地干扰和损害世间万物的正常演化发展。

其次,对应水发挥着自己的本性,作为人类,我们具有创造的天性,所以我们也应该在合乎"自然"的基础上,尊重规律,发挥自己的本性,创造一些不损害万物发展的事情,甚至有利于万物的发展,在我们感觉到也只是顺应自己的自然本性行为而已,好像并没有做什么。

最后,通过前文的分析,人生的价值就在于一步一步地明道,认知自己,发现自身的本性和规律,认知世界,提高自身的道德修养,真诚地履行自己的本性,实现对于自身人生价值的"无为而无不为"。

(三)"无为"思想在知识观上的启示

当前,我们处于一个信息爆炸的时代,已经和老子所生活的时代完全不同,社会环境告诉我们,我们必须不断地进行学习,满足瞬息万变的环境,所以在老子"无为"思想的理解上,我们自然而然地会想办法将其对应到我们所接触的环境里。

在当前的社会,我们应该谦虚地认为自己并没有学到什么东西,人类的认识是有限的,对宇宙自然的认识不过九牛一毛,万事万物都在永恒的发展变化当中,我们不能只看到事物的表面,而是要学会认识事物的本质。如果我们用浅薄的知识去给自然界发生的万事万物下一个精准的不可变动的定义,就是一种妄为的表现,我们日常的生活经验也告诉我们,具体问题需要具体分析,同样的行为,放在不同的环境下,其所带来的结果也是不同的。在个人认知和知识学习上,我们应该持有一种谦虚的态度,不应以自己不完整的认知,从事物的表面现象简单判断是非,应该遵循"自然之道",不违反"自然",达到"无为"的境界。

除了我们主动学习的渠道之外,我们也无时无刻地不在被动地接受着各种各样的信息。我们正处在各种各样的科学技术日新月异，互联网浪潮彻底改变了我们生活方式的时代，随之带来各种颠覆的信息，所谓“低俗恶劣”文化冲击着我们的感官，在社会中的功利主义、拜金主义也已经成为一部分合理存在的思想，面对这样的情况，我们应该如何去对待这些扑面而来的信息，在《道德经》中老子告诉我们“无知无欲”，如果直接根据语意进行理解，这就是说人没有知识，自然也就没有欲望。但笔者不认为老子提倡我们通过不学知识去禁住内心的欲望。当前的时代，我们生活在这个世界上，首先要使自己能够生存下去，在生存的过程中，我们必须要有知识、智慧，也不可避免地会有欲望，如果按照“无知无欲”的字面理解，那我们自身的生存都会存在很大的问题。这里的“无知无欲”，其真正含义是说，我们如果不加分辨地获取了很多知识，自然就会产生很多不好的欲望，这不是说让我们完全不接受、不学习任何知识。对于“无知无欲”的理解，还是要从如何保持自身内心的淳朴去分析，“知识”“信息”给我们所带来的影响，完全是取决于我们的内心的状态。因此，虽然我们处于一个知识信息爆炸的时代，但是，我们应该保持自己的淳朴天然的天性，做到“致虚极，守静笃”，修行自身的“道德”，这样才不会被各种各样纷繁杂乱的“知识”所困扰。

学术新人

【编者按】 本期“学术新人”栏中，我们选编了两篇法学硕士的文章，第一篇叙述民国司法官考试制度，第二篇以清代归绥道为例子，叙述清代“道”在地方司法中的作用。两篇文章均关注法律史细节，属于“微观法制史”的研究范畴，从中可见作者读书之专。

民国司法官考试制度考(1912~1949年)

牛　娜*

【摘要】 民国伊始,政治当局高度重视司法改革,对于司法官员的素质要求也颇高。制定出台,并完善了司法官考试制度。从北洋政府和南京国民政府的制度分析来看,既有内容的进步,也有思想的倒退。归根结底,一个制度的出台是要考虑诸多综合因素的,既要以时代背景和现实需要为前提,又要统筹处理好专业素质、实践能力及道德情操之间的关系,唯有此才能科学地培养高素质的司法官队伍,有力推动司法的独立。

【关键词】 民国时期　司法官考试制度　司法官队伍

民国时期的司法考试制度由清末延伸而来,是司法改革过程中由西方引进的"舶来品"。自西方列强入侵中国以来,关于诟病司法的文章、说法甚至是事件就层出不穷。实事求是地讲,对于司法领域的批判更是不胜枚举,从制度到实践,从程序到审判,传统中国的司法领域的确到了不改不行的地步。一味地闭关锁国,故步自封,不同先进的制度文化进行交流,致使中国经济、政治及社会的发展呈现出"严重落后"的局面。近代中国,自鸦片战争以后,一直在"治外法权"方面作着妥协和让步。这样的让步,不完全是因为国力不强而不得不被动选择退让,也有因为比较了中西法律制度之间差异

* 作者系山东财经大学法学硕士。

作出的理性选择。

事实上,专业的司法官队伍对于提高司法水准,提升司法公信力有着非常重要的推动作用。民国时期司法官考试制度的执行区别于传统中国科举选官的传统,它更倾向于对法学教育背景和司法实践能力的考察。司法官考试制度的实施,对于促进司法官职业专业化、精准化发展,有着非常重要的意义。在权衡中西司法制度差异的基础上,实行司法官考试制度,选拔和培养具有专业学科背景和实践能力的职业化司法队伍是近代司法制度和司法改革的一个突出特点。自清末试行司法官考试制度以来,近代法学先驱和统治者们都在推进司法改革的过程中,尝试创新和运用更加务实高效的司法官考试机制,也的确培育了一批有素质有能力的司法人才,对于推动司法近代化起到了重要作用。只有职业化的知识储备才能形成专业的司法官群体,进而缩小同西方国家之间在司法领域的专业差距,实现收回"治外法权"的目的。

民国时期,司法官考试制度大致经历了从开始到建立、发展再到完善这么一个过程,期间,南京临时政府和广州、武汉国民政府时间历时短暂,加上政局动荡,并没有相对有代表性的法规出台,相关的考试实践也难顺次开展,只有在北洋政府和南京国民政府时期,才形成了相对成熟的制度法规,也进行过数次的实践运作,为后期共和国时期的司法官考试制度形成奠定了理论的基础。

一、北洋政府时期的司法官考试制度

从清末到民初,在跌跌撞撞的过渡期,因司法问题带来的被动局面一直未被打破。因此,北洋政府成立之初,就特别关注司法官的素质问题。民国二年(1913 年)11 月 8 日,北洋政府在借鉴西方司法考试制度的基础上,结合当时的社会发展实际和政治背景,制定并颁布了《甄别司法人员准则》(以下简称《准则》),〔1〕并依据这一准则,在全国范围内试行司法官考试制度。事实上,自梁启超担任民国北洋政府时期司法总长职务以来,就高度关注司法队伍建设和司法机关的整顿工作,其中实行司法官考试制度选拔专业司法人才充实司法官队伍就是司法改革、整顿司法队伍的主要内容之一。

《准则》第1条关于甄拔人员之条件设置如下:〔2〕

第一条　依本则受甄拔之人员以有左列资格者为限:

一、在外国大学或专门学校修法律或法政之学三年以上,得有毕业文凭者;

二、在国立或经司法总长教育总长认可之公立大学或专门学校修法律之学三年以上,得有文凭者;

三、在国立或经司法总长教育总长认可之公立私立大学或专门学校充司法官考试法内主要科目之教授三年以上者;

四、在外国专门学校学习速成法政一年半以上的有毕业文凭并曾充推事检察官者或在国立公立大学或专门学校充司法官考试法内主要科目之教授一年以上者。

从上述《准则》关于司法官初试资格的规定上看,唯有具备以下几个基本条件才可应试司法官选拔考试:第一,法学教育背景。无论是国内、国外,还是经司法总长和教育总长认可的高校,都需要有相应的法律或法政教育背景,且一般要求具备一定的年限,取得文凭者才能应试。这样的设置在当下的背景下,还是比较严格,甚至说严苛的。第二,法学教学经历。对于没有法学教育背景的应试人员,也设置了相应的变通条件,即在国内外或被认可的相关大学,担

〔1〕《政府公报》1913年第546期,第10～15页。

〔2〕《政府公报》1913年第546期,第10～15页。

任司法官考试法内相关法学学科的教职工作满足年限条件者,也可应试,换做当今的话说,即从事法律或法政学科教学满3年者也可应试司法官考试。第三,司法实践经验。对于法学教育和法学教学年限不足的应试人员,也可在满足相应学习年限取得文凭的基础上,具备一定的司法实践经验,且满足一定年限者方具备资格。

而关于甄拔的方法,《准则》第4条规定如下〔1〕:

第四条 甄拔方法依左列各款行之:

一、就学校讲义考试答案及考列等次考察其学业之程度,并逐年及卒业时之成绩;

二、就卒业后之经历及其主办事务之内容考察最近之学况,并事务上之成绩及能力,但入学前经历有足备考者并应调查之;

三、就向来之言行状况,考察品行、性格、才能及体质能否为司法官,并宜于充何种职务之司法官;

四、举行甄拔考验以测知学之程度并运用能力为宗旨。

仅考察《准则》的字面规定,我们可以发现,关于甄拔的方法,民国北洋政府时期的司法官甄拔制度,体现出了难得的完善和成熟的特点。其考察的内容不仅仅有"测知学",还会就其日常的学习情况、结业成绩、司法实践等情况和品行、性格、才能及体质等方面进行综合考察。这样的制度规定,既体现了对于专业知识的考察,又体现了对实操技能和道德情操的考察,实属难得。

关于甄拔考试的笔试内容及其科目,《准则》第10条有详细的规定:〔2〕

〔1〕《政府公报》1913年第546期,第10~15页。

〔2〕《政府公报》1913年第546期,第10~15页。

第十条　甄拔考验依笔述行之,但典试员认为笔述仍未足贯彻第四条第四款之宗旨者,应指定科目得会长之同意实行口述考验;

甄拔考试之科目如左:一、现行新刑律;二、民法;三、商法;四、民事诉讼法;五、刑事诉讼法。

从上述规定不难看出,民国北洋政府时期的司法官考试内容有四项,囊括民法、刑法、商法和诉讼法等内容,这是自清末法律变革后,对于传统中国法的改造和创新,在原有"重刑轻民"的立法传统基础上,开始尝试"诸法并存、民刑有分"的法典模式,还运用考试的方法加强对与程序法等内容的考察。对于考察的形式,不仅仅局限于笔试的模式,在有条件或者需要的背景下,也尝试"口述"的考试形式,类似于今天"笔试+面试"相结合的考察模式,既注重对于理论知识的把握,又注重对于实践技能以及综合素质的考察。

下面是1914年的一份《司法甄拔及知事试验题目》,[1]其详细内容如下:

司法甄拔及知事试验题目

司法人员甄拔前,经司法部通令各省定期试验。兹该部于一月二十三日午前八时,集法律学者试之于象坊桥众议院旧址,计分两班,第一班受试者共七百余人,以八时起至五时止。为法定时间,其试题为:

(一)代理与委任之关系如何?保证人对于主债务者能否预行求偿权?

(二)控告审与上告审之特质及其区别如何,试详论之。从参加人在法律上之地位如何?

[1]《法政杂志(上海)》1914年第3卷第9期,第99页。

二月二十日为第一次知事试验期,其试题凡八,仅做两题即作完卷,题列下:

现行法令之解释:

(一)约法规定人民之自由权,共有几种?有时此等自由权得加以限制,其理由安在?

(二)新刑法,凡律无正条,无论何种行为,皆不为罪。其理由安在?

(三)何为四级三审及其利弊若何?

(四)两级长官同时所发命令,应以上级长官之命令为准,其理由若何?

国际条约之大要:

(一)裁厘加税载明中英续订通商条约,今欲实行,是否有利无弊?

(二)外国人于我国内地,有无往来居住自由之权?

(三)有共同犯三人,一为有约国之人,一为无约国之人,一为无国籍之人,发觉后,应如何处理?

(四)外国人民因犯罪逃至我国,该管地方官,应否负移交之义务。

(每科四题以作两题为完卷,能多作者聪)

从民国三年(1914 年)的司法甄拔考试的题目看,关于司法人员的甄拔考试,其考试的题目数量相对较少,但要求时长为:八时起五时止,时长横跨上下午的时间,应该是以笔述论述的模式进行的,类似于传统中国的科举考试模式。而其内容虽然不多,但从其题目的设置看,明显是对近代法律变革后的相关法律内容的考察,而不是传统中国选官考试中八股文、策论文的考察形式了。关于知事的甄选,形式更加创新,每科四题中选其中两题作答完毕为完卷,内容涉及基本法、程序法、实体法、国际法等内容。本文猜测,之所以特别重视对于国际条约之类的法律法规内容进行考察,应该是由当时的社会大环境决定的,外国人大量生活在中国内地,为了更好地处理相互之间的纠纷,必然要求"县知事"知晓相关的国际条约及规定,以备不时之需。由此可见,无论是科举考试还是司法官甄拔考试,在其内容设置上,都表现出了其现实的一面,为了统治阶级的统治和社会的安定有序进行相应的调整。

北洋政府时期的司法官考试制度基本上都是在这一《准则》的基础上进行的进一步修订和完善,无非是增加了考试内容,抑或是细化考试的程序等。

民国政府于民国四年(1915年)9月30日,大总统签署公布了《司法官考试令》,最大变化就是考试的门类和科目出现明显增加,即:

> 第六条:第一试之科目如左:一、经义;二、史论;三、法学通论。
>
> 第七条:第二试之科目如左:一、宪法;二、刑法;三、民法;四、商法。
>
> 第八条:第三试之考试科目如左:一、刑事诉讼法;二、民事诉讼法;三、法院编制发;四、行政法规;五、国际公法;六、国际私法;七、监狱学;八、历代法制大要。
>
> 前项第四款至第八款各科目,由应试人自择一科。
>
> 第九条:第四试就第一二三试曾经考试各科目另设问题口试之。〔1〕

此次考试,第一试的科目竟然增加了"经义、史论、法学通论"等内容。这也是在第一次司法官甄拔考试的基础上进行的调整,这一调整明显借鉴了传统中国科举考试的考察内容,更加注重对于司法官知晓民情社情等内容的考察,一方面增加了考试的难度;另一方

〔1〕《法律周报》1915年第98期,第350～351页。

面也提升了对于应试人员的综合要求。

此后的洪宪元年(1916 年)的《司法官考试令实施细则》、民国六年(1917 年)的《司法官考试令》、民国八年(1919 年)颁布的《修正司法官考试令各条》和《司法官考试事务处章程》、民国十年(1921年)的《修正司法官考试令实施细则》、民国十二年(1923 年)修订的《司法官考试令》等法律制度规范,都是在原有制度规范的基础上进行完善。此文不再赘述。经过不断地实践、完善,民国北洋政府时期司法官考试制度渐趋完善,也更具操作性。事实上,经过了一系列的实践,统治者也意识到了"徒法不足以自行"的道理,所以,不断地修订完善只能尽可能地提高其操作的便捷程度,难以权衡直至解决所有的利害关系。1923 年《法律评论(北京)》[1]上刊载的一篇时评对这一时期的司法官考试制度进行了说明:

> 司法部修正司法官考试令,已于本月二十六日公布。原呈所举修正理由,亟表同意。惟法官考试令,本系教令,今司法部修正此项教令,不用同一形式,仅以指令公布,殊欠妥协。再所谓历办重大案件一层,不知重大以为何标准?即假定一标准,案件之重轻,与律师学识,又有何关系?案件固有极轻微而法律关系极艰深复杂者,案件亦有极重大而法律关系极粗浅平易者,以此种无论理之条件,提交再试委员会审查,欲该会权衡与弃取之间,而维持其公平,难矣。

从这段文字中也可以看出当时政治当局对于司法官考试的重视,同时也可以察觉出新旧世代交替的大背景下,司法改革的艰难历程。整个民国北洋政府时期一共举行了 6 次司法官考试,共计考察合格人员 789 人。如表 1 所示:

[1] 《法律评论》(北京)1923 年第 6 期,第 1 页。

表1　北洋政府时期全国司法官考试(甄拔实验)明细[1]

单位:人

序号	司法官考试(甄拔实验)的时间	录取合格人数
1	1914年1月,北洋政府举行司法官甄拔实验	171
2	1916年6月,第一次全国司法官考试	38
3	1918年1月,第二次全国司法官考试	143
4	1919年7月,全国第三次司法官考试	189
5	1921年11月,全国第四次司法官考试	102,取外国文法律班11
6	1926年12月,全国第五次司法官考试	135
合计	共1次司法官甄拔实验,5次全国司法官考试	789

1次甄拔考试,外加5次司法官考试,一共录取合格人数789人,这样的数量对于偌大的中国来说,简直是九牛一毛。这样数量的司法官在全国范围内难以缓解现实的司法压力,其中有选拔考试的严苛问题,更有制度设计的不成熟之处,最根本的问题仍在于新旧交替时期,无论如何努力都难以迅速解决最现实的、最迫切的司法纠纷问题。因此,民国北洋政府变通司法官选拔策略,在旧有制度的基础上,仍然实行"行政兼理司法"制度,以此来缓解基层司法人员不足的现实情况,同时也是新旧司法制度交替过程中的一种特色产物。此处非本文重点,不再赘述。

二、南京国民政府时期的司法官考试制度

南京国民政府一延北洋政府时期的治理模式,高度重视司法官的甄选工作,并在北洋政府司法官考试制度的基础上修订完善,出台了一系列规范司法官考试的制度规范。最早的要从广州国民政

[1] 参见钱实甫:《北洋政府时期的政治制度》(下册),中华书局1984年版,第374页;王用宾:《二十五年来之司法行政》,载《现代司法》1936年第2卷第1期。

府时期公布的《法官考试条例》说起,这是国民政府历史上按照孙中山先生"五权"宪法思想组建政府后的首个关于司法官考试的制度,它的制定出台为后期的南京国民政府司法官考选制度提供了基础的蓝本,借此完善。

民国十七年(1928年)8月6日,南京国民政府颁布实施《司法官任用考试暂行条例》。综观该法律条文,相交之前之规定更加细化,这样做也便于在实践操作中更具可行性。

如《司法官任用考试暂行条例》规定的应试资格有:[1]

> 第二条　凡年满二十岁以上本国之左列各款资格之一者得应试司法官考试:
>
> 一、在国内外大学或专门学校修法律政治学科三年以上得有毕业证书者;
>
> 二、在国立或经最高教育机构认可之公立、私立大学或专门学校教授司法官考试主要科目二年以上者;
>
> 三、在国内外大学或专门学校修法律学一年以上得有毕业证凭并会办审判事务一年以上者;
>
> 四、办理审判或法院记录事务三年以上者。
>
> 第三条　有左列各款情事之一者虽具有前条资格不得应法官任用考试:
>
> 一、非因爱国运动会受有期徒刑之宣告者;
>
> 二、受禁治产或准禁治产之宣告后尚未有撤销之确定裁判者;
>
> 三、会受褫职之惩戒处分者;
>
> 四、其他法令有特别规定者。

单从字面上,上文中关于资格条件的规定和本法中的规定就有

---

〔1〕《司法公报》1928年第17期,第174~179页。

明显的不同,最大的不同在于增加了补充条款,对于不能应试者给予了详细的规定。

关于考试形式及考试程序《司法官任用考试暂行条例》也相较之前有了很大的变化:[1]

> 第四条　司法官任用考试之次第如左:
> 一、甄录试;二、初试;三、再试。
> 第五条　甄录试及格者得应初试。
> 第六条　初试及格者授以司法官初试及格证书,依学习规则之所定分发各高等以下法院或司法研究所学习;学习规则由司法部定之。
> 第七条　学习司法官于学习期满后,由监督长官送请再试,但分归司法研究所学习得有成绩优良之证明者以再试及格论。

这样的考试设计,无疑在北洋政府考试难度的基础上,又延长了考试的期限,增加了考试的内容和难度。实事求是地讲,该规定的立法本意并无任何原则的问题,这样的考试程序对于选拔高素质、有能力的司法官员有非常强的指导意义,但先天不足的是,当时的社会背景,根本没有时间去等待司法官应试人员的慢慢培养。

关于甄录试、笔试和再试的考试科目,《司法官任用考试条例》也作出了细致的规定[2]:

> 第十九条　甄录试以笔试行之,其科目如左:
> 一、三民主义;二、法学通论。
> 第二十条　初试分笔试口试两种。

〔1〕《司法公报》1928年第17期,第174～179页。
〔2〕《司法公报》1928年第17期,第174～179页。

第二十一条　笔试之科目如左:

一、宪法原理;二、民法;三、商法;四、刑法;五、民事诉讼法;六、刑事诉讼法;七、行政法;八、国际公法;九、国际私法。

第二十二条　口试之科目如左:

一、民法;二、商法;三、刑法;四、民事诉讼法;五、刑事诉讼法。

第二十五条　再试以考验学习成绩为主,分笔试口试两种;笔试及格者得应口试。

第二十六条　笔试以二件以上诉讼案件为题,令应试人详叙事实及理由,拟具判词作答,口试方法由典试委员会临时定之。

第二十七条　再试不合格者,得由补行学习六个月期满后由监督长官呈请特试;

前项特试不及格者取消其司法官初试及格资格。

如上,这一时期对于考试科目的要求也相较之前更多,要求应试人员复习的内容更广,这无疑在程序复杂的基础上又增加了考试的内容难度。

直到民国十九年(1930年)12月27日,考试院公布《高等考试司法官律师考试条例》,国民政府时期司法官律师考试的首部指导性条例才正式出台,这一条例也成为日后南京国民政府时期司法官考试的主要制度蓝本,后续的相关法规都是依此为基础进行的相关修正。该条例共17条,内容涵盖应试人员资格、各考试科目的设置和内容及相关考试程序等。

该条例关于考试形式和内容、科目的相关规定如下:[1]

第三条　司法官考试次第如左:一、初试;二、再试。

初试分第一试、第二试、第三试。

[1] 《考试院公报》1931年第1期,第53~56页。

第五条 初试之第一试科目如左:国文:(一)论文;(二)公文。党义:(一)三民主义;(二)建国大纲;(三)建国方略;(四)中国国民党重要宣言及决议案。

第六条 初试之第二试科目如左:甲、必试科目:(一)国民政府组织法;(二)民法;(三)商事法规;(四)土地法;(五)劳动法;(六)刑法;(七)民事诉讼法;(八)刑事诉讼法。乙、选试科目:(一)行政法;(二)法院组织法;(三)国际私法;(四)国际公法;(五)刑事政策;(六)犯罪学;(七)监狱学;(八)外国文学。以上选试科目,任选三种。

第七条 初试之第三试,就民法、商事法规、土地法、劳动法规、刑法五科目,及应考人之经验面试之。

司法官考试制度随着时间的推移,规定越来越完善,内容越来越细化,但其中最大的变化就是增加了对于"国民党重要宣言及决议案"等内容的考察,作为必考科目,这显然符合南京国民政府时期政治的特色,即所谓的"一党专政"。

另外,南京国民政府时期的司法官培养和北洋政府时期一样,一方面注重理论知识的积累,另一方面也增加了业务实践能力的考察。但是,《高等考试司法官律师考试条例》的另外一个不同在于规定了司法官考试和律师资格考试的内容,且律师资格的取得明显比司法官资格容易得多。第9条也规定了:"有司法官初试及格证书者,得依法充任律师。"[1]事实上,这也是在推进司法改革,促进司法独立的道路上迈出了有力一步,对于司法制度的完善有着极其重要的意义。

民国二十二年(1933年)5月23日,考试院颁布《修正高等考试司法官考试条例》。民国三十四年(1945年)8月5日,该条例在修正稿的基础上又进行过一次补充修正,但变化不大。1934年公布过

---

〔1〕《考试院公报》1931年第1期,第53～56页。

实施新修正的司法官考试条例后的各科考试的成绩表，试选一份作为参考，即民国二十二年高等考试司法官考试甄录试正试及格人员各科成绩表（见表2）。

表2　二十二年高等考试司法官考试甄录试正试及格人员各科成绩〔1〕

单位：人

试别	科目	90以上	89～85	84～80	70～75	74～70	69～65	64～60	59～55	54～50	49～45	44～40	39以下	共计
甄录试	国文	9	2	3	5	8	8		2					32
	党义	2	2	4	9	1	1	6	3		2	1	1	32
	中国历史	3	3	3	2	10	2	1	2	3	1	1	1	32
	中国地理	4	3	5	4	7	3	2	1	2	1			32
	宪法	6	3	2	5	2	2	2	3	2	3	2		32
	法院组织法	3	4	6	7	5	6	1	1					32
正试必试	民法	1	1		3	5	6	4	1	4	1	2	4	32
	商事法规				1	4	12	6	2	4	2	1		32
	刑法		2			6	7	7	6	1	3			32
	民事诉讼法		3		8	6	5	1	2	4	1	2		32
	刑事诉讼法		6	4	3	3	5	4	6	1				32
正试选试	行政法			4		2	2	1		2				11
	土地法					2		3						5
	劳工法规					1	1		1	1				4
	国际法			1			2	1		2	1		1	8
	刑事政策				2	3		2	6	1		1		15
	犯罪学	1			1			2	1	1			2	8
	监狱学		2	1	3	1	3			2	1			13
共计		29	31	32	53	66	60	43	37	30	16	10	8	416

〔1〕《考试院公报》1934年第1期，第146页。

和北洋政府时期一样,当局者也意识到如此严苛的考试规定,难以在短时间内补齐民国司法官的缺口,于是权衡之后,采取变通之策,于地方设立了县司法处,行使相关的司法审判权。南京国民政府考试院于民国二十五年(1936年)6月9日还颁布了专门的制度条例予以规范,即《县司法处审判官考试暂行条例》,[1]该制度相对简略,本文不再详加论述。

综上分析,整个民国时期的司法官考试制度基本上可以分为两个阶段,即北洋政府时期和南京国民政府时期。笔者认为,这两个时期,除了制度规范的进一步细化、严谨,最大的不同就是南京国民政府时期,司法官考试制度更带有统治阶级的政权特色,即增加了关于国民党党义党规等知识的考察,这也是民国南京国民政府时期,统治阶级推行"司法党化"的一条有力的证据。事实上,这样的做法与近代司法改革的初衷是相背离的,尤其是与弘扬"司法独立"的理念,更是反其道而行之,出现了短暂的历史性倒退,这也为日后司法环境的恶化、司法腐败的猖獗埋下了伏笔,值得镜鉴。

三、民国司法官考试制度的启示

当下中国的司法改革也在如火如荼地进行中,从"司法员额制"的建立,到新"司法考试制度"的执行,无疑是在司法改革的道路上进行的一次又一次探索。对于民国司法官考试制度的考察,本文认为有以下启示:

第一,出台制度要慎重考虑时代背景。先不论制度的文明与否,单就民国转型时期的司法官考试制度看,该时期关于应试资格、应试科目及考试形式的规定越发严格,几乎到了抄袭西方国家先进制度的程度,这么做固然有其积极的作用,但是面对司法的现实困境,司法官考试制度的引出并没有从根本上解决专业司法队伍建设的

[1] 《考试院公报》1936年第6期,第13、15～16页。

问题。内容的宽度、培养的难度在一定意义上,限制了司法官的产生,整个北洋政府时期,本文找到的有统计的数字才有789名司法官员,这对于偌大的中国起不到应有的作用,简直是“杯水车薪”。完善司法官考试制度的初衷是好的,但是一味地脱离实际,寻求法条上的完善貌似走入了歧途,事倍功半。

第二,司法官遴选要兼顾专业技能和道德情操。自古以来,中国社会的统治都是“治国先治吏”,一味地追求专业技能的培训,忽略职业操守的遵守,即便是培养了专业的、高素质的司法官队伍,也难免会出现司法腐败、职业败坏的问题。南京政府时期的司法环境每况愈下就是一个鲜活的例证。在科举选官的大背景下,关于人的道德要求考察颇多,相较于这一时期,贤明的君主治理官吏的手段也更鲜明,不仅仅从制度法规上严防腐败的关口,更是从思想层面上加强官吏的腐败预防,传统中国的“官箴言”就是宝贵的遗产,乃至值得今天的治国理政借鉴。

第三,司法官考试要兼顾考察专业知识和实践能力。当下的司法官考试制度相较于民国时期,一个最大的不足,就是关于实践能力的考察相对薄弱。尽管在大学期间,会通过“模拟法庭”、机构实习等创新形式来培养学生的实践能力,可是和现实的社会需要相比,这样的形式难以满足应有的需要。应该借鉴先人的聪明才智,在司法官资格授予的过程中,加强对于业务实践能力的考察,由此才能培养出高能力、高素质、高学历的综合性司法官队伍,进而实现“让每一个群众在每一个司法案件中感受到公平正义”的远大目标。

清代"道"在地方司法中的作用
——以归绥道为中心

贾安琪*

【摘要】 清代的道承袭明制，经过不断调整，基本完成了从临时性派遣机构到固定职能机构的转变。作为一个承上启下层级，道不仅在清代地方行政机构体系中居于重要的地位，在司法审判中也发挥重要作用。乾隆六年(1741年)设立的归绥道统辖地区广袤，攘接边疆，刑名钱谷事务繁多，且经过多次调整，下属机构设置较为健全。既具有分巡道的一般职能，又因其总理旗民蒙古事务而具有一定的特殊性。本文即以归绥道台为例，通过对其职能的深入考察，分析清代道在地方司法审判中的实际作用。

【关键词】 清代　归绥道　司法审判

一、引言

明初，布政使之佐官参政、参议，按察使之佐官副使、佥事，被派往地方分守各属府州县、巡察料理事务，于是便有了分守道、分巡道的产生。守道作为布政使的佐官分掌考满职能，考核所属府、州县官政绩、品级；巡道作为按察使的佐官则掌监察、纠劾之事。但由于道员的驻所和辖区范围并不固定，道在明代仅仅是一种临时性的两

* 作者系中国政法大学法学院硕士研究生。

司驻于地方的分支机构。

清代的道从明制基础上演化而来,并进一步发展完善。《清史稿·职官三》记载:"布、按二司置正、副官。寻改置布政使左、右参议,是为守道;按察使副使、佥事,是为巡道。时道员止辖一府,或数道同辖一府也。"[1]其后,经过几次裁汰与整合,清代道的数量得以精简,明代管理混乱、职能掣肘的弊病一定程度上得以缓解。乾隆十八年(1753年),峻其品秩,定为正四品,成为地方实官,制度日趋完善。各道员"掌分守、分巡,及河、粮、盐、茶,或水利、驿传,或兼关务、屯田;并佐藩、臬覈官吏,课农桑,兴贤能,励风俗,简军实,固封守,以帅所属而廉察其政治"。[2] 作为清代各地方的中层官员,上协助藩臬、下督率属僚,是联系中央与基层的中介,其重要性自不待言。而由按察使司佐官演化而来的分巡道,主管刑名,在司法审判中更是发挥重要作用。[3]

但是,这样一个重要的机构在学界却存在普遍忽视的倾向,这一现象在法学界尤其明显。[4] 目前来说,笔者目之所及并未发现专门讨论道在司法审判中的作用的论文。从法学著作(含教科书)来看,无论是教科书,还是审判制度史,或只字不提,或仅在涉及审级、审

[1] 《清史稿》卷一一六《职官三》,中华书局1976年版,第3355页。

[2] 《清史稿》卷一一六《职官三》,中华书局1976年版,第3355页。

[3] 下文中所提及的道在地方司法中的作用亦主要是针对分巡道而言。事实上,在乾隆十八年之后,分守道、分巡道渐渐合二为一,仅只是名称不同,实际上不再有什么分别。参见朱东安:《关于清代的道和道员》,载《近代史研究》1982年第4期。

[4] 近年来,虽然清代道制日益引起学术界的关注,但由于清代道制本身的复杂性与资料的分散性,致使这方面的相关研究著作与论文较诸其他研究依然相对较少。从现有研究成果来看,史学研究成果较多,但多为制度史研究,且关注的重点多集中于对其起源、设置、性质、与明代的道的区别之论证上,而对道在清代司法审判中作用的关注较少。

转时略着笔墨、一概而论。[1] 而在这些为数不多的论述中，对于道是否是一个独立的审级尚有争论，且主要以中原地区的道为主要研究对象，对边疆的道发挥的作用关注度不够。这都为道在司法审判中作用的相关研究留下较大空间。

鉴于学界对清代道台研究并不深入，对边疆道的特殊性也并没有过多重视，笔者选取了驻扎于内蒙古地区，隶属于山西巡抚管辖，主管处理旗民事务的归绥道为个案，通过对其职能的深入考察，分析清代道在地方司法审判中的实际作用。

二、归绥道的设置与机构变化

（一）走西口[2]与理交涉：归绥道设置背景

归绥地区位于山西省杀虎口以北，是土默特部游牧之地。根据《归绥道志》记载：“（明）嘉靖中，蒙古察哈尔小王子之族谙达（明史作俺答）筑城于丰州滩，分部驻牧。隆庆中，封顺义王。万历中，名其城曰归化城，是为西土默特。”[3] 清天聪八年（1634 年），皇太极亲征察哈尔，土默特部众归降。其后，归化城土默特蒙古人即按满族八旗的军事组织被编为左右两翼旗，领以左右翼都统及四副都统。

---

〔1〕 前者有蒲坚主编：《新编中国法制史教程》，高等教育出版社 2003 年版；怀效锋主编：《中国法制史》（第 4 版），中国政法大学 2015 年版；汪世荣主编：《中国法制史》，北京大学出版社 2007 年版；王立民主编：《中国法制史》，科学出版社 2009 年版。后一类书籍有张晋藩主编：《中国司法制度史》，人民法院出版社 2004 年版；曾宪义主编：《中国法制史》，北京大学出版社、高等教育出版社 2009 年版；那思陆：《清代中央司法审判制度》，北京大学出版社 2004 年版，《中国审判制度史》，上海三联书店 2013 年版；陈光中：《中国古代司法制度》，北京大学出版社 2017 年版；等等。

〔2〕 “走西口”是在文中指清代以来成千上万的山西、陕西等地百姓涌入归化城土默特、察哈尔和鄂尔多斯等地谋生的移民活动。早在明代开始，人们将长城沿线的关隘称为“口”，习惯上经常把河北张家口称为“东口”而杀虎口位于张家口以西，所以被称为西口。参见珠飒、佟双喜：《“走西口”与晋蒙地区社会变迁》，载《山西大学学报》（哲学社会科学版）2007 年第 30 卷第 2 期。

〔3〕 （清）高赓恩纂、贻谷等修：《归绥道志》，远方出版社 2007 年版，第 159 页。

这一时期，由于杀虎口外的归绥地区本是蒙古土默特部游牧之地，加之清朝统治者认为“民人蒙古杂居一处”易造成混乱，推行封禁政策，因此，清朝初期主要是蒙古人聚居与此。对此，《绥远通志稿》有如下记载：“清既入主中夏，察哈尔、西土默特及鄂尔多斯、乌拉特等各旗，悉录版图，其时私垦禁严，蒙荒如故。”[1]

但是，随着满洲贵族和八旗官兵圈地运动的大肆开展，广大农民流离失所，被迫背井离乡，外出开垦。康熙年间，随着人口增长，内地汉人外出规模加剧。归绥地区“幅员辽阔，沃野千里。兴农力田，最为适宜”，[2]吸引了大量内地农民。而杀虎口直通内地，成为口内百姓进入口外地区的主要关口。清朝政府的封禁政策被迫松弛。根据史料记载，雍正初年仅山西大同府民人散居土默特各村者，已不下两千家。“内地民人逐渐居住耕种，与蒙古错杂而处，历年既久，村落相望，遂与内地郡邑无异”，[3]随着农商之移民不断增多，这一地区蒙、汉交涉事件频发，单纯的旗佐已经无法适应社会治理的需要。为了管理日渐增多的民人，处理旗人与民人之间的各种交涉，自雍正朝起，管理汉人的地方政府机构开始陆续设立。

雍正元年（1723 年），设归化城理事同知，驻河西，隶朔平府。由于蒙古民人事务繁多，雍正十二年（1734 年），于归化城理事同知下设四名笔帖式，协助同知办理事务。后至乾隆初年逐渐增设至七协理分管地方。“又因笔帖式既非职官且无关防印记，复将协理笔帖式改为协理通判各给条记，遇有员缺由部院笔帖式拣选引见补

〔1〕 绥远通志馆编纂：《绥远通志稿》（第 3 册），内蒙古人民出版社 2007 年版，第 158 页。

〔2〕 绥远通志馆编纂：《绥远通志稿》（第 3 册），内蒙古人民出版社 2007 年版，第 95 页。

〔3〕《奏请更定晋省杀虎口外归化等协厅官制职守事》，乾隆二十五年八月初七日，档案号：04－01－01－0238－005，中国第一历史档案馆藏。

放。”[1]至此,归化城区域初步形成了“理事同知—协理通判(笔帖式)”的管理体制。

乾隆年间,归绥地区民人移居规模达到了一个空前的程度。针对这一现象,清政府先于城东北五里建绥远城,在乾隆四年(1739年)自右卫移建威将军驻于此,并设绥远城理事同知,专门管辖口外的蒙古人与民人之间的事务。

乾隆六年(1741 年),山西巡抚喀尔吉善以归化城地处塞外,攘接夷疆,事务繁杂,地方政务文武自有专责不能相代为理为由,奏请于归化城地方添设道员。[2] 同年二月,清廷同意在归化城设立道员一名,“于满、蒙、郎中内简放,总理旗民事务”,[3]归绥道遂由此设立,统辖二同知及归化城、和林格尔、托克托、萨拉齐、清水河、善岱、昆都伦七协理通判。八月,定为冲、繁、难[4]三项要缺,给与衙署与总理旗民蒙古事务分巡归绥道关防。[5]

至此,清廷在归化城土默特地区就设置了两个重叠的政权,一是管理游牧蒙民的旗佐;二是管理汉民及旗民交涉事务的道厅。

---

〔1〕《奏请更定晋省杀虎口外归化等协厅官制职守事》,乾隆二十五年八月初七日,档案号:04-01-01-0238-005,中国第一历史档案馆藏。

〔2〕“归化城地处塞外,攘接夷疆,幅员千有余里,其间蒙古民人杂处错居者不下数十余万户,边防最重,抚驭殊艰……地方政务文武自有专责不能相代为理。其刑名钱谷事务繁多。……督责监纪备难于内地……同知、通判不能与都统平衡致相僭越……”参见《奏请归化城地方添设巡道一员等事》,乾隆六年,档案号:04-01-12-0022-017,中国第一历史档案馆藏。

〔3〕《清实录》卷一三七,中华书局 1985 年影印本,第 10 册,第 975 页。

〔4〕“冲繁疲难”指的是清代朝廷根据地域、人口、政务等方面的差异,对地方政府所作的等级划分,并以此有针对性地选派官吏。其中,“地当孔道为冲,政务纷纭为繁,赋多逋欠为疲,民刁俗悍、命盗案多为难。”参见(清)海宁辑:《晋政辑要》卷一《官缺繁简》,载杨一凡、刘笃才编:《中国古代地方法律文献》,世界图书出版公司 2009 年影印本,乙编,第 13 册,第 543~544 页。

〔5〕《清实录》卷一四九,中华书局 1985 年影印本,第 10 册,第 1143 页。

（二）兼职衔与扩辖区：归绥道及其辖厅的发展变化

归绥道作为一个新设立的道在行政实践中经历了不断调整和变动的过程。

由于杀虎口至绥远城一带添设绿旗靖远等营官兵，若统归杀虎协管辖，距离较远，稽查难周，乾隆十二年（1747年）三月，大学士兼管吏部尚书张廷玉上《题为遵议山西归绥道加衔兵备应准换关防事》一折，遵议“将归绥道加兵备衔，靖远一营就近稽查钤束”。[1]自此归绥道关防换给“总理旗民蒙古事务分巡归绥兵备道”关防字样，一旦遇有兵民交涉事，即可持平裁决。职权进一步扩大。

未过多久，清廷对归绥道辖区也进行了一定调整。有清一代，其辖区经历了从七厅到五厅、再到七厅并扩展至十二厅的演变过程。

1.乾隆朝：裁汰冗厅，厅制定型

由于之前陆续增设协理通判时多为就时论事，未经通盘筹计，经管地方之广狭、地亩钱粮之多寡俱未衡量均调，其弊端逐渐暴露。[2]乾隆二十五年（1760年），吏部议准：“山西巡抚鄂弼奏称，晋省归化城地方，前经改七协理通判，各给条记。但协理通判，既系虚衔，并无升转之路。再归化城地虽广阔，究与内地稍殊，分设七厅，亦觉太冗，其善岱、昆都仑二协，地非紧要，应请裁并五厅管辖。”[3]撤掉善

---

〔1〕《题为遵议山西归绥道加衔兵备应准换关防事》，乾隆十二年三月初八日，档案号：02-01-03-04498-009，中国第一历史档案馆藏。

〔2〕“第查从前陆续增设协理通判时亦止就时论事，未经通盘筹计。经管地方之广狭、地亩钱粮之多寡俱未衡量均调。如清水河一协厅并无丝毫钱粮，至协领笔帖式虽改为协理通判，既非实在职衔，无升转之路，又例不入计典举劾，虽庸劣败检之员自可随时参劾而激劝之方未备，中才皆不知奋勉。且由部院笔帖式补放，内中固有通晓清文蒙古明白干练之人，其平庸者往往于钱粮刑名事务茫然不解。且有但谙清文而于汉文不甚通晓者，该衙门所理民人命盗重案全系汉文，尤多未谙。”参见《奏请更定晋省杀虎口外归化等协厅官制职守事》，乾隆二十五年八月初七日，档案号：04-01-01-0238-005，中国第一历史档案馆藏。

〔3〕《清实录》卷六二〇，中华书局1985年影印本，第16册，第977页。

岱、昆都仑二协理通判，同时又把归、和、萨、托、清五协理通判改为理事通判厅，仍属归化城同知管辖。"乾隆二十九年，前抚和(其衷)奏准将归化城通判裁汰，其通判原管理地方事务悉归该同知管理。"[1]正式形成归化城理事同知厅、清水河理事通判厅、和林格尔理事通判厅、托克托理事通判厅和萨拉齐理事通判厅五厅辖区，均为直隶厅。至光绪朝之前，均未有较大变动。

2. 光绪朝：辖区扩充，设置完成

光绪九年(1883年)，时任山西巡抚的张之洞筹议七厅改制，上《筹议七厅改制事宜折》："查丰、宁二厅向隶雁平道，归、萨、和、托、清五厅向隶归绥道。七厅分隶二道，未免事权不一。且雁平道驻代州，离丰、宁道里较远，亦有鞭长莫及之虞。应请将丰镇、宁远二厅改隶归绥一道管辖，以资联络。"[2]光绪十年(1884年)，归绥道增辖丰镇抚民同知厅与宁远理事通判厅两厅，制外并改为抚民同知厅兼理事。于是归绥道领抚民同知厅三、抚民通判厅四：归化城同知厅、萨拉齐同知厅、丰镇通知厅、清水河通判厅、托克托通判厅、宁远通判厅、和林格尔通判厅。

光绪二十九年(1903年)后，清廷又逐步增设武川、五原、东胜、陶林、兴和等五个抚民通判厅，称为"口外十二厅"，均为直隶厅，[3]归绥道的职权范围进一步扩大，同时也标志着清代归绥道政府机构设置的彻底完成。

三、归绥道在地方司法中的作用

归绥道地处边疆，在地方司法中既具有分巡道的一般职能，又因

[1] (清)海宁辑：《晋政辑要》卷一《官缺繁简》，载杨一凡、刘笃才编：《中国古代地方法律文献》，世界图书出版公司2009年影印本，乙编，第13册，第544页。

[2] 苑书义、孙华峰、李秉新主编：《张之洞全集》(第6卷)，河北人民出版社1998年版，第166～176页。

[3] 参见《清史稿》卷六〇《地理七》，中华书局1976年版，第2040～2044页。

其总理旗民蒙古事务而具有一定的特殊性。

(一)道的一般性职能

从道的一般性职能来看,通过对《大清会典》、《大清律例》、历朝《清实录》与一些笔记的整理,大致有以下几点:

其一,督查案件,清理词讼。雍正十一年(1733年),在吏部议复户部巡抚德龄奏折中就提到了道有督查讼案、清理词讼之责。“州县审理刑名案件,各有限期,如限满不结,该管之知府、直隶知州、不揭报者,请照徇庇例议处。其知府、直隶州自行审理案件,督催之道员,亦照例议处……”[1]乾隆朝亦有此类规定,要求“各省巡道,原有督查讼案之责,分巡所至,并宜严行查核,不得视为具文”。[2]借此以实现政平讼理,整饬地方吏治的目的。

值得注意的是,除了查核所属的州县、直隶厅州的自理词讼外,该道还要审理民间上控词讼以及上控至藩臬、督抚的批发词讼。道光年间,两署山西雁平道道员的张集馨就曾多次审理督抚、藩臬的批发词讼与民间上控词讼。[3]

其二,审转直隶州案犯。对重大刑事案件的审转复核是道最重要的职责。徒刑以上案件在州县初审后,逐级向上申报,直至有权作出判决的审级批准后才终审,这一程序被称为审转。[4]薛允升在《读例存疑》中提到“州县一切案犯,由府审转解司;直隶州一切案犯,由道转解司。此定章也,而刑律无明文”。[5]

其三,参与秋审案件的审理和审转。“直省每年应入秋审案犯,于

[1] 《清实录》卷一三二,中华书局1985年影印本,第8册,第709页。

[2] 《清实录》卷五五二,中华书局1985年影印本,第15册,第1060页。

[3] 参见(清)张集馨:《道咸宦海见闻录》,中华书局1981年版,第45~51页。

[4] 参见张晋藩主编:《清朝法制史》,法律出版社1994年版,第551页。

[5] (清)薛允升:《读例存疑》卷四九,光绪三十一年刻本。

应勘时仍令各督抚提解省城，率同在省司、道公同会勘，定拟具题。”[1]道员不仅可以核议秋审案件，与督抚、两司一起共同参与秋审案件的审理，还可以审转秋审人犯。至道光年间，各省距离窎远的州县中的遣、军、流、徒各犯及这些地区的秋审人犯均交道员审转。[2]

（二）归绥道在审转中的特殊性

归绥道因处理蒙古、民人交涉事务而设立，其在地方司法中的职责作用因其总理旗民蒙古事务而具有一定的特殊性。这一特殊性主要体现在审转方面。[3]

通过上文对归绥道设立发展变化的情况来看，其设立、完善于乾隆朝时期，且自乾隆朝到光绪朝前其辖厅未发生较大改动，因此，下文主要以乾隆朝时期归绥道的审转情况为主要考察对象。

1. 归绥道建立之前归绥地区的审转情况

乾隆六年（1741 年）设立归绥道之前，归绥地区主要由理事同知、协理笔帖式（通判）管理新涌入的民人及蒙古、民人交涉事务。由于此时归化城理事同知隶属朔平府管辖，对于该地区命盗等重大刑事案件，则“令该协厅勘验通报之后解犯进口，由朔平府派委所属州县另行定限审解府司核详是验”。[4] 由朔平府委派其所属州县另行审理，由朔平府复审，再审转至按察使司。

---

〔1〕 参见马建石、杨育棠主编：《大清律例通考校注》，中国政法大学出版社 1992 年版，第 1088 页。

〔2〕 《清实录》卷二三九，中华书局 1985 年影印本，第 43 册，第 711 页。

〔3〕 归绥道也有督查讼案、清理词讼，参与秋审案件的作用，但因其与内地诸道差异不大，故不再重述。如在山西巡抚喀尔吉善《题为查明前任归绥道六格审结各案并无逾限及归化城同知广绥修理沟道无堵塞均应免议事》的题本中，“查归化城初添设道员专管民人汇办盗贼等，案之大吏，理宜遇事尽心，（ ）免整饬地方，凡有盗贼积案速催完结。”就体现了归绥道在督查讼案方面的作用。参见《题为查明前任归绥道六格审结各案并无逾限及归化城同知广绥修理沟道无堵塞均应免议事》，乾隆七年十一月二十六日，档案号：02－01－03－04054－003，中国第一历史档案馆藏。

〔4〕 《奏为敬筹口外归化城七协理笔帖式所属等处民人命盗各案承审事宜事》，乾隆十六年二月二十九日，档案号：04－01－01－0206－004，中国第一历史档案馆藏。

乾隆二年(1737 年)六月十二日,山西巡抚石麟的《题报太原归化城人杨琮拒鸡奸殴伤刘万才身死拟绞监候事》题本中即反映了这一时期的审转情况:归化城民人刘万才被扬琮打伤身死,由当地甲头报归化城协厅。归化厅进行初步调查审讯后转报在案,由朔平府属县马邑县奉委饬审,归化厅据报验尸通详马邑县,由该县审拟,再由府驳覆审明招解到司,由司覆加研训招解到巡抚处。[1]

2. 归绥道建立之后对审转的调整

归绥道建立后,总理该地区旗民蒙古事务。其审转案件类型、程序经历了一个不断调整的阶段。

归绥道建立之初,虽然统辖七协厅,但并没有掌握完全的司法权,原民人命盗等重大刑事案件仍然由协厅勘验通报后由朔平府派委所属州县另行定限审解府司。只有遇有蒙古民人交涉命盗事件或该案专涉蒙古,才经过归绥道审转。[2]

在"托克托城客民刘文彬因债务纠纷伤毙高成业"一案中,犯人刘文彬与被扎伤身死之高成业均为山西直隶保德州河曲县人,均在口外托克托城所属地方种地。刘文彬因债务纠纷起衅,高业成受伤深重延至十月初二日鸡鸣时殒命。乾隆六年十二月初二日,主力哈白晏村甲头董有成报案到托克托协理厅,由该厅协理通判进行初步审理后将人犯牒解朔平府,经该府详委朔州承审,审明拟议后由府招解到司再到巡抚,如该州所拟,依斗殴杀人律拟绞监候。[3] 该案

---

〔1〕《题报太原归化城人杨琮拒鸡奸殴伤刘万才身死拟绞监候事》,乾隆二年六月十二日,档案号:02-01-07-0041-003,中国第一历史档案馆藏。

〔2〕"其有蒙古与蒙古交涉命盗案件,由外藩各扎萨克派员来城,会同通判审解同知,转解都统、归绥道会审咨部。若系蒙古与民人交涉命盗案件,通判验报行文外藩该扎萨克,申请都统、各委员来城会审。仍经同知转解归绥道会同都统覆审,移解臬司,转解抚臣,会同将军都统题结。"参见《清实录》卷六一四,中华书局 1985 年影印本,第 16 册,第 911 页。

〔3〕《题为审理托克托城客民刘文彬因债务纠纷伤毙高成业一案依律拟绞监候请旨事》,乾隆七年九月十五日,档案号:02-01-07-04538-003,中国第一历史档案馆藏。

发生时归绥道业已设立，民人命盗案仍然像归绥道建立以前一样，照例仍有朔平府派委所属州县另行审解。如此报者一官，承审者又是一官，程序繁复，弊端丛生：朔平府属之州县距七协厅地方近者四五百里，远者千有余里……所有内地承审州县不得不往返提查差役守候，甚至详请带犯亲赴口外会勘会审，迢遥间隔动辄经年累月，历时日久；且证佐自数人以至十数人不等，往来之盘费花费甚多，承审州县不堪重负。除此之外，被罪各犯还常因官已更移任意狡展，使案无根据，质对艰难。[1] 多名官员皆因疏防治罪。[2]

乾隆十六年(1751 年)二月十九日，护理山西巡抚湖北布政使朱一蜚上呈《奏为敬筹口外归化城七协理笔帖式所属等处民人命盗各案承审事宜事》奏折，认为“该同知协厅等既可审理蒙古交涉之案，即可承审民人之案，就近由归绥道核审实为至便”。因此，主张“嗣后七协厅民人命盗等一切问拟案件俱照直隶热河八沟例，责成各该协承审，就近招解归化城同知审转，由归绥道复审移解按察司审详，巡抚分别题咨，毋庸解送朔平府委员承审”。[3]

此后，归绥地区民人、蒙古民人交涉命盗等一切问拟案件均经道审转，专设蒙古人命盗等案也由都统、归绥道，会审咨部。但是由于案件涉及的主体不同，其审转程序亦有所不同。

(1)只涉及民人的情况

对于只涉及民人的命盗等案件，“归化城、归绥道审转命盗各

---

〔1〕《奏为敬筹口外归化城七协理笔帖式所属等处民人命盗各案承审事宜事》，乾隆十六年二月二十九日，档案号：04-01-01-0206-004，中国第一历史档案馆藏。

〔2〕参见《为清水河协理笔帖式德寅等员疏防归化城清水河前窑子村住民武科家被窃糜谷等物题请参处事》，乾隆四年四月初十日，档案号：02-01-006-000232-0008，中国第一历史档案馆藏；《为山西归化城协理笔帖式七十一等疏防顾什丹巴长木三等被盗限满赃贼未获题请参处事》，乾隆四年四月二十五日，档案号：02-01-006-000236-0001，中国第一历史档案馆藏。

〔3〕《奏为敬筹口外归化城七协理笔帖式所属等处民人命盗各案承审事宜事》，乾隆十六年二月二十九日，档案号：04-01-01-0206-004，中国第一历史档案馆藏。

案,如凶盗尸亲事主、均系民人,由七协通判承审,经同知、归绥道覆审,招解臬司,申请抚臣题结”。[1]

下面我们通过一则仅涉及民人的命案件来具体看一下审转的情况。在山西巡抚恒文《题报归化城民张进官接妻回家口角捻伤妻父孟遇龙身死拟斩监候事》题本中有这样一则案例:乾隆二十年(1755年),归化城民人张进官因接妻子回家时发生口角捻伤妻父孟遇龙,民人孟遇龙伤重身死。本案由地方甲头上报给归绥道管辖的和林格尔厅协理通判,由和林格尔厅协理通判进行初审,由归化城同知复审,再审转至归绥道复审,再由归绥道招解山西按察使司,最后报至山西巡抚题结上报中央。可以看出案件经过如下审转程序:和林格尔厅协理通判(初审)—归化城同知—归绥道—山西按察使司—山西巡抚。

(2)蒙古、民人交涉的情况

对于蒙古民人交涉命盗等案,乾隆二十五年(1760年)前,由“通判验报,行文外藩该扎萨克,申请都统、各委员来城会审。仍经同知转解归绥道会同都统覆审,移解臬司,转解抚臣,会同将军、都统题结”。[2] 但是,这些案件“例以扎萨克委员到齐之日起限,有屡次订期不至”。因此不仅使案牍久悬,在司法实践中也得不到很好的实施。[3]

针对此问题,乾隆二十五年,山西按察使索琳上奏,主张“蒙古与民人交涉之案,请都统委参佐领会审,由抚臣会题。所有各扎萨

[1] 《清实录》卷六一四,中华书局1985年影印本,第16册,第911页。

[2] 《清实录》卷六一四,中华书局1985年影印本,第16册,第911页。

[3] 如在乾隆二十年《题为审理归化城蒙古诺木齐因马匹践食田禾启衅伤毙李仁案依律拟绞监候等请旨事》题本中,就没有按照规定程序进行审理。该案由保长、蒙古甲头上报给都统衙门,都统衙门发给归化城协理通判进行初审,归化城蒙古民事同知进行复审,其后审转至归绥道、按察使司,最后由山西巡抚题结。不仅没有等到札萨克委员到齐之日一同会审,巡抚也没有会同将军、都统题结。参见《题为审理归化城蒙古诺木齐因马匹践食田禾启衅伤毙李仁案依律拟绞监候等请旨事》,乾隆二十一年二月初七日,档案号:02-01-07-05385-002,中国第一历史档案馆藏。

克委员会审之例停止。结案后，仍将审拟定罪之处由归绥道行文扎萨克知照”。[1]

从其司法实践来看，在“归化城民王德聪因负欠启衅伤毙蒙古布彦图案”中，归化城民人王德聪因负欠起衅，伤毙蒙古人布彦图。本案案发后由嶋鹈齐村甲头李美生报案，归化城同知勒保进行初步调查审理，勘验尸伤现场，然后呈请都统委员会到厅会审，此案由归化城同知勒保会同兵司参领达什白赞共同审理，之后逐级审转复核。首先审转到道，归绥道富躬会同归化副都统提犯会审无异，咨解到司，该山西按察使黄检覆审无异，再由山西督抚朱珪审核无异后，题达皇帝交三法司核拟覆施行。

此外，在《题为会审山西托克托城民人郝通因子抵欠纠纷伤毙蒙古那素巴雅尔案依律拟绞监候事》[2]与《题为会审山西托克托城张青奇子因耧地被阻伤毙蒙古额璘亲多尔济一案依律拟绞监候请旨事》[3]两份题本中，均是由托克托通判和兵司参领会审、报至归绥道复审，再招解到司，最后报至山西巡抚，由巡抚报至中央。以上案件，均只需都统委参领会审最后直接由巡抚题结，审理程序得到了大大的简化。

(3)专涉蒙古人的情形

对于专涉蒙古人的命盗各案，在乾隆二十五年之前，由外藩各扎萨克、派员来城。会同通判审解同知。转解都统、归绥道会审咨部。为了提高司法效率，蒙古与蒙古命盗各案，乾隆二十五年六月得旨

---

〔1〕《清实录》卷六一四，中华书局1985年影印本，第16册，第911页。

〔2〕参见《题为会审山西托克托城民人郝通因子抵欠纠纷伤毙蒙古那素巴雅尔案依律拟绞监候事》，乾隆五十八年七月十二日，档案号：02－01－07－08191－009，中国第一历史档案馆藏。

〔3〕参见《题为会审山西托克托城张青奇子因耧地被阻伤毙蒙古额璘亲多尔济一案依律拟绞监候请旨事》，五十九年二月十四日，档案号：02－01－07－08290－009，中国第一历史档案馆藏。

后,"由通判验讯,申请都统就近派委土默特参佐领会审咨部"。不再经道审转。

从其司法实践来看,上述审转流程的表述被简化。事实上,专涉蒙古案件还需经归化城副都统复审,最后由绥远城将军报至中央。乾隆四十年(1775年),在"归化城席勒图召喇嘛那旺伤人害命"一案中,那旺与被害人闹饶博均系蒙古人,此案由蒙古甲长上报后,由归化城理事同知和兵司佐领进行会审,归化城副都统进行复审。复审结果报至绥远城将军,由绥远城将军报至中央,最后依据"斗殴伤重五十日内死者下手之人绞监候例"处以绞监候。

3. 厅制改革带来的审转变化

在乾隆二十九年(1764年)的厅制改革中,和其衷奏准将归化城通判裁汰,其通判原管理地方事务悉归该同知管理,使清、和、托、萨、四通判可以将承办事务,径报归绥道,核明移司,无庸另扣同知核转限期。再次简化了审转的流程。在嘉庆二年的"归绥道萨拉齐民人岳万宝因索欠未偿殴毙王三"一案中,就直接由萨拉齐通判德亨审拟,将岳万宝合依斗殴杀人律拟绞监候等情,直接审转到道,再由道转司核转,详解到巡抚。

由于乾隆二十五年和光绪朝的厅制调整仅仅是减少或增加了审转到道的直隶厅的数额,对审转没有产生实质的影响,故不再详述。

(三)小结

从上文分析来看,归绥道作为清代为解决蒙古、民人纠纷新设立的道,经历了乾隆朝一系列调整之后,形成了比较固定的审转制度。乾隆朝以后,民人、蒙民交涉命盗等案件经道审转,但因其案件性质不同审转的程序略有差异。该差异主要体现在,若该案仅涉及民人,则其流程为:各直隶厅通判(归化城同知)初审,审转到归绥道,再招解到按察使司最后由巡抚题结后报至中央。若该案为蒙古、民人交涉事件,则由各通判(归化城同知)与都统委参佐领会审、报至归绥道复审,再招解到司,最后报至山西巡抚,由巡抚报至中央。

从整个审转制度的调整过程来看，其整体改革趋势是因事制宜、化繁为简，其多是基于现实治理的需要。通过突出道这一承上启下的机构在边疆地区审理旗民蒙古案件的作用，节约司法资源、提高司法效率，加强了对该旗民蒙古杂居地区的管理控制，而这一切均是为了清王朝“大一统”原则服务的。

四、余论

对于道是不是一级独立的审级，学界有不同观点。传统观点认为清代地方司法机关分为四个审级：州县为第一审，府为第二审级，按察使司是第三审级，总督、巡抚为第四审级。嗣后题报中央，由三法司会审，核拟具奏。那思陆在其《中国审判制度史》《清代州县衙门审判制度》中均认为道是地方审判机关，将其作为第三级审判衙门，只是有时候有些案件不经过道。[1] 但这多是针对内地道而言，地处边疆的归绥道有其自身的特殊性。通过对清代归绥道的审转情况进行梳理，发现清代统治者针对归绥地区蒙汉杂居现象，根据当事人身份不同而设立了不同的司法审判程序。

若双方均系民人，则其司法审判程序为：归绥道所辖各厅协理通判或同知初审，由归绥道二审，山西按察使司三审，山西巡抚为第四审级，将案件题结上报中央，由三法司核拟具奏皇帝。在此过程中，道是第二级审判衙门。

若为蒙古、民人交涉案件，则其司法审判程序为：归绥道所辖各厅协理通判或同知会同（副）都统所委派参领初审，归绥道与归化城（副）都统二审，山西按察史司三审，山西巡抚四审，题报中央，由刑

〔1〕“以州县厅为第一级审判衙门，则府、直隶州厅为第二级审判衙门，道为第三级审判衙门，按察司为第四级审判衙门，督抚为第五级审判衙门，刑部或三法司为第六级审判衙门。由第二级至第六级均系复审衙门。案件复审时，有时经道，有时不经道，固案件之审级不固定为五审，或为六审，依其审转情形决定。”参见那思陆：《中国审判制度史》，上海三联书店2013年版，第240页。

部、都察院、大理寺、理藩院会审核拟具奏。

若案件转系蒙古，则其司法审判程序为：归绥道所辖各协理通判或同知初审会同都统派委土默特参佐领会审（一审），归化城副都统进行复审（二审）。复审结果报至绥远城将军（三审），由绥远城将军报至中央，由三法司、理藩院会审，核拟具奏。在此过程中，道不再是必经的审级。

通过以上对归绥地区司法审判程序的归纳，结合上文归绥道的设置和在司法审判中作用的分析，笔者认为，归绥道本就是为处理旗民交涉事设立，责专刑名。经过不断调整，更是具备稳定的辖区和相对稳定健全的下属机构，虽然在审理蒙古民人交涉案件时需与（副都统）会审，但整体而言，俨然是一级独立的司法机构。因此，笔者大致赞同那思陆的观点，就归绥道本身而言，在审理民人案件、蒙古民人交涉案件时是第二级审判衙门，在司法审判中发挥着不可替代的枢纽作用。

学术动态

【编者按】 本期《中华法系》"学术动态"专栏部分刊载有一篇学术综述和两篇译文。学术综述讨论近40年来明代基层社会与法律治理研究情况，从中可知学术界对这一问题进展到何种程度，给予同一主题的后续研究者以检索的便利。两篇译文，一为讨论纯粹法学派的创始人凯尔森的宪法思想，二为讨论类似于新自然法学派人物的权利思想，两篇译文都在某一具体的部门法上，对我们反观中华法系，有着重要的启迪作用。

近 40 年来明代基层社会与法律治理研究综述

杨　练*

【摘要】 明代基层治理，一直是学术界研究的热点问题，这方面成果迭出，主要是社会史和法律史学者，从不同的角度，用不同的眼光，来透视明代基层社会的治理。而最近的趋势，则是研究方法多元，且互相借鉴的成分比较多，这些共同构成了明代基层社会与法律治理研究的新趋势。

【关键词】 40 年　明代　基层社会　法律治理

秦统一以来，在疆域辽阔、人口众多的中国，如何治理好地方基层社会一直是历代统治阶级最关心的话题。十九大以来，中央再次将“乡村振兴战略”提上日程。在此之际，回顾我国历史上地方基层社会和乡村治理情况，能够帮助我们更好地了解过去和思考未来。

改革开放以来的 40 年间，学界对我国古代基层社会和治理的研究已有丰厚成果，本文主要聚焦于帝制时代中晚期的明代。“明代基层社会与法律治理”这一课题旨在考察明代的基层社会与法律治理的历史实情，阐释明代基层社会中法律治理的基本构成及其运作情形。作为这一研究的基础，本文对这一课题的相关研究成果进行

* 作者系中国政法大学法学院博士研究生。

了耙梳,同时尝试提出该领域进一步研究的方向。

全文分为绪论、明代基层社会的研究状况、明代法律治理(偏基层社会领域)的研究状况、总结与评述四个部分。

一、绪论

相关概念的界定

本文着眼于对明代基层社会与法律治理的研究状况进行探讨,故先对几个关键概念如"基层社会""法律治理"等词语所涵盖的内容进行界定。

1.基层社会

"基层"一词在《汉语大词典》和《新华字典》中的释义均为"各种组织中最低的一层,它跟群众的联系最直接"。由此,基层具体指代哪一层级取决于在什么样的组织和范畴中去研究,并没有统一规定。在行政区划层面,基层指最低一级的行政辖区,如古代中国大多数历史时期中的县级,这种概念是以往学术界最常用的界定,比如在历史学的相关领域研究中,或由于研究视角单一化,或是受研究材料所限,学者通常选取县级或县级以上的行政制度和机构作为研究对象,对县级以下的社会管理往往忽视。但在社会学领域,基层是一个含义更广的概念,它将范围下沉到县级以下的地方社会,尤其界定到最接地气的乡村领域,典型的学者如费孝通眼中的乡土社会,他认为中国社会的基层是乡土性的,乡下人的社会才是中国的基层。[1] 近年来,其他学科对中国古代社会的研究也开始汲取这种研究视角,逐渐关注到县级以下的行政管理制度、基层组织对于国家运作及地方社会的作用。

与大多数历史时期一样,明代最低一级的正式行政区划是县级,州县衙门是国家权力体系的末梢。本文讨论的"基层社会"将采取

---

〔1〕 费孝通:《乡土中国》,中华书局2013年版。

下沉的视角,把范围划定为明代县级以下的地方社会。而在以农为本的古代中国,占人口和面积绝大比例的广袤乡村是地方社会中的最主要部分,乡村社会内部有一套自身的逻辑体系,充满了错综复杂的关系和矛盾,乡村社会的治理水平决定了整个国家运转的有效性。说到底,古代政权对基层社会的治理主要是对乡村社会的治理。故本文将范围进一步限定为明代的乡村社会,探讨关于明代乡村的管理制度与组织的研究情况。这些研究成果按主题可以分为以下几类:(1)明代乡村社会的制度设计,主要包括里甲制、保甲制、粮长制;(2)明代乡村社会的精英群体,包括老人、士绅、宗族长;(3)明代乡村社会组织,主要指乡约。

2. 法律治理

"治理"是在政治学和管理学范畴中常被提及的概念,由西方引进而来,在欧美话语体系下指"在特定范围内行使权威"。[1] 随着研究的发展,治理的概念在不断更新和拓展中,被广泛运用于社会学、法学、经济学领域。归根结底,对治理的基本内涵定义较为中肯的是:"个人和公共或私人机构管理其公共事务的诸多方式的总和。它是使相互冲突的或不同的利益得以调和并且采取联合行动的持续的过程。它既包括有权迫使人们服从的正式制度和规则,也包括人民和机构同意的或以为符合其利益的各种非正式的制度安排。"[2] 简单来说,治理是一种调和冲突的管理运行机制。

法律治理是治理的一种形式,实践表明,当代语境下的法律治理范畴很广,对它的理解不应该局限于经过完整立法程序、颁布施行的法律条文,还涵盖了国家层面的规章制度、方针政策,社会层面的

[1] [法]辛西娅·休伊特·德·阿尔坎塔拉:《"治理"概念的运用与滥用》黄语生译,载《国际社会科学杂志》(中文版)1999年第1期。

[2] 全球治理委员会:《我们的全球伙伴关系》,牛津大学出版社1995年版,第23页。

内部章程、管理规定等作为依据的治理。这种现象在清末以前更为突出,因为在清末西方现代法律体系输入中国之前,传统帝制王朝的法律形态和现在是截然不同的,就连“法律”一词也是近代变革的产物,但我们不能因此否认古代中国没有法。同理,我们也不能因为古代的法律表现形式与现代不同,就否认古代法律形态的复杂性和多元性,如梁治平所说:“(中国古代的)法律并不只是写在国家制定和施行的律例里面,它们也存在于那些普通的社会组织和生活场景之中。”〔1〕总之,中国帝制王朝时期的法律治理范畴很广,既包括作为国家制定法、正式颁布施行的法典律例,也包括没有纳入正式法律体系但在实践中发挥了指导作用的圣谕诏令、制度政策、地方管理文件、民间规章约定等要素。

二、明代基层社会的研究

关于明代基层社会的研究,学者有不同的研究取向。本文分别采取宏观和微观的视角对明代基层社会的研究状况进行分析,希望通过这两个层面的衍生和辐射,能够有效覆盖近40年来学术界对明代基层社会问题的研究。

(一)宏观层面研究

宏观性研究的内容有:明代国家政权与基层社会的关系、基层社会政权结构、基层社会的管理与控制模式等问题。研究内容既有概括式的理论性研究,也有通过具体个案的分析归纳出一般规律,还有对研究方法和路径的思考,落脚点均是希望构建出明代国家政权与基层社会的互动关系模式。具有代表意义的部分研究成果如下。

1. 国家政权与基层社会的关系

改革开放以来,关于明代的国家和社会分别有过一些研究:对

〔1〕 梁治平:《中国法律史上的民间法——兼论中国古代法律的多元格局》,载《中国文化》1997年第1期。

“国家”的讨论集中在传统政治史的范畴,关注国家或皇帝的制度层面;对“社会”的讨论侧重于社会发展的历史,关注社会变革与社会转型,重点在区域社会。〔1〕从 20 世纪末开始,“明代国家与社会”的关系作为一个课题纳入明史研究者的视野。万明对明代国家与社会关系的研究方法进行了反思,认为需要突破传统的一元化模式和现代西方的二元对立模式,提出运用多元互动的视角对明代国家与社会进行整体性综合研究。〔2〕赵轶峰阐述了明代国家与社会的多元历史关系,提出了考察明代国家与社会关系的 6 条线索。〔3〕牛建强通过考察明后期与府县庙学结合的祠宇祭祀制度,揭示出国家希望在教化和精神层面控制地方社会的现象。〔4〕卞利分析了明代中后期的乡村基层组织的产生和作用,认为在国家与社会的冲突与整合过程中,黄宗智等学者提出的独立于国家政权之外的“第三领域”并不存在。〔5〕另外,卞利还考察了明代徽州谱牒的纂修与管理,从中探究了当地的家国互动关系,认为明代宗族社会主动邀请国家和地方权力介入,形成了地方宗族与国家相呼应的良性互动局面。〔6〕韩国学者郑炳喆分析了明前期华北社会的土客二元的社会

---

〔1〕万明:《关于明代国家与社会理论研究的思考》,载《天津社会科学》2012 年第 6 期。

〔2〕万明:《关于明代国家与社会理论研究的思考》,载《天津社会科学》2012 年第 6 期。

〔3〕赵轶峰:《论国家与社会的一般关系:兼析明代国家与社会之历史关系》,载《天津社会科学》2012 年第 6 期。

〔4〕牛建强:《地方先贤祭祀的展开与明清国家权力的基层渗透》,载《史学月刊》2013 年第 4 期。

〔5〕卞利:《论明中叶至清前期乡里基层组织的变迁——兼评所谓“第三领域”问题》,载《天津师范大学学报》2003 年第 1 期。

〔6〕卞利:《明代徽州谱牒的纂修、管理及其家国互动关系研究》,载《江海学刊》2010 年第 1 期。

结构,而明末的华北社会则渴望强劲的国家权力来保障安定秩序。[1] 冯玉荣讨论了明后期江南地区的明伦堂与地方社会的关系,认为明末地方社会中官方政权对民间力量的依赖与协调更多。[2] 朱忠飞、温春香通过明代福建碑刻与族谱资料,探讨了明代国家权力如何进入地方社会,以及地方宗族如何利用国家进场的契机,实现地方社会的成功转型。[3] 刘志伟通过研究明清时期的里甲赋役制度在地方基层社会的实施过程,尝试探索一种关于明清时期中国传统社会变迁和国家转型的解释路径。[4]

2. 基层社会政权结构

以往对中国传统社会中基层政权结构的研究以历史地理学居多,主要是在搜罗、考证、复原基层区划的基础上,探讨"县以下政区"的分布、幅员、层级、地望、边界、建置沿革和地理空间要素,再据此开展政治、经济、社会方面的相关研究。

近40年来对明代基层社会结构的研究成果,得益于制度史、社会史学者的不断探索。黄忠怀探讨了明代县以下区划的层级结构,认为明代县以下层级结构在南北方有明显差异,一般来说,南方地区多采用乡—都—图三级制,北方则多为乡—社(里)二级制,这种差异是由于人口的数量和密度不同。[5] 夏维中等考述了明代乡村地域单位的主要类型、存在地区、历史渊源、相互关系,澄清了目前

---

〔1〕[韩]郑炳喆:《明代国家权力与地方社会——以华北地区为中心》,载《明史研究论丛》(第7辑),紫禁城出版社2007年版。

〔2〕冯玉荣:《明伦、公议、教化——明末清初明伦堂与江南地方社会》,载《史林》2008年第2期。

〔3〕朱忠飞、温春香:《国家与地方宗族社会——从〈本庙缘田碑记〉看明代九峰曾氏家族的发展》,载《赣南师范学院学报》2009年第1期。

〔4〕刘志伟:《在国家与社会之间:明清广东地区里甲赋役制度与乡村社会》,中国人民大学出版社2010年版。

〔5〕黄忠怀:《明代县以下区划的层级结构及其功能》,载《史学月刊》2003年第4期。

明史界的某些误解。[1] 刘志伟认为明代各地的基层社会结构参差不一,就广东而言,明代州县以下大体有乡、都、堡、图(里)、社、村等,存在"县—都—图"和"县—乡(都)—村"两种结构序列。[2] 刘志伟的考证比较详细和全面,对其他区域的基层社会政权结构的研究具有示范和参考意义,[3]为我们勾勒出明代乡村社会结构的整体样貌。

3.基层社会的管理与控制模式

近40年对明代基层社会的管理和控制模式的研究呈现新的发展:冯贤亮对明清两朝的江南地区基层管理体系进行了详细对比,认为明清各地的基层控制系统呈现多样化状态,原因可能是各地的行政惯例和乡村传统。[4] 杨国安从乡里基层组织的角度探讨了国家对乡村社会的管理和控制体系。[5] 张小也分析认为明清时期的基层社会管理模式呈现出有序状态,在一些地区形成官民协调共治的景象。尽管中央集权不断加强,民间社会仍然保持了较大的自我运行空间。[6] 王日根讨论了明清时期基层社会管理中的官方和民间的"自域"与"共域"问题,以及二者在共同参与管理的社会领域中的官民对抗及协调机制。[7] 牛建强从制度层面探讨了明代基层社

---

〔1〕 夏维中、崔秀红:《明代乡村地域单位的主要类型及其作用考述》,载《江苏社会科学》2002年第5期。

〔2〕 刘志伟:《在国家与社会之间——明清广东地区里甲赋役制度与乡村社会》,中国人民大学出版社2010年版。

〔3〕 比如黄忠鑫认为刘志伟的观点基本适用于他所考察的徽州地区。黄忠鑫:《在政区与社区之间——明清都图里甲体系与徽州社会》,复旦大学2013年博士学位论文。

〔4〕 冯贤亮:《明清江南地区的环境变动与社会控制》,上海人民出版社2002年版。

〔5〕 杨国安:《明清两湖地区基层组织与乡村社会研究》,武汉大学出版社2004年版。

〔6〕 张小也:《官、民与法:明清国家与基层社会》,中华书局2007年版。

〔7〕 王日根:《明清时期社会管理中官民的"自域"与"共域"》,载《文史哲》2006年第4期。

会的控制情形,认为明代基层社会控制的制度体系建设,既包括以控制为目的的制度体系,如里甲制度、卫所制度等,也包括从表面上看非以控制为目标但对基层社会稳定起重要作用的辅助制度体系,如预备仓制度、社学制度、乡饮酒礼制度等。[1] 这些制度史的研究加深了我们对明代基层社会结构和管理模式的了解。

随着社会史、区域史的发展,其研究方法亦逐渐为基层社会研究所借鉴。赵世瑜通过汾河流域几个"分水"个案分析了在乡村社会中制衡性的权力体系和象征,并对明清时期传统基层社会的运作机制进行评价。[2] 王日根讨论了明清东南海洋区域的习礼成俗现象,指出其为明清地方区域社会控制的一种基本途径,包含国家权威向基层社会的渗透和管控。[3] 王尚义、张慧芝探讨了明清时期汾河流域的民间控制措施,包括自发性移民、乡约、具有迷信性质的民间信仰等,认为当地社会控制以民间控制为主体,取得了一定效果,但也存在不足。[4]

(二)微观层面研究

关于明代基层社会的微观层面研究内容集中于对具体的基层社会制度、社会群体和社会组织的探讨。基层社会制度主要包括里甲制、粮长制、保甲制;社会群体主要包括老人、士绅、宗族家长;社会组织包括乡约及其他民间组织。

---

〔1〕 牛建强:《从制度层面看明代国家的基层社会控制》,载《中国史研究》2015年第1期。

〔2〕 赵世瑜:《分水之争:公共资源与乡土社会的权力和象征——以明清山西汾水流域的若干案例为中心》,载《中国社会科学》2005年第2期。

〔3〕 王日根:《习礼成俗:明清东南海洋区域社会控制的一种路径》,载《江海学刊》2005年第1期。

〔4〕 王尚义、张慧芝:《明清时期汾河流域生态环境演变与民间控制》,载《民俗研究》2006年第3期。

1. 基层社会制度

(1)里甲制

里甲制是明代基层社会治理的一个重要制度创设,在明中期以前发挥了基层社会治理的重要功能,研究成果比较成熟。总体来说,对里甲制的研究集中于里甲制的创设、演变、性质、编排、存在的问题,以及里甲的职能和发挥基层治理作用的机制。

在里甲制的创设和里甲组织的编排等基础性问题上,制度史的学者予以了较多关注,如栾成显、〔1〕王裕明〔2〕关于里甲制的"明代新创说"提出一些新的见解;刘伟、战继发、〔3〕王昊、〔4〕夏维中〔5〕等人围绕明代里甲制创设的原因和发展进行了讨论;在里甲的编排方式和原则问题上,学界曾经对是否整甲应役和里甲的编排是以自然村还是人户为原则有过争议,近年来李晓路、〔6〕栾成显、〔7〕吴滔、〔8〕周绍泉、〔9〕刘伟〔10〕等学者对此进行了进一步讨论,观点逐渐达成一致。总体来说,这些学者围绕里甲的创设和编排等问题的研究,厘清了明代里甲制的由来、概念、性质和运行机制等细节问

〔1〕 栾成显:《明代里甲编制原则与图保划分》,载《史学集刊》1997年第4期。

〔2〕 王裕明:《明代洪武年间的都保制——兼论明初乡村基层行政组织》,载《江苏社会科学》2009年第5期。

〔3〕 刘伟:《明代里甲制度初探》,载《华中师院学报》1982年第3期;战继发:《明代里甲制浅论》,载《大庆社会科学》1992年第3期。

〔4〕 王昊:《明代乡里组织初探》,载《明史研究》1991年第1辑。

〔5〕 夏维中:《洪武初期江南农村基层组织的演进》,载《江苏社会科学》2005年第6期;夏维中:《洪武中后期江南里甲制度的调整》,载《江海学刊》2006年第1期。

〔6〕 李晓路:《明代里甲制研究》,载《华东师范大学》1983年第1期。

〔7〕 栾成显:《明代甲首户》,载《中国史研究》1999年第1期;栾成显:《明代里甲编制原则与图保划分》,载《史学集刊》1997年第4期。

〔8〕 吴滔:《明清江南基层区划的传统与市镇变迁——以苏州地区为中心的考察》,载《历史研究》2006年第5期。

〔9〕 周绍泉:《徽州文书所见明末清初的粮长、里长和老人》,载《中国史研究》1998年第1期。

〔10〕 刘伟:《明代里甲制度初探》,载《华中师院学报》1982年第3期。

题,加深了我们对这一时期里甲制的基础性知识的了解。

作为一种基层社会制度,里甲制的职能以及它在基层社会中如何发挥作用是本文关注的重点。以前的研究主要着眼于里甲制的赋税职能,认为征收赋税是里甲制最主要的功能。[1] 近40年来学者开始关注除征收赋税以外的职能,里甲"除了作为供应赋役的单位外,还包括行政、司法、教化等多种社会职能"。[2] 王毓铨强调了里甲在编制户籍、实行严酷的人户约束方面的职能。[3] 唐文基进一步论述了以里甲正役为主的人丁管理。[4] 刘志伟把里甲制界定为"把地方社会纳入明王朝国家控制体系之中的重要措施",也是缘于编制里甲户籍、"画地为牢"的人身控制。[5] 另外,在纠纷处理和司法裁断方面,中岛乐章认为明代早期里长承担着乡村纠纷案件的实际审判功能,受理乡里词讼;明代中期以后,里长职能转变为接受官府指派进行实地调查取证,里长在调查过程中继续调停,与官府的诉讼同时进行。[6] 另外,陈会林结合西方法律概念"非诉讼解纷机制(ADR)",探讨了明代里甲的解纷作用及其蕴含的中华传统法律文化智慧。[7]

里甲制如何在基层社会中发挥上述作用?除了里甲制本身的职能外,还离不开它与基层社会中其他要素的互动,这是近40年来对

---

[1] 如杨开道:《中国乡约制度》,商务印书馆2015年版;江士杰:《里甲制度考略》,商务印书馆1944年版。

[2] 刘志伟:《在国家与社会之间——明清广东地区里甲赋役制度与乡村社会》,中国人民大学出版社2010年版,第44页。

[3] 王毓铨:《莱芜集》,中华书局1983年版,第367页。

[4] 唐文基:《试论明代里甲制度》,载《社会科学战线》1987年第4期。

[5] 刘志伟《在国家与社会之间——明清广东地区里甲赋役制度与乡村社会》,中国人民大学出版社2010年版。

[6] [日]中岛乐章:《明代乡村纠纷与秩序——以徽州文书为中心》,郭万平、高飞译,江苏人民出版社2010年版。

[7] 陈会林:《中国非诉讼解纷机制ADR的传统智慧》,载陈金全、汪世荣编:《中国传统司法与司法传统》(下),陕西师范大学出版社2009年版,第905页。

里甲制研究的进步之处，即注意到里甲与乡村社会整体之间的联系。施由明将里甲制和粮长制、老人制等其他社会制度结合起来，认为“里甲制是一个在体制上很完备的农村控制体系”。[1] 王昊、栾成显、余清良[2]等人讨论了它与乡、都、图、社、区等其他几种乡村组织类型的关系。郑振满利用族谱资料研究了里甲户籍的世袭化及与家族发展的关系，认为这种赋役共同体的变化使家族组织与基层政权结合。[3] 韩国学者权仁溶对万历年间土地清丈与里甲制的关系进行了深入探讨。[4] 对于权文，夏维中认为其观点有不足之处，认为呈报的丈量人役往往与实际承担丈量的里甲人役并不一致。[5] 还有学者从社会史角度考察里甲与民俗信仰的关系，如杨品优探讨江西神明祭祀文化与里甲组织的关系，神明祭祀区域即信仰空间与基层里甲组织的重合，加固了里甲组织的生命力，共同构建了相对稳固的地方社区。[6]

总的来说，里甲制作为明代乡村中非常重要和典型的一项社会制度，研究已经比较成熟。近40年的研究中，21世纪以前大多偏向于对里甲制本身的系统性考察；21世纪以来研究的视角逐渐细化和

---

〔1〕 施由明：《论明代的里甲制与农村社会控制——以江西为例》，载《农业考古》2010年第1期。

〔2〕 王昊：《明代乡、都、图、里及其关系考辨》，载《史学集刊》1991年第2期；栾成显《明代里甲编制原则与图保划分》，载《史学集刊》1997年第4期；余清良《明代“都”、“保”、“团”含义考析——以福建地区为例》，载《厦门大学学报》（哲学社会科学版）2008年第4期。

〔3〕 郑振满：《明清福建的里甲户籍与家族组织》，载《中国社会经济史研究》1989年第2期。

〔4〕 [韩]权仁溶：《从祁门县“谢氏纷争”看明末徽州的土地丈量与里甲制》，载《历史研究》2000年第1期。

〔5〕 夏维中、王裕明：《也论明末清初徽州地区土地丈量与里甲制的关系》，载《南京大学学报》（哲学·人文科学·社会科学）2002年第4期。

〔6〕 杨品优：《地域单位、里甲组织与信仰空间——赣南客家农业社区安西三堡的个案》，载《中国农史》2012年第3期。

下沉,开始重视里甲制和其他各个社会要素的互动关系,呈现出多样化特征。

(2)保甲制

保甲制是流行于明代中晚期的另一项基层社会制度。学界普遍认为,明中后期随着社会经济形势的变化,以人丁为主的徭役征派因里甲人丁削减而矛盾重重,引发徭役制度改革,一种新的维护基层社会秩序的制度——保甲制度产生。[1] 学界集中于讨论明前期的里甲制,对于中后期的保甲制关注较少,但争议比较大。

关于保甲制出现的时间,大多数学者认为明代保甲制兴起于王守仁任南赣巡抚时创立的保甲法。但陈宝良提出明代保甲制起源于明初洪武年间的"保伍制"和永乐年间的"编排制",宣德初年保甲制在部分地区已经推行。[2]

关于保甲制的形式,大多数学者认为保甲制的早期形式是王守仁的十家牌法,即在里甲基础上十家为一牌设牌长,实行连坐和监督。后期组织形式逐渐明晰为十户左右为甲,约四五十户为保。[3] 黄志繁认为,十家牌法其实就是保甲法。[4] 陈宝良认为十进制虽然是普遍采用的方式,但并不适用于某些地区,人员设置也因人而异。[5]

以往关于保甲制在基层社会中的职能的研究中,保甲制取代里甲制是较为一致的观点,但近年来有学者对此提出新的看法,认为它与里甲制存在分工,不能笼统认为保甲制具有替代性。杨国安认为由于明中后期社会动荡不安,保甲制是作为一种治安措施来推行

---

〔1〕 唐文基:《试论明代里甲制度》,载《社会科学战线》1987年第4期。

〔2〕 陈宝良:《明代的保甲与火甲》,载《明史研究》1993年第3辑。

〔3〕 王昊:《明代乡里组织初探》,载《明史研究》1991年第1辑。

〔4〕 黄志繁:《乡约与保甲:以明代赣南为中心的分析》,载《中国社会经济史研究》2002年第2期。

〔5〕 陈宝良:《明代的保甲与火甲》,载《明史研究》1993年第3辑。

的，“保甲制与里甲制是同时进行的，里甲仍被作为赋役征收和社会管理的准基层行政组织，保甲仅被视为维持社会秩序的一种治安措施”。[1] 有学者考察了当时北京城的保甲制情况，认为“相比于里甲制，保甲制侧重于维护治安，强调一甲一保中互相监督和支援，有连坐的色彩，其本质上是将军事制度应用于基层社会”。[2] 韩国学者金钟博认为保甲与里甲存在区别：从职能看，保甲制不能完全取代里甲制；从规划方式看，保甲制不是政府统一规划，而是地方官自行实施，体制不一。[3] 李良品、李思睿从区域史的视角考察，认为里甲制消亡的时间不能全国各地一概而论，里甲制演变为保甲制有一个漫长的过程，在西南民族地区“不仅实际上存在一种相对于中原地区不同的时间制度，而且也存在一种有别于汉族地区或已经改土归流地区的基层政治制度和组织制度，时间跨度长达近 500 年”。[4] 薛理禹考察了明嘉靖年间浙江保甲法的实施，弥补了学界对于特定区域、特定时段的保甲实施情况研究薄弱的缺憾。[5] 这些新的研究在前人学者普遍达成的共识上有一些进步和突破，偏向将研究视角下沉，看到了普遍性中的特殊性，给研究增添了新的角度。

(3)粮长制

粮长制是朱元璋为了保证乡村田赋征收设立的特殊制度，具有非常鲜明的明代特色，但令人惋惜的是，近 40 年来关于明代粮长制的专门研究不多，而且基本没有突破梁方仲《明代粮长制度》所达到

---

〔1〕 杨国安：《明清两湖地区基层组织于乡村社会研究》，武汉大学出版社 2004 年版，第 51 页。

〔2〕 胡海峰：《明代中后期北京城市治安恶化与保甲制的建立》，载《中国社会经济史研究》2014 年第 3 期。

〔3〕 金钟博：《明清时代乡村组织与保甲制之关系》，载《中国社会经济史研究》2002 年第 2 期。

〔4〕 李良品、李思睿：《乡旦制度：国家权力在西南民族地区乡村社会的深入》，载《西南民族大学学报》(人文社会科学版)2015 年第 7 期。

〔5〕 薛理禹：《明嘉靖年间浙江保甲法的实施》，载《历史地理》2014 年第 2 期。

的高度。

近年来在对粮长制的研究中,朱瑞熙、[1]张晖、[2]李婷婷[3]等学者继续关注对粮长的起源、演变和衰落过程等基础性背景知识的考察,在此不作过多论述。在粮长制与基层社会领域,洪沼探讨了明初粮长制对迁徙富户的控制作用,认为朱元璋从江南地区开始设立粮长,目的是限制南方富民的力量,以此作为对他们严格控制的手段。[4] 张和平从明中前期的社会风气角度出发,认为朱元璋创设粮长制内含"右贫抑富"和崇俭戒奢的政治意图,通过推行粮长制塑造了崇俭黜奢风气,成为明代前期粮长制影响社会风气的基本特征。[5] 近年来,徽学领域亦开始涌现明代粮长制与基层社会治理的研究成果。如周绍泉利用徽州契约文书、诉讼案卷研究了粮长在徽州乡村社会法律治理中发挥的作用,他不赞同认为粮长、老人、里甲制在明代中期(嘉靖年间)就已废弛的观点,认为至少从徽州的运行实态研究看,不能断言。[6] 作者的此番考证,对地方社会研究学者来说具有较大的启发意义:既要注意纸面上的制度和文献,同时也不能忽略对地方运作实态的研究。

与里甲制繁荣的研究状况相比,粮长制没有获得足够的重视,而且已有的研究多为沿袭前人足迹,倾向于对粮长制度本身的内向型

---

[1] 朱瑞熙:《宋朝乡村催税人的演变——兼论明代粮长的起源》,载《河北大学学报》(哲学社会科学版)2016 年第 1 期。

[2] 张晖:《明末清初粮长制变迁考述》,载《兰台世界》2015 年 11 月下旬。

[3] 李婷婷:《明朝中后期粮长制度衰落原因微探》,载《安庆师范学院学报》(社会科学版)2015 年第 1 期。

[4] 洪沼:《明初的迁徙富户与粮长制》,载《中国社会经济史研究》1984 年第 1 期。

[5] 张和平:《粮长之役与明中前期社会风气的崇俭黜奢》,载《中国社会经济史研究》2001 年第 3 期。

[6] 周绍泉:《徽州文书所见明末清初的粮长、里长和老人》,载《中国史研究》1998 年第 1 期。

微观化研究，比如粮长的佥选、粮长制的发展演变过程、粮长制的衰落及其原因等，较少将粮长制置于整个基层社会体系的框架下，系统性的探讨它在基层社会治理中的作用，这方面的研究还比较薄弱。

2. 明代基层社会群体

暂且搁置在帝制时代的中国皇权是否下县的争议不论，不可否认的是，国家需要一批精英群体作为中介辅助对基层乡村社会的控制，他们是实现乡村社会治理的主体，国家所有官方政令都需要通过他们之手才能实际发挥用处。

在明代基层乡村社会中，这批精英群体主要由老人、乡绅和宗族长构成，他们是乡村中最具威权和治理能力的阶层，在大多数情况下，他们能得到乡村社会普通民众的响应和遵从，也受到官府的重视和依赖，几乎参与乡村所有的公共事务，在半官半民的状态下发挥着处理纠纷、维持秩序和法律治理的功能。

(1) 老人

老人是当地选出的基层事务管理者。老人制设立的时间、目的、选任、职责范围等已有较多成熟的研究，比如老人的选任要满足德才兼备、为人公正、素有德行、明辨是非、年50以上者，还有长居乡里熟悉当地情况、具有民间权威。[1] 王兴亚注意到除了老人之外，还有木铎老人、集市老人等，他们的选任有"良民老成""练事强健"等一些特殊标准。[2] 朱声敏从法经济学角度对老人的设立和崩溃进行了分析。[3] 这些对老人基本内容的考察为我们勾勒出了明代老

---

[1] 这些老人的选任标准，通过以下学者的观点总结得出：余兴安：《明代里老制度考述》，载《社会科学辑刊》1988年第2期；韩秀桃：《〈教民榜文〉所见明初基层里老人理讼制度》，载《法学研究》2000年第3期；萧放：《"老人"制度与基层社会治理——从〈教民榜文〉看明代的乡治方略》，载《社会治理》2015年第3期。

[2] 王兴亚：《明代实施老人制度的利与弊》，载《郑州大学学报》1993年第2期。

[3] 朱声敏：《法经济学视角下的明代老人理讼制度》，载《理论月刊》2013年第7期。

人群体的概貌。

老人通过履行职责在基层社会中发挥着重要作用,包括理断诉讼、督课农桑、劝导民俗、协同维持治安等,到了明中后期随着赋役繁重、里甲制度的破坏,老人的职责范围更广。〔1〕其中,老人最重要的职责是处理基层社会纠纷,这方面研究成果较多,比如韩秀桃梳理了徽州文书中老人理讼实态的梳理,证实了老人理讼制度在徽州民间的解纷作用,认为老人主要受理户婚田土等民事和部分经当事人同意的刑事案件,管辖范围与州县司法管辖范围基本一致。〔2〕韩国学者金仙憓研究了成化年间历时 7 个月的徽州祁门县谢氏诉讼过程,分析认为明中后期老人的地位有所下降,但仍在乡村诉讼中担任着实地调查等任务。〔3〕中岛乐章和郑小春考证了老人从明初的独立审判官到明中后期向官府协助者、调停者或者"职员"角色的转变,认为在明中后期的乡村纠纷解决上,老人虽然地位下降,但仍然发挥着实地调查和调停的作用,老人协助解决纠纷是明初老人理讼制度的延续。〔4〕除此之外,老人在基层社会治理中还承担着教化百姓、督促和协调地方经济生产和社会生活、考察民间水利等事务。〔5〕总的来说,学界认为老人对基层社会纠纷的解决是参与基层社会治

---

〔1〕 这些老人的选任标准,通过以下学者的观点总结得出:余兴安:《明代里老制度考述》,载《社会科学辑刊》1988 年第 2 期;韩秀桃:《〈教民榜文〉所见明初基层里老人理讼制度》,载《法学研究》2000 年第 3 期;萧放:《"老人"制度与基层社会治理——从〈教民榜文〉看明代的乡治方略》,载《社会治理》2015 年第 3 期。

〔2〕 韩秀桃:《〈教民榜文〉所见明初基层里老人理讼制度》,载《法学研究》2000 年第 3 期。

〔3〕 金仙憓:《从祁门县"谢氏诉讼"看明代中期徽州的诉讼处理和里老》,载《上海师范大学学报》(哲学社会科学版)2005 年第 4 期。

〔4〕 郑小春:《里老人与明代乡里纷争的解决:以徽州为中心》,载《中国农史》2009 年第 4 期;[日]中岛乐章:《明代乡村纠纷与秩序——以徽州文书为中心》,郭万平、高飞译,江苏人民出版社 2010 年版。

〔5〕 萧放:《"老人"制度与基层社会治理——从〈教民榜文〉看明代的乡治方略》,载《社会治理》2015 年第 3 期。

理的最主要方式。

(2)乡绅

乡绅阶层是古代国家权力和基层社会产生联系的重要节点,在乡村基层治理中扮演重要角色。学界从20世纪二三十年代以来便予以关注,最具影响力的是费孝通等人关于士绅的讨论:他提出中国传统社会结构中的"双轨制政治",其中在自下而上的政治轨道中最重要的人物就是乡绅。[1]

近40年来对乡绅与基层社会的研究中大放异彩的是一批美国学者,他们倾向于从宏观角度刻画乡绅与基层社会的关系,引起了较大反响。黄宗智构建了古代传统社会中国家——士绅——村庄的三角结构,认为20世纪前国家政权没有完全渗入自然村,国家通过士绅间接行使对基层社会的控制。[2] 孔飞力指出绅士阶层在官僚和基层社会之间充当缓冲器,能够在国家和地方社会发生利益冲突时以最低限度来解决,维持着传统社会结构的稳定。[3] 杜赞奇提出了"国家经纪体制"理论,又细分出营利型经纪和保护型经纪两种模式,地方乡村中的乡绅和富人属于后者,在国家与地方乡村发生利益冲突时保护自己地方乡村的利益。[4]

国内学者倾向于对乡绅与基层社会的互动进行微观研究,总结出乡绅在地方诉讼、乡村教化、基层公共事业等方面的作用。冯贤亮将明清时期江南地区以士绅为代表的阶层概括为"中层社会",认为他们代表了地方社会底层人民的利益诉求,承担着征收赋役、应

---

〔1〕 费孝通:《乡土重建》,载《费孝通全集》(第5卷),内蒙古人民出版社2009年版。

〔2〕 [美]黄宗智:《华北的小农经济与社会变迁》,中华书局2000年版,第229页。

〔3〕 [美]孔飞力:《中华帝国晚期的叛乱及其敌人:1796~1864年的军事化与社会化结构》,谢亮生等译,中国社会科学出版社2002年版,第224~239页。

〔4〕 [美]杜赞奇:《文化、权力与国家》,王福明译,凤凰出版传媒集团、江苏人民出版社2008年版。

对灾害、战乱、兴修水利、主导民间救济与慈善事业等社会公共事业，由此总结出现代社会发展中产阶级力量的意义。[1] 秦德君、毛光霞从基层社会治理中的非行政化角度，梳理了乡绅之治在古代家国同构的社会中的运作，认为乡绅充当着国家与乡村的调节器，发挥着促进基层自治、协调国家权力、凝聚乡村力量等作用。[2] 严曦通过对明代判牍的研究从乡绅处理地方诉讼的法制史角度进行了探索，梳理了乡绅在地方诉讼的各个阶段对司法官产生的影响：在提起诉讼时，绅士的状词更能打动司法官，他们的参与也使案件更受重视；在审理过程中，司法官更倾向于信任绅士，他们的证词比平民更有效力；在定罪量刑时，司法官会把绅士身份作为减轻处罚的理由；更有甚者，绅士还可以左右司法官的判决。[3]

（3）宗族

近40年来学界对于宗族的研究汗牛充栋，这里只攫取和研究的主题——明代地方基层社会相关的部分进行讨论，同时也会涉及一些关于宗族研究的扛鼎之作。关于宗族其他方面及整体状况的研究综述，可以参考常建华《二十世纪的中国宗族研究》（《历史研究》

---

〔1〕 冯贤亮：《传统时代江南的中层社会与乡村控制》，载《上海社会科学院学术季刊》2002年第2期。

〔2〕 秦德君、毛光霞：《中国古代“乡绅之治”：治理逻辑与现代意蕴——中国基层社会治理的非行政化启示》，载《党政研究》2016年第3期。

〔3〕 严曦：《明代绅士与诉讼——以判牍为中心》，中国政法大学2008年博士学位论文。

近40年来关于明代乡绅的研究成果还有很多，粗略统计如下：［日］寺田隆信：《关于“乡绅”》，载《明清史国际学术讨论会论文集》，天津人民出版社1982年版；［日］檀上宽：《战后日本的中国史论争·明清乡绅论》载刘俊文主编：《日本学者研究中国史论著选译》（第2卷），中华书局1993年版；［韩］吴金成：《明清时代绅士层研究的诸问题》，载东洋史学会编《中国史研究的成果与展望》，中国社会科学出版社1991年版；于志嘉：《日本明清史学界对“士大夫与民众”问题之研究》，载台湾《新史学》1993年12月第4卷第4期；巴根：《明清绅士研究综述》，载《清史研究》1996年第3期；徐茂明：《六十年来明清士绅研究述评》，载《社会史研究通讯》2003年第6期；徐祖澜：《近世乡绅治理与国家权力关系研究》，南京大学2011年博士学位论文；等等。

1999年第5期)和《近年来明清宗族研究综述》(《安徽史学》2016年第1期),这两篇文章对20世纪以来的宗族各个方面的研究状况进行了较为全面的总结。

近40年来学界对地方基层社会的关注度提高,在宗族研究中体现为更加注重宗族在基层社会治理中的作用。李文治归纳了明代宗族制的发展变化,其中一点是宗族关系的政治性强化,宗族变为对族众实施控制的维护封建统治的基层社会组织,〔1〕并在另一篇文章中分析了这些变化产生的原因。〔2〕郑振满讨论了明中叶以后宗族在应对频发的社会危机中的作用,认为地方政府依靠乡族维持社会治安、控制基层社会,乡族成了由政府授权的自治组织。〔3〕蒋传光以社会学视角来考察作为民间法的家法族规,认为在中国古代基层社会存在一个相对自治的秩序,不论从古代社会结构还是政治文化传统而言,宗族都是寻求地方控制、维护社会秩序的有效途径。〔4〕陈柯云认为从明中叶开始,徽州宗族通过思想、组织和经济手段,将控制深入乡村社会的方方面面,甚至部分控制了乡村司法裁判权,形成"家法大于国法"局面,对乡村的控制不断加强。〔5〕卞利研究了明清时期徽州的宗族公约,认为它们具有协调村庄宗族内部和特定人群行为规范的作用,并在获得地方政府认可后转变为官府行为管理乡村社会。〔6〕陈瑞《明清徽州宗族与乡村社会控制》下编"族

〔1〕李文治:《明代宗族制的体现形式及其基层政权作用》,载《中国经济史研究》1988年第1期。

〔2〕李文治:《中国封建社会土地关系与宗法宗族制》,载《历史研究》1989年第5期。

〔3〕郑振满:《明后期福建地方行政的演变》,载《中国史研究》1998年第1期。

〔4〕蒋传光:《中国古代的家法族规及其社会功能》,载《东方法学》2008年第1期。

〔5〕陈柯云:《明清徽州宗族对乡村统治的加强》,载《中国史研究》1995年第3期。

〔6〕卞利:《明清时期徽州的宗族公约研究》,载《中国农史》2009年第3期。

权与政权互动视角下的明清徽州乡村社会控制”探讨了明清时期徽州宗族与保甲的关系,以及二者联手实施乡村社会控制的具体情形。[1] 梁洁以明代徽州的乡村纠纷解决机制为视角,论述了宗族等乡村权威在解决乡村纠纷中发挥的作用。[2] 张小坡讨论了明清时期徽州的社与宗族,徽州聚族而居的传统决定了社与宗族的关系非常密切,尤其在明中叶以后村社与宗族逐步融合,共同在基层社会控制中发挥作用。[3]

在宗族与基层社会的法律治理方面,家法族规是必然涉及的内容。原美林在其博士论文中探讨了家族司法组织结构治理社会的模式,认为家族普遍化和家族司法组织化,协调了中央地方关系和族际关系,起到了辅助国家司法、填充基层社会国家司法空白的政治功用。[4] 她在另一篇文章《明清家族司法探析》中对明清时期的家族司法作了更进一步阐述,通过对大量明清家谱的研究,理清了家族司法的运行过程,认为明代开始重视对基层社会的控制,鼓励宗族自立族规,把乡里自治和宗族自治结合起来,将家族司法推向了高峰。[5] 王胜国从宗族组织对地方法治的作用的角度出发,探讨了家法族规作为国家法律的补充,尤其在完善地方法治、化解基层社会矛盾中发挥的作用。[6]

总的来说,学界对明代宗族与基层社会关系的研究多持正面的、积极的观点,认为明代宗族组织在经济变革、社会转型的帝制时代

---

〔1〕 陈瑞:《明清徽州宗族与乡村社会控制》,安徽大学出版社2013年版。

〔2〕 梁洁:《宗族、民间权威与纠纷解决——明代乡村秩序模式的人类学分析》,载《青海社会科学》2014年第1期。

〔3〕 张小坡:《明清徽州村社运作与宗族关系初探》,载《安徽大学学报》(哲学社会科学版)2014年第6期。

〔4〕 原美林:《中国传统家族司法研究》,湘潭大学2012年博士学位论文。

〔5〕 原美林:《明清家族司法探析》,载《法学研究》2012年第3期。

〔6〕 王胜国:《中国封建社会时期宗族组织的法治功能初探》,载《吉林师范大学学报》(人文社会科学版)2017年第4期。

中晚期，发挥了维持乡村秩序、促进基层自治和社会稳定的正面作用。但也有学者对宗族在解决乡村民间纠纷中的作用提出质疑，比如汪雄涛通过对明清判牍中的亲属争讼情况分析，认为明清时期亲属之间的诉讼占了很大比例，实际上宗族权威有限，并不能有效化解乡间纠纷，一改以往研究中乡村社会宗族力量强大的印象。[1] 不过总的来说这方面的研究不多。

3. 基层社会组织

(1) 乡约

有学者将明清时期的基层社会组织分作三类：官方基层组织（如里甲）、官民共建基层组织（如乡约与社学、社仓与义仓）及民间基层组织（如宗法组织）。[2] 其中，在基层社会中最具影响力的是乡约组织。

学界对古代乡约有广义和狭义两种理解，广义的乡约包括乡民之间的约定、规范的统称，但从目前学界对古代基层社会治理的研究来看，大部分学者认为在学术讨论的乡村治理范畴内，乡约应以狭义方式去理解，即指一种乡村基层社会自治组织，[3]它是古代国家和社会精英对基层乡村治理模式的积极探索。乡约组织的出现最早可以追溯至宋代，本文主要讨论近40年来明代乡约与基层社会的研究情况。

就明代乡约的概念、出现的时间及其演变过程、乡约组织的规模和划分、目的和作用等问题，学界已有较多的研究。关于乡约最早的系统研究见于20世纪30年代杨开道所著《中国乡约制度》，近年

---

[1] 汪雄涛：《明清判牍中的亲属争讼》，载《环球法律评论》2009年第5期。

[2] 严昌洪、彭南生：《经济发展与社会变迁国际学术研讨会综述》，载《历史研究》2001年第1期。

[3] 董建辉：《“乡约”不等于“乡规民约”》一文详细区分了“乡约”和“乡规民约”的概念和特点。董建辉：《“乡约”不等于“乡规民约”》，载《厦门大学学报》（哲学社会科学版）2006年第2期。

来对乡约概念和内涵的研究还有段自成、[1]卞利[2]等。总的来说,学界普遍认同乡约是一种具有行为规范意义的乡村基层社会组织。关于明代乡约最早出现的时间有“正德派”和“明初派”两种看法,持“正德派”看法的学者有曹国庆、[3]卞利、[4]衷海燕[5]等;持“明初派”观点的学者有常建华、[6]冯润兵、[7]杨亮军[8]等;还有一些学者认为明代的乡约有多重含义,而乡约作为官府推行的基层行政组织,则始于明代后期,[9]不再赘述。

乡约在基层社会中发挥着治理和控制地方社会的功能。民国时期的学者如杨开道、王兰荫等人梳理出乡约的功能主要在于基层社会自治方面,近40年来的研究在此基础上进一步细化和扩展,认为明代乡约的作用包括宣讲圣谕、推行教化和处理司法纠纷等。在基层社会管理方面,有学者提出研究乡约的重点在于它作为地方自治组织与国家层面和地方层面的互动关系,[10]这种模式被大多数学者采纳。比如曹国庆指出嘉靖以后乡约与保甲、社学、仓学互相交织,

---

〔1〕 段自成:《明清乡约的司法职能及其产生原因》,载《史学集刊》1999年第2期。

〔2〕 卞利:《明清时期徽州的乡约简论》,载《安徽大学学报》(哲学社会科学版)2002年第6期。

〔3〕 曹国庆:《明代乡约推行的特点》,载《中国文化研究》1997年春之卷。

〔4〕 卞利:《明清时期徽州的乡约简论》,载《安徽大学学报》(哲学社会科学版)2002年第6期。

〔5〕 衷海燕:《明代中叶乡约与社区治理——吉安府乡约的个案研究》,载《华南农业大学学报》(社会科学版)2004年第3期。

〔6〕 常建华:《乡约的推行与明朝对基层社会的治理》,载《明清论丛》第4辑,紫禁城出版社2003年版。

〔7〕 冯润兵、赵晓峰:《乡约的历史嬗变及其当代治理价值》,载《中共福建省委党校学报》2017年第1期。

〔8〕 杨亮军:《论明代国家权力与乡约的调适和融通——以黄佐〈泰泉乡礼〉为中心》,载《兰州大学学报》(社会科学版)2016年第3期。

〔9〕 廖华生:《明清时期婺源的乡约与基层组织》,载《安徽史学》2017年第6期。

〔10〕 冯润兵、赵晓峰:《乡约的历史嬗变及其当代治理价值》,载《中共福建省委党校学报》2017年第1期。

形成以乡约为中心的乡治体系，发挥了息讼弭盗、补充官治、营造良好风尚等作用，巩固了基层政权。[1] 汪毅夫讨论了明清时期闽台地区的乡约施行情况，认为随着明后期地方政府职能的萎缩，乡约与宗族势力和神明威慑力量紧密联合起来，维护了闽台地区的地方社会秩序，弥补了地方政府乡治力量的不足。[2] 王日根认为乡约的本质是精神教化，但实际上管理范围可以扩展到乡村社会的所有领域，比如王阳明《南赣乡约》的内容实质上设立了一种以自我约制为主的社区管理模式，囊括了乡村社会生活的方方面面。[3] 常建华探讨了宗族的乡约化，认为嘉靖以后地方官大规模在宗族内部推行乡约或依据乡约理念制定宗族规范，推动了宗族的组织化，强化了官府与宗族的关系。[4] 衷海燕论述了江西吉安府的乡绅结合王阳明的乡村建设思想，积极倡导和实施符合当地特色的地方乡约，开拓了基层社区治理新模式。[5] 吴晓龙等人通过明末小说《醒世姻缘传》中对乡村社会生活中乡约的描写，认为明中后期乡约逐渐变为州县官治理乡村的工具，承担起部分明初里甲的功能，成为维护乡村治安、调解民间纠纷的地方基层社会管理制度的一部分。[6] 杨亮军认为明代乡约与乡校、保甲等其他基层组织结合形成一套有机系统，从而化解矛盾、治理乡村基层社会。[7] 在基层司法领域而言，段

---

〔1〕 曹国庆：《明代乡约推行的特点》，载《中国文化研究》1997年春之卷。

〔2〕 汪毅夫：《试论明清时期的闽台乡约》，载《中国史研究》2002年第2期。

〔3〕 王日根：《论明清乡约属性与职能的变迁》，载《厦门大学学报》（哲学社会科学版）2003年第2期。

〔4〕 常建华：《明代徽州的宗族乡约化》，载《中国史研究》2003年第3期。

〔5〕 衷海燕：《明代中叶乡约与社区治理——吉安府乡约的个案研究》，载《华南农业大学学报》（社会科学版）2004年第3期。

〔6〕 吴晓龙、陶学荣、陶睿：《乡约与明代乡村社会治理——以〈醒世姻缘传〉为例》，载《甘肃社会科学》2006年第5期。

〔7〕 杨亮军：《论明代国家权力与乡约的调适和融通——以〈黄佐泰泉乡礼〉为中心》，载《兰州大学学报》（社会科学版）2016年第3期。

自成重点考察了乡约被用于调处乡村民间纠纷、州县官自理词讼的调查取证等功能。[1]

在对基层社会的思想控制上,乡约通过宣讲和教化职能发挥着作用。比如赵克生从明代地方社会的思想控制角度,探讨了嘉靖以后的以乡约进行圣谕宣讲的思想控制模式。[2] 陈宝良、周兴梳理了王阳明《南赣乡约》和泰州学派罗汝芳的乡约宣讲内容,强调了乡约在儒家道德教化、化解社会矛盾中的作用。[3] 廖华生认为明代后期推行的乡约主要以教化为主,杂糅了基层行政组织的性质。[4]

王阳明《南赣乡约》及其在基层社会的实践对于乡约的发展具有开拓意义,近年来吸引了一批学者对它进行专门研究。曹国庆介绍了王守仁的个人经历和思想由来、南赣乡约提出的过程、内容、特点以及在地方实施的效果。[5] 黄志繁认为王阳明的乡约制度在实践中并没有发挥预期的效果,但后代历任南赣巡抚仍然沿用保甲加乡约的社会治理模式,乡约成为当地基层社会制度的一部分。[6] 2016 年集中出现了一批相关的文章,如龚妮丽、王雅克、李建军、陈华森等人研究《南赣乡约》的内容研究了王阳明的乡村基层社会治理思想。[7] 曹丽娟认为《南赣乡约》是对乡村道德规范的概括,乡

---

〔1〕 段自成:《明清乡约的司法职能及其产生原因》,载《史学集刊》1999 年第 2 期。

〔2〕 赵克生:《从循道宣诵到乡约会讲:明代地方社会的圣谕宣讲》,载《史学月刊》2012 年第 1 期。

〔3〕 陈宝良、周兴:《明代乡约宣讲与儒家道德的世俗化》,载《历史学研究》2018 年第 2 期。

〔4〕 廖华生:《明清时期婺源的乡约与基层组织》,载《安徽史学》2017 年第 6 期。

〔5〕 曹国庆:《王守仁与南赣乡约》,载《明史研究》1993 年第 1 期。

〔6〕 黄志繁:《乡约与保甲:以明代赣南为中心的分析》,载《中国社会经济史研究》2002 年第 2 期。

〔7〕 龚妮丽:《王阳明〈南赣乡约〉的乡村治理思想》,载《贵州大学学报》(社会科学版)2016 年第 5 期;王雅克、李建军、陈华森:《王阳明〈南赣乡约〉的基层社会治理思想研究》,载《贵州社会科学》2016 年第 6 期。

约具有官民的双重属性,是一种以道德理想的方式来进行的乡村基层自治。[1]

乡约作为一种乡村基层社会组织,在处理国家和地方关系和基层社会治理中发挥了巨大作用。从近40年来的成果看,对乡约的研究集中于它在乡村社会管理和控制中的功能,尤其强调乡约在基层乡村自治中的地位。

(2)其他基层组织

除了乡约组织之外,明代基层社会还存在其他许多半官半民或纯民间的组织,如各种“社”“会”“仓”,它们都在古代基层社会中起着各自的作用,比如教育性、经济性、军事性、宗教性。其中,仓廪系统与基层社会的管理和控制密切相关。

中国学者中最早对明代仓廪进行系统研究的是梁方仲,他的《明代的预备仓》(收入《梁方仲经济史论文集补编》,中州古籍出版社1984年版)一书是研究明代预备仓的奠基之作。近年来不断有学者在明代仓廪制度领域继续耕耘,其中与基层社会有关的研究是:洪璞探讨了明代苏州地方仓廪系统对地方社会和经济的稳定与发展所产生的影响,将仓廪研究扩展到社会层面,认为地方仓廪系统在维护地方社会经济秩序方面发挥着一定作用,初步具备社会调控的功能。[2] 段自成考察了明中后期的社仓,认为其与保甲、乡约

---

〔1〕 曹丽娟:《饮食相约,兴弹相庸,耦耕俱耘——对作为古代社会治理形式的乡约之制的探讨》,载《四川行政学院学报》2017年第3期。

近年来其他对乡约的研究成果还有张中秋:《乡约的诸属性及其文化原理认识》,载《南京大学学报》(哲学人文社科版)2004年第5期;马雁:《元明清基层法治秩序的结构——以民族乡约为视角》,载《云南农业大学学报》2008年第3期;韩玉胜:《中国古代乡约道德教化精神的理性审视及现代性重塑》,载《云南社会科学》2014年第3期;马馨:《明清时期乡约制度运行机制研究》,南开大学2014年博士学位论文。

〔2〕 洪璞:《试论明代苏州地方仓廪的社会调控功能》,载《中国农史》1997年第4期。

相辅相成,在社会救助和巩固明朝基层统治方面发挥了重要作用。[1] 汪火根认为明中后期的社仓在推行过程当中与保甲乡约、社学、宗族等综合发挥着整合社区、维护基层社会稳定的功能,反映出地方乡绅在基层社会控制上权力的增长。[2] 李庆奎考察了从明初官方的预备仓到明中后期具有民营色彩的常平仓、社仓、义仓的变化,认为地方社会势力逐渐参与到社会公益事务中来,使基层社会的权力架构出现自治化、多元化倾向。[3]

关于明代的会和社,陈宝良等学者有详细的介绍,认为明代会社可分为讲学会、文人结社、民间的结会、善会、城市游民的结社及游戏怡老之会等六大类,[4] 其他学者对于明代会社的分类有不同观点。[5] 目前学界对于会社的功能和作用的讨论,多集中于感情联络、经济服务、教化仲裁、合作互助、慈善救济等方面,直接涉及国家与基层社会管理的角度的研究不多。

三、明代法律治理的研究

对基层社会的法律治理是长期存在于古代社会的命题,关于中

---

〔1〕 段自成:《明中后期社仓探析》,载《中国史研究》1998 年第 2 期。

〔2〕 汪火根:《明代社仓的社会功能初探》,载《湖北民族学院学报》(哲学社会科学版)2003 年第 4 期。

〔3〕 李庆奎:《明代备荒政策变化与基层社会变迁》,载《天中学刊》2006 年第 6 期。

〔4〕 陈宝良:《明代的社与会》,载《历史研究》1991 年第 5 期。

〔5〕 如王日根认为徽州会社可分为节日会、英烈会、赈济会、宗教会和其他会几种类型(《明清徽州会社经济举隅》,载《中国经济史研究》1995 年第 2 期)。卞利认为徽州会社应分为文会、祭祀性会社、经济性会社、慈善和公益性会社、宗教性会社等五大类(《明清徽州会社初探》,载《安徽大学学报》2001 年第 6 期)。邵鸿认为分为教育类会社、经济类会社、宗教祭祀类会社及娱乐类会社等四大类(《明清江西农村社区中的会——以乐安县流坑村为例》,载《中国社会经济史研究》1997 年第 1 期)。宋德剑认为众会有宗教社会型众会、军事型众会、经济互助型及其他类型众会等类型(《试论客家民间社会保障:以众会为例》,载《西南民族大学学报》2004 年第 3 期)。

国古代基层社会与法律治理的研究,有不同的视角。就明代而言,有三条最重要的线索:基层乡村纠纷的解决、法律教育与宣传、作为法律场所的申明亭,它们是讨论明代国家对基层乡村社会法律治理中最关键的内容。

(一)乡村纠纷的解决

1. 乡村纠纷解决机制

近些年关于明代社会解纷机制的研究有一些新变化,不再停留于对州县衙门及其以上层级的司法诉讼程序的关注,开始将目光下沉到乡村领域,涌现出从各个方面对乡村纠纷解决机制的研究成果。在基层司法程序上,卞利分析了明代徽州乡村民事诉讼的司法程序,总结出明代处理民事纠纷与诉讼的原则是自下而上逐级处理并最终在基层解决。[1] 卞利的另一篇文章从民事诉讼立法角度出发,讨论了明代统治者对民事法律规范进行有针对性的调整,建立了民事诉讼案件不告不理、里长老人理讼和民间调解为主、官府判决为辅的民事诉讼立法原则。[2] 在纠纷解决主体上,周绍泉通过研究徽州文书中的明代"退契",指出在"理判老人"等乡里权威主导下的、与官方体系相区别的"乡村裁判"体系。[3] 金仙惠指出明中后期的地方司法与乡村组织有密切关系,虽然中后期里老在乡村诉讼中的作用日渐下滑,旧式的乡村内部裁判遇到困难,诉诸官府的官司增多,但处理诉讼过程中仍然需要乡村组织的辅助。[4] 在纠纷解决的保障上,刘道胜考察了"支撑徽州民间契约关系的力量是什么",认为国家法律和官方强制、宗族法规及其伦理秩序、中证者参

---

〔1〕 卞利:《明代徽州的民事纠纷与民事诉讼》,载《历史研究》2000年第1期。

〔2〕 卞利:《明清时期民事诉讼立法的调整与农村基层社会的稳定》,载《江海学刊》2006年第1期。

〔3〕 周绍泉:《退契与元明的乡村裁判》,载《中国史研究》2002年第2期。

〔4〕 金仙惠:《从祁门县"谢氏诉讼"看明代中期徽州的诉讼处理和里老》,载《上海师范大学学报》2005年第4期。

与和证信、罚银罚戏神咒以及公共舆论等民间习俗均是制约违约行为、维系社会契约关系的重要保证。[1] 陈会林考察了明清时期各种乡间社会组织对乡村纠纷的解决机制,解构出中国古代特殊的社会秩序架构及其原理。[2] 在法律思想观念上,徐忠明通过对古代谚语的解读,考察了传统中国乡民对于帝国法律和衙门的基本态度,以及折射出他们的法律意识与诉讼心态。[3] 阿风通过对明代徽州诉讼文书的解读,研究了明代徽州地方人士重视书证的法律观念。[4]

在区域社会史方面,韩秀桃强调关注不同地域环境和历史条件下的独特诉讼观念、法律意识及民间社会解纷机制和诉讼实践状况。他分析了明代徽州基层社会的纠纷和解决机制,指出徽州乡民期待通过“王法”途径来解决问题的心理。[5] 杨文军探讨了明代贵州某少数民族地区的纠纷解决模式,阐明了当地存在的双重社会组织和两套律法体系,这种共生模式在当地乡村社会实现了良好的法律治理效果。[6] 王日根、徐枫进一步深化了区域史的具体研究,认识到内地稳固化的区域社会范式并不是传统社会唯一的基调,在海岛、滩涂、河港、飞地等边界模糊、环境变动频繁的地区,地域社会也多有变迁,他们研究了明代崇明地区极具地方特色的土地纠纷——

---

〔1〕 刘道胜:《明清徽州民间契约关系的维系》,载《安徽师范大学学报》2007年第2期。

〔2〕 陈会林:《地缘社会解纷机制研究——以中国明清两代为中心》,中国政法大学出版社2009年版。

〔3〕 徐忠明:《传统中国乡民的法律意识与诉讼心态——以谚语为范围的文化史考察》,载《中国法学》2006年第6期。

〔4〕 阿风:《公籍与私籍:明代徽州人的诉讼书证观念》,载《徽学》2013年第00期。

〔5〕 韩秀桃:《〈不平鸣稿〉所见明末徽州的民间纠纷及其解决》,载《中国文化研究》2004年第31期。

〔6〕 杨文军:《明朝中后期贵州侗族基层自治组织执行习惯法的功能刍议——兼论该地区普遍存在的“乡公”制度》,载《西北民族大学学报》2009年第1期。

“争沙”现象,其表现和处理结果成为衡量官府对当地基层社会有效管理的重要指标。[1] 党晓虹、卢勇研究了明清时期晋陕农村的水利事务,指出水利规约在当地民间水利事务管理中扮演着制度法律的角色。[2]

2. 乡村解纷模式的特殊形态——调解

在中国古代礼法观念中,“无讼”是历代统治者追求的最高境界,孔子所言“听讼吾犹人也,必也使无讼乎!”[3]受多种因素影响,古代基层民众尽量避免启动官方诉讼程序。调解属于乡村解纷模式中的一种特殊形态,是中国传统法律文化中最具特色的制度。

学界关于中国传统社会的调解制度的性质和价值一直争论纷纷,概括介绍几种主要观点:第一种观点对中国古代社会的调解予以高度评价,认为是古人智慧的结晶,对推进当今社会和谐发展有积极作用;第二种相反的观点认为中国古代的调解并非进步,而是因为政府无法提供良好的管理能力和公共服务,或因官员法律素养不够、胥吏把控司法、诉讼成本太高不得已为之;第三种观点采取折中路径,认为中国传统社会的调解有值得现代借鉴之处,但不能简单等同于西方法律体系下的ADR、恢复性司法等概念,因为中国传统社会的调解没有包含“正义”价值观。[4]

近年来学界将明代的调解大致分为民间调解和官府调解两类,其中民间调解又可以细分为两种:民间自行调处和官批民调,[5]或

---

〔1〕 王日根、徐枫:《“争沙”案所见明代崇明地方社会秩序》,载《苏州大学学报》2011年第3期。

〔2〕 党晓虹、卢勇:《明清晋陕地区民间水利事务管理探析》,载《中国农史》2011年第3期。

〔3〕 《论语·颜渊》。

〔4〕 参见曾宪义:《关于中国传统调解制度的若干问题研究》,载《中国法学》2009年第4期。

〔5〕 如左卫民、辛国清、周洪波:《中国传统社会纠纷解决机制研究论纲(上)——以明清为契入点》,载《西南民族大学学报》2003年第6期。

称之为民间非诉讼调解和半官半民的庭外调解;[1]或者直接按主体分为乡里调解、宗族调解和亲邻调解。[2]从内容看,关于明代的研究主要是围绕里长老人作为调解主体展开,这缘于明代《教民榜文》对里正老人调解制度的法律确认,在明代里长老人的乡里调解"是历代统治者予以法律确认的调解形式,调解达成的协议对双方当事人有法律约束力,当事人不得以同样的理由和同一事实重新提起诉讼"。[3] 曾宪义和俞荣根等学者注意到顾炎武《日知录》的内容,认为这是考察明代调解制度的重要记载。[4] 陆娓进一步认为,"明代乡里调解主要的调解人为里甲长和老人,因老人里甲与乡里人民住居相接,田土相邻,平日是非善恶无不周知,以及朝廷委任给其的教化与税赋等职责,人们觉得其为官府的化身,因此将他们设定为调解人"。[5] 除了里长老人的调解外,刘道胜认为明中期以后转变为乡约调处为主,同时随着宗族、文会等民间团体和中人发挥着越来越大的作用。[6]

里长老人能够在乡间调解中发挥作用的机理在于符合"以良民治良民"的政治原则,"包括里老人在内的乡村社会中的头面人物和道德权威,通过反复灌输道德信条和实施必要的强制性惩罚来解决民间纠纷"。[7] 简单说,主要由于里长老人在乡里社会中具有较高的

---

[1] 参见曾宪义:《关于中国传统调解制度的若干问题研究》,载《中国法学》2009 年第 4 期。

[2] 刘敏:《论传统调解制度及其创造性转化——一种法文化学分析》,载《社会科学研究》1999 年第 1 期。

[3] 刘敏:《论传统调解制度及其创造性转化——一种法文化学分析》,载《社会科学研究》1999 年第 1 期。

[4] 俞荣根、魏顺光:《中国传统"调处"的非诉讼经验》,载《中国政法大学学报》2012 年第 1 期。

[5] 陆娓:《明代乡里调解制度研究》,载《黑龙江史志》2009 年第 2 期。

[6] 刘道胜:《明清徽州的民间调处及其演变》,载《安徽师范大学学报》2008 年第 4 期。

[7] 刘露瑶:《传统中国社会的民间纠纷调解机制》,载《黑龙江史志》2009 年第 4 期。

道德影响力。[1] 除此之外，自给自足的自然经济、宗法家族制度和重义轻利的儒家思想是里老调解制度得以存在的社会基础，[2] 厌讼、贱讼是调解制度的心理基础，[3] 政府对当事人诉权的限制、案件受理时间的限制以及刑讯、讼费之累是调解制度存在的现实因素。[4]

(二)法律教育与宣传

起家于社会底层的朱元璋不仅立法严苛，而且非常重视对百姓的法律教育和宣传。从近年的研究成果看，学界对古代法律教育和宣传的重视程度不高，而且多为宏观性的对整个古代中国法律教育和宣传的探讨，专门讨论明代的法律教育和宣传的论著更少。本文收纳的成果偏重于对基层乡村社会的法律教育与宣传。

1. 法律教育

学界对法律教育的研究存在两种思路：一种是广义的对国家法律条文的设立、公布、阐释和解读的研究；另一种是狭义的将法律作为一门学科的专业性的法律教育。[5] 在本文讨论的基层社会治理范畴中，第一种广义的理解更符合研究主题。

---

〔1〕 韩秀桃：《〈教民榜文〉所见明初基层里老人理讼制度》，载《法学研究》2000年第3期。

〔2〕 刘敏：《论传统调解制度及其创造性转化——一种法文化学分析》，《社会科学研究》1999年第1期。

〔3〕 俞荣根、魏顺光：《中国传统"调处"的非诉讼经验》，载《中国政法大学学报》2012年第1期。

〔4〕 梁凤荣：《论我国古代传统的司法调解制度》，载《河南大学学报》2001年第4期。

〔5〕 这方面的研究如杜文忠《"王官学"与中国古代法学样式及法学教育》中提到中国古代的法律教育不过是注疏律学，被经学所覆盖[《西南民族大学学报》(人文社会科学版)2011年第6期]。吴秋红《论中国古代法律教育的特征》中认为中国传统的法律教育呈现官学与私学交替的双轨制形式；教育对象有严格限制，既非面向所有读书人，更不是面向整个社会；法律教育内容儒家化(《理论学刊》2005年第10期)。孟凡港《论中国古代法律教育体制》中认为，中国古代的法律教育受儒家思想影响，在教育途径、方式、内容、目的上都有鲜明特征，是中华法文化的重要组成部分(《船山学刊》2010年第4期)。

学界对明代法律教育的研究主要围绕朱元璋的立法活动展开,主要包括洪武年间颁行的《明大诰》《教民榜文》《大明律》,形成以律、令、诰、榜文为主的法律体系。有学者评价为律为主体,令为补充,诰是“法外用刑,以案释律”,榜文是“揭榜示以昭大法”的融立法、司法和宣扬法律为一体的单行条例。〔1〕 这几部法律成为明初法律教育的重要内容,其中《大明律》设置了“讲读律令”条文对普法教育予以法律确认。

学界认为,明代法律教育的方式之一是将法律列入学校教育的内容。如吴晗认为明代府、州、县、社之学,均以《御制大诰》和《大明律令》为主要的必修科目。〔2〕 邓尚文论述朱元璋把法律列为全国各级学校的必修课程,规定天下各塾师必须讲授律、诰,还把《大明律》和《大浩》作为国子监的必修课和科举的考试内容。〔3〕 同样持此观点的还有徐忠明、〔4〕戴元枝、〔5〕薛菁〔6〕等人。沈天水对此提出不同意见,他认为明清学校教育中没有律学一门,科举考试也不以此取士,但他也承认明代“讲读律令”条文规定的官员年终考校对“不能讲解不晓律意者”的惩罚,体现了统治者对法律教育的重视。〔7〕 除此之外,明代法律教育的方式还包括:在各府州县及乡里公布法律;通过乡饮酒礼进行读法活动;重视典型案例宣传;等等。〔8〕 除了

〔1〕 韩秀桃:《〈教民榜文〉所见明初 基层里老人理讼制度》,载《法学研究》2000年第3期。

〔2〕 吴晗:《读史札记·明初之学校》,三联书店1956年版,第325~326页。

〔3〕 邓尚文、缪仁生:《朱元璋的法制宣传的得与失》,载《社会科学》1986年第6期。

〔4〕 徐忠明:《明清国家的法律宣传:路径与意图》,载《法制与社会发展》2010年第1期。

〔5〕 戴元枝:《从明清徽州杂字看徽州的法律教育》,载《安徽农业大学学报》(社会科学版)2017年第6期。

〔6〕 薛菁:《中国古代法律教育的历史考察》,载《闽江学院学报》2007年第6期。

〔7〕 沈天水:《中国古代法律教育初探》,载《法学》1982年第2期。

〔8〕 陈连营:《明初法制教育述评》,载《河南大学学报》1991年第4期。

官方的法律教育,有学者注意到明代以民间为主导的法律教育,戴元枝研究了明代徽州文书中作为民间童蒙识字教材的“杂字”,认为其内容包括对当时的法律内容、刑具名称、刑名人员、诉讼过程和诉状写作知识的介绍,这种民间主动的法律教育一方面由于统治者的倡导,更重要的方面是由于当地民众对国家法律的重视。这种民间主动进行的法律教育为研究提供了新的视角。[1]

大多数学者对明代法律教育的效果给予正面评价,[2]尤其“讲读律令”条多被认为是中国古代法律宣传教育的重大创新,但有学者对此提出不同看法,认为实际上“讲读律令”下明清官员的法律素养并不理想。[3] 这种实态研究视角注意到了法律制度的规定和实施效果之间存在的差距。另外,有学者认为在乡村社会中存在一种反面的法律教化,它不是教育民众知道法律条文的内容,而是教育他们远离法律、以讼为耻,普通乡民在乡村法律生活中仍然处于无知无权的状态。[4] 这种观点注意到了明代乡村的法律教育中,对上层精英人士和下层普通民众的区别考察,提供了一种新的思路,提醒我们在上层精英人士塑造的全国法律教育的宏观景象下,也要注意对话语权缺失的乡村底层人群中具体实施情况的研究。

从目前的研究状况可以总结出以下不足:(1)普遍关注明初尤其是朱元璋时期的法律教育情况,对于明中后期的研究偏少;(2)对国家官方主导的法律教育的研究居多,对民间社会主导的法律教育研究偏少;(3)多为自上而下的单一性视角,缺乏自下而上的关于基

---

〔1〕 戴元枝:《从明清徽州杂字看徽州的法律教育》,载《安徽农业大学学报》(社会科学版)2017年第6期。

〔2〕 如陈连营、戴元枝的观点。

〔3〕 彭巍、周冰:《讲读律令:中国古代官方法律教育的断点》,载《原道》2017年第2期。

〔4〕 王玉亮、冯晓岚:《古代教化与民众乡村法律生活》,载《廊坊师范学院学报》2005年第1期。

层社会对法律教育的反应和回馈的探讨。

2. 法律宣传

学界对明朝前期的法律宣传的研究主要围绕朱元璋展开,“他(朱元璋)对普法的重视实为历代中国帝王所罕见”。[1] 最早的系统讨论朱元璋法制宣传的有邓尚文、缪仁生,他们系统总结了朱元璋对基层百姓进行法制宣传的几点措施,包括:(1)把《大明律》中与百姓有关的部分翻译成口语化的《律令直解》发至郡县;(2)在乡间设立申明亭张榜宣讲;(3)选辑案例编订《明大诰》颁示天下;(4)命令乡民集会或农隙时讲读《大诰》等。[2] 其中,《大明律》“讲读律令”条和明《大诰》在明初的法律宣传中具有重大意义,正如范忠信所说,《明律·吏律·公式》中关于“讲读律令”的规定是中国古代正律中首次出现关于法律公布宣传事宜的条款。[3] 而明《大诰》的制定与普及是朱元璋法制宣传思想的集中体现。[4]

另外,学者们补充了明初法律宣传的措施还有:在通衢要道和集会地方张挂法律文本,[5]颁布《教民榜文》进行讲读、组织歌咏队唱诵“圣谕六条”及相关法律法规、倡行乡饮酒礼等。[6] 徐忠明除了论述“讲读律令”条和《律令直解》《大诰》《教民榜文》三个法律文件的宣传外,还提到了其他一些法律条文的宣传,如在一些边疆沿海地区针对某些特殊违法现象张挂特别条例。[7] 韩秀桃重点考察了

---

〔1〕 赵天宝:《法制宣传的明代镜鉴》,载《检察日报》2013 年 3 月 7 日。

〔2〕 邓尚文、缪仁生:《朱元璋的法制宣传的得与失》,载《社会科学》1986 年第 6 期。

〔3〕 范忠信:《中国古代法律宣教制度及其主要特征》,载《河南省政法管理干部学院学报》2007 年第 4 期。

〔4〕 赵天宝:《法制宣传的明代镜鉴》,载《检察日报》2013 年 3 月 7 日。

〔5〕 徐忠明:《古代中国人的日常法律意识》,载《北京日报》2015 年 1 月 26 日。

〔6〕 谢水顺:《论明初的法制宣传》,载《湖南科技学院学报》2009 年第 11 期。

〔7〕 徐忠明:《明清国家的法律宣传:路径与意图》,载《法制与社会发展》2010 年第 1 期。

《教民榜文》的宣传方式，首先他认为《教民榜文》的性质是昭示大法的单行条例，其次他从中归纳了设置木铎老人宣讲圣谕、旌表孝节、行乡饮酒礼等宣传方式。〔1〕有学者由此总结了明初法律宣传方式的特点，比如，法律条文简约、语言通俗易懂、以案说法、宣传途径生活化等。〔2〕

明代后期的法律宣传主要通过乡约宣讲圣谕的形式进行，具体是“每里为一约，设约正、约副、约讲、约史各一人，每隔半月集合本里人宣讲圣谕、调处纠纷”。〔3〕除此之外，有学者认为还通过审理具体案例的途径进行法律宣传，明清州县对诉讼采取“教谕式的调解”，尽管嵌入了自身基于情理的判断，但“教谕”本身也是通过个案向百姓传播法令的方式。〔4〕

学界对明代法律宣传的效果有两种评价：邓尚文等认为从最终结果看，明初朱元璋的法制宣传失大于得，直接原因一是法制宣传的强制性，缺乏群众基础；二是法律内容本身有矛盾之处，缺乏法律稳定性和统一性，更深层的原因是在帝制社会历史环境下君主滥施权威对法制的破坏。〔5〕张中秋等认为明《大诰》的宣传普及在洪武年间或许有效，但在朱元璋死后不久即无人问津，到了明朝中叶，已经难以见到《大诰》。〔6〕

相反，徐忠明认为不能只着眼于国家层面，还应从民间对法律的

---

〔1〕韩秀桃：《〈教民榜文〉所见明初基层里老人理讼制度》，载《法学研究》2000年第3期。

〔2〕段晓彦：《中国古代法律宣传和普及的历史经验》，载《渤海大学学报》2013年第2期。

〔3〕赵天宝：《法制宣传的明代镜鉴》，载《检察日报》2013年3月7日。

〔4〕韩伟：《古代广布法令与法家法治》，载《人民法院报》2017年3月17日。

〔5〕邓尚文、缪仁生：《朱元璋的法制宣传的得与失》，载《社会科学》1986年第6期。

〔6〕张中秋、张明新：《传统中国普法活动及其研究初探》，载《江苏警官学院学报》2007年第5期。

接受和实践角度进行考察，他从明清时期基层民众的法律意识角度出发，肯定了明代法律宣传取得的效果。他认为明清时期百姓是非常在意法律的，在明清文学作品甚至儿童的识字课本中，也会出现法律故事和简单的法律知识，从侧面反映出明清时期法律宣传取得了良好的效果。〔1〕同样从民间法律传播角度予以考察的还有尤陈俊，他利用明清时期的“日用类书”分析了民间社会的法律知识空间和变迁。〔2〕龚汝富考察了江西传统社会民间法律知识传播途径，认为对于普通民众来说，他们通过乡村讲读法律教化读本和诉讼素材获得了一些法律知识。〔3〕

（三）法律场所——申明亭

申明亭是明代最具时代特色的产物，是一个综合性的法律场所，其功能既包括定分止争式的裁判和调解，也包括法律宣传和教育。有学者总结为“申明亭承载着教化和解纷的双重职能，有点类似于今天的派出法庭或基层司法所，但其对法制宣传所起的作用却远远超过现今的这些机构”。〔4〕里长老人在明代申明亭制度中扮演重要角色，关于里长老人的研究已在前文有所论述，现在只讨论关于申明亭的单独研究。

首先是关于申明亭设立的原因和目的。学界普遍认为申明亭设立的时间是洪武五年（1372 年）二月，但有研究者考察地方志注意到早在朝廷正式颁布诏令之前，个别地区就已经建立了申明亭。〔5〕学界关于申明亭设立的原因和目的可以归纳为：明初滥诉、

---

〔1〕徐忠明：《古代中国人的日常法律意识》，载《北京日报》2015 年 1 月 26 日。

〔2〕尤陈俊：《明清日用类书中的法律知识变迁》，载《法律和社会科学》，法律出版社 2007 年版。

〔3〕龚汝富：《浅议中国传统社会民间法律知识形成路径——从江西地方法律文献来分析》，载《江西财经大学学报》2006 年第 5 期。

〔4〕赵天宝：《法制宣传的明代镜鉴》，载《检察日报》2013 年 3 月 7 日。

〔5〕刘春梅：《论明清申明亭的起源、兴废及功用》，载《成都师范学院学报》2016 年第 4 期。

越诉泛滥，因此设置一个固定场所向广大群众读法明理、劝善惩恶、申明教化、解决纠纷。[1] 另外，孙南指出朱元璋设立申明亭是基于对元朝灭亡的总结和反思，元朝的统治毁坏了封建等级和道德秩序，所以朱元璋在推行"重典治国"之外同样关注建立礼制和恢复道德秩序。[2] 有学者从更深层的社会背景探究，指出申明亭的设立是源于传统礼法社会的无讼思想。[3]

申明亭的职能和作用之一是里长老人对乡村纠纷进行裁判和调解的法律场所，具体处理纠纷的范围已有学者在关于里长老人理讼制度的研究中提到。[4] 张佳对于申明亭职能的研究更加全面，她认为目前的研究多把申明亭当作里长老人理讼制度的附属，而忽略了它的其他职能，她认为申明亭的首要职能是悬挂榜文律令、谕民知法；其次是公示犯罪者姓名、罪状以警示乡里；再次才是作为里长老人受理诉讼的场所；最后申明亭还是举行乡饮酒礼的场所。[5] 范忠信也考察了申明亭除了调解纠纷外的法律宣传职能，如书录乡民有过犯者于亭中与众共讥评之，和抄录法律法令于亭中与众共读知之。[6] 童梦琳分析了申明亭之所以在乡村社会发挥作用的原因：

---

〔1〕 刘志松、高茜：《明初申明亭考论》，载《天津社会科学》2008年第3期；张佳：《彰善癉惡，樹之風聲——明代前期基層教化系統中的申明亭和旌善亭》，载《中华文史论丛》2010年第4期；方勇：《明代申明亭在解决基层纠纷中的作用及当代启示》，载《兰台世界》2016年第14期。

〔2〕 孙南：《议明代"申明亭"制度》，载《商品与质量》（理论研究）2012年第11期。

〔3〕 郭婧滢：《基层纠纷解决机制中的无讼思想——以申明亭为视角》，载《黑河学刊》2016年第4期。另外杜亚斌、陈东皓《以申明亭为视角看中国古代无讼思想》（《法制与社会》2011年第3期）也有类似的角度。

〔4〕 韩秀桃：《〈教民榜文〉所见明初基层里老人理讼制度》，载《法学研究》2000年第3期。

〔5〕 张佳：《彰善癉惡，樹之風聲——明代前期基層教化系統中的申明亭和旌善亭》，载《中华文史论丛》2010年第4期。

〔6〕 范忠信：《中国古代法律宣教制度及其主要特征》，载《河南省政法管理干部学院学报》2007年第4期。

(1)在州县以下大量设置,数量多且地点固定;(2)调解方式灵活多变;(3)程序简便;(4)气氛轻松和谐,有利于人际关系。[1]

申明亭在明代中后期开始废弛和衰落,张佳考证出申明亭制度从宣德年间开始松动,到嘉靖时期基本瓦解,这一方面是由于地方官员的忽视怠惰,另一方面是由于"居斯亭者"即里长老人地位下降。[2] 另外,郭婧滢认为衰落的原因还在于申明亭制度缺乏一个良好的监督机制。[3] 刘春梅补充到明代中后期由于自然灾害、战乱等因素,申明亭建筑遭到毁坏,由于缺少申明亭实体建筑的存在,其制度也将不复存在。[4] 综合各学者的观点可以看出,申明亭建筑的毁坏、申明亭制度的废弛和里老制度的衰落三者互为因果、相辅相成。

总的来说,从目前对明代申明亭的研究成果看,关于申明亭的专门研究比较少,大多数仅在讨论基层纠纷解决和里甲老人制中的某些篇幅有所提及,没有全面展开。

四、总结和评述

综上所述,经过众多学者多年来的不懈努力,对明代的基层社会与法律治理的研究取得了一定成绩。在基层社会领域,随着时间推移和成果积累,对明代基层乡村社会的研究范围逐渐拓展,既有宏观层面对国家与社会关系理论、基层社会政权结构、基层社会管理与控制模式的整体考察,也有微观层面对明代乡村社会某项具体制度、某类群体、某种组织的单独研究,覆盖的范围已比较全面。但在

---

〔1〕 童梦琳:《明代申明亭初探》,苏州大学2012年硕士学位论文。

〔2〕 张佳:《彰善癉惡,樹之風聲——明代前期基層教化系統中的申明亭和旌善亭》,载《中华文史论丛》2010年第4期。

〔3〕 郭婧滢:《基层纠纷解决机制中的无讼思想——以申明亭为视角》,载《黑河学刊》2016年第4期。

〔4〕 刘春梅:《论明清申明亭的起源、兴废及功用》,载《成都师范学院学报》2016年第4期。

法律治理方面，明代国家对基层社会法律治理的研究成果分布不均，关于基层乡村社会纠纷的解决的考察占有较大比重，法律教育与宣传以及申明亭方面的研究成果偏少，且多局限于对制度本身的内向型探讨，缺乏综合性考察。

另外，法学界在古代基层社会法律治理的研究中，过于重视对家法族规等民间法在基层社会中的作用，忽略了对国家法律和政策的探讨，即便有所关注也多停留在为什么国家法律和政策无法在乡村社会有效发挥作用的问题上。

笔者认为，要想在该领域继续拓展，必须将视角拔高，比如可以开辟从法律角度探讨明代基层社会权力的构建、明代基层社会的法律治理模式与治理资源、国家法律和政策对乡村治理的影响等研究进路，力争将乡村治理与法治社会融会贯通起来。

奥地利现行法中权限冲突的概念(1928年)

[奥]汉斯·凯尔森 著 王银宏 译*

【摘要】 关于权限冲突的概念,奥地利现行(指作者写作时的时代——译者注)《宪法法院法》等法律规定:当某些机构或某类机构都要求对同一事务作出决定或发布命令,或者都已经对同一事务作出了决定或发布命令,抑或两个机构都拒绝对同一事务作出决定或发布命令,此之为权限冲突。这类权限冲突的解决,有赖于更为明确的法律制定,而宪法法院的最终目的是确立行政权和普通司法权之间的平等地位。

【关键词】 奥地利 现行法 权限冲突 概念

一

当一个法律制度中规范的颁布和执行需要通过诸多机构才能实现时,该法律制度必须明确界定这些机构在时间、空间和事务方面的职权。任何职权方面的冲突都意味着对规定一个机构职权的规

* 作者汉斯·凯尔森(Hans Kelsen)(1881年10月11日至1973年4月19日),纯粹法学派的创始人,曾任教于维也纳大学、科隆大学、加利福尼亚大学等。译者系中国政法大学法律史学研究院副教授。原文载 *Hans Kelsen*, Der Begriff des Kompetenzkonfliktes nach geltendem österreichischen Recht, in: Juristische Blätter, Nr. 6, 24. März 1928, SS. 105 – 110。本文系国家社会科学基金青年项目"纯粹法理论的实践性问题研究"(16CFX004)的阶段性成果。

范尚未进行的侵犯或已成的侵犯;但是,并非所有对职权的侵犯都是权限冲突。《联邦宪法法》(Bundes-Verfassungsgesetz)第138条规定,由宪法法院来解决权限冲突问题,但是并未详细规定权限冲突的概念,只是在规定一些机构或者某类机构时,对此作了一定的限制,因此在这些机构或者某类机构之间完全可能存在权限之冲突:(1)法院和行政机构之间;(2)行政法院和所有其他法院之间,以及普通法院和其他法院之间;(3)各州之间,以及联邦与州之间。因此,普通法院之间、联邦的行政机构之间以及某一州的行政机构之间的权限冲突并不是联邦宪法意义上的权限冲突。

其他关于权限冲突概念的规定体现在实施《联邦宪法法》相关规定的《宪法法院法》(联邦法律公报号码:454,1925年)之中。《宪法法院法》首先将权限冲突的概念限定在执行领域,亦即个别规范制定的阶段。依据《宪法法院法》,关于制定法律和制定法规之间的权限冲突是不可能存在的。《宪法法院法》在这方面的规定是否与《联邦宪法法》的规定完全一致、是否未过度缩小权限冲突的概念范围,这里暂且不论。

《宪法法院法》还规定,关于权限冲突的概念,是指两个机构——亦即依据《联邦宪法法》第138条,在这些机构或某类机构之间完全可能存在权限冲突——都要求对同一事务作出决定或发布命令,或者都已经对同一事务作出了决定或发布命令,抑或两个机构都拒绝对同一事务作出决定或发布命令。因而,《宪法法院法》不仅确认两个机构以上述方式都试图对同一事务作出决定或发布命令属于权限冲突,也确认两个机构已经对同一事务作出了决定或发布命令亦为权限冲突。《宪法法院法》仅在第42条明确规定了法院和行政机构之间的权限冲突的情形。同样,行政法院与所有其他法院之间的权限冲突也明显属于权限冲突的情形,但是依据《宪法法院法》第43条的规定,当一个与其他法院发生权限冲突的法院还未对主要事项作出具有法律效力的判决时,这种权限冲突是暂不予考虑的；当一个普通法院对某一案件作出了——尽管不是终审的——判决，而行政法院或者宪法法院也需要对此作出裁决时，那么至少存在一种权限冲突。由此，在州与州之间或者州与联邦之间存在权限冲突的情形下，不仅是两种机构都要求对某一事务作出决定或发布命令的情形下存在权限冲突，而且两者都已经对同一事务作出决定或发布命令时，也存在权限冲突。对此，依据第 47 条第 4 款，在宪法法院对权限冲突作出裁决之前，应中断行政机构的相关程序，直至宪法法院作出具有法律效力的裁决；在已经作出决定或发布命令——尽管不是具有最终效力的——的阶段也存在权限冲突。

这里首先应予考虑的是，《宪法法院法》第 51 条的规定。基于权限冲突的诸多情形，第 51 条规定，宪法法院可以撤销与其裁决相对立的其他机构的行为。很明显，第 51 条规定的前设是，无论是行政行为，还是法院的判决，只要有官方行为涉入解决某一事件，则其行为就可能会关涉权限冲突。因为这里既涉及行政行为，也涉及法院的判决，因而人们选择使用“官方行为”（behördlicher Akt）这一语词。由于权限冲突可能存在于任何阶段，并且可能存在权限冲突的机构一方或者双方已经作出了决定或发布命令，因而宪法法院必须享有一种可以撤销相互对立的决定或命令的权力。对此，我们不仅要注意第 51 条的规定，也要注意第 42 条的规定，法院和行政机构之间的积极的权限冲突不仅存在于二者对同一事务均主张自己享有处理权限之时，而且亦存在于它们均已经对此作出决定或发布命令的情形。在 1925 年的改革之后，宪法法院开始确认这些权限冲突的存在。

关于权限冲突在何种条件下仍然存在的问题，或者权限冲突在何种条件下不再存在的问题，在此不予讨论。

在《宪法法院法》中，只有第 47 条将权限冲突中“决定”（Entscheidungen）和“命令”（Verfügugnen）的概念并列同置，用以指称两个行政机构在一些情形下产生冲突的状况。在涉及法院之间的权限冲突时,《宪法法院法》很明显地仅使用"判决"(Entscheidungen)一词。在涉及行政机构与法院之间的权限冲突时,《宪法法院法》一般将与行政机构的职权相关的称为"命令",而将与法院职权相关的称为"判决"。本文论及的《宪法法院法》第42条仅规定了针对"同一事务的决定"。鉴于"决定"和"命令"之间这种极不明确的区分,我们需要在一个更为广泛的意义上来理解"决定",亦即在具体案件的规范规定的意义上来理解。此外,我们还应认识到,行政机构的每一个"命令"中都暗含着"作出决定"之意。这清晰地表明,当针对这种命令提出一种法律解决手段时,那么更高的行政机构或者甚至——可能仅涉及一种纯粹的意见——最先发布命令的机构本身就对有争议的事务"作出了决定"。一个"决定"就是这样一种行为,因为可以以此确定,被宣告为无效的命令是否合法。只是所有这种命令都是伴随着权力的行使要求,作为一个机构的法律行为而出现的,并且表面上看起来,它是一种合法的行为,特别是在发布的命令有理据之时。故而,一个行政机构发布的所有命令都暗含着合法性基础,其命令也因而在此意义上成为"决定"。所以,在《宪法法院法》第42条规定的意义上,一个行政机构是否作出一种狭义上的决定或者作出一种——涵括了命令的——较为宽泛的意义上的决定,对于权限冲突问题是无关紧要的。

二

对于《宪法法院法》中规定的权限冲突的概念具有重要意义的是,在权限上相互冲突的两个机构都试图或者已经对"同一事务"作出官方行为。当然,事务的同等性并未在法律中予以详细规定。因而,这种问题留给了需要对权限冲突作出裁决的宪法法院,宪法法院需要对此予以权衡斟酌。人们在通常情况下可以认为,若针对某一事实情况应当适用同一法律规范,则事务的同等性就是存在的。但是,仅存在事实情况的同等性是不够的。因为如下情形完全是可能出现的:在两个机构均欲规范某一事实情况或者均已对此加以规范,但是并未产生权限之间的冲突,亦即它们针对同一事实情况适用不同的一般性法律规范;同样地,对同一事实情况作为不同的法律后果予以规定也是完全可能的。某一行为可能既会受到行政处罚,也会受到法院的处罚,这两种处罚可以分别施行,而法院和行政机构之间可能完全不会产生权限冲突,这两个机构完全可以针对同一事实情况适用不同的处罚程序或者作出各自的决定。再如,针对某一个决定行为(Entscheidungsakt),某人既向行政法院提出诉愿,也向宪法法院提出诉愿,并要求这两个法院履行其职能,在这种情形下,权限冲突是完全不存在的,因为如下情况是可能发生的:行政法院可能仅审查没收财产的事实情况是否侵犯了涉及没收财产行为的相关规定,而宪法法院可能会审查与此完全独立的另一个问题,即审查作为没收财产之基础的财产没收法律是否合宪。若行政法院认为,当事人要求宣告为无效的没收财产行为为合法,那么行政法院会拒绝诉愿人的诉愿请求,而宪法法院可能会同意诉愿人的诉愿请求并宣布没收财产的行为为无效,因为财产没收法律是违宪的,宪法法院可依其职权审查与该诉愿相关的没收财产行为并予以撤销。因为行政法院和宪法法院针对同一事实情况适用不同的规范并且事实上也在其裁决中适用了不同的规范,因而尽管存在事实情况的同等性,但并不存在"同一事务"。尽管行政法院和宪法法院针对同一没收财产的行为作出了不同的裁决,尽管其中一个裁决——基于法律的违宪性——撤销没收财产的行为,而另一个裁决则——基于没收财产行为的合法性——拒绝撤销该行为,尽管这两个法院的裁决大相径庭,但是行政法院和宪法法院之间并不存在权限冲突问题。这里的一个基本思想是,宪法法院需要从多个方面来艰难地区分自己与行政法院之间的职能界限。[1]

但是,由此出现的一个重要结果就是,两个机构对于同一事实情况作出决定或意欲作出决定的权限冲突并未产生,而这两个机构对于同一事实情况已经作出决定的情形下,这两个机构是如何分别作出自己的决定的?如下情况是完全可能出现的:在某一个阶段,这两个机构均对同一事实情况作出决定,而它们之间的权限冲突并非显而易见的。从其作出决定的理由中,人们可以看出这两个机构事实上是否针对同一事实情况适用了不同的法律规范,以及它们是否应当适用不同的法律规范。在上文论及的第一种可能出现的情况中,权限冲突仅在如下情形中存在,即法院和行政机构在其所施行刑罚的理由中均援引同样的法律规定,因为上述这种事实情况并未在两种法律规范中予以规定,而是行为人应仅受一种刑罚的处罚,因为法院和行政机构并不能同时对其施以刑罚,而是只能由其中的一个机构依据法律对其进行处罚。在前述的第二种可能出现的情况中,权限冲突亦仅在一种情形下存在,即对于某一个针对行政行为提起的诉愿,行政法院作出了该没收财产的法律为合宪或者违宪的裁

〔1〕 例如,可参见宪法法院于 1924 年 12 月 16 日作出的裁决(K 4/24)。在该案中,一个医生针对撤销其医生业务许可的行政行为,既向宪法法院提出诉愿,也向行政法院提出诉愿。宪法法院裁决,该案中存在权限冲突,并且只有宪法法院对此案件享有管辖权。宪法法院在其裁决理由中论道:“不存在一种案件,其中被诉愿人请求宣告为无效的决定不违宪但是违法,因而除了宪法法院之外,行政法院亦对此有管辖权,这样的案件是不存在的。”虽然存在事实情况的同等性,但是这并不等于存在同一法律事件,因为宪法法院和行政法院针对同样的事实情况需要在其判决中适用不同的法律规范,这个基本原则源出于宪法法院在 1928 年 2 月 25 日作出的裁决(K 16/27)。该裁决所涉及的案件是,基于州政府的行为,一位公职人员从州的机构被调往一个乡镇的机构,对此,该公职人员向宪法法院提出诉愿,而该乡镇则向行政法院提出诉愿。宪法法院裁决,该案件中不存在权限冲突问题。该裁决实质上是以并不存在“同一事务”为理由。其中,行政法院所涉及的一个问题是,“乡镇是否有权根据其选择来确定其职员”。而宪法法院“首先需要解决的是与公职人员法有关的问题,即依据公职人员法,一个州的公职人员是否可以被调往一个乡镇的机构,其次是乡镇或州政府是否有权决定乡镇公职人员的职位”。

决,或者宪法法院对此作出了没收财产的行为为合法或者违法的裁决。因为权限冲突绝不可能产生于两个机构针对某一个事实情况分别作出决定的法律行为,并且其决定在逻辑上是相互矛盾的,而是在于它们针对同一事实情况作出决定的理由中援引了同样的一般性法律规范,并且它们据以作出决定的理由在逻辑上可能是相互矛盾的。

假定权限冲突的概念在纯粹试图作出决定的阶段得到限制,那么权限冲突只能在如下情形下产生,即在事务的同一性与事实情况的同一性是同等重要的条件下,两个机构均要求对同一事务作出决定。在此,人们可能只会看到,权限冲突产生于两个机构均要求对同一事实情况作出决定。因为只要决定尚未作出,人们就不知晓该机构作出决定时依据的是哪些规范。由此,权限冲突的产生仅是基于两个机构作出的决定行为之间可能存在的相互矛盾。若此,这种权限冲突的概念是非常狭隘的,因为事务的同一性不是纯粹基于事实情况的同一性而存在的。与此相应,1925 年的《宪法法院法》并未明确地将权限冲突限定于两个机构均要求对同一事务作出决定的情形,而是明确地将其扩展为两个机构已经对同一事务作出决定的情形。因此,权限冲突存在的可能性不能仅局限于两个机构对同一事务作出决定的情形,还有与此类似的其他情形。因此,我们需要认清权限冲突产生的原因,亦即不同机构作出决定的依据。因为只有从其决定的理由中才能看到不同机构所援引的法律规范,而这是不同机构针对明确的事实情况作出决定的依据。

三

由此,可以确定的是,权限冲突不仅存在于两个机构对作为主要问题(Hauptfrage)的同一事务作出决定或者意欲作出决定的情形中,而且还存在于一个机构对需要预先解决的问题(Vorfrage)单独作出决定而另一个机构则已经将此作为主要问题作出决定的情形中。对需要预先解决的问题作出决定只能——如众者所知——基于特定的原因。依此,可能产生权限冲突的一种情形是,例如一个法院在其判决理由中将某一事务作为需要预先解决的问题而作出判决,而某个行政机构作为主管机关则已经对此独立作出决定。例如,人们会接受如下事实:行政机构有权在其职能范围内公开宣布某条道路为公共道路,而某个行政机构将一条完全属于私人地产范围内的道路宣布为公共道路,那么该地产所有者有权通过一定的法律手段,要求宣告该行政机构所作出的决定为无效。若行政机构的决定最终具有法律效力,可能是由于该地产所有者并未采取相应的法律手段,或者该地产所有者所采取的法律手段并未产生撤销该行政机构的决定的结果,因为最后的审级——这里是指对行政行为进行合法性审查的行政法院——基于该行政行为的合法性拒绝了当事人的诉愿请求。

如果该地产所有者现在针对一个在这条被宣告为公共所有的道路上通行的个人向一个民事法院提起侵犯财产之诉,从法院和行政机构之间存在职能界限的方面来看,当事人会尝试将法律上相关的职能规定列入考虑的范围。若当事人认为自己的权利受到行政行为的侵犯并意欲与该行政行为作斗争,那么他会依据法律通过行政途径最后诉至行政法院。但是,当事人试图向具有管辖权的普通法院提起民事诉讼可能会达到其目的,而依据上述有关职能的法律规定则可能达不到目的。当事人获得胜诉的机会在于,法院所适用的法律规定可能会不同于行政机构所适用的法律规定。若受理这种侵犯财产之诉的民事法院认为,对侵犯财产之诉作出判决是普通法院的职权,要求行使这种职权并对诉讼作出判决,那么可能会产生两种结果:若该民事法院不支持当事人的诉讼请求,认为这条道路是公共道路——因为行政机构作出的具有法律效力的决定已经宣告这条道路为公共道路,那么这种情况下就不存在权限冲突。然而,若该民事法院支持当事人的诉讼请求,认为这条道路并非公共道路——因为行政机构宣布这条道路为公共道路的决定显然是不公正的,那么这种情况下明显存在权限冲突的问题,因为民事法院擅自对一条道路是否是公共道路的问题作出了判决,并且该判决与行政机构——依职权——已经对该问题作出决定的行政行为是相矛盾的。同时,该民事法院所适用的法律规范与行政机构所适用的法律规范是相同的。

这里,支持上述当事人提起的侵犯财产之诉请求的民事法院虽未明确说明,但是实际上以其判决否定了宣告某条道路为公共道路的行政行为的法律效力,因为它撤销了上述行政行为的法律效果——人们可以普遍地使用该道路。一个行为在法律上的有效性仅仅在于其法律效果。就此而言,上述这种司法判决明显地违反了宪法中规定的司法权与行政权分立的基本原则,因为该基本原则意味着行政机构不能干预司法领域,法院也不能侵入行政领域,易言之,一个族属的机构不允许为另一个族属的机构确定其职权范围内的事项和行为。此外,还存在在何种程度上关涉权限问题,并由此——在事务的同一性方面——与权限冲突相关的问题,这清晰地表明,若人们继续往下思考,这里最终就要论及会被作为最高审级的最高法院撤销的违法判决,因为这种判决仅在法院不具有管辖权的情形下对需要预先解决的问题单独地作出决定时才会被撤销;法院的这种判决之被撤销,不是由于其内容方面的原因,而是因为案件中所涉及的道路已被行政机构宣布为公共道路。

对于权限冲突的问题,行政机构宣布这条道路为公共道路的行政行为是否具有法律效力是不重要的,因为当事人并未使用相关的法律手段,或者穷尽所有的法律手段,亦即在行政法院作出裁决之后,行政行为仍具有法律效力,因为行政法院确认了行政机构所作出决定的合法性。但是,后一种情形清楚地表明,作出这条道路不具有公共性的民事法院的判决在何种程度上是一种超越其权限的判决,因为对于宣告这条道路为公共道路的行政行为合法与否的问题所作出的最后判决是由一个普通法院依据宪法作出的。但是,这个法院并不应当是民事法院,而应是行政法院。因此,这意味着,最终通过普通法院的最高审级来对行政行为的合法性独立地作出判决会导致普通法院和行政法院之间产生权限冲突。

对此,宪法法院已经对其与行政法院之间的关系规定进行了数年的权衡考量;宪法法院的这种权衡考量,在 1925 年导致对《宪法法院法》进行了一次十分重要的修改。根据《联邦宪法法》第 137 条的规定,当事人可向宪法法院提起针对联邦、州或者乡镇的财产权诉求。这类案件通常意味着,当事人的诉求与某个行政行为之间存在冲突,通过该行政行为,行政机构直接或间接地作出了与当事人诉求相关的决定。因此,如果当事人要求偿还基于违法的规定而征收的税赋并提起诉讼,所针对的是规定税赋的行为;或者若当事人基于令其退休行为的违法性,就退休所得与工作薪金之间的差异而提起诉讼,所针对的是令其退休的行为。较长的一段时间以来,宪法法院将与当事人的诉求存在冲突的行政行为的合法性作为需要预先解决的问题而予以审查并宣布其为合法,自 1925 年起,宪法法院的立场是:行政行为的合法性在行政程序上最终受到作为最高审级的行政法院的审查,在这种情形下,若宪法法院对与当事人的诉求存在冲突的行政行为的合法性独立地作出裁决就意味着,宪法法院越权行使了应当由行政法院行使的职权。因为对与当事人的诉求存在冲突的行政行为的合法性进行审查并可能因其违法性而将其撤销,这并非宪法法院的职权,宪法法院应驳回基于这种原因而针对行政行为的法律效力提起的诉愿。[1]

与此相应,1925 年的《宪法法院法》接受了如下规定:将针对行

---

〔1〕 例如,宪法法院在 1926 年 10 月 12 日的裁决(A 303/26)中拒绝受理一个要求偿还所征收的产权税而提起的诉讼。宪法法院在裁决理由中写道:“若允许人们依据《联邦宪法法》第 137 条第 1 款作为提起诉愿的基本理由,同意其要求偿还这种所谓违法征收的税赋,那么这实质上不仅废除了行政机构的职权,而且也是废除了行政法院的职权,因为依据《联邦宪法法》第 129 条第 2 项的规定,行政法院应在穷尽所有行政的法律手段之后,对行政机构所做出决定的违法性做出裁决。就此而言,要求偿还这种所谓违法征收的税赋,同时亦对侵权行为的合法性间接地作出决定,这并非宪法法院职权范围之事。”

政机构的决定而提起的诉愿与基于公法上的公务雇佣关系而产生的诉讼联系起来,以此对相关的财产权诉求直接或间接地作出裁决(《宪法法院法》第37条第4款)。针对侵犯公职人员工作权利的行政行为而提起的诉愿,自1925年起不再由行政法院裁决,而是由宪法法院裁决。若与此相关的诉求并不具有国家公职的权利属性,亦即在这类案件中,当事人并不应向宪法法院提起诉愿,而是应向行政法院提起诉愿来申请撤销相对的行政行为,所以,宪法法院在实践中的做法是,驳回所有此类针对行政行为而提起的诉愿申请。宪法法院明确表明这种做法的目的是,不想侵犯行政法院的职权。宪法法院和《宪法法院法》在这方面接受侵犯职权的观念以及宪法法院的实践和《宪法法院法》的规定意欲避免权限冲突的原因仅在于,宪法法院将这类问题作为需要预先解决的问题,而这种需要预先解决的问题又是行政法院在职权范围内作为主要问题予以解决的问题。这里提及的权限冲突可能并不会在如下情形下产生:在宪法法院对某一事务作出裁决之前,行政机构或者行政法院已在其职权范围内作出决定,宪法法院如何作出裁决是是否产生权限冲突的基础。若当事人针对联邦、州或者乡镇向宪法法院提出公法上的诉求,依据《联邦宪法法》第137条,宪法法院对此有管辖权并应作出裁决。权限冲突只有在一种情形下会产生,即宪法法院——在针对某个行政行为提出诉求的案件中——没有以其无权撤销该行政行为为由而拒绝当事人提出的诉求,而是同意当事人的诉求,确认该行政行为为违法。通过这种裁决,宪法法院间接地撤销了行政法院的裁决,但是,这并非宪法法院所应行使的职权,只有行政机构或者行政法院享有这种职权。

四

依据上述基本前提,这里从宪法法院的实践以及《宪法法院法》的条文规定和法律精神出发评判宪法法院的两个裁决。宪法法院在这两个裁决中认为,若一个民事法院基于行政机构作出的“豁免决定”的违法性而宣告“豁免婚姻”(Dispensehe)为无效婚姻,或者尽管行政机构实施了“豁免行为”,但是因实践中婚约的约束,在法律上仍然存在缔结相关婚姻的障碍,民事法院因此宣告“豁免婚姻”为无效婚姻,那么该民事法院与作出“豁免决定”的行政机构之间存在权限冲突,民事法院作出上述判决是与其职能不相符的。

在这些案件中,法院和行政机构之间的权限冲突具有相同的含义,这在上述案例中体现得很明确,例如某人在一条被行政机构宣告为公共道路的道路上通行,以侵犯财产之诉被诉至民事法院,在另一个案例中,当事人向宪法法院提起诉愿,要求偿还由税务机构依法征收的税赋。特别应指出的是,在“豁免婚姻”案件中——至少在通常的意义上——婚姻一方的当事人试图向民事法院提起诉讼,请求确认行政机构的行为为无效,所以,行政行为的合法性不是通过法律上规定的行政程序并最终由行政法院来确认,而是越过行政领域和行政法院,要求普通法院就此作出判决;通过这种方式,当事一方想达到间接地撤销行政行为所颁布的“豁免决定”的目的。

在行政机构作出“豁免决定”的案件中,因一方婚约的约束而造成缔结相关婚姻障碍的情形下,应当赋予另一方在行政程序中的当事人地位,因而让其有权采取相应的行政救济手段,直至诉至行政法院,这应该是没有异议的。同样少有异议的是,联邦总理部门(内政部)在缔结相关婚姻存在障碍的“豁免”事务方面是州长的上级机构,因此在行政程序中,联邦总理部门不仅可以自己对“豁免行为”作出决定(并且事实上也作出了相关决定),而且就其职权行使而言,若认为这种“豁免行为”为违法,那么联邦总理部门有权利也有义务禁止州长实施“豁免行为”(《联邦宪法法》第103条)。[1] 但

---

〔1〕 目前,州长和联邦总理部门作出了数以千计的“豁免决定”,但这些“豁免决定”无疑应当是绝对无效的,作出这种“豁免决定”是极为荒谬的,人们应当严肃认真地对此进行深入探讨和研究。

是,在这些案件中,不仅法院侵犯了行政机构的职能权限,也存在统一处理法律事件的问题。与行政行为和司法判决——后者在宪法法院的裁决中是作为需要预先解决的问题——有关的事实情况明显具有同一性:婚姻或者婚约的约束得到"豁免"。但是,对于《奥地利普通民法典》中同样的规范,行政机构将其运用于"豁免"——对于受婚约的约束而造成缔结相关婚姻障碍的豁免,而法院则是接受其作为必不可少的缔结相关婚姻的障碍。

如上所述,在法院因维护婚约的约束力而导致产生权限冲突的案件中,其法律状况完全是相同的,亦如前述案件中,某人在一条由州政府宣告为公共道路的道路上通行而被提起侵犯财产之诉,法院就此作出判决而导致产生法院和行政机构之间的权限冲突。宪法法院后来在裁决中认为,民事法院对"豁免婚姻"的宣告为无效,这仅是其权限冲突观念的运用,宪法法院在实践中将自己的这种观念适用于所有其他案件,并证明自己有能力正确处理这类案件,而这无疑是以 1925 年的新《宪法法院法》为基础的。

这里需要探讨的问题是,这种对权限冲突的理解是否与所有其他关于积极权利的规定相矛盾。在通常情况下,这里可以援引《民事诉讼法》第 190 条。从这条规定的内容,我们能推论出什么?如事实所展现出的那样,在法院将某行政行为的合法性视为需要预先解决的问题并独立作出判决的情形下,在该案中是否存在法院与行政机构之间的权限冲突?这个问题必须以明确的方式直接提出,即若法院被授予对行政行为的合法性作出判决的权力,结果是法院将这种合法性作为需要预先解决的问题而作出判决,这就意味着宪法上关于司法权与行政权分立的基本原则因有利于法院而被弃置,同时,所有行政机构所拥有的在其职权范围内具有制定法律规范的权力也因有利于法院而受到限制。

在这方面对《民事诉讼法》第 190 条的内容进行审查之前,必须确定的是,若其含有上述内容的话,依据 1925 年《一般行政程序法》

第68条的规定,该条款应已经被废除,通过这种积极的方式,特别是相对于对法院的法律控制,行政行为的法律效力在所有方面都受到法律的规制。应当指出的是,若《民事诉讼法》的第190条含有上述内容的话,那么它作为一般的法律规定是与宪法相抵触的。1867年《宪法》就确立了司法权与行政权分立的原则,这无疑不具有实践性的意义,因为违宪的法律——依据该宪法——既不是无效的,也不是可撤销的。但是,更令人生疑的是,它与1920年《联邦宪法》的内容相抵触,1920年《联邦宪法》第94条明确规定,司法权与行政权在所有审级上均相分立。《民事诉讼法》的第190条意味着对这一原则的限制,依据1920年《联邦宪法》,这一条款应当被撤销。然而,对该法律的进一步审查表明,它根本没有这种意涵。其规定原文是:"若对某个案件的判决全部或者部分地依赖于某个法律关系的存在或者不存在,而该法律关系又是另一个未决案件的对象,或者该法律关系存在于一个未决的行政诉讼中,那么判决委员会可以决定,中止审理程序,直至对该未决的法律关系作出具有法律效力的决定。"这条规定的倾向性很明显,其意并非在于让法院干预行政事务,而是恰恰相反,其目的在于保障行政领域不受法院的干预。在这方面,该法律未对法院作出约束性规定,而是仅为其提供了一种程序上的可能性,但是这完全不是意味着,法院有义务不利用这种可能性,在按照其精神和意义对其他法律进行解释时,不可避免地要求法院利用这种由《民事诉讼法》所确定的可能性。

此外,人们需要区分三种不同的情况:第一种情况是,民事法院须就需要预先解决的问题作出判决,虽然该问题的解决也具有行政法的特性,即意味着某个行政机构可能需将该问题作为主要问题而作出决定,但是当时并未作出类似的决定,特别是该问题存在于一个未决的行政诉讼中,通过该行政诉讼能导致作出上述的那种决定。例如,原告或者被告是否拥有奥地利国籍的问题。在这类案件中,法院须对需要预先解决的问题独立自主地作出决定,这只有很小的概率会产生权限冲突问题。因为在这方面缺少个别单行的行政规范,法院不会因其判决而直接或间接地与行政机构产生冲突。

第二种情况是,行政诉讼是未决的。这里可能会要求实施一种严格意义上的司法权与行政权分立的原则,法院有义务中止审理程序,直至通过行政诉讼程序对相关事项作出具有法律效力的决定,这就使法院在行政机构作出具有法律效力的决定的基础上作出自己的判决。但是,依据少数严格的权力分立观点中的一种,法院只是被赋予一种中止其审理程序的可能性——这也是我们的《民事诉讼法》的立场,这与司法权和行政权分立的基本原则仍然是协调一致的。这种观点需要面对的一种利益关系是,司法程序并非可以不必要地推延。只要行政机构没有作出具有法律效力的决定,就存在法院不能就需要预先解决的问题作出判决的可能性,与行政机构之间会产生的冲突相比,法院和行政机构之间并不必然会因此产生权限冲突。

第三种情况是,行政机构已经作出了具有法律效力的决定。在这种情况下,若法院可以不受约束地对需要预先解决的问题作出自己的判决,那么这就意味着法院公然地违反司法权与行政权相分立的原则,因为若法院对需要预先解决的问题作出的判决与具有法律效力的行政行为相矛盾,就意味着法院间接地撤销了该行政行为,使其法律效力归于无效,因为法院以对需要预先解决的问题作出判决的方式撤销了行政行为,这可以视为是法院在实质上被授权可以自行支配行政行为。但是,人们绝不可能从《民事诉讼法》第 190 条的内容中发现这种意涵。因为其前提明显是,在一个“未决的行政诉讼”中,法院需要预先解决的问题是该行政诉讼的对象,其中的法律关系并未得到确定,至少没有对此作出具有法律效力的决定。特别应予注意的是,《民事诉讼法》第 190 条第 3 款规定,司法程序在行政诉讼作出具有法律效力的决定之后重新开始。由此,第 190 条至少以接受其具有强制性为出发点,法院应受到具有法律效力的行政行为的约束,这意味着法院没有权限以任何理由来审查具有法律效力的行政行为的合法性,例如宣布某条道路为公共道路或者对于受婚约的约束而造成缔结相关婚姻障碍的豁免,并且法院不能将对主要问题的判决建立在认为该行政行为具有违法性的基础之上,法院也无权通过其判决——仅是间接地——来撤销已经具有法律效力的行政行为。因此,我们可以从最为普遍的意义上来理解第 190 条的规定,其目的既在于确认法院享有将某一法律关系作为需要预先解决的问题作出判决的权力,也在于确认已经通过行政程序作出的具有法律效力的决定,例如法院宣告行政机构作出的关于"豁免婚姻"的决定为无效的案件,这个案件无疑也是从职权权限的角度来确定法院和行政机构之间关系的一个契机,同时也提出了权限冲突的问题。

若普通市民和民事诉讼专家对于《民事诉讼法》第 190 条的理解不同于上述所描述的发展情形,而宪法法院当时在裁决中所持的观点也很少赞同他们所理解的内容,那么这最终要归因于一种成见,基于这种成见,人们通常会一再地认为:相对于行政机构,法院具有一种更高的法益。这种成见认为,只有司法程序才是真正意义上的法律程序,而行政程序像行政机构一样,存在于法律的范域之外,根本不属于真正意义上法律的范域;因此,法院不应在其判决中受行政行为的约束。这种观念可能——作为一种法律实证主义观念——是人们长时间所持的一种观念,事实上,与司法程序相比,行政程序以前更少地受到合法性的保障。因此,只要坚持法律实证主义,那么对司法权和行政权分立原则的限制就会向有利于司法权的方向解释。但是,特别是在现在的奥地利,对行政权的司法性审查已经达到了一个新的高度,除了民事诉讼和刑事诉讼之外,还在法律上设立一种与这两种诉讼具有同等地位的行政诉讼,这种行政诉讼在法律上受到严格规制,易言之,奥地利主要是设立行政法院,通过这个特殊的法院来对行政行为的合法性进行审查,这种审查权是一种普通法院的职权,从法政治的立场来看——如前所述,在法律实证主义看来,这种制度是不应存在的——对行政行为的合法性进行审查不仅是多余的,而且也是无意义的,它没有任何正当的理由来侵入和干预行政机构的职权领域。若这种干预在以前并非法律实证主义所反对的,那么现在为我们设计了一种完善的行政诉讼程序的《一般行政程序法》应将这种干预排除在外。

因此,若法院在对需要预先解决的问题作出的判决中认为某个具有法律效力的行政行为是违法的,而一个民事法院将其判决建立在该行政行为的违法性基础之上,那么这个法院便违反了实证法并侵入行政机构的职权领域。在——如上所述——存在法律事务的同一性的情形下,宪法法院为何不能援引宪法来保障法院和行政机构的职能权限?宪法法院为何不应在权限冲突的立场上反对这种侵犯其他机构职权的行为?宪法法院在“豁免婚姻”案件中的裁决遭到普通市民和民事诉讼专家的激烈反对,但是宪法法院并非——就像诸多误解一再所指出的那样——意在支持“豁免婚姻”的有效性,或者意在确认行政机构对受婚约的约束而造成缔结相关婚姻障碍的豁免的合法性——对这种法律问题作出裁决并非宪法法院的职权范围内之事,宪法法院的最终目的是确立行政权和普通司法权之间的平等地位。

政府权力的道德寓意

[美]史蒂文·扬　著　单江东　译*

【摘要】　权力产生权威，而政府之所以要有权力，不在于将权威强加于人民头上，而在于界定各派的利益边界，保障不同人群的利益诉求。好的政府形式是符合道德内涵的，也就是说，只有将道德发扬光大的政府，才能说是合理地行使了人民赋予的政府权力。

【关键词】　政府权力　道德　权力　权利

统治他人实际是建构一种统治者与被统治者之间的关系性权威，而合法的统治则是指此权力必须足够尊重这种关系形成的目的。

孔夫子曾经这样肯定说："（为政就是）君君、臣臣、父父、子子。"[1]这是一种比喻的说法，照此逻辑，扩展开去还可以说"母母、女女、兄弟兄弟、姐妹姐妹、司机司机、士兵士兵、农夫农夫，等等"。在这里，孔夫子揭示出了完成政府权力的行为。他在许多世纪之前形成的洞见指出了政府权力的关键所在：政府的治理不在于权力自身，而在于权力应该服务的对象，即其治理者。

无论我们以什么身份行使权力——如父母、子女、朋友、公民、官员，我们都应该使人的生活更好一些，这就是为我们所治理的他人

* 作者系哈佛大学法学院教授，译者系柏林自由大学哲学系博士研究生。

〔1〕《论语·颜渊》，理雅各译本。

谋求利益,设身处地地为他们着想。如果我们只以行使权力为目的,显然,这种权力就变成自私的了。在此逻辑之下,权力越大,对他人需求的关注就越小;没有道德约束的权力自然要大幅度地侵害他人的利益,这就是权力缺德的本质。以各种身份掌握权力者由于其傲慢自私的心态,总是会恶化他们与被统治者之间的纽带;他们逐渐会蜕化成权力寄生虫——利用被统治者对权力的恐惧、愿望甚至情感,将他们变成掌权者实现自己欲望的工具。这样操弄权力的政府不是在治理,而是原始的驯服;在此治理下的社会关系是丛林法则下的主人与奴隶的关系,其结果是政治奸诈和暴虐横行。

而合法的治理应该使权力远离损人利己的野蛮驯服,使掌权者成为文明的化身:讲究人情、互相体谅、志同道合、义利兼顾,甚至还彰显着宗教、灵性和团契所启示的公共价值。

一、权力的微言大义

正如孔夫子所提倡的,我们在思考政治权力的时候,应该更多地考虑超越以权谋私的价值:使权力成为持续维护社会大同目的的公器。否则就会出现与公器道德相反的权力后果:滥权者自己也朝不保夕,成为哀告无门的被统治者和绝望的公众进行暴力革命的对象。所以,缺乏文明素养的人执掌权力,一定会遭致内讧、争权夺利、毫无自信、焦虑暴虐和惶惶不可终日。

这里我不禁想到了英国政治哲学家托马斯·霍布斯的那句名言:无人性的道德约束,权力的显赫只意味着“孤独、贫瘠、野蛮和短命”。[1] 换句话说,无道德的权力是“压迫国王神经的王冠”。[2]

从另一个角度看,象征权力的政府应该为社会提供持续的安宁、人民的安全以及生活的和谐。政府不能仅局限于充当运转权力的

---

〔1〕 托马斯·霍布斯:《利维坦》。

〔2〕 托马斯·霍布斯:《利维坦》。

机器,不能停留在发号施令的功能上——这一点或许在战时指挥军队是有效的,长官意志凭借权力和残酷的手段可以贯彻到士兵中去,这与战争的目的是匹配的,即以战胜者的名义摧毁敌我之间的平衡关系。在古代战争史上,代表雅典城邦的谈判者这样冷血地宣称:在伯罗奔尼撒战争中米洛斯人必须接受我们的战争原则:“强者为所欲为,弱者服服帖帖。”〔1〕

可是,美国公共管理之父、著名的企业运用官查斯特·伯纳德却将希腊人这个“弱肉强食”的军事原则颠倒过来了,他说现代政治权力与古代军事权力的逻辑正好相反,政府运行权力而产生的权威不是自上而下的,不是某人高高在上、颐指气使地发布命令,下面的人只能乖乖服从。过往历史上的权力固然遵循这种自上而下、君命臣服的强迫性原则,所有社会制度也都因循过此老旧模式。但这种强权即治理的模式只是一种虚假的政治现象。这种治理模式真正的效果并不产生自发号施令的顶层,而是来自执行命令的底层。这里我们不禁要问一个关键性的问题:接受命令的底层是怎样贯彻命令的?发号施令本身并不产生效果,因为发号施令者不会也不能亲自执行自己的命令,他们只是发出命令而已,这正是伯纳德所说的:“决定命令和政府权威的命运的人是接受命令者,而不是发布命令或地位显赫的人。”〔2〕

权力产生权威,这是政府有效管理的关键,这个逻辑链条中又存在发号施令者与俯首听命者之间的道德关系。简单讲,权力只有成为权威——这是统治者与被治理者之间所形成的共同目的——政府才有存在的价值。但是,以权力为唯一目的的政府就不成其为治理,而只是一个战争状态下的司令部而已。

〔1〕 修昔底德:《伯罗奔尼撒战争史》。

〔2〕 查斯特·伯纳德:《执行的理论与效果》,哈佛大学出版社 1938 年版,第 163 页。

同样,伯纳德深有洞见地指出:“权威产生于一个正规的组织形式(如政府)对其成员有效的治理职能。”[1]他此处所谓的治理,实际上是指权威因满足领导与被领导的共同目的而被领导对象所接受,即民对官的心悦诚服才能被称之为权威或治理。没有对理想目标的认同感,政府不过是一种组织摆设,若其欲成为权威其行为必须要有道德上的合法性。伯纳德说,治理的基础是信仰:“共识能产生信仰,信仰使治理更有可能成功,信仰能够满足人的最终动机,信仰能表达权威的客观意义,信仰是人们参与社会治理的首要目的。”[2]因此,他的结论是:“如果没有信仰,就不能在治理过程中形成持久性的合作,因为信仰是人们有机体满足欲望和交换能量的内在精神动力。”[3]

二、政府的目的

詹姆斯·麦迪逊和亚历山大·汉密尔顿曾经鼓励通过联邦宪法授权而建立更强大的国民政府,以使独立战争后的北美殖民地更加稳固而免于大英帝国的干预,他们的道理很简单:“如果我们承认人类是天使,那么就没有必要引入政府的治理。”

政府之所以存在是因为人的需要——人深层次的需要,即我们每一个人都需要得到保护,以免遭受我们的朋友和邻人出于自私而给我们造成的伤害。政府的目的是创造一种道德的前提:政府有比满足自身权力更崇高的目的,即保护其治下的所有人。亚伯拉罕·林肯提醒自己,政府的公共特征在于“它的合法目的,即为社会大众

[1] 查斯特·伯纳德:《执行的理论与效果》,哈佛大学出版社 1938 年版,第 163 页。

[2] 查斯特·伯纳德:《执行的理论与效果》,哈佛大学出版社 1938 年版,第 259 页。

[3] 查斯特·伯纳德:《执行的理论与效果》,哈佛大学出版社 1938 年版,第 163 页。

服务，对于大众的需要；政府无论做什么，如果仅仅是出于运用政府权力本身，无论是以政府集体还是官员个人的资格，而没有超越权力之外的目的，如此一来政府要么怠政，要么滥权。反过来说，只要政府不横加干预，公众能以单个自由人的身份比政府运用权力做得更好。"[1]

政府存在的最低目的是为社会公众提供和平、安全和秩序，以免他们遭受他人暴力和野蛮行为带来的伤害。如果公众的秉性都如天使一般，我们则可以信任自己的邻人，甚至陌生人，而无须担忧自身的安全和福利受到侵害。然而，十分不幸的是，我们的本性并非如此理智而且悲天悯人地相互体贴和尊重。我们免不了心胸狭隘而动辄犯罪；我们不时也有加害他人和破坏人际关系的冲动；我们时常会莫名其妙地发火、指责他人、自以为是、小偷小摸、幸灾乐祸、轻侮他人、绝少宽恕；我们喜欢夸夸其谈，而绝少谦和倾听，哪怕是偶然表现出洗耳恭听的姿态，也就是昙花一现而已。

当然，政府在保障社会公众的和平与安全这样的起码目的之外，也还有其他的目的，如《美国宪法》所表明的那样，我们建立政府的目的是：

> 我们这些美国人，为了加强团结、坚持正义、维护内政的透明、提供共同防务、增进全民福利、确保我们自己和后代神圣的自由，为了满足这些目的，才拟定美利坚合众国的宪法。

设计宪法的立国之父们怀有特殊的目的以赋予联邦政府比邦联各州更集中的权威，因为邦联各州在独立战争中权力过于分散，无法树立满足政府目的所必要的权威。但是，宪法序言也给政府设立了更广泛的目的：为公众提供正义、维护国家安全，使其免于外部侵

[1] 林肯：《林肯演讲及文论集》（第1卷），第301页。

略和内部骚乱,促进公共福利,确保神圣的自由。宪法序言的这些目的,实际上表达了一种权力的道德义务:确保社会中每个人的生命安全,尤其重要的是要使他们生活幸福。我想到一个比喻的说法,一想到政府,我们就应该联想到自己的福利;政府是一个朝气蓬勃的生态环境,以使人民在其中安全成长并最终实现环境中每一个公民的价值。

从权力道德的角度看,政府为其治下的公众所提供的福利包括:首先是每个人在社会中实现自我价值的机会,即能够公平地谋生,实现个体的价值,超越自我的生理局限,过上个人心满意足且充分彰显人性的生活。因此说,政府在本质上是规则的制造者和管理者,但这些功能都只能以提升生命品质和每个人的价值为目的;政府只能为服务公众而存在,而不是让公众为其服务的权力机构。

一句话,政府关切的不是“小我”,而是作为大众的“我们”。

我们迟早会发现,许多形式上的“个体之我”最终会集合为群组和集体,由此而形成政府权力和权威的必要边界。正像个体可能会滥用赋予他的权力,群体和政府也会出于一己之私相互争斗和吵闹,表达不同的价值和利益诉求。

三、道德的政府与正义

根据对政府权力的道德要求,政府的治理在理论上可以分为好的治理与坏的治理。道德政府的标准是给国家和官员施加使用权力的义务,这也是对公权力施加的强制性责任,要求它们为社会公众提供实现正义的条件,即根据公认的道德标准,所有人都应该在适宜的社会秩序中实现自己的价值,即人格普遍被尊重和权利公平得保障。

约束政府的道德标准实际上是广大而兼备的,从制定针对个别人在特殊环境下的政策,到社会的崇高原则和人生的终极意义,可谓无所不包。在最崇高的原则与原则在最低层的运用之间,政府决策的标准是因具体情况而产生相适应的变化。大部分的政府决策都是一个过程，总是从更抽象、更理想化的标准向更具体化、更确定的需求靠拢。实事求是、因地制宜的原则对于有道德良知的政府来说是至关重要的，因为这样灵活机动的原则才是实现政府终极目标的不二选择。

举例来说，在决定征税和征税幅度时，政府必须留有弹性空间。那么，这种弹性空间的标准是什么呢？这些标准，也就是要兼顾对低收入者的公平或刺激企业家的积极性，反映出对社会公众最有利的抽象目标。而这个目标又会反映出支配人类行为目的的更加抽象的信仰。

德国哲学家尤根·哈贝马斯把将抽象的思想和理念、价值观、主观愿景、基本信仰统称为“规范性”，相对而言，具体的思想和行为就被他称为“实事性”，“实事性”自然就被赋予了人类生命中的最具物理性、身体性、感觉性或物质性的特征。这些“实事性”的领域自然也就包括胃口、野心、性感、衣着、触觉和感觉等。

他的这种分析也可以用来反思我们自己的生活状况，像梦幻、理想、祈愿和恐惧这类在我们内在良知和意识之外的理智和情感，自然也可划入他所谓的“规范性”之中。但是，“规范性”世界中的实体同时也具有一定的具体性和物理能量特征，实际上，我们也有可能是生活在“规范性”和“实事性”交互影响的过程之中；我们的生活更应该被描述为行走在“规范性”和“实事性”之间的桥梁之上，每天来来往往，多次往返于此生命之桥上。不过，那些更关注“规范性”领域的人被我们称为“理想主义者”或“好高骛远之辈”，而脚踏实地、追求立竿见影的实干者则被戏称为“实用主义者”“没有志向”“鼠目寸光”，甚至是“孜孜牟利之徒”。

我们离“实事性”领域越远，就离“规范性”领域越近，这样我们就更趋于道德标准；我们也就更能设身处地为他人着想，就越关心未来、瞩目长远，就能全面考虑问题、确立更高的目标。其实，政府也同活生生的人一样,处在“规范性”和“实事性”之间的权力桥梁上来回摆动。在处理那些现实而急切的问题上,我们期盼政府权力简洁而实际。但是,在处理社会的长远发展和整体福利方面,我们又期待政府谨慎而明智。如果政府为我们提出“规范性”的指导原则,我们一定只会从是否追求公共利益或共善方面评价这些原则。

四、共生与正义

对政府权力的道德制约就像一个政治伦理的金字塔,塔尖上的标签代表着被治理者对它的道德判断:正义。这个判断政府性质的道德标准来自于关乎人类生存目的的基本观念。简言之,我们的道德标准来自于人类的宗教信仰以及在实际生活中对它的理解,所谓“宗教求善”就是指人类生命体验中道德的来源与我们生命的目的的统一。代表东方智慧——日本人说的“共生”(Kyosei)——的概念最初是他们从中国儒家的“天地之大德曰生”或“大德敦化,小德川流”中引入的,实际就是我们现在讲的约束政府权力的道德,或者是道德政府的本质。“共生”寓意着人的尊严与道德意识。

“共生”可以说是现代日本人行为的道德准则,它强调生命体与其生存环境之间所形成的互利互惠和相互依存的价值。“共生”的哲学把我们的生命编织进相互依存的网络中,网络中的生命活力源于所有受惠者在其中的相互促进和共荣分享。从“规范性”的视野来看,“共生”是要求政府权力为社会公众提供双向流动(统治者与被统治者之间以及二者各自内部)并确保“共生”环境中所有参与者之间的互相尊重。

除此之外,我们知道人类的尊严也是基督教传统的核心概念之一,是对我们人性的高度概括。罗马天主教的基本教义是:个体的人与人生活在其中的体制或机构应该尊重每一个体的自治权利和主体自由的价值观念。人类尊严的标准也是建立在这个信仰之上的,即每一个人都有不可替代的特殊性、自己个体存在的唯一性和自治性的主观意识——隐藏在有限肉体生命中的自由灵魂和罪感意识中的嘉言懿行。

道德意识实际上是描述我们人类存在和行动的自然而然的概念,它意味着人作为生命体的另外一种身份,即超越自身物理生命的道德意识主体;我们超越自身的利益和情感樊篱而去体谅他人的需要和感受,从长远的观点审视我们当下行动的后果。这种道德取向的反思能力即是苏格兰哲人托马斯·里德所谓的"大公中的小私"。其他人把他这个见解诠释为"启蒙性私利"(enlightened self-interest,相当于中国儒家的"见利思义"。——译者注)。他的见解蕴含着整全性的价值,融会了各种浅显的"实事性"物质领域和各种高超形式的"规范性"领域或者终极意义的规范,如"上帝的意旨"或"存在的本质"等。

显然,如果我们将这些反映人类经验的洞见——如"共生"、人性尊严和人类道德意识——融会贯通在一起,我们便可以给政府权力提供一些原则性建议,即以"共生"、人性尊严和人类道德意识这三个基本概念作为它们决策和行动的指南,这也是我们对有德政府的期待或者说是对政府权力的道德约束性原则。

这里我不免要提到亚伯拉罕·林肯的忠告:最好的公共政策应该立基于这样的哲学——当然是来自于"规范性"的领域,即"没有公共哲学的道义支点,任何政策都不会有生命力。"[1]其实在许多个世纪之前的罗马教皇格里高利七世时,教皇本人就强调过这一点。他说,国王政府的权力必须以实现正义为目的,公正的治理必须以更高的价值和公正的原则为依据,否则政府权力就是不义而无效的。1075年,教皇在给丹麦国王斯温(Swen)的信中说:

我请求并劝告阁下,请遵循上帝的律法管理您的王国,王权

〔1〕 林肯:《林肯演讲及文论集》(第2卷),第136页。

之崇高全赖于其背后的灵性价值，这是您灵魂深处永恒的公义天良，您只能凭此天良治理您的子民。[1]

这里我们不难看出，政府的权力只有在"共生"这样的原则指导下才是合法的，人们正是秉持尊严之类的普遍价值才能制定宪法并赋权给政府。政府的权力不过是"共生"和"（人性）尊严"这两个原则的表现形式而已。因此，授权给政府的宪法必须确保人民享有不受政府权力辖制的某些基本权利，而政府的权力必须分开设立以保持分置权力之间的相互制约与平衡，人民所普遍具有的权利则以固定的程序得以保障。这样的权力架构表现了尊重人性尊严的道德意识，而享有普遍权利的个人也因遵循互让、互助和互惠的程序得以实现其人格价值，这就是"共生"的精髓。

为了实现普遍的权利和对权力的道德制约，宪法原则之下还有一些具体的要求：（1）选举机制；（2）法院和警察确保公民的安全并有能力处置公民之间的纠纷；（3）尊重公民的财产与合约权利。体现个人财产的公民权利是公民应对自然和社会环境的自赋权力，也是利于他们过更好的、有尊严的生活所必须的道德意识。

最后一点，政府的机构在施政时应该秉持这样的精神，即将"共生"、尊严和道德意识这样一些基本的价值观念贯彻到治理或制定条例中去。由于管理条例和治理行为代表着权力的运行，其治理质量和社会效果直接检验着政府所遵循的原则；这些原则也具体地反映在权力运行过程中官员个人和管理者的职业素养和行为操守。

五、道德政府与宗教传统

因此，道德政府的理论和实践是一种规范性的价值观念——共

---

〔1〕《致丹麦国王斯温的信》，1075 年 1 月 25 日，载《教皇格里高利七世书信》，第 192 页。

生、人的尊严和道德意识的综合体,它比其他专论政治与国家的理论与实践综合体更优越,因为它的规范性的架构来自于不同宗教传统的伦理原则。

(一)佛教

无论是小乘佛教还是大乘佛教,其教义都强调人内心的觉悟。因此说,佛教好像不太注重自我的外在努力,而是依赖自我内在的觉悟和外显,使生命变成一种被动的异化和苦难折磨;佛教的自我意识一方面成了幻化假象,另一方面又是缺乏主体崇高性的“红尘”果报,佛教徒认为政治权力不是用来升华掌权者的人格品质,而是用来施舍他人。换句话说,权力只是一种对他人的保姆义务。

释迦牟尼悟道时说,觉悟成佛就是脱离苦海(dukka)。他的信徒把这种觉悟的方式称为“八正道”,所谓“正”就是超越了肉体的低级存在,走向涅槃境界的崇高升华,这就是超越肉身的苦难而进入灵性的欢喜。所以“八正道”得到信徒们的耳口相传:(1)正见,知道成佛的方向;(2)正思维,纠正颠倒的思想;(3)正语,表达正确的目的;(4)正业,为实现正确的目的所采取适宜的行动;(5)正命,与中国儒家各正性命同义,即选择正确的生活目标;(6)正精进,立志向善,精益求精;(7)正念,是指与人为善的思维;(8)正定,即是宁心聚气而解脱了一切烦恼的大自在境界。[1]

这是一个适宜于一切人的修炼程序,从一个人的自我修养到王权尊位,都少不了这样的修炼过程。在这个修炼过程中,小乘佛教看重的是王位的道德标准,“护法王”(Rajadharma)表达的就是这些标准,即一个德位相配的王在他的决策和行动中应包含十种德性,德性俱足者才能被称为“法王”,所谓“法王十德”是:布施(danam),义行(silam),捐献(pariccagam),诚意(ajjavam),谦和(maddavam),克勤(tapam),无嗔(akkodham),无虐(avihimsa),平恕(khanti)以及

〔1〕 皮特·哈维:《佛教伦理学导论》,2000年版,第39页。

祛残（avirodhanam）。

大乘佛教认为“缘起”表示自我也是他人的延伸，一如他人是自己的延伸。这就是“实体”的概念，如果运用于政府决策，就要求决策者心怀善意，谦卑地服务其治理的对象，而不是沉迷于权位。在“缘起”的关系中大乘佛学弘扬的是“慈悲”（karuna），这是一种救众生出苦海的宏愿，“慈悲”的精神在于发愿奉献而非索取，如下面的文句所言：

> 凡有病痛者，我皆应为其医生、良药和护理；彼病痛不除，则吾无宁日……；哀告无门者吾其护佑之，迷途无助者吾其指引之，凡欲脱离苦海者吾其桥梁舟楫之便也。[1]

照佛教的传统讲，普渡众生即是提升自我的智慧，这是大我小我之别，公义与私利之辨，由于取舍不同，我们行为所蕴含的伦理水平高下立见。人之有道德力量最见于其立意高远，博施广济。简言之，大乘教义无非是要求政府依德施政，以天下众生为念。

（二）儒家的教诲

孔夫子对德治的要求是强调政府必须坚持高于官员自身的、为他人服务的道德标准，这就是“见义不为，无勇也”的寓意。[2] 他认为社会准则是互惠互促的，关心他人总是比追求自己一人的私利具有更加优先的地位。人们只有在社会关系之中才能担负起自己的责任。比如，孔夫子总是提醒我们“主忠信，徙义”；[3] 人们通过诚信、道义保持了相互之间的开放和接纳，才能将自己与他人的利益融合起来，算是见利思义吧。建构在此道德原则之上的政府当然就

---

〔1〕 皮特·哈维：《佛教伦理学导论》，2000 年版，第 124 页。

〔2〕《论语·为政》。

〔3〕《论语·颜渊》。

能“近者悦,远者来”。[1] 如果一个人朝思暮想的都是自己的私利,怎么可能不引起别人的非议呢?这样的治理必然不能持续。

根据孔夫子的思想,我们可以这样推论:以道德目的施政的政府一定会使权力趋于利他的目的。居高位者有德,就是官员行使权力的合法性:“君子去仁,恶乎成名。君子无终食之间违仁,造次于是,颠沛必于是。”[2]这就是说德位相配的人首先是有正义感,否则就堕落成了德不配位、以权谋私的小人。人之有德,最见于其居高位有能力践行道德之时,所谓“夫仁者,己欲立而立人,己欲达而达人”。[3] 从这里孔夫子又引申出了君子使用权力的道德动机和社会效果议题,言行一致,发于内心的仁德与用于治理的人道的统一。

因此,对于掌握权力的政府而言,其价值观不仅是官员个体的好恶而已,而是以服务公众需要高于官员个体喜好的原则;政府是一个社会义务的主体,而不是随心所欲的官员个体。孔夫子对这种辩证性的政治道德多有阐发,他认为政府的权力立基于被统治者对掌权者的信任;如果政府辜负了这种信任,掌权者就会堕入“弱肉强食”的丛林法则,放弃自己被赋权时所宣誓的服务于被统治者的承诺。因此,只有言行一致、德位相配的人才是真正的君子和仁者。

在儒家的传统中,孟子对于德位相配、内外一致的态度比孔夫子更为明确。他所确立的德治政府原则是:“得其民斯得天下矣。得其民有道,得其心,斯得民矣。得其心有道,所欲与之聚之,所恶勿施尔也。”[4]因此,他认为,如果权位本质上是反人道的,那么掌权者就不可能长久居高位,他会为他的德不配位而遭遇社会革命的挑战。有人询问他关于成功的国君需要具备什么样的人格品质时,孟

[1] 《论语·子路》。
[2] 《论语·里仁》。
[3] 《论语·雍也》。
[4] 《孟子·离娄上》。

子的回答总是“仁民而爱物”。他对梁惠王的劝诫就是这样:“未有仁而遗其亲者也,未有义而后其君者也。王亦曰仁义而已矣,何必曰利?”[1]他这里明确的“义利之辨”,后来成为儒家德治思想的一个永恒的话题。

关于政府权力的道德责任,孟子还这样对齐宣王说:“王之臣有托其妻子于其友而之楚游者,比其反也,则冻馁其妻子,则如之何?”[2]宣王回答,那就不再与之作朋友了。孟子又假设:“士师不能治士,则如之何?”宣王就说,那就免了他的职位吧。孟子又继续问:如果一个国家四境治理不好,乱象横生,谁应该对此弊政负责呢?国王对此提问十分尴尬,只好左顾右盼而言其他事情了。

所以我认为,孔夫子和孟子所代表的儒家有一种持续性的社会治理传统,那就是德治,是加诸政府权力之上的利他的、服务于被统治者并被其监督的政治道德。

(三)人权

人权与我所谓道德政府有什么关系?答案很明确,即人性和政府都有一种共享的道德品质。

首先,人权的立足点是个体,他的问题是:“我的自由是什么?我是否有免于被侵害和被压迫的自由?我能自主地选择生活方式吗?”而道德的政府也有同样的立足点,它以公权力代表的身份提问:“公众承担自己的义务了吗?”表面上看,自然人的权利和非自然形成的政府权力之间提出了相反的问题,然而其本质性目标却是相同的,即正义——公权力对于个体自然权利的尊重。但是,道德政府的目的不仅限于保障个体的利益,同时还应该考虑整个社区社会治理的质量问题,这就是要求政府承担无限责任以创造人民幸福和社会繁荣的条件。在道德政府的使命中,权力仅仅是一种完成使

[1] 《孟子·梁惠王上》。

[2] 《孟子·梁惠王下》。

命的形式,重要的是其完成既定使命的实际成本、社会效益和治理信誉。

只要人权保障与政府的道德目的能够有机统一起来,我们就能实现所谓“法治”的政治理想。人权所蕴含的正义理念根植于西欧自由民主和有限政府的传统。对政府的权力加以限制的目的是防止政府滥用自己的权威,这就是说,政府中那些被赋于权力的人他们的公民身份没有因为居高位而改变,从人格尊严的角度看,官民永远是平等的。人权的价值核心在于它固有的挑战政府权力的秉性,因为政府的权力并不是机构固有的,而是人根据本性中求善、求安全、求平等而委托给政府的。既然人人都会为自己的利益而独立地思考,他们自然就会对政府政策的合法性与道义性提出疑问;政府不能向公民强制灌输宗教或意识形态的观念,因为公民的良心和意志的自主权都是内在而不可转让的。社会个体的人根据良心和意志自由可以表达对政府的反对意见,通过结社或组织起来促使政府改变政策或更换其官员。因此,公民可以挑战政府而不必遭受非法的逮捕和囚禁;公民也因此而必须享有自由财富权,以使其反对政府而免于财产被扣押或陷入穷愁潦倒之境。简而言之,政府不能以恐吓的手段强迫其反对者俯首称臣,相反,它只能通过道德的说服赢得公民对其观念、政策和行动的真心实意地拥护,权力的暴力只能造就恐怖政治,也必然会导致政府的垮台。

对于政府而言,人权是一种道德牵制,使之不能以权力恐吓和禁锢公民,因此人权意味着人民的社会、文化和经济进步只有在政府的放权和让利中才能实现,这是公民社会的题中应有之义。我们设想的道德政府的含义原则上要尊重和承认公民信仰自由权,这样才能将社会中公民的不同诉求和价值观有效地整合为社区共同的价值观和利益诉求,人权的政治伦理因此必然是普世的和公平的。

由此看来,人权的思想是在为政府的权力划定不得逾越的界限,这是公民权利优越于政府权力的原因,政府也必须保障和尊重公民的这种优越性，人权在公民那里是自由，而对政府权力来说就是限制，这种精神显著地表现在《美国宪法》的前十个修正案中，后来也突出地表达于1948年的《世界人权宣言》和《公民权利和政治权利国际公约》以及《经济、社会及文化权利国际公约》之中。

总之，人权运动的目的就是始终将政府的角色限制在服务于人民方面，这也就是我所谓道德政府的目标或以道德约束公权力的动机。

(四)民主

我所谓的道德政府并非一定是充分民主的。但是，我们考克斯圆桌会议所提倡的政府原则以及我本人在此文中的立场则是民主政治取向的，即政府应该努力的方向是民主的，以实现人民主权为最终目的。

从我们熟知的政治理论看，政府公权力的民主方向和人民主权的思想早就存在于西方的柏拉图和中国的孔夫子那里。柏拉图承认，僭主也能完全满足善政的要求，在其《理想国》中，哲学家王实行的专制统治无须选举和权力制衡，也能为国家治理提供优质的服务。柏拉图相信，个体的人在国家治理中容易感情用事，包括仇恨和贪婪，因此不值得社会信任。大概是出于同样的考虑，孔夫子也主张以社会精英身份集权，这些精英自诩为“君子”，他们是有德的人，不贪恋权位且胸怀大众。这种君子之德的思想形成了中国“父母官”(father and mother officials)的政治标准，被运用于历代皇权的科举制和文官制之中。孔子曾经明确地指出：“君子之德风，小人之德草，草上之风必偃。”[1]他也用北辰星比喻君子的道德，其社会效果就是被老百姓认同，就像北辰星高悬不动，而群星四面环绕其有序运行一样。

因为道德政府的原则重在义务，任何人一旦居官位就必须履行

---

〔1〕《论语·颜渊》。

服务于公众的重责。无论哪种政体或者哪种官员，一旦执掌权力，人们就会用这种道德政府的原则去评价它们/他们，看看是否尽职尽责，否则就会失去公民的信任，权位自然也就不能长久保持。所以，大权在握的人行为要以道德政府的原则为旨趣，要明了权力的设置当以回应人民的关切为天职，最终实现宪法所确立的民主选举、合法程序以及权力制衡，这些便是契合于法治精神的现代社会的基本规范。

道德政府的进程是从重特权和权力机构走向民主目的，而不仅仅是将一套民主的形式以强制的方式加以推行，搞精英圈子，使权力近亲繁殖，导致政治正义徒有其表，进而发展为人格虚伪，哗众取宠，社会功能失序。一如人们常说的：罗马不是一天建成的，英国和美国的民主也是经历了长期的不同历史发展阶段而形成的。当初美国通过宪法的时候，奴隶制仍然是合法的社会规范，妇女和穷人也没有被赋予投票权。因此，与其表面上追求满足道德政府的形式，毋宁切实履行政府对被统治者的服务承诺，俾其感受人民赋权政府给自己带来的实惠。这就是说，我们应当根据社会的管理质量而不是根据政治运动的浩大声势来判断权力的道德性和政府的使命。人民对道德政府的期待一定是多元包容、尊重人权和确立民主机制，除此之外，其他的表面文章都可能流于政治虚伪和权力腐败。

六、结　论

政府是具有道德使命的社会企业，而不是权力斗争的工具，否则就会陷入兵不厌诈的恶性循环之中，把人类社会推向无政府主义、无公平正义的互害状态。简言之，人与人的战争状态是一种生命赌博，颇似将人类命运交由任性且易变的情妇，听任其随意摆布；人性的发展是多元的，其生存的目的在于免除战争的干扰，确保社会的文明与开化，为达此高尚目的，人们需要政府的存在。在这个意义上讲，我们期待政府言必行，信必果，这几乎是人类的“圣杯”（Holy

Grail,喻指人类的最高目标),其使命是服务众人,其伦理秉性就是谦卑。因此,我们可以断言,治理的最高境界必然会折射出神圣的博爱灵光。

教育部文科重点研究基地·中国政法大学法律史学研究院集刊《中华法系》

约稿启事(修订版)

《中华法系》由教育部文科重点研究基地·中国政法大学法律史学研究院主办,为我国面向国内外发行的专门研究中华法系及相关问题的学术性连续发版物。本着“弘扬中华法律文化,探讨现代中国法治;比较中外法律传统,构建新型中华法系”的目的,坚持“坚持学术自由,鼓励学术创新;守护学术经典,培育学术新人”的宗旨,致力在法律制度、法律思想、法律人物、法律文化、法律作品等方面向社会贡献出优秀的研究成果,推动社会主义法制建设。现面向国内外广大作者诚挚约稿,具体栏目设置如下:

一、学术研究

关于中国传统法律、中国近现代法律、中外法律比较等方面的学术论文。特别注意发掘中国古代优秀法律传统、分析中国近代法律发展在理论与实践方面的经验与教训。

二、学术聚焦

结合学术界的学术热点以及社会关注的法律学术问题,聚焦注目,邀请相关学者进行多视角探讨,对于热点问题进行学理分析和文化解读。

三、法治人物

介绍、分析在中国历史上有重要影响的法治人物,包括在法律思想、法律学术方面提出过重要观点,在国家法治进程中发挥重要作用的法律人物。

四、经典案例

介绍、分析国内外经典案例。通过经典案例分析,探讨法律发展的实证轨迹,展示法律发展的多元图景。

五、学术新人

本着培育学术新人的宗旨,为法律史学的年青学者(包括青年教师、在读法律史专业博士研究生、硕士研究生)提供专门园地,发表其研究成果。

六、学术动态

介绍法律史学著作和相关作品、法律史学界的著名学者、法律史学重要的学术活动、法律史学研究机构等。

投稿须知

一、来稿必须为原创作品,未经其他书籍、报刊、网站等媒体以整体或部分的形式公开发表。请勿一稿多投,来稿应注明专投本刊,坚决反对抄袭、剽窃等一切学术不端行为。

二、稿件格式请参阅本刊文章的体例。文章首页请标明题目、内容摘要(200~300字左右)、关键词(3~5个),以及作者的基本信息,包括作者姓名、工作单位、职务职称、联系地址、电话、邮编和电子信箱等内容。

三、对决定采用的稿件,本刊有权更改格式、润饰文字。如有必要,将请作者根据审读意见进行修改。

四、本刊收到来稿后,将尽快审读处理,采用与否,均在3个月内告知作者。

五、来稿应采用Word文档格式,页码自首页按顺序编排。注释采用页下脚注,格式请参照本刊体例。

稿件的电子文本请以附件形式发到本刊电子信箱:lawchen1978@163.com;也可同时邮寄文字稿(A4纸打印),邮编:100088　邮寄地址:北京西土城路25号中国政法大学法律史学研究院《中华法系》编辑部收。

六、从本期开始(第四期),本刊对于除中国政法大学法律史学研究院研究人员以外的来稿,按照50元/千字支付稿酬。具体支付方法,由本刊编辑部与出版单位协商后通知作者。

格式体例

一、内容提要和关键词

请在来稿首页的题目、姓名下面列出文章的内容提要和关键词。内容提要一般不应超过300字,但也不宜过短,关键词2~5条。

二、正文格式

1. 小标题及子目序列方式 正文小标题以及不同部分的子目可依照如下顺序标列:一,(一),1,(1),a,(a)等。

2. 引文 出现在正文和注释之中的引文,加双引号“”,引文之中的引文加单引号‘’。引文的注释序号加在引号之外;如果引文是完整的句子或段落,应在句子或段落的结尾加上句号或问号等,再加引号和注释序号。

3. 附加说明 正文和注释中涉及外文人名、地名、著作、短语和专用术语等,一般应以通行的译法译成中文,为准确和便于查证起见,必要时可在中文之后以圆括号加上原文。

4. 注释

(1)本刊采用页下注(脚注),每页依序重新编号。

(2)中文文献的注释:

A. 中文著作各个类项的标注次序为:著者/编者,书名,出版社及版次,页码。

B. 中文译著各个类项的次序为:(可以[ ]标明著者国别)著者,书名,译者,出版社及版次,页码。

C. 中文文章的注释:

如果引用刊物上的文章,各类项次序为:作者,文章题目(加双引号),刊物名称及期号,页码。

若为报纸上的文章,则在作者、文章题目后注明报纸的名称和日期。

如果引用文集中的文章,则次序为:作者,文章题目(加双引号),文集编者名称,文集(书)名,出版社及版次,页码。

D. 研讨会论文,则格式为:作者,论文题目(加双引号),研讨会名称(加双引号)论文,地点,时间。

E. 学位论文 其格式为:作者,论文题目(加双引号),发表地点:学校(名称)博(硕)士论文,年份,页码。

(3)外文文献的注释:

A. 注释外文著作,各个类项的标注次序为:著者/编者,书名(斜体),出版社及版次,页码。外文作者名字一律以名前姓后的顺序书写。

B. 外文文章的注释 文集中的文章,其各类项次序为:作者,文章标题(加双引号),文集编者,文集名称(斜体),出版社,版次,页码。

刊物上的文章,则各类项次序为:作者,文章标题(加双引号),刊物名称(斜体),期号,页码。报纸上的文章,则标注作者、文章标题(加双引号)、报纸名称(斜体)、时间即可。

(4)互联网资料 如实有必要,可以使用互联网资料,标注时著作者、文献名称等类项同上述相应体例,同时注明详细的互联网网址和登录的具体时间。

(5)重复引用 在同一篇文章中,如重复引用同一文献,则标注格式如下:

A 连续引用。中文文献,标注为:同上(书),第 × 页。外文文献,则标注为:Ibid. ,p. × 。

B. 非连续引用同一文献,不论中外文,皆只需注明著作者、文献名和页码。

5. 图表 图示和表格应该分开,如图 1,图 2……表 1,表 2……如果图表系出自其他书刊,应在图表下方说明其出处。也可以给图表附加说明。

6. 数字 原则上,准确的数目字都应以阿拉伯数字表示,如年代、数量、年龄等,但在某些特定情况下,也应遵循汉语数量词的惯用法。

三、参考文献

作者根据来稿的情况,可以列出参考文献(不包括注释中已经出现的文献),但本刊一般在所刊发的文章后面不另开列“参考文献”。

中国政法大学法律史学研究院

《中华法系》编辑部

图书在版编目(CIP)数据

中华法系. 第十三卷 / 朱勇主编. -- 北京 : 法律出版社, 2019
ISBN 978 -7 -5197 -4159 -4

Ⅰ. ①中… Ⅱ. ①朱… Ⅲ. ①法系-思想史-研究-中国 Ⅳ. ①D909.2

中国版本图书馆 CIP 数据核字(2020)第 000735 号

中华法系(第十三卷)
ZHONGHUA FAXI(DI-13 JUAN)

朱 勇 主编

责任编辑 黄琳佳
装帧设计 李 瞻

出版 法律出版社
总发行 中国法律图书有限公司
经销 新华书店
印刷 北京虎彩文化传播有限公司
责任校对 杨锦华
责任印制 陶 松

编辑统筹 学术·对外出版分社
开本 A5
印张 15.25
字数 379 千
版本 2019 年 12 月第 1 版
印次 2019 年 12 月第 1 次印刷

法律出版社/北京市丰台区莲花池西里 7 号(100073)
网址/www.lawpress.com.cn
投稿邮箱/info@lawpress.com.cn
举报维权邮箱/jbwq@lawpress.com.cn
销售热线/400-660-8393
咨询电话/010-63939796

中国法律图书有限公司/北京市丰台区莲花池西里 7 号(100073)
全国各地中法图分、子公司销售电话:
统一销售客服/400-660-8393/6393
第一法律书店/010-83938432/8433 西安分公司/029-85330678 重庆分公司/023-67453036
上海分公司/021-62071639/1636 深圳分公司/0755-83072995

书号:ISBN 978-7-5197-4159-4 **定价**:62.00 元
(如有缺页或倒装,中国法律图书有限公司负责退换)